商用字彙

楷書

文史哲出版社
印行

國家圖書館出版品預行編目資料

商用字彙：楷書 / 劉元祥寫作. – 三版 -- 臺北市：文史哲出版社, 民 111.03
22＋308×2 頁; 26 公分
ISBN 978-986-314-592-9（平裝）

1.CST:書法　2. CST:楷書

943.9　　111004172

商用字彙：楷書(16 開本)

寫作人：劉元祥
出版者：文史哲出版社
http:// www.lapen.com.tw
e-mail：lapen@ms74.hinet.net
登記證字號：行政院新聞局版臺業字 5337 號
發行人：彭正雄
發行所：文史哲出版社
印刷者：文史哲出版社
臺北市羅斯福路一段七十二巷四號
郵政劃撥帳號：一六一八〇一七五
電話 886-2-2351-1028・傳真 886-2-2396-5656

定價新臺幣一二〇〇元

二〇二二年（民一一一）三月三版

ISBN 978-986-314-592-9　94211

商用字彙

楷書

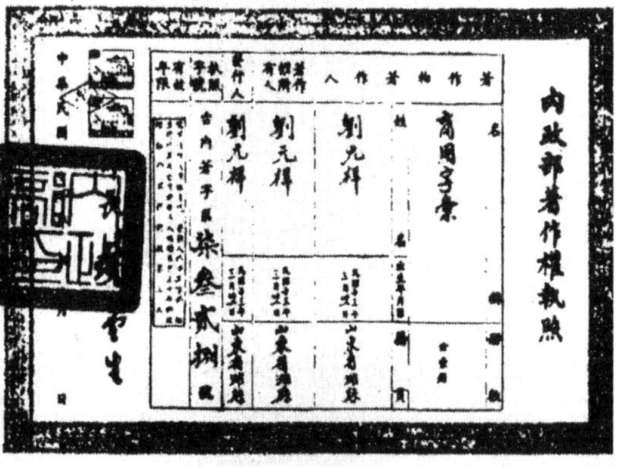
內政部著作權執照

著作物名稱	商用字彙
著作人	劉元祥
著作權所有人	劉元祥
發行人	劉元祥
執照字號	台內著字第柒叁貳捌號

檢字表

力 二五二
十 二五五
入 二六一

三畫

弓 二
工 四
尸 一四
于 二三
叉 三十
才 三四
巾 三八
干 四七
丸 四八
千 五一
山 五一
川 五七
么 六一
大 七五
亡 八十
凡 一一三
勺 二六一
个 二八九

四畫

中 一
公 四
公 四
双 八
氏 九
支 九
之 一六
予 二一
毋 二三
夫 三五
仁 三六
屯 三九
文 四十
勻 四十
分 四一
斤 四二
元 四三
水 一一九
凶 一一九
止 一二〇
父 一二四
与 一二四
午 一三〇
五 一三〇
戶 一三一
引 一三六
允 一三七
尹 一三七
云 一三八
犬 一四三
少 一四五
爪 一四六
火 一四九
井 一五八
丑 一六〇
友 一六〇
手 一六一
斗 一六四
切 二三九
尺 二四九
仄 二五四
廿 二五六
什 二五六
卅 二五八
丰 二八九
爻 二八九
卞 二八九

五畫

仝 一
功 四
冬 五
皮 十
匆 十
台 一六
丕 一六
司 一七
仔 一八
由 一〇一
丘 一〇二
矛 一〇三
囚 一〇三
甘 一一〇
冉 一一一
占 一一一
只 一一五
宄 一一九
矢 一一九
以 一二〇
市 一二〇
卡 一二一
史 一二一
仕 一二二
巨 一二五
去 一二六
主 一二八
古 一二九
本 一三九
巧 一四六
付 一八一
句 一八二
布 一八六
世 一九一
外 一九三
扒 一九五
代 一九六
旦 二〇三
半 二〇五
甲 二〇九
叫 二一〇
号 二一一
乍 二一四
凸 二一九
戊 二二二
幼 二二三
目 二二九
玉 二二九
失 二三三
出 二三四
必 二三四
另 二六三
加 二六三
叭 二八九
奶 二八九
它 二八九

六畫

同 一
戎 二
汎 三
充 三
共 八
江 八
夷 一三
池 一三
危 一三
她 一四
而 一七
妃 一九
衣 二十
圳 二十
多 六九
匡 八二
光 八三
行 八五
名 九二
刑 九三
冰 九六
舟 一〇一
收 一〇一
休 一〇二
州 一〇二
牟 一〇三
任 一〇六
尖 一一二
帆 一一三
此 一一六
件 一一七
旨 一一七
弛 一一七
死 一一九
机 一一九

汜 一二一
耳 一二一
虫 一二三
羽 一二六
宇 一二七
迂 一二八
伍 一三〇
札 一三一
米 一三二
亥 一三四
在 一三五
汕 一四二
兆 一四五
老 一四六
早 一四七
好 一四七
朵 一四八
妊 一五二
仰 一五三
仿 一五四
朽 一六〇
沖 一九七
再 一九七
印 一九九
亘 二〇五
匠 二一六
向 二一六
伏 二二七
竹 二二八
夙 二二九
曲 二三〇
旭 二三〇
吉 二三三
丢 二三五
伐 二三六
迄 二三六
舌 二三九
血 二四〇
丞 二四一
劣 二四二
宅 二四七
亦 二四九
互 二八九
匈 二八九
圭 二八九
妄 二八九
兕 二九〇
沖 二九〇

七畫

沖 一
攻 四
邦 八
肛 九
技 九
岐 十
吹 一一
妓 一二
私 一四
利 一四
希 二十
余 二一
車 二一
杆 五一
佃 五三
延 五五
杓 六三
妖 六四
抄 六六
岑 六七
牢 六七
何 七十
那 七十
佗 七十
邪 七三
伽 七三
吾 七五
沙 七五
吧 七五
良 七六
些 七六
防 七八
芒 七九
床 八十
含 一〇八
男 一〇八
杉 一一二
佔 一一二
玖 一一三
作 一一五
刨 一一六
豕 一一七
妣 一一八
似 一二〇
址 一二〇
否 一二〇
李 一二一
里 一二一
尾 一二二
杞 一二二
呂 一二四
序 一二六
甫 一二七
迂 一二八
肚 一二九
杖 一五五
杏 一五七
灶 一五八
每 一五九
肘 一六〇
妙 一六一
酉 一六二
走 一六三
吼 一六三
牡 一六四
弄 一六九
宋 一七〇
位 一七三
汽 一七五
志 一七七
庇 一八〇
助 一八一
住 一八二
妒 一八四
步 一八七
佈 一八七
沁 二二三
谷 二二五
角 二二六
沐 二二七
沃 二二九
足 二三〇
東 二三〇
局 二三〇
迄 二三六
佛 二三六
沒 二三七
決 二四〇
抗 二四一
別 二四二
折 二四二
呆 二四八
赤 二四九
役 二五〇
狄 二五一
估 二五二
抑 二五三
囤 二九〇
呎 二九〇
佣 二九〇

八畫

東 一
忠 一
空 三
宗 五
松 六
供 八
枝 九
宜 十
披 十一
奇 十一
垂 十一
肢 十一
委 十一
卑 一二
兒 一二
知 一三

有 一六〇　缶 一六一　守 一六一　臼 一六二　扣 一六三　后 一六四　仲 一六九　伎 一七一　企 一七二　至 一七三　次 一七六　自 一七七　地 一七七　字 一七八　吏 一七八　寺 一七八　卉 一八〇　戌 一八二　吐 一八五　汙 一八六　曳 一九〇　艾 一九二

汐 二五〇　式 二五三　色 二五四　合 二五七　划 二六一　攷 二六一　各 二六一　羊 二六一　朴 二六二　忙 二六二　托 二六二　吊 二六三　伙 二六三　时 二六三　庄 二六三　百 二六三　考 二六三　阡 二六三　肉 二六三　肌 二六三　伊 二六四　吃 二八九

巫 二三　孚 二五　扶 二五　吾 二七　吳 二七　低 二九　材 三四　災 三四　辛 三五　辰 三五　伸 三六　身 三六　均 四十　汾 四一　君 四二　言 四四　村 四五　呑 四六　但 四七　完 四八　肝 四八　删 五十

狂 八二　汪 八四　更 八五　坑 八六　亨 八七　兵 八八　迎 八八　宏 八九　呈 九一　成 九一　形 九三　迅 九四　伶 九四　廷 九四　町 九五　冷 九五　求 一〇三　投 一〇四　沈 一〇六　沉 一〇六　吟 一〇七　忱 一〇七

杜 一二九　努 一三〇　孝 一三二　改 一三四　忍 一三五　你 一三七　吻 一三七　阪 一三八　阮 一三八　究 一三八　坍 一四〇　卵 一四〇　佑 一四〇　旱 一四〇　伴 一四一　兎 一四五　坐 一四八　妥 一四八　我 一四八　治 一五〇　把 一五一　伯 一五四

系 一八八　弟 一八八　貝 一九二　兌 一九三　戒 一九四　快 一九五　迅 一九八　吝 一九八　困 二〇二　判 二〇五　串 二〇六　見 二〇七　甸 二〇七　肖 二一〇　尿 二一〇　告 二一一　佐 二一三　匣 二一四　壯 二一七　灸 二一九　秀 二二一　豆 二二二

即 二五四　克 二五五　吸 二五七　邑 二五七　圾 二六二　灼 二六二　夾 二六三　佇 二六四　罕 二六四　汰 二六四　妊 二六四　忘 二六四　疔 二六四　忌 二六六　妨 二七〇　迄 二七二　皀 二七四　汞 二七六　吵 二九〇　找 二九〇　批 二九〇　坊 二九〇

呢 一四　芝 一六　其 一七　治 一八　居 一八　初 二〇　肥 二十　非 二十　依 二一　於 二二　坩 二五　芙 二五　姑 二六　孤 二六　狐 二六　炉 二七　呼 二七　妻 二九　佳 三十　泥 三十　乖 三一　玫 三二

泡 六六　拋 六六　河 七一　阿 七一　坡 七二　和 七二　波 七二　花 七四　杷 七六　畫 七六　爬 七六　昌 七八　房 七八　長 七九　抱 八一　芳 八二　岡 八三　庚 八五　杭 八五　盲 八六　昂 八六　明 八七

咖 一一一　炎 一一二　拈 一一三　岩 一一三　奉 一一四　抵 一一五　佰 一一六　彼 一一六　侈 一一七　兕 一一八　底 一一八　祀 一二〇　使 一二一　始 一二二　阻 一二五　拒 一二五　所 一二五　雨 一二六　斧 一二七　府 一二七　武 一二七　取 一二八

秉 一五六　返 一五七　幸 一五七　並 一五九　肯 一六〇　阜 一六一　帚 一六二　受 一六二　咎 一六二　狗 一六三　姍 一六三　況 一六五　糾 一六五　參 一六五　奄 一六七　忝 一六七　旺 一七二　泌 一七四　季 一七六　泗 一七六　怡 一七七　事 一七八

近 二〇一　念 二〇一　券 二〇一　坪 二〇三　岸 二〇三　怯 二〇五　到 二一一　押 二一三　夜 二一四　亞 二一四　怕 二一五　炙 二一五　尚 二一六　狀 二一六　命 二一七　孟 二一七　性 二一八　姓 二一八　泳 二一八　宙 二一九　定 二一九　兕 二二〇

昔 二四八　易 二四九　析 二五〇　迪 二五一　的 二五一　直 二五二　刻 二五五　拉 二五八　泣 二五八　協 二六〇　狎 二六〇　妾 二六〇　帖 二六〇　刼 二六〇　垃 二六一　邵 二六二　拂 二六二　担 二六二　邮 二六二　刹 二六四　泛 二六四　或 二六四

芭 二六七　陀 二六七　芷 二六七　沬 二六七　臥 二七七　姆 二七八　刹 二八四　拓 二九〇　姊 二九〇　芽 二九〇　坦 二九一　拌 二九一　拘 二九一　泅 二九一　芹 二九一

九畫

洞 一　風 三　洪 四　紅 四　封 六

胎 三四　孩 三四　姻 三五　紉 三七　津 三七　珍 三七　春 三九　軍 四二　怨 四四　盆 四五　奔 四五　竿 四七　胆 四七　看 四八　冠 四九　姦 五十　前 五一　咽 五二　姸 五三　泉 五六　宣 五六　便 五六

砂 七五　奎 七六　香 七七　洋 七七　美 七九　相 八十　殃 八二　皇 八四　英 八七　牲 八八　盈 九十　貞 九一　型 九三　玲 九四　荅 九四　亭 九四　星 九四　局 九五　訂 九五　矜 九七　恒 九九　秋 一〇〇

十畫

癸 一二〇
俟 一二二
芋 一二四
侶 一二四
胥 一二五
禹 一二六
柱 一二七
苦 一三〇
祜 一三〇
洒 一三二
怠 一三四
待 一三四
矧 一三五
盾 一三七
苑 一三九
很 一四〇
柬 一四二
限 一四二
衍 一四三
扁 一四三
勉 一四五
狡 一四六

派 一六五
染 一六七
范 一六八
俘 一六九
巷 一七一
施 一七二
剌 一七二
帥 一七四
胃 一七九
畏 一七九
赴 一八三
故 一八五
度 一八五
怒 一八六
帝 一八七
剃 一八七
恤 一八七
係 一八八
計 一八八
契 一八九
洩 一九一
洌 一九二

亮 二一六
勁 二一八
政 二一八
柄 二一八
後 二二一
柚 二二一
奏 二二二
茂 二二二
甚 二二三
陋 二二三
屋 二二五
郁 二二八
卸 二一四
毒 二二九
俗 二三一
促 二三一
娙 二三二
柒 二三三
室 二三三
述 二三四
律 二三四
突 二三七

姝 二六六
怎 二六六
垢 二六六
韋 二六七
砌 二六七
胚 二六七
虐 二六七
咳 二六七
厘 二六七
哈 二六七
疤 二六八
枱 二六八
殆 二六八
柩 二六八
胖 二六八
疥 二六八
炸 二六八
秒 二九一
耐 二九一
咪 二九一
奕 二九一
娃 二九一

烘 五
通 五
胸 六
容 六
逢 七
峰 七
峯 七
茸 八
恭 八
師 一三
衰 一三
脂 一三
追 一五
時 一六
玆 一九
疽 二一
書 二一
徐 二二
娛 二三
除 二三
珠 二四
殊 二四

蚊 四十
員 四一
紛 四二
股 四二
袁 四三
原 四三
軒 四四
孫 四五
根 四六
恩 四六
桓 四八
般 四九
班 五十
烟 五二
胭 五二
眠 五三
眩 五四
扇 五五
娟 五七
捐 五七
拳 五八
栓 五八

秧 八二
剛 八三
桑 八三
狼 八三
倉 八三
唐 八三
珮 八四
朓 八四
荒 八六
旁 八七
荆 八九
耕 九一
城 九三
冥 九三
庭 九六
乘 九六
陞 九六
凌 九六
烝 九九
留 九九
流 九九
能 九九

陛 一三二
海 一三四
宰 一三四
疹 一三五
倍 一三五
們 一三六
粉 一三七
剖 一三七
笋 一三七
准 一三七
挽 一三八
娩 一三八
浣 一四一
峪 一四三
展 一四四
浩 一四六
倒 一四七
草 一四七
討 一四七
娜 一四八
倭 一四九
馬 一四九

荔 一七一
翅 一七二
悅 一七二
秘 一七三
祕 一七三
致 一七五
値 一七八
記 一七九
氣 一八〇
恕 一八一
悞 一八五
厝 一八六
悟 一八六
素 一八六
哺 一八七
庫 一八七
捕 一八七
悌 一八八
桂 一八九
脆 一九〇
害 一九二
泰 一九二

個 二一二
射 二一四
峽 二一五
借 二一五
恙 二一六
病 二一七
浪 二一七
徑 二一八
秤 二一九
祐 二二〇
畜 二二〇
臭 二二〇
候 二二一
鬥 二二二
浸 二二三
峨 二二四
哭 二二五
站 二二五
祝 二二八
浴 二三〇
辱 二三〇
朔 二三一

隻 二四九
席 二五〇
陟 二五二
息 二五三
特 二五五
級 二五七
笈 二五七
盍 二五八
衲 二五八
涉 二五九
恥 二六〇
祖 二六七
疲 二六八
核 二六八
浚 二六八
畔 二六八
倦 二六九
疴 二六九
疽 二六九
痙 二六九
俯 二六九
哮 二六九

航 二九三
拿 二九三
併 二九三
埔 二九三
晒 二九三
氧 二九三
烤 二九三
祠 二九三
窄 二九三
胰 二九三
退 二九三
倆 二九三
倪 二九四
屑 二九四
桔 二九四
豹 二九四
逆 二九四

十一畫

終 二
崇 二
梵 三

區 二四
符 二五
途 二七
鹵 二八
梯 二九
釵 三十
淮 三一
排 三一
梅 三二
抹 三三
培 三三
崔 三三
堆 三三
猜 三四
晨 三五
淪 三七
陳 三七
淳 三八
貧 三八
彬 三八
脣 三九
袁 四三

聊 六十
梟 六十
逍 六一
陶 六三
教 六五
淆 六五
巢 六六
毫 六七
袍 六八
掏 六八
曹 六九
荷 七十
梭 七一
婆 七一
涉 七一
斜 七三
痲 七三
莫 七四
祥 七七
涼 七七
粱 七七
痒 七七

停 九三
陵 九五
崩 九八
郵 九九
悠 一〇〇
羞 一〇一
脩 一〇一
眸 一〇三
兜 一〇四
梧 一〇四
偷 一〇四
球 一〇四
彪 一〇五
婁 一〇五
淫 一〇六
淋 一〇六
參 一〇七
深 一〇七
庵 一〇八
陰 一〇八
淦 一〇九
婪 一〇九

許 一二五
處 一二五
做 一二六
敍 一二六
莒 一二六
脯 一二七
組 一三〇
粗 一三〇
部 一三〇
啓 一三二
彩 一三五
斂 一三六
採 一三六
晚 一三八
偃 一三八
圈 一三九
混 一三九
婉 一三九
產 一四二
匾 一四三
眼 一四三
捲 一四四

既 一六四
婦 一六四
釦 一六五
蛋 一六六
斬 一六八
控 一六九
累 一七一
寄 一七一
豉 一七一
被 一七一
淚 一七三
僞 一七三
率 一七四
彗 一七四
異 一七九
庶 一八一
望 一八二
務 一八三
娶 一八四
措 一八七
第 一八八
祭 一八九

赦 二一五
帳 二一六
唱 二一七
淨 二一八
救 二一九
畫 二二〇
袖 二二〇
授 二二一
售 二二一
透 二二三
寇 二二三
勘 二二三
陷 二二四
速 二二五
豚 二二五
族 二二六
鹿 二二六
逐 二二七
陸 二二七
掬 二二八
淑 二二八
宿 二二九

戚 二五二
覓 二五二
匿 二五三
勒 二五四
側 二五四
得 二五四
域 二五四
國 二五五
習 二五六
執 二五六
盒 二五七
笠 二五七
接 二五九
票 二六八
細 二七一
紮 二七一
紳 二七一
崙 二七一
崑 二七一
夠 二七一
崎 二七一
偺 二七一

埠 二九四
娼 二九四
您 二九四
惟 二九四
斌 二九四
款 二九五
氫 二九五
研 二九五
粒 二九五
莩 二九五
這 二九五
唾 二九五
掉 二九五
掠 二九五

十二畫

童 一
衆 二
絨 二
羢 二
雄 二
馮 三

稀 二一
虛 二二
疏 二二
豬 二二
無 二三
屠 二三
須 二四
辜 二六
湖 二六
壺 二六
菩 二六
都 二八
惡 二八
酥 二八
犀 二九
隄 二九
啼 二九
街 三十
牌 三〇
階 三一
裁 三三
開 三三

然 五五
棉 五六
貂 五九
硝 六一
超 六一
朝 六一
堯 六一
椒 六二
焦 六二
描 六四
喬 六五
蛟 六五
殺 六五
鈔 六六
皐 六七
勞 六七
萄 六九
華 七四
陽 七六
揚 七六
琵 七六
量 七七

游 一〇〇
猶 一〇〇
鈎 一〇四
尋 一〇五
喉 一〇五
猴 一〇五
琴 一〇六
欽 一〇七
覃 一〇八
森 一〇八
菴 一〇八
堪 一〇九
嵐 一〇九
酣 一一〇
港 一一四
棒 一一四
椅 一一五
項 一一五
痞 一一八
詐 一一八
揆 一一九
喜 一二〇

窘 一三六
診 一三六
筍 一三七
渾 一三九
菀 一三九
散 一四〇
傘 一四〇
款 一四一
孱 一四二
棧 一四二
皖 一四二
喘 一四四
善 一四四
淼 一四六
棗 一四七
惱 一四七
葉 一四八
斑 一五〇
雅 一五〇
廈 一五一
象 一五二
敞 一五三

十三畫

十四畫

亂 二〇四
祺 二〇六
電 二〇七
殿 二〇七
絹 二〇八
遍 二〇九
羨 二〇九
照 二一〇
傲 二一一
號 二一一
奧 二一二
嫁 二一三
暇 二一四
靶 二一五
敬 二一七
聖 二一八
溜 二二〇
媾 二二二
暗 二二三
祿 二二六
腹 二二六
肅 二二八

溺 二五二
極 二五三
逼 二五四
塊 二五五
涇 二五六
睫 二五九
楫 二五九
葉 二五九
塔 二五九
閘 二五九
鉀 二五九
寗 二七三
嫌 二七四
慌 二七四
煌 二七五
煉 二七五
爺 二七五
溢 二七五
溯 二七五
愧 二七五
該 二七六
補 二七六

腫 二九八
葷 二九八
路 二九九
躲 二九九
較 二九九
遊 二九九
鉅 二九九
雌 二九九
飩 二九九
馳 二九九
暄 二九九
僂 二九九
僾 二九九
剩 二九九
剷 三〇〇
嗅 三〇〇
彙 三〇〇
愷 三〇〇
棱 三〇〇
滄 三〇〇
瑛 三〇〇
稟 三〇〇

瑰 三二
魁 三二
臺 三三
綺 三三
甄 三五
賓 三六
銀 三七
塵 三七
閩 三八
綸 三九
聞 四十
熏 四二
魂 四四
酸 四八
團 四八
端 四八
漫 五一
綿 五六
銓 五七
鳶 五七
廖 六十
僚 六十

網 八四
臧 八五
榜 八六
鳴 八七
榮 八八
禎 九一
輕 九一
銘 九四
蒸 九五
寧 九五
稱 九七
兢 九七
僧 九八
榴 一〇〇
漸 一一二
監 一一三
銜 一一三
鄙 一一八
爾 一一八
語 一二三
蜚 一二三
綾 一二四

裸 一四八
禍 一四九
嘏 一五〇
彰 一五〇
寡 一五一
箋 一五二
像 一五二
獎 一五二
槎 一五二
網 一五四
境 一五五
榔 一五六
領 一五八
綬 一六二
壽 一六二
誘 一六二
寢 一六五
歉 一六七
截 一六七
鳳 一六八
粽 一六九
綜 一七〇

誓 一九一
蓋 一九二
對 一九六
幗 一九六
誨 一九六
溉 一九七
態 一九七
認 一九八
遜 二〇二
嫩 二〇二
漢 二〇三
慢 二〇五
蒜 二〇五
慣 二〇六
綫 二〇八
裱 二一一
貌 二一一
箇 二一二
綢 二一六
暢 二一六
嗽 二二二
構 二二三

瑪 二四七
摘 二四八
碧 二五〇
滌 二五一
滴 二五一
飾 二五三
閣 二五八
榻 二五九
輒 二六〇
幔 二七七
摧 二七七
孵 二七七
賑 二七八
輔 二七八
瘋 二七八
蓆 二七八
裹 二七八
榕 二七八
熄 二七八
瑯 二七八
榦 二七八
滾 二七八

十七畫

十八畫

廿一畫

廿二畫

廿三畫

廿五畫

彌 二三四
闕 二三六
薩 二三八
額 二四六
璧 二五〇
癖 二五一
職 二五二
雜 二五八
檯 二八五
擺 二八五
檬 二八五
爵 二八六
襆 二八六
濾 二八六
蹤 二八七
馥 二八七
薺 二八八
鼇 二八八
瞿 二八八
闖 三〇五

十九畫

瀛 九十
瓊 九二
蠅 九六
懲 九六
繩 九七
鵬 九八
藤 九九
襟 一〇七
簷 一一〇
簾 一一一
蟻 一一五
靡 一一六
簿 一三〇
譜 一三一
蟹 一三二
穩 一三九
嬾 一四〇
禱 一四七
襖 一四八
藕 一六三
類 一七三
餽 一七四
壢 二八六
譚 二八七
鶉 二八七
饑 二八七
寵 二八七
贊 二八七
瀝 二八七
簽 三〇六
藩 三〇六
霸 三〇六
贈 三〇六
轎 三〇六
醮 三〇六
鏢 三〇六
饈 三〇六
騙 三〇六
鶘 三〇六
懶 三〇六
曝 三〇七
曙 三〇七

二十畫

纂 一四一
闡 一四四
寶 一四七
癢 一五二
壤 一五四
黨 一五五
警 一五六
礦 一五七
艦 一六八
議 一七二
繼 一八八
譪 一九二
勸 二〇一
獻 二〇二
麵 二〇七
耀 二一〇
競 二一七
覺 二三一
藻 二三五
贏 二四一
釋 二四九
譯 二四九
饒 六二
魔 七二
轟 八九
鶯 八九
櫻 八九
躊 一〇三
闢 一三三
蠢 一三七
覽 一六六
懼 一八三
辯 一八三
露 一八五
護 一八五
顧 一八五
儷 一八九
襯 一九九
爛 二〇三
灌 二〇四
饌 二〇九
竈 二一二
霸 二一五
麝 二一五
巔 五三
權 五八
驕 六二
鰲 六九
驊 七四
囊 八五
聽 九三
鷗 一〇五
髓 一一六
灑 一一七
灘 一四一
癬 一四三
巒 一五〇
響 一五三
懿 一七六
臟 一九五
襯 一九九
讀 二二五
鑑 二二五
贖 二三一
竊 二四〇
疊 二四五
顯 一四二
髒 一五五
鑣 一五八
曬 一七三
戀 二〇九
變 二〇九
邏 二一三
驗 二二四
靨 二六〇
驛 二八八
鱔 三〇八
攪 三〇八

廿四畫

鑫 二九
靈 九三
鷹 九六
蠶 一〇九
鹽 一一〇
攬 一六六
贛 一六六
鹼 一六八
鑰 三〇八

廿六畫

驥 一三
讚 二〇四

廿七畫

鑽 四九
鑼 七十
纜 二三四
鱷 三〇八

廿八畫

鸚 八九
鑿 二三六

廿九畫

鬱 二三五

卅畫

鸞 四九
鸝 七二

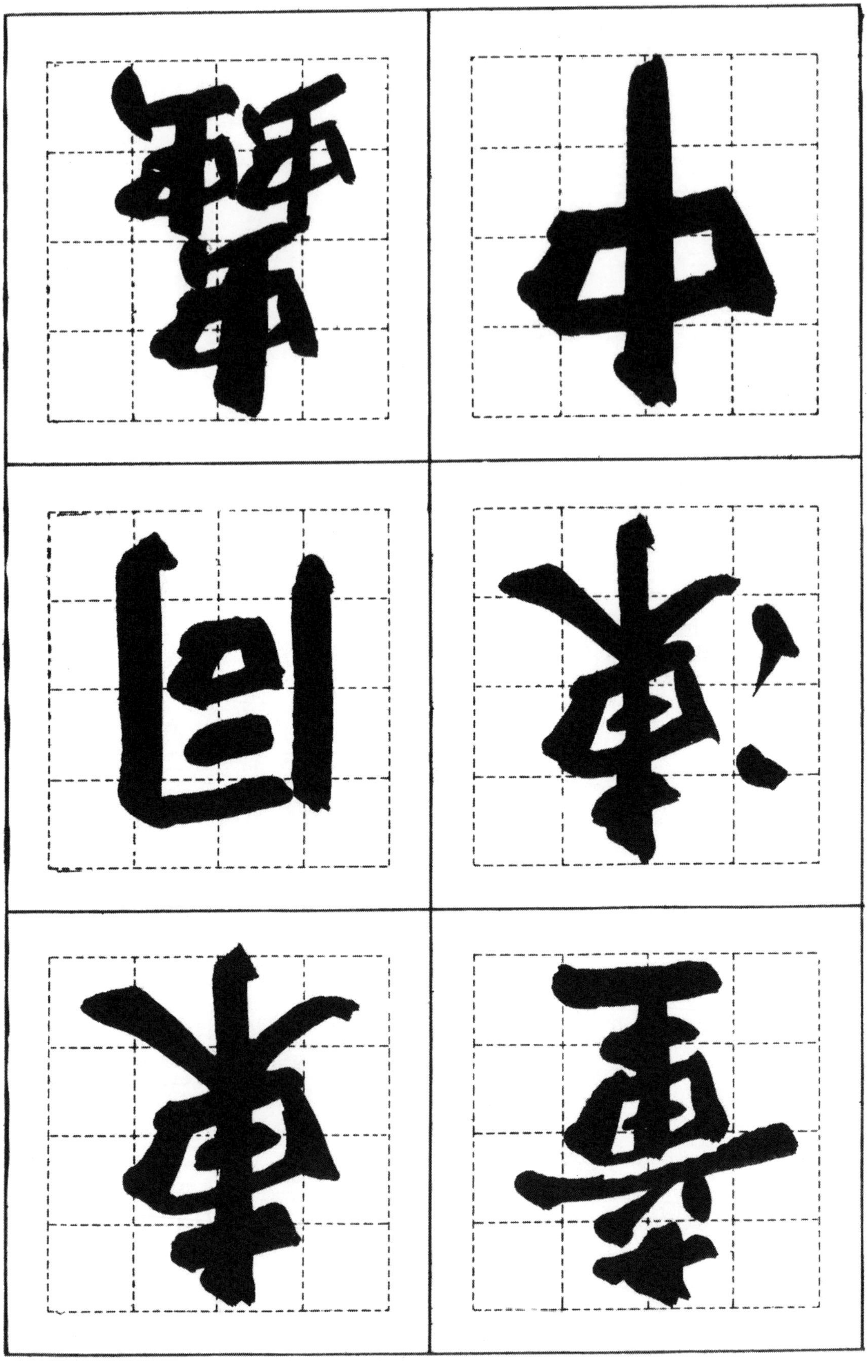
中
要
回
華

忠	桐
仝	洞
沖	銅

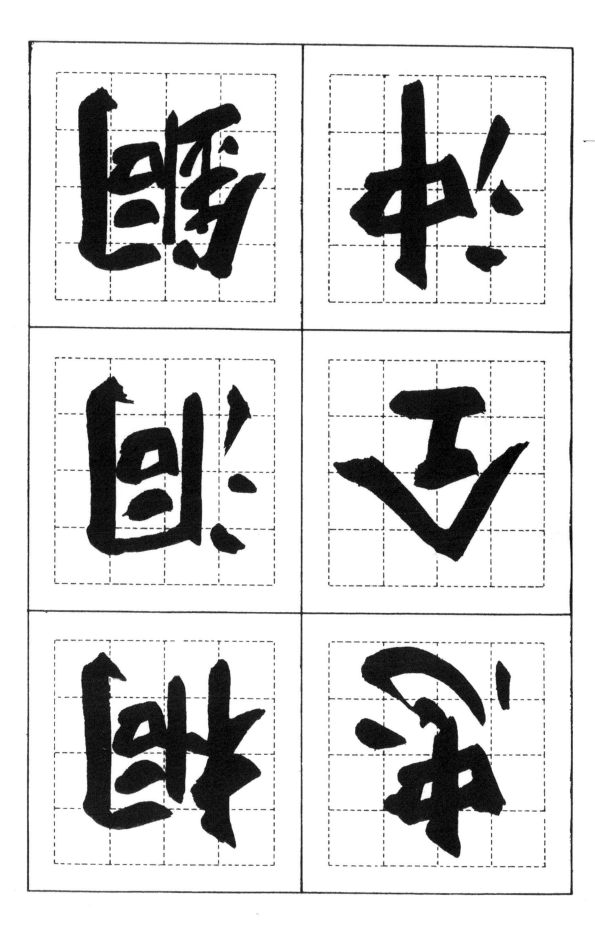

終
眾
宗
嵩
戎
弓

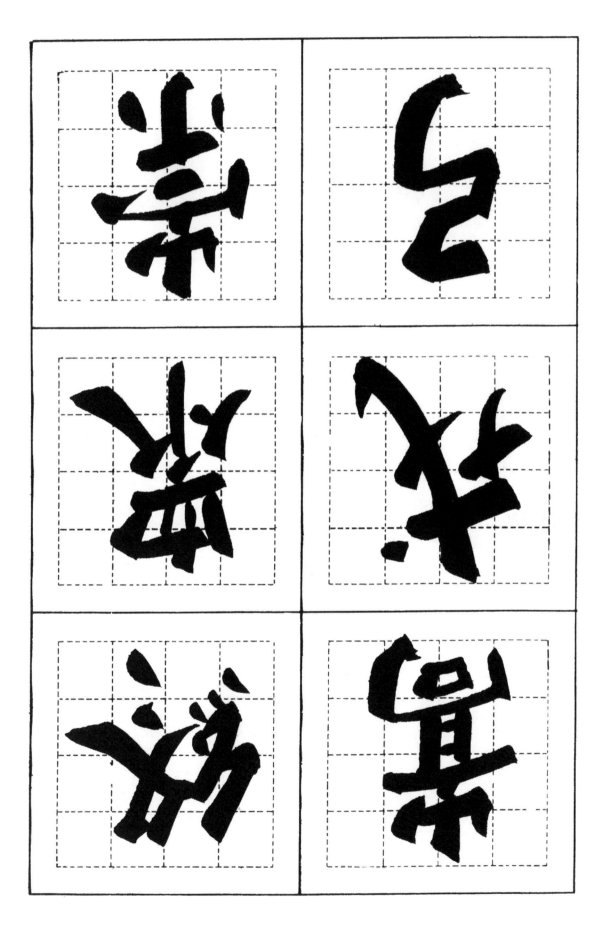

絨
羢
宮
融
躬
雄

熊
夢
窮
馮
汎
梵

風
充
隆
豐
楓
空

攻	龍
聾	洪
紅	鴻

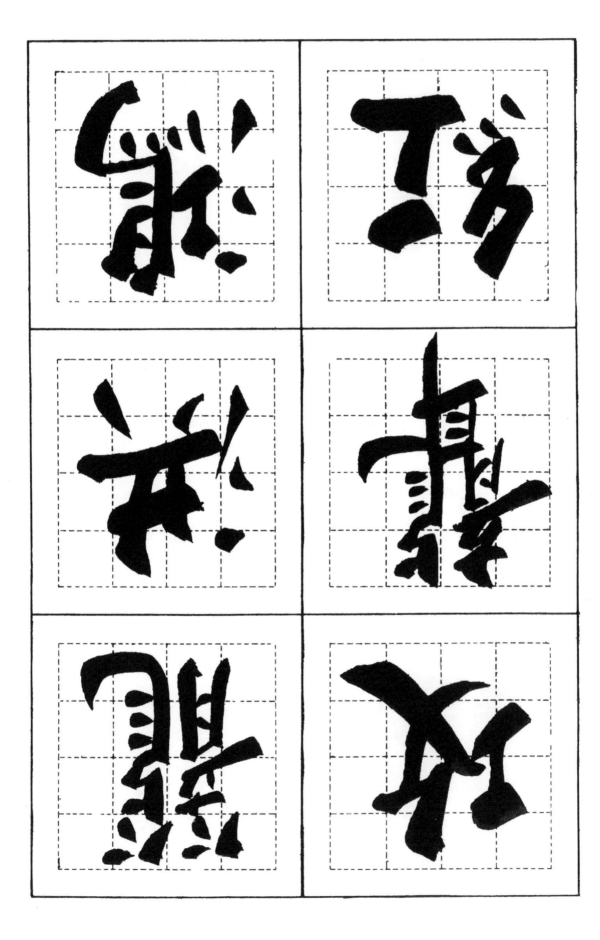

功
公
瓏
公
工
業

冬

農

宗

逢

疼

鬃

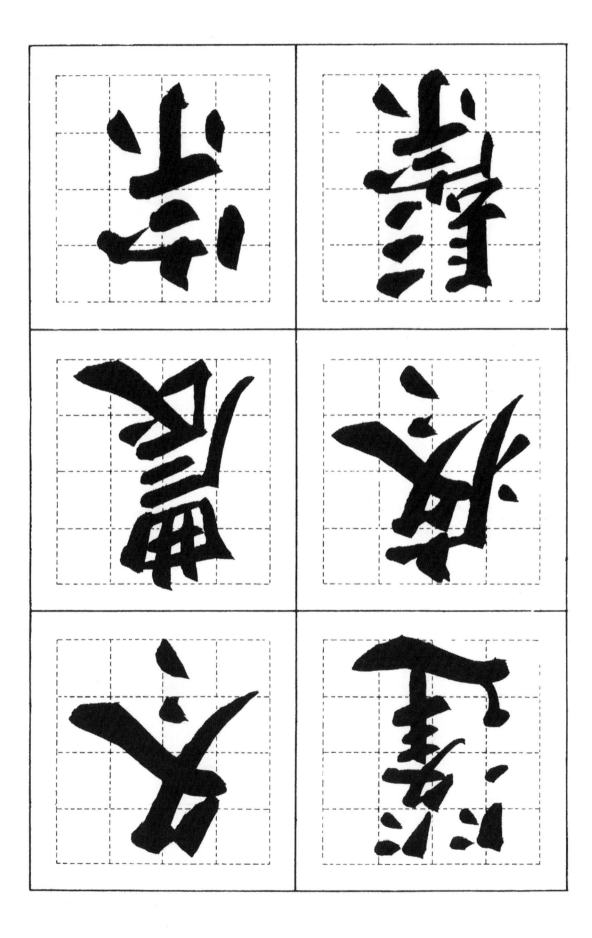

翁 聰 蜂

烘 叢 通

鍾	龍
鎔	胸
頊	封

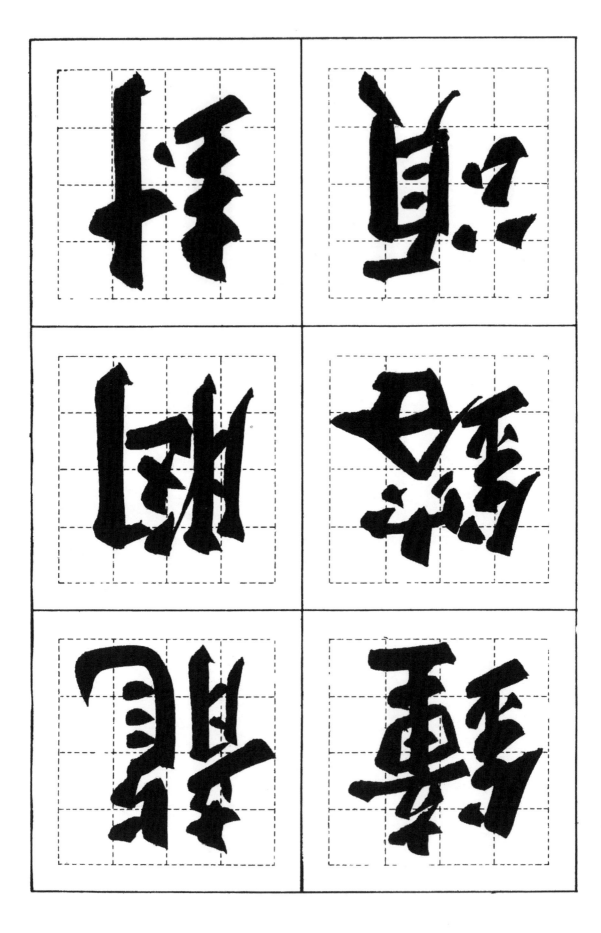

鍾
松
蓉
鬆
容
庸

濃	重
逢	鋒
峰	働

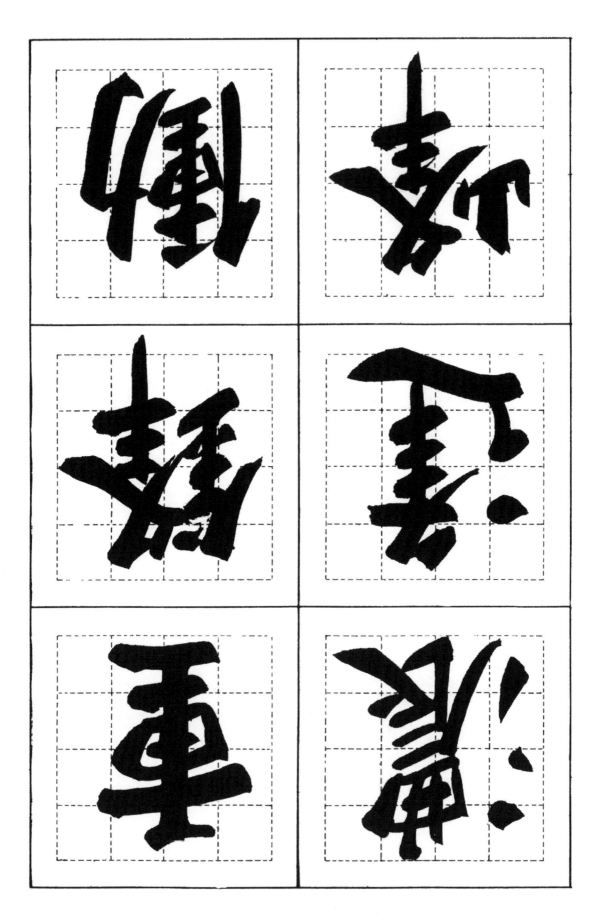

癱

傭

峯

癰

從

縫

窗 共

降 雙

缸 双

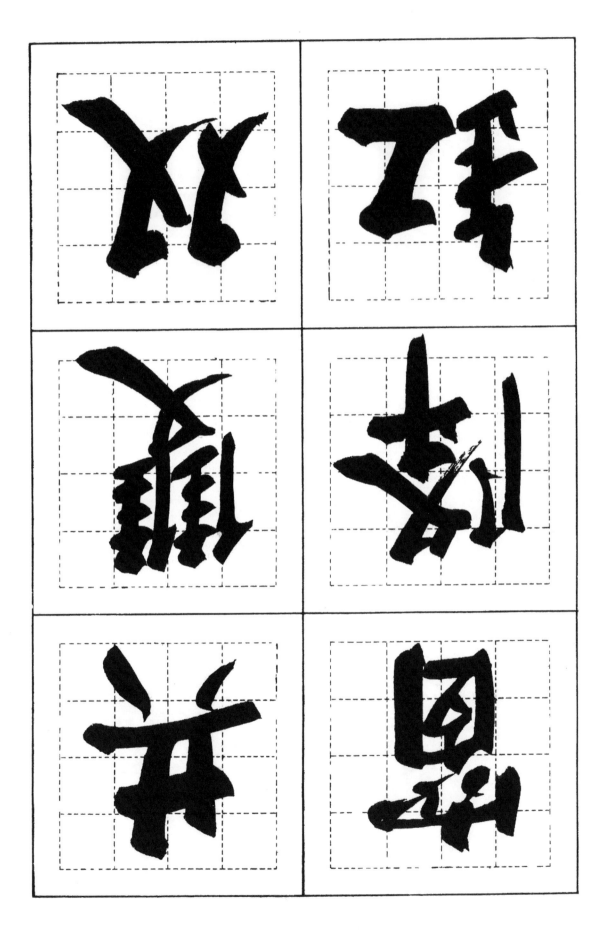

供
江
邦
葺
縱
恭

龐
肛
氏
為
枝
蛇

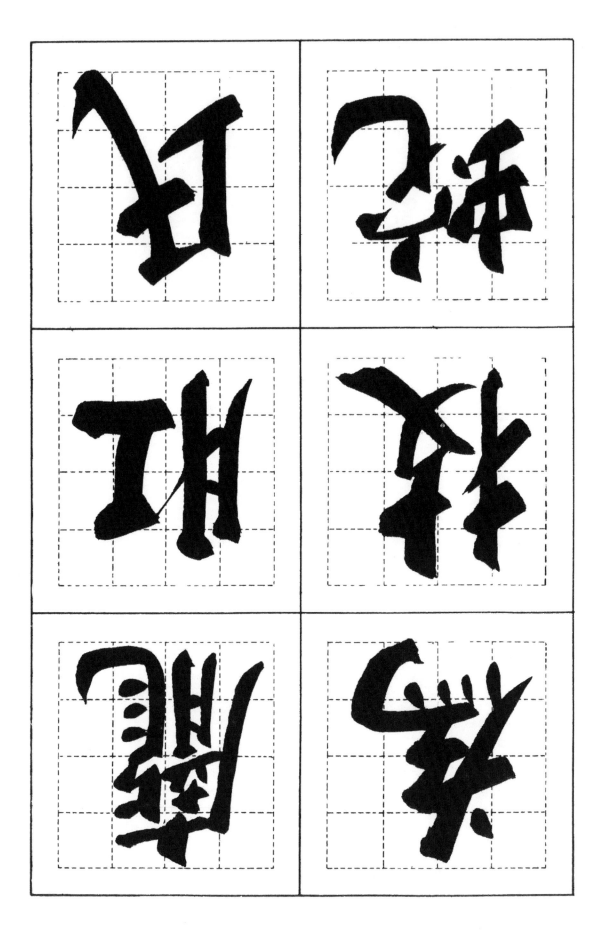

支
移
枝
腔
撞
聳

皮

涯

崖

宜

儀

提

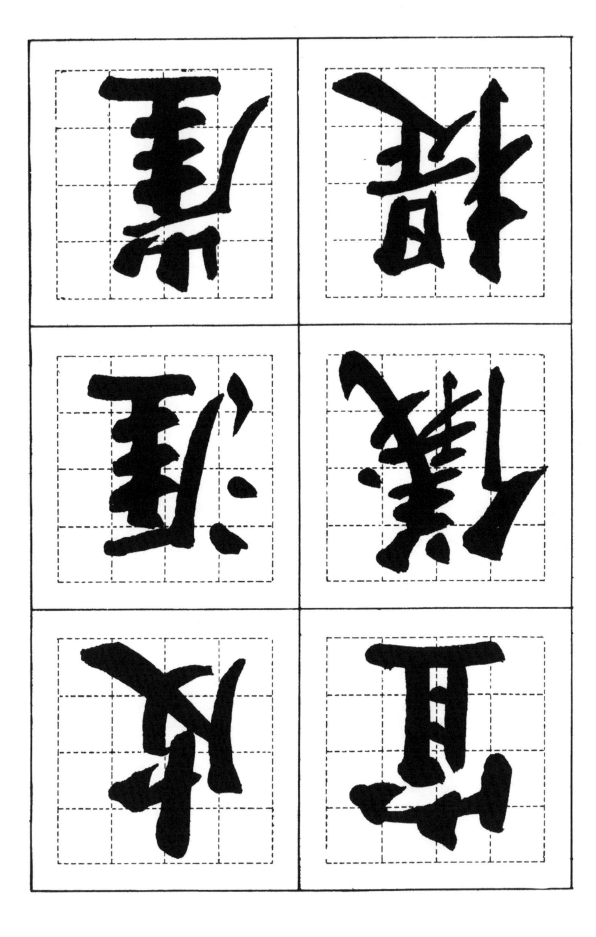

騎
戲
戲
岐
匆
犧

披
窺
奇
瘦
碑
虧

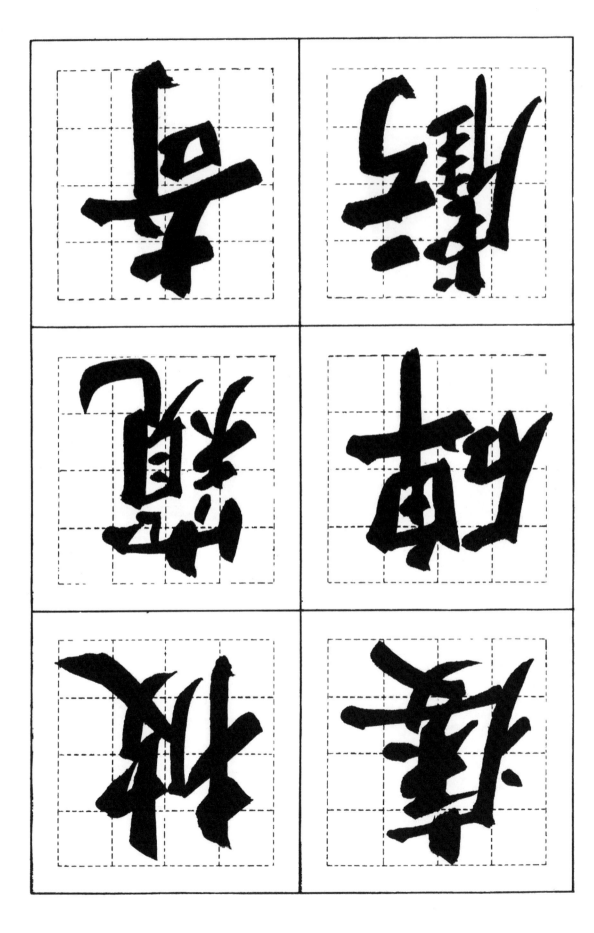

爲垂隨
肢委吹

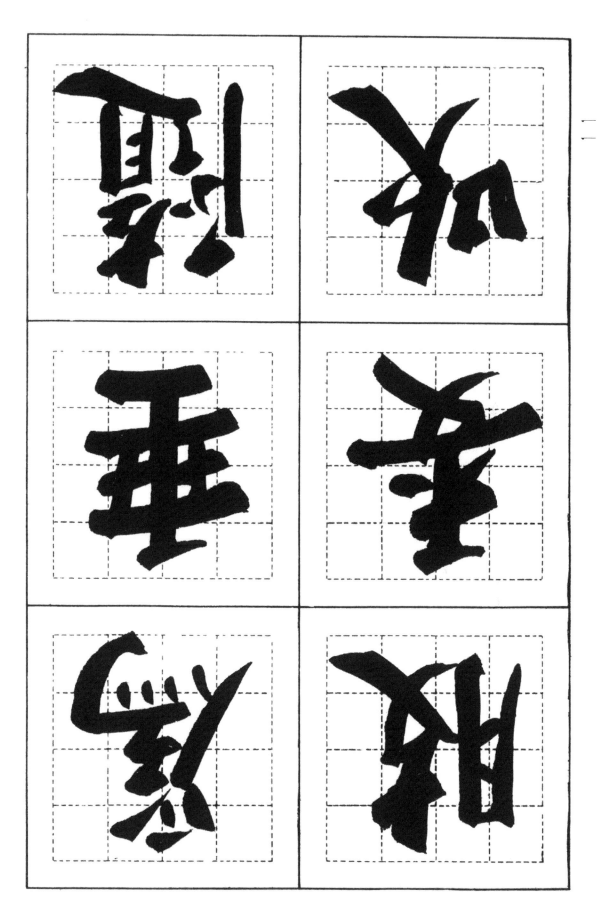

資 麗

脾 斯

珊 焊

堤	璃
兒	妓
離	卑

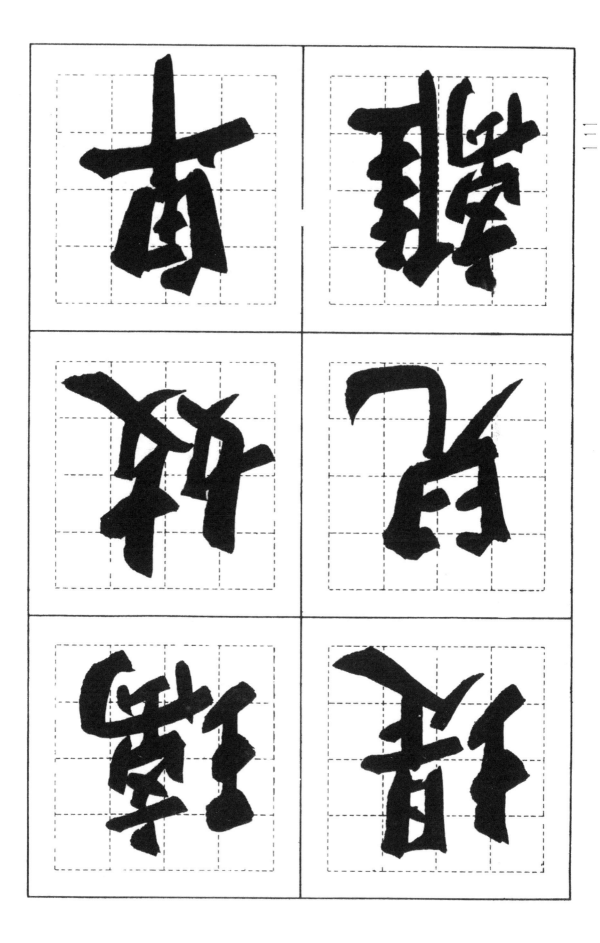

寅
綉
師
規
彝
夷

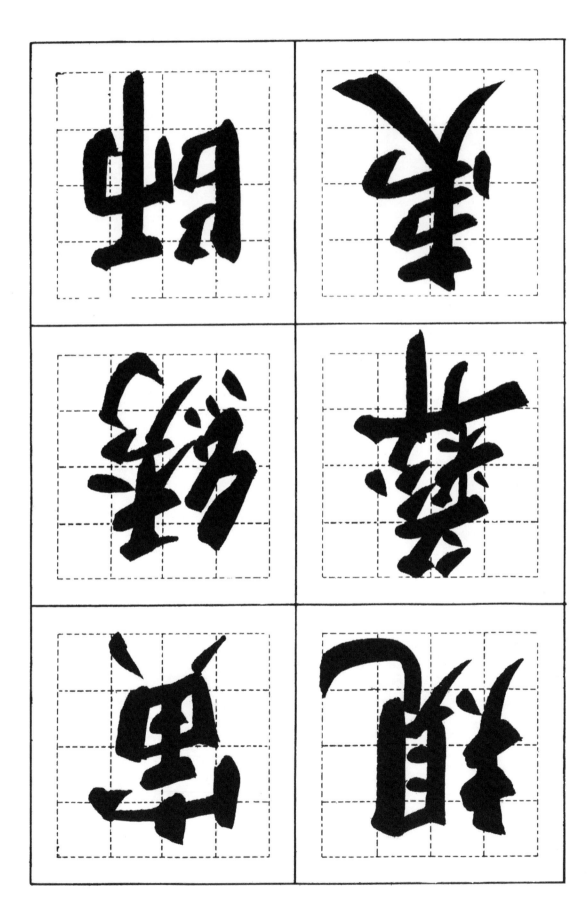

知衰脂

池危驥

遲	墀
莉	尸
利	私

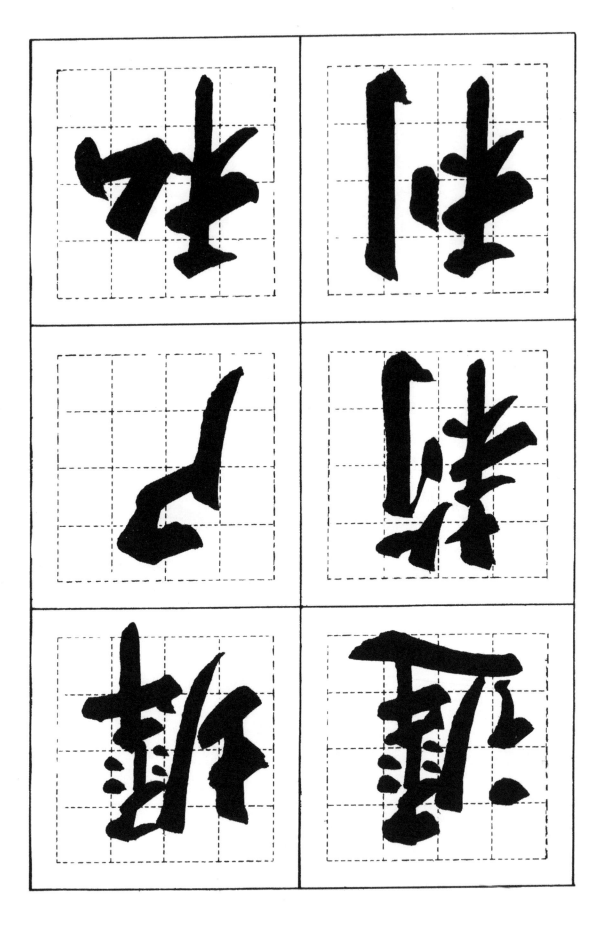

飢

瓷

呢

獅

她

姿

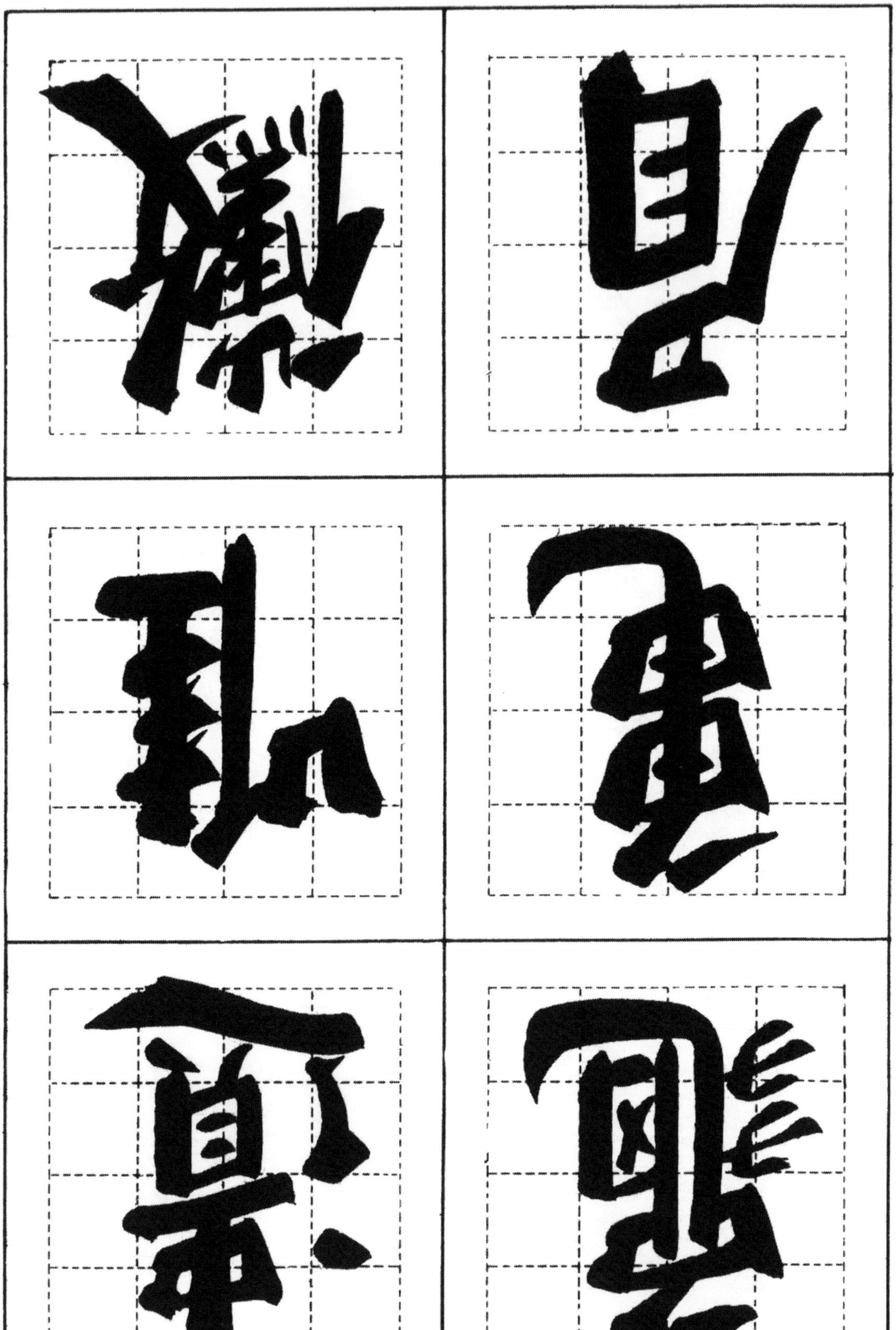

犂

追

綏

梨

葵

維

芝時頤
之台推

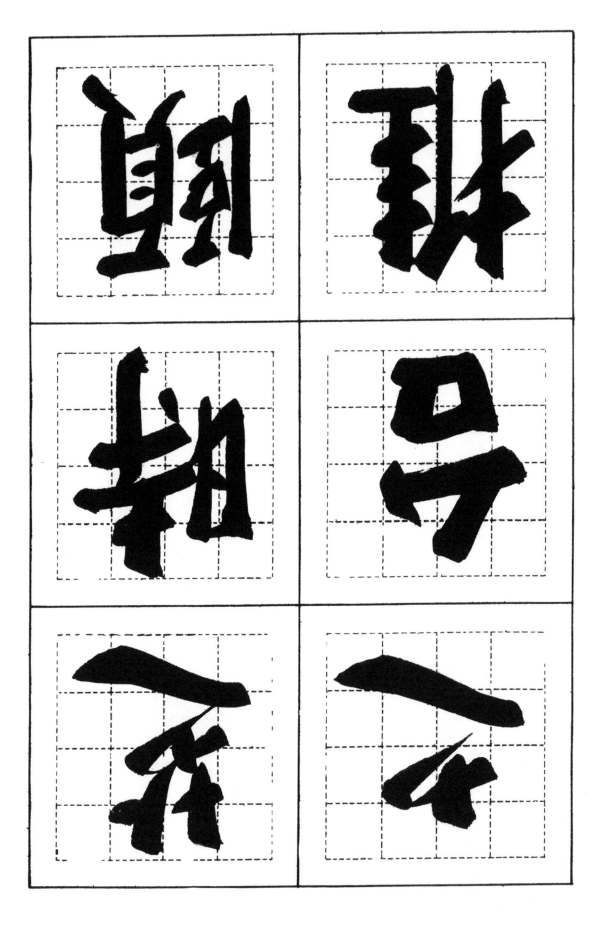

薇 帷 丕

嵋 雖 悲

麒

詩

而

期

旗

祺

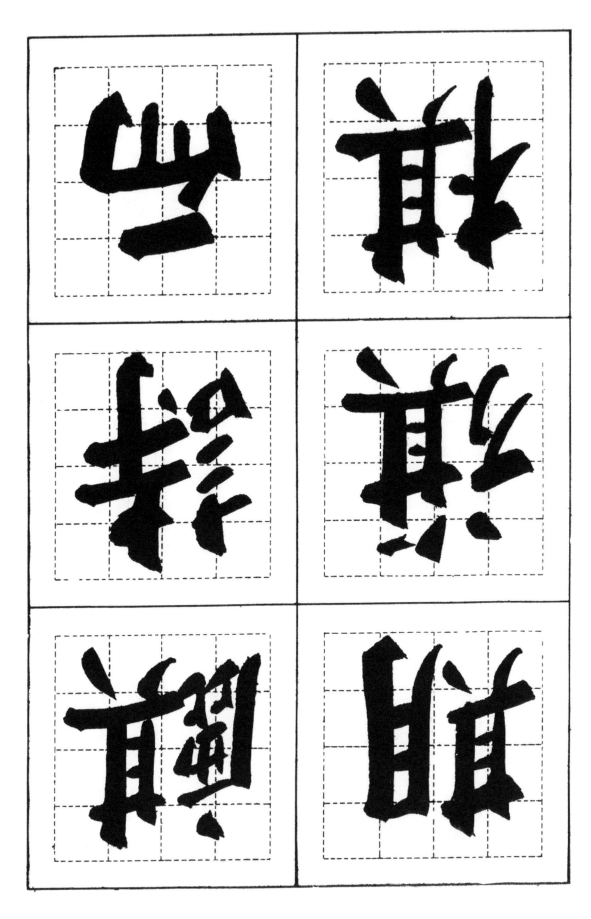

司
絲
其
思
疑
輜

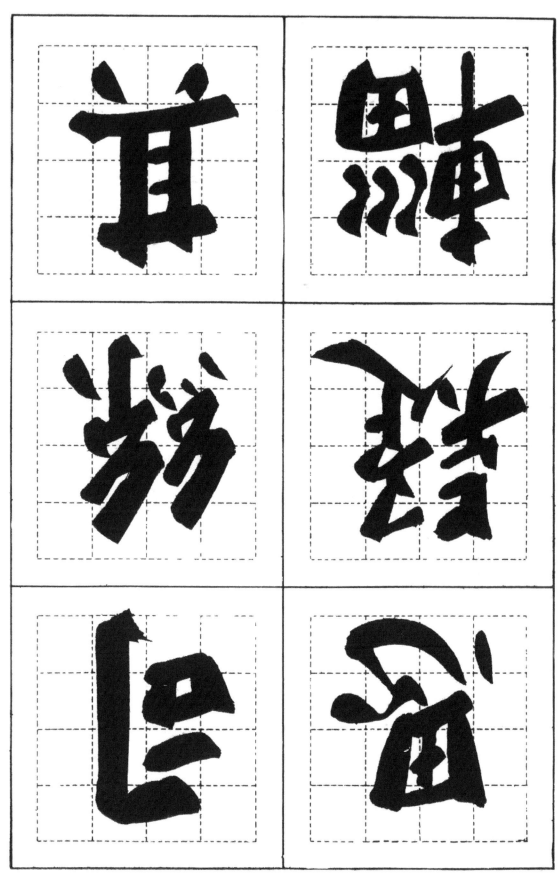

禧 醫

治 慈

持 仔

詞 辭 熙

欺 基 居

妃
菲
飛
揮
徽
違

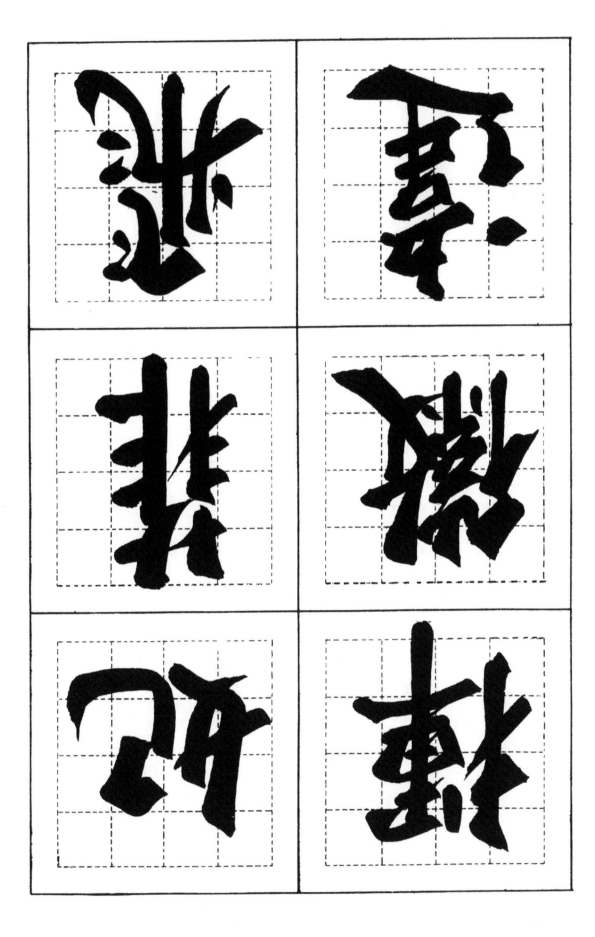

微
暉
闈
茲
滋
輝

戚
魚
初
圳
衣
歸

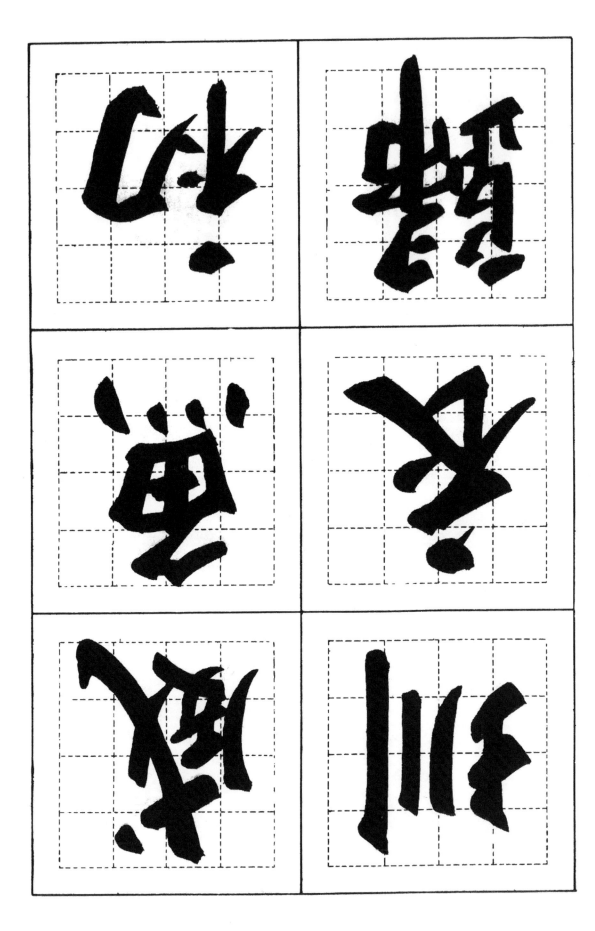

肥

希

機

非

幾

裴

譽
予
疽
餘
余
與

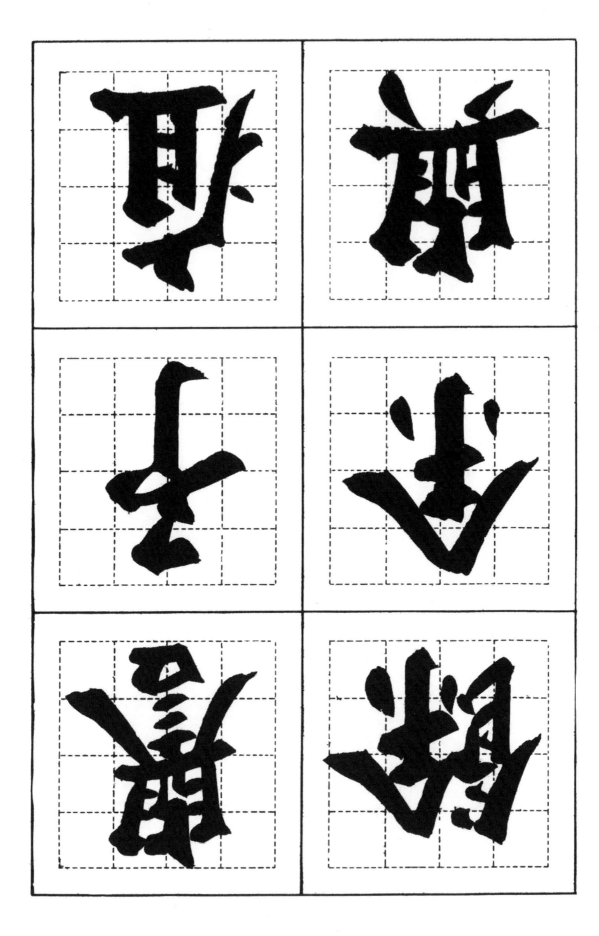

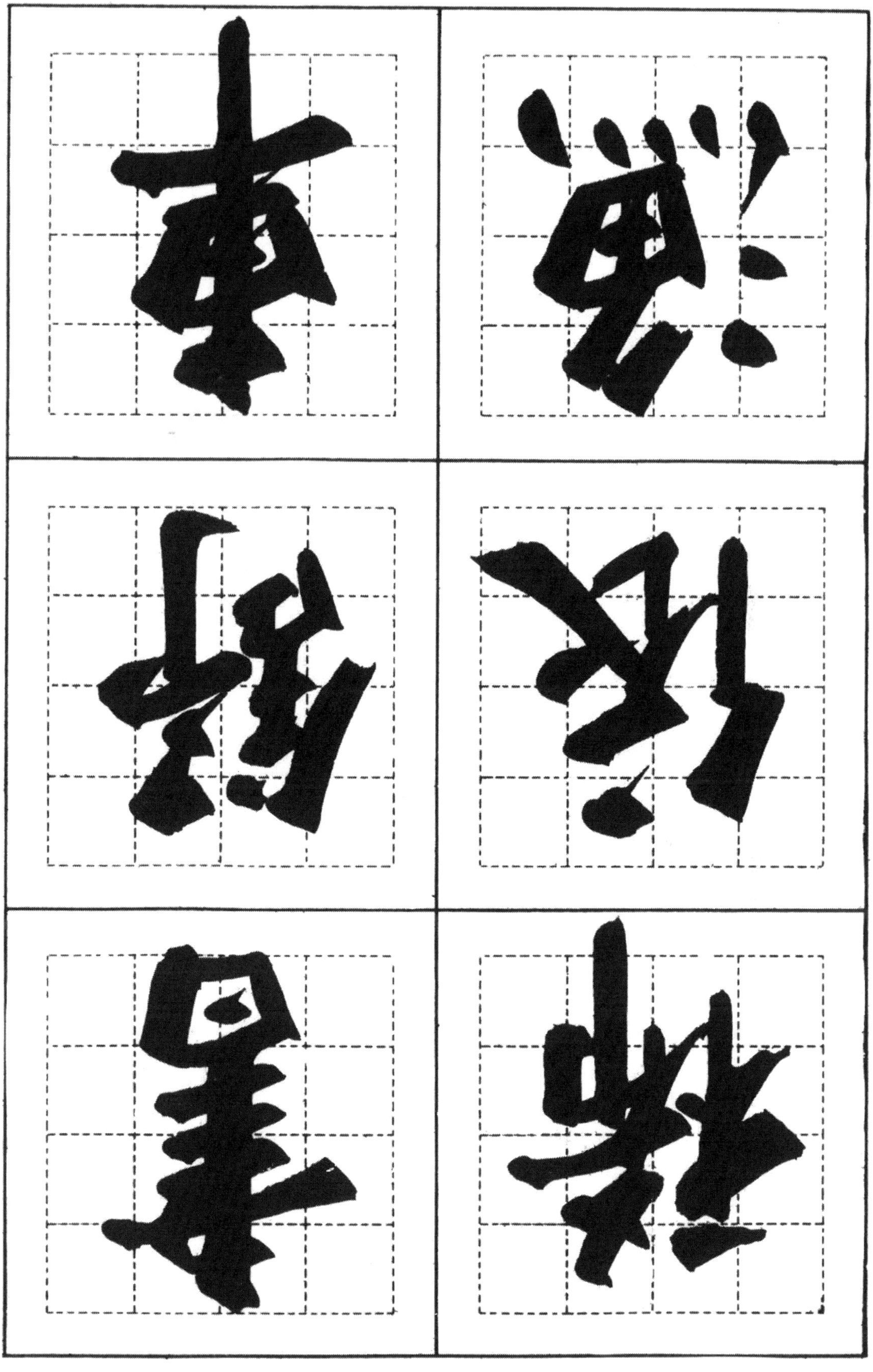

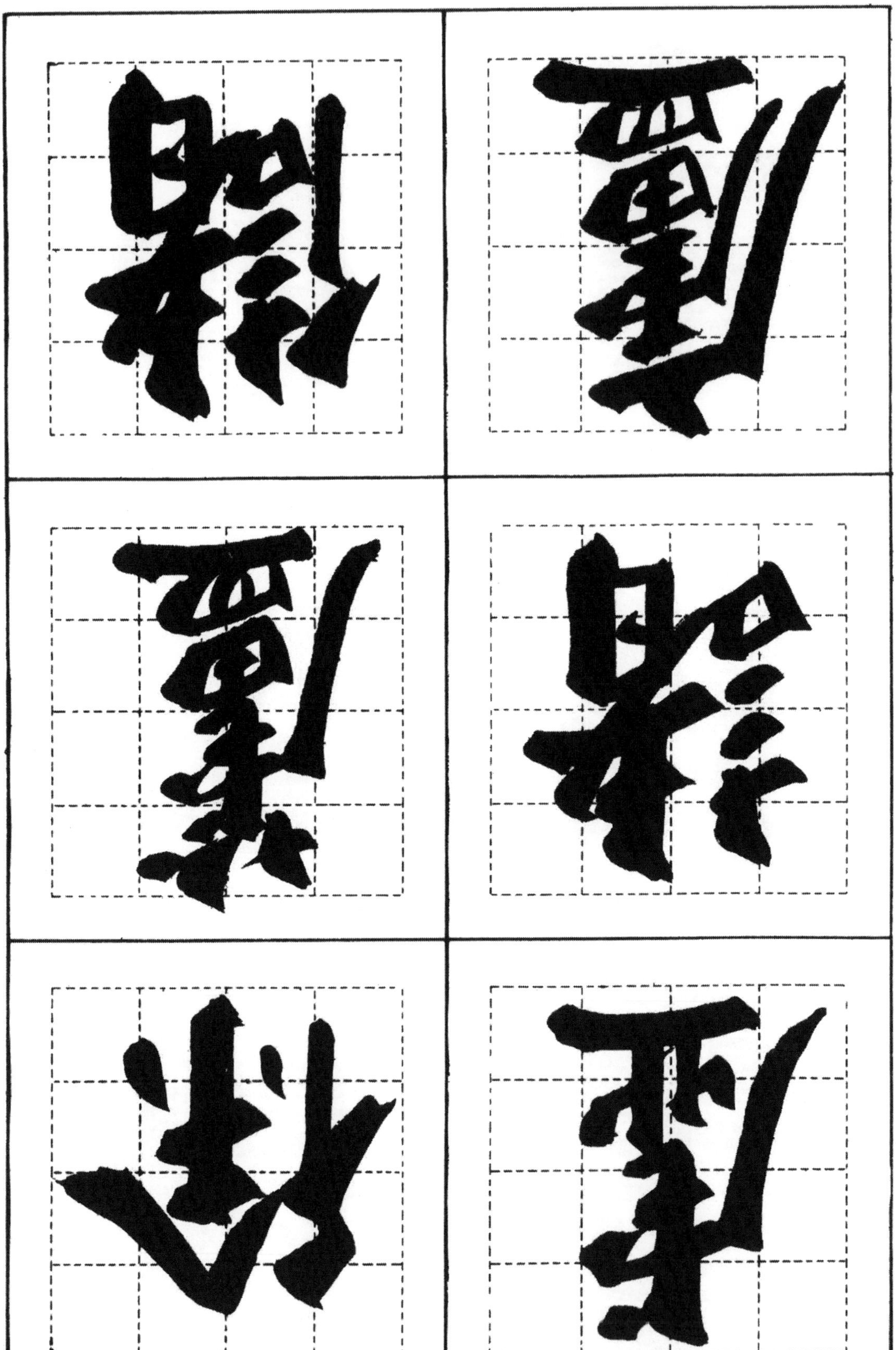

踈閣猪舉於豬

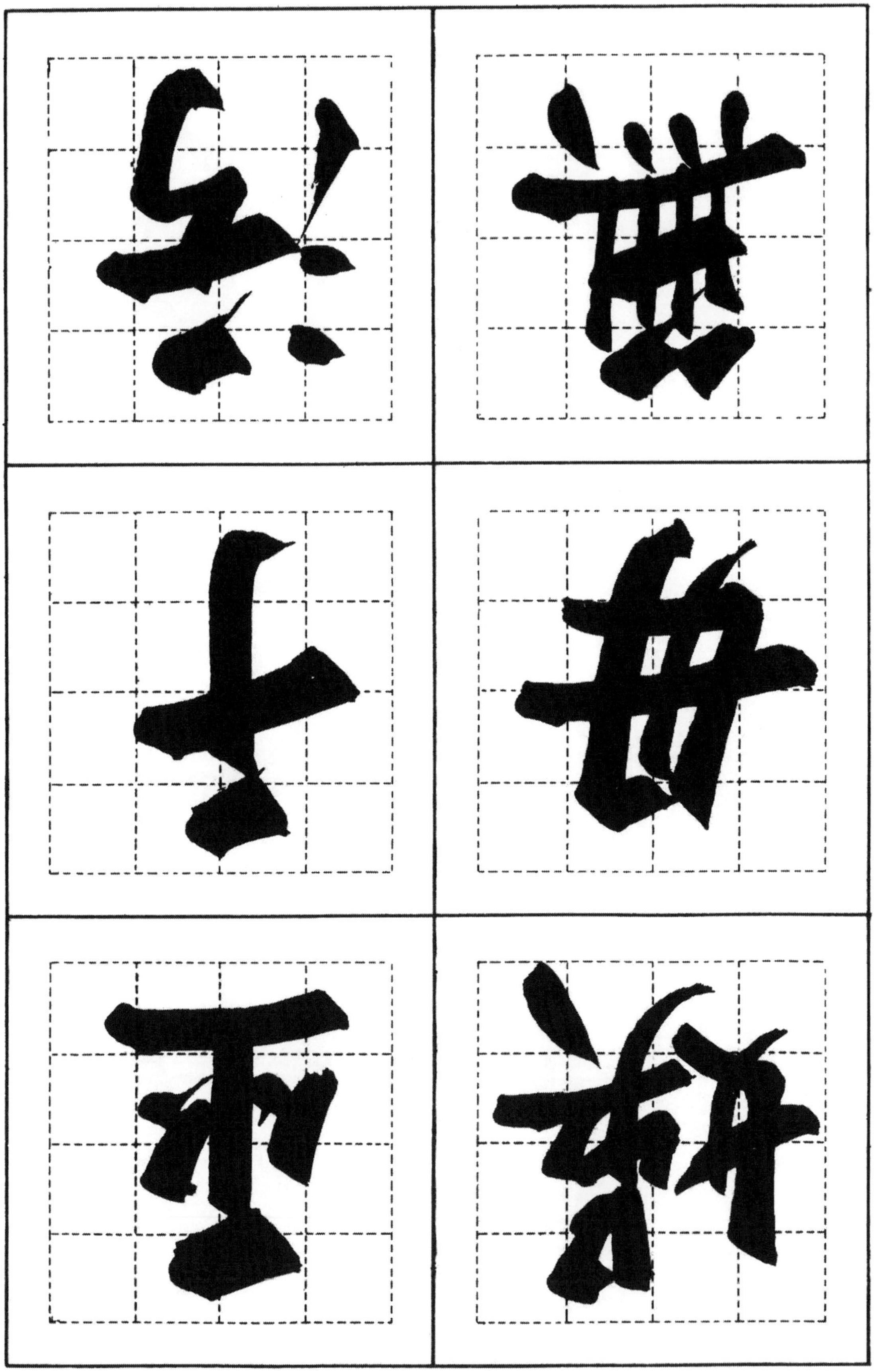

屠
虞
愚
除
滅
如

驅 朱 珠

殊 俞 區

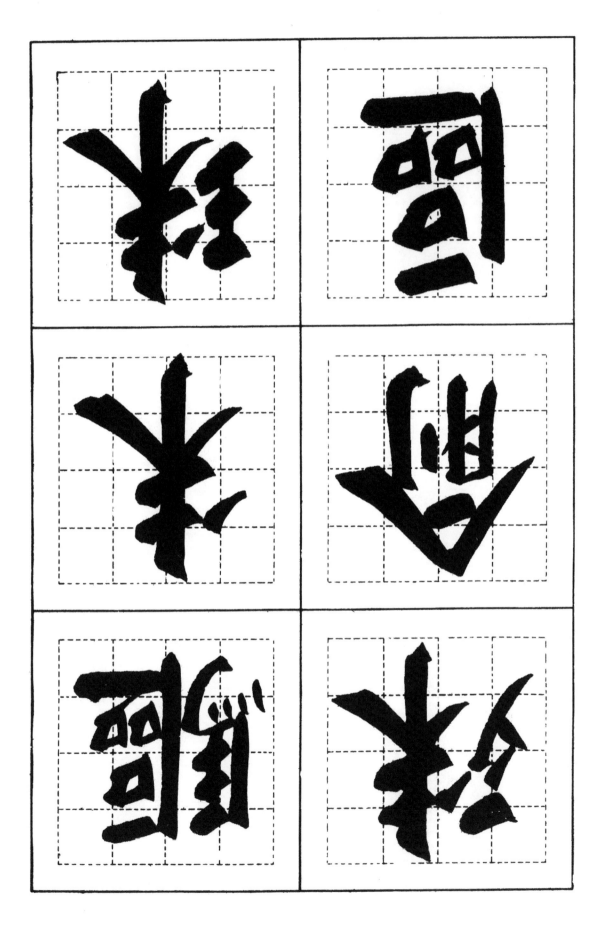

株
列
誅
儒
須
需

膚
輸
廚
雖
敷
乎

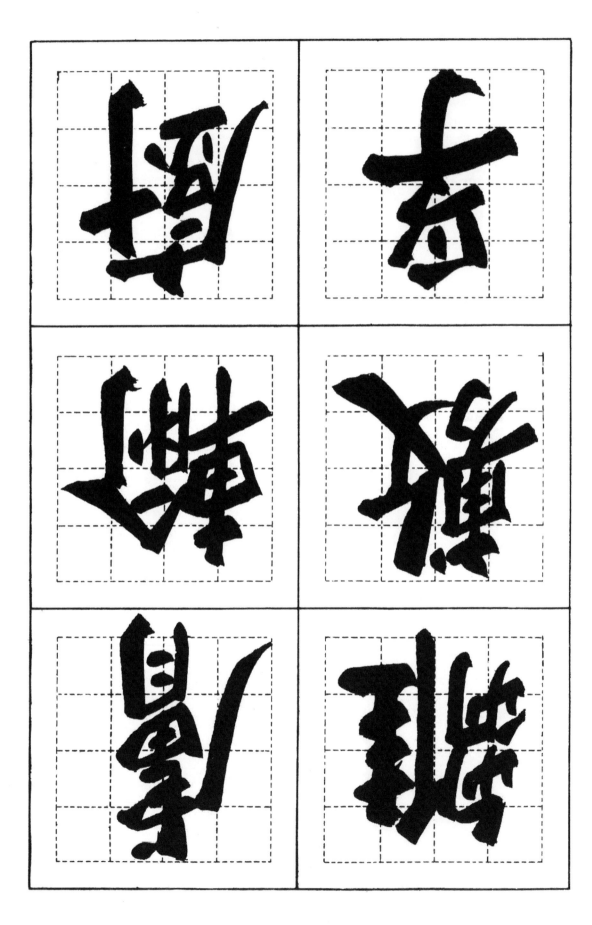

符

夫

坿

鏤

扶

芙

狐	糊
湖	孤
姑	辜

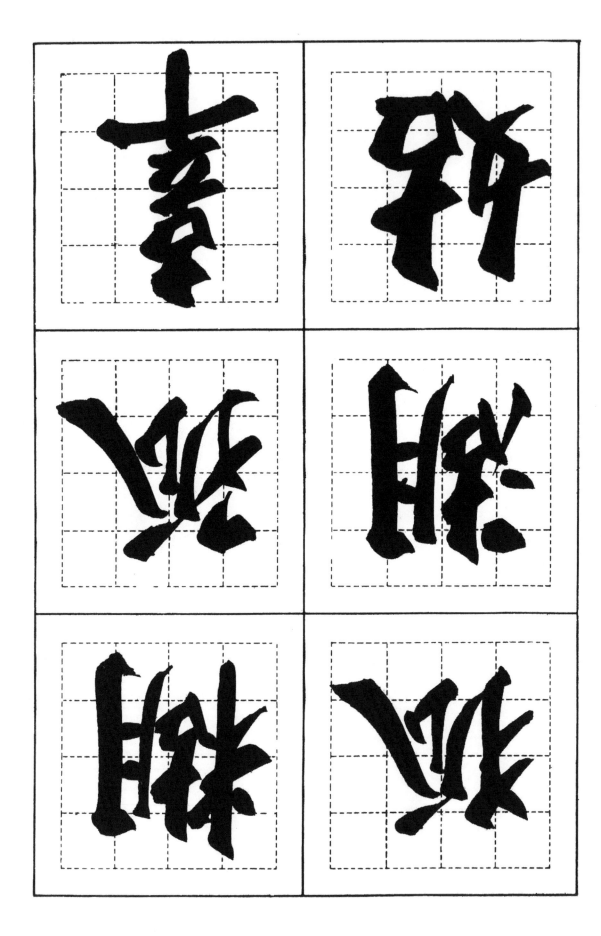

蒲
胡
壺
俱
模
菩

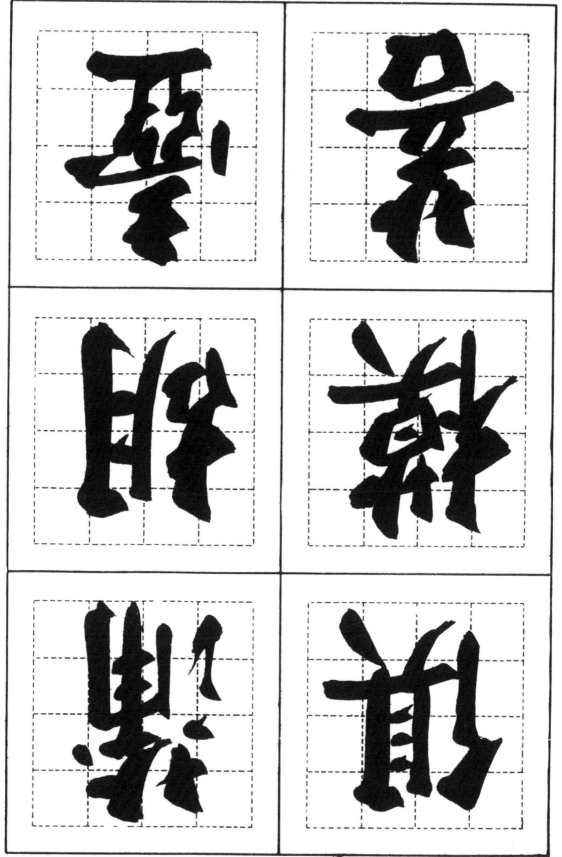

盧爐炉吾吳祖

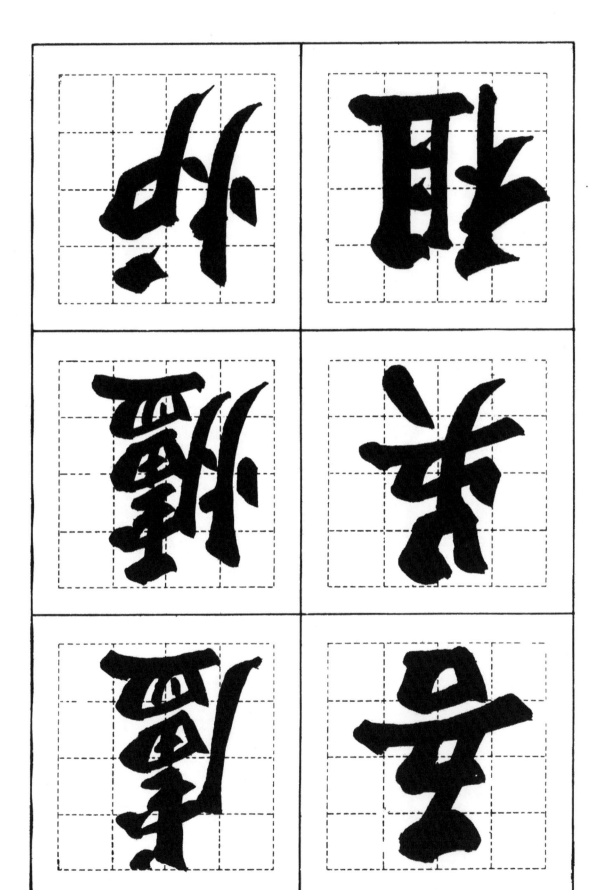

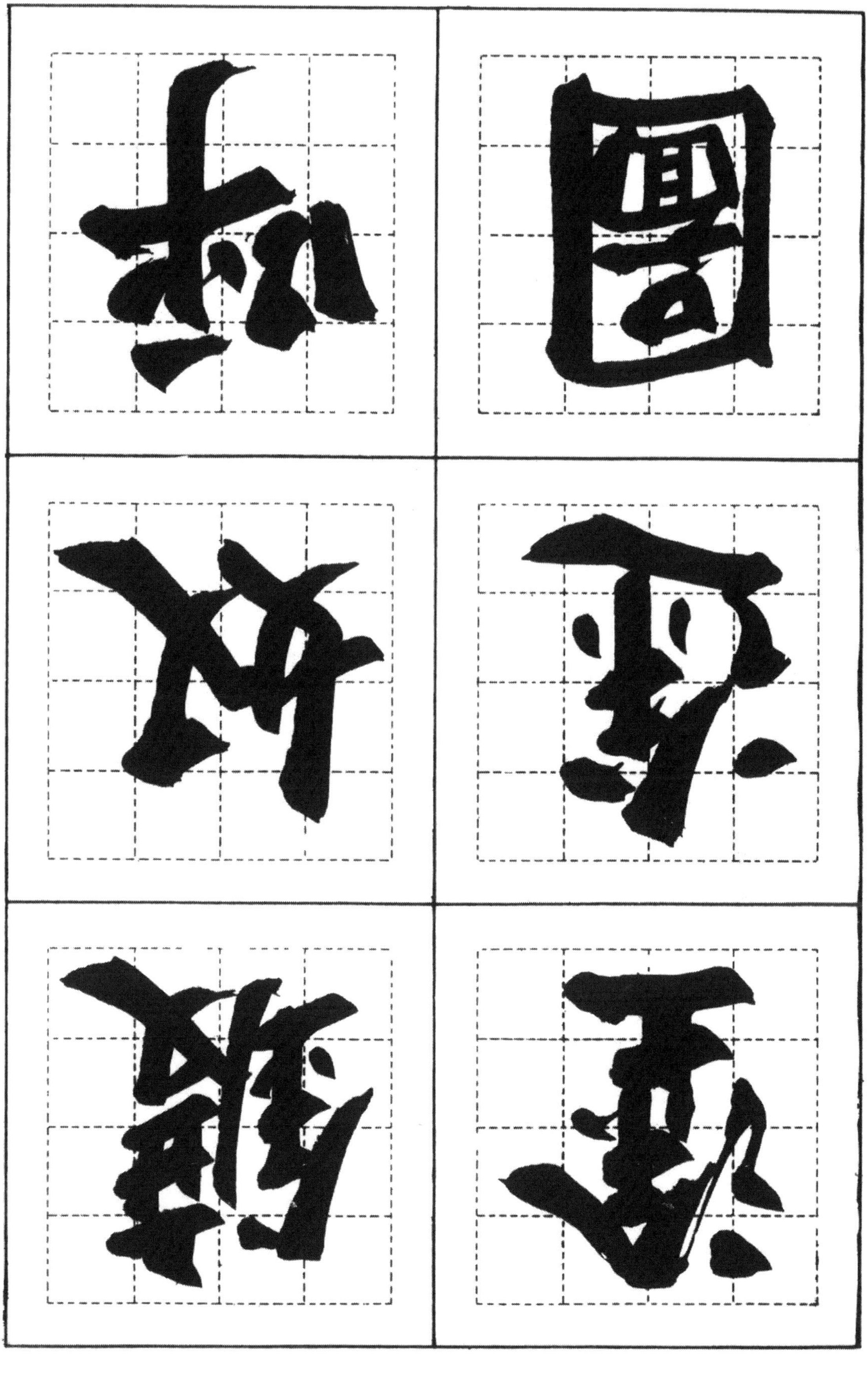

鋪
黎
齊
鹵
枯
都

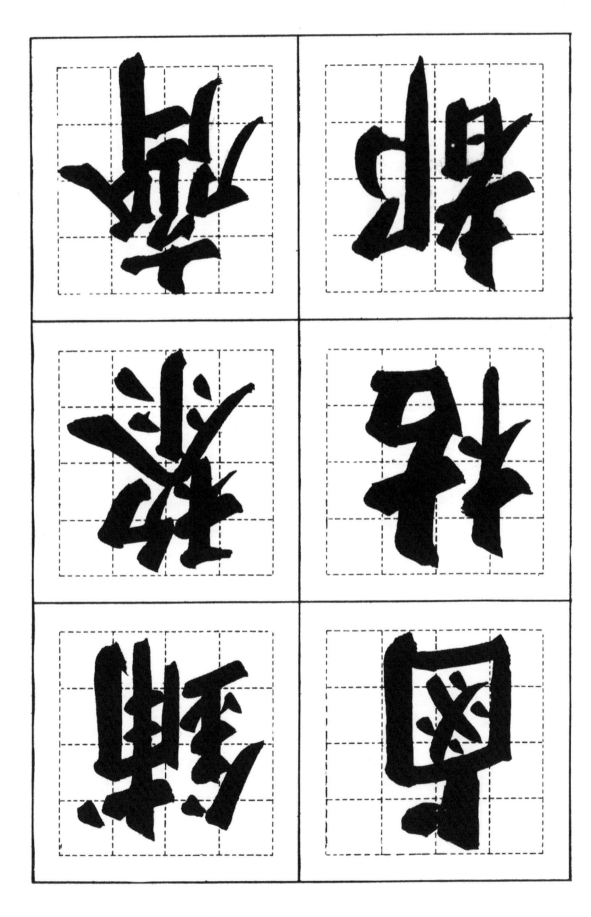

烏
慈
酥
蘇
穌
餔

西
犀
梯
題
雞
稽

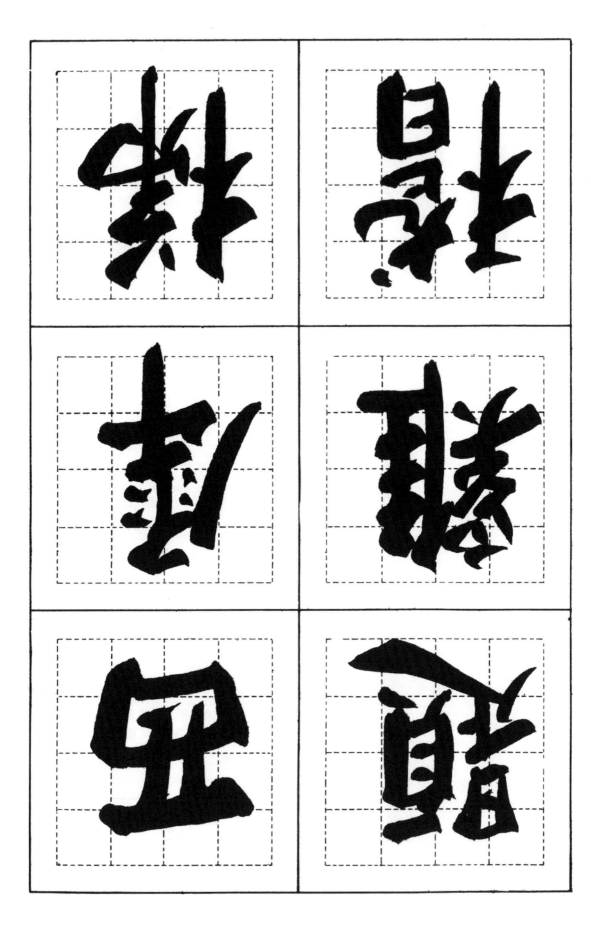

隄 鑪 紙

婁 低 啼

衔 查

牌 钗

柴 叉

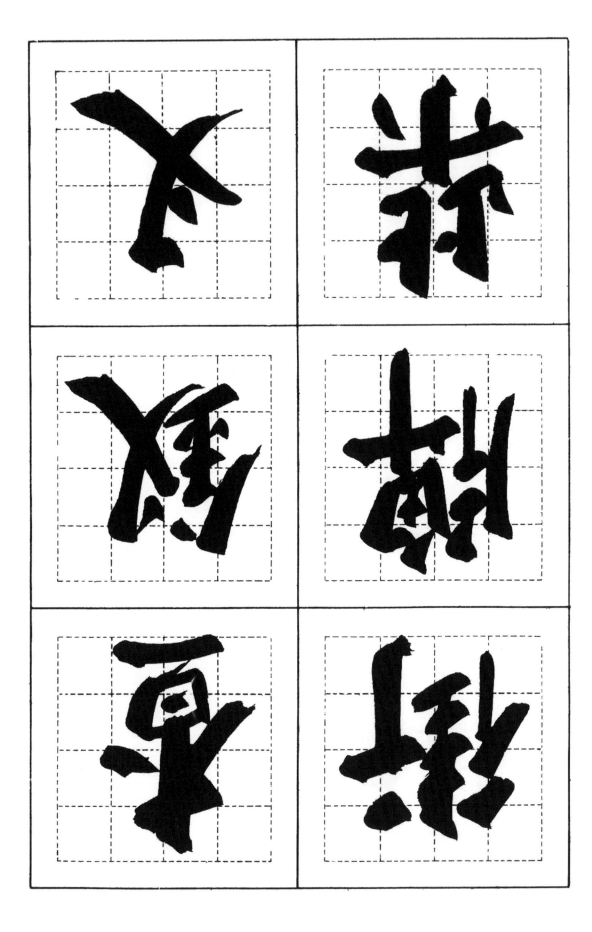

排	淮
乖	滙
懷	懷

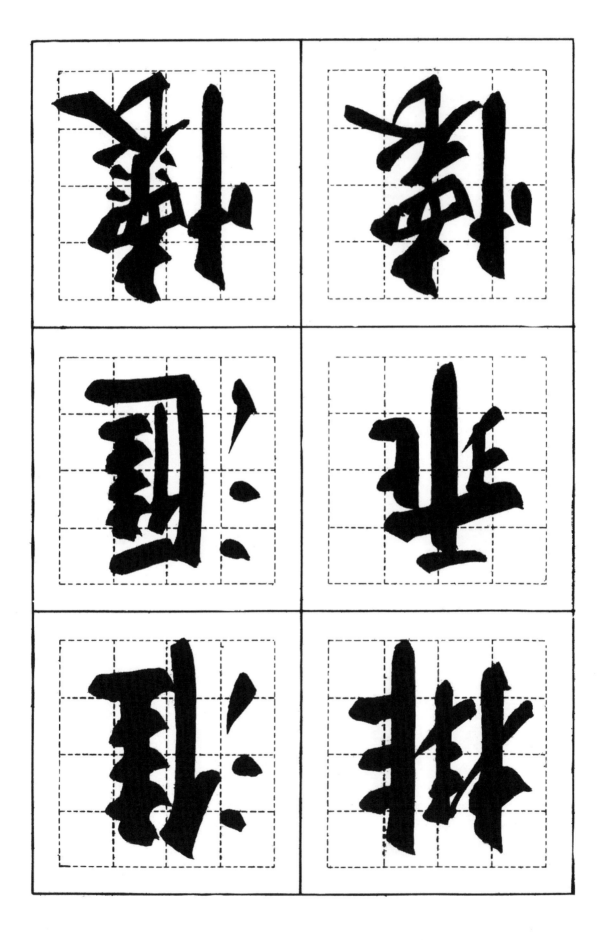

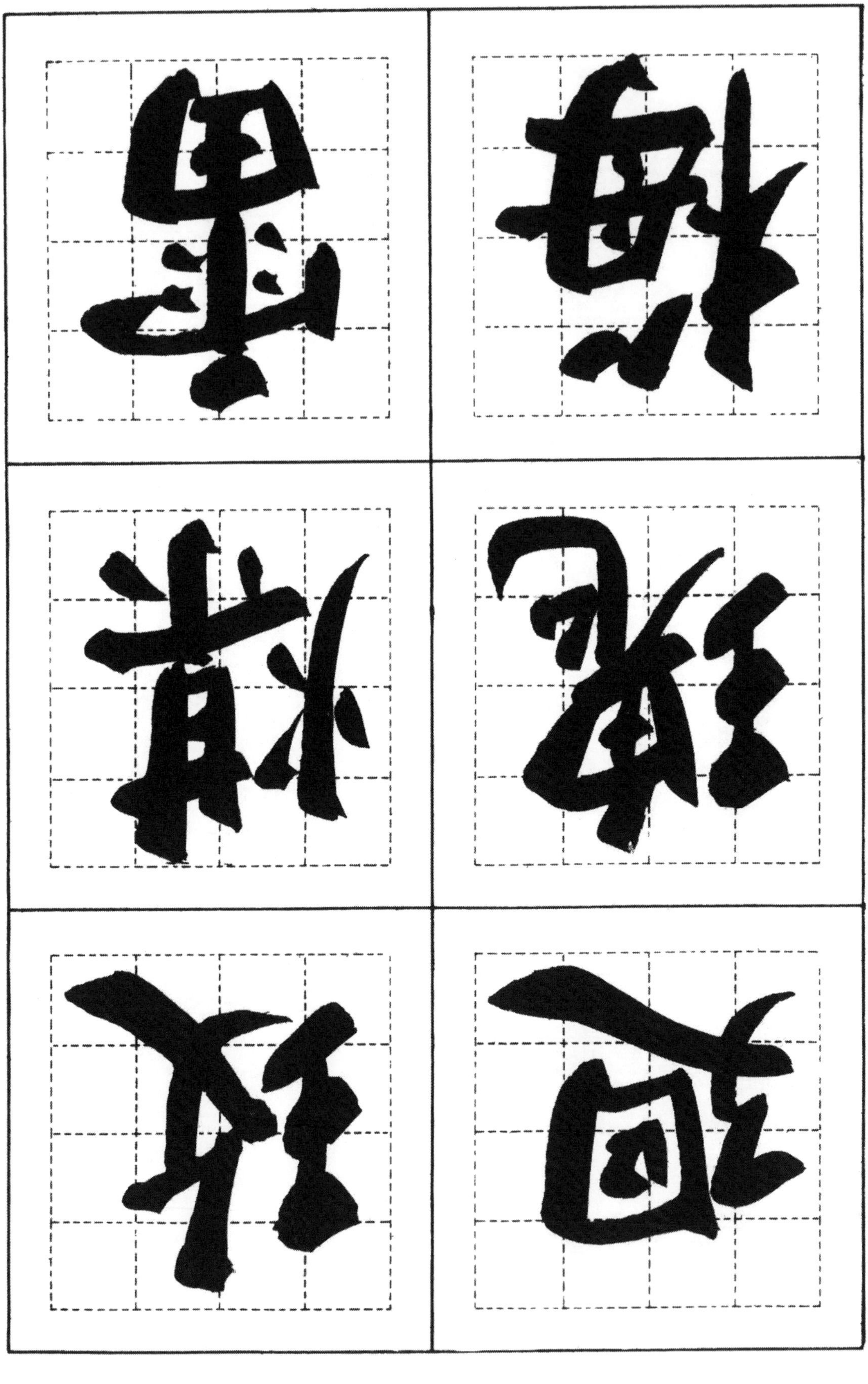

埋	恢
齋	魁
灰	回

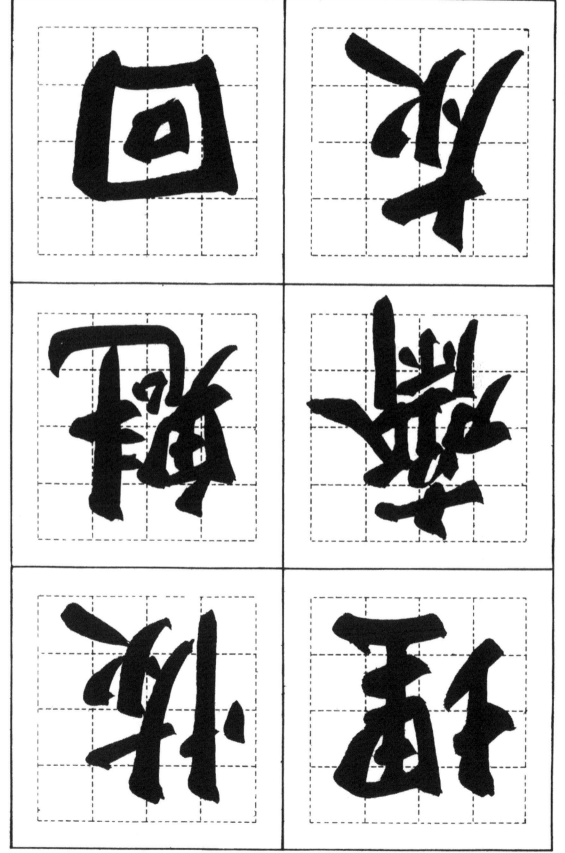

孟 衣

袜 臺

開 裁

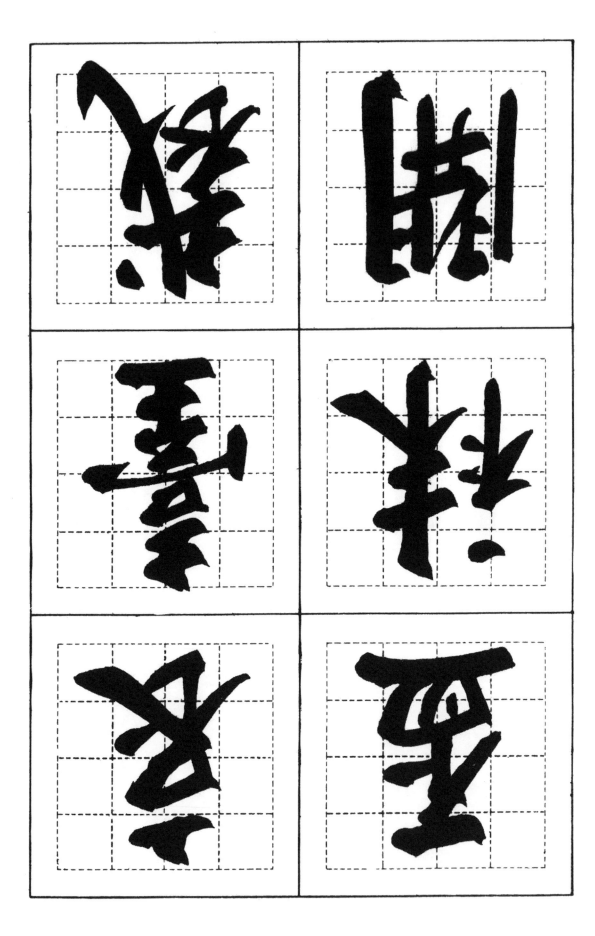

綺
培
杯
癀
崔
堆

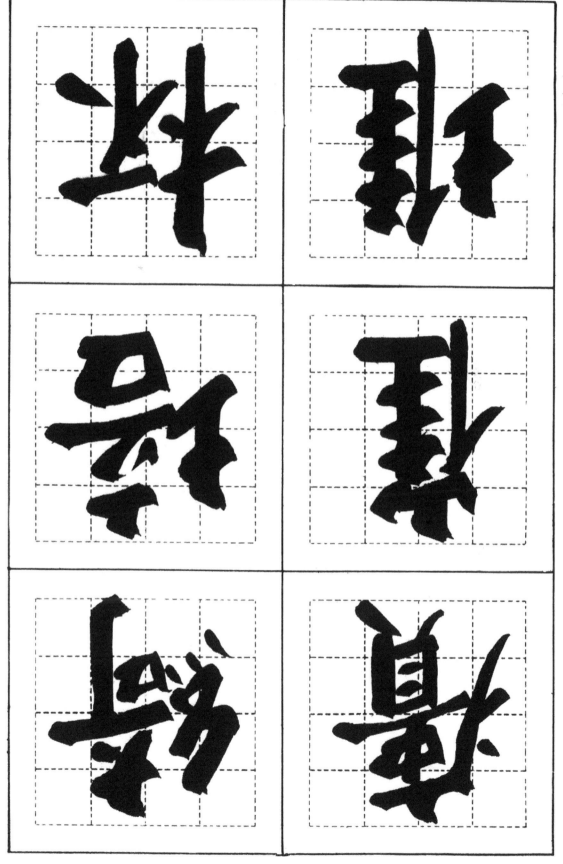

胎
孩
真
萊
栽
猜

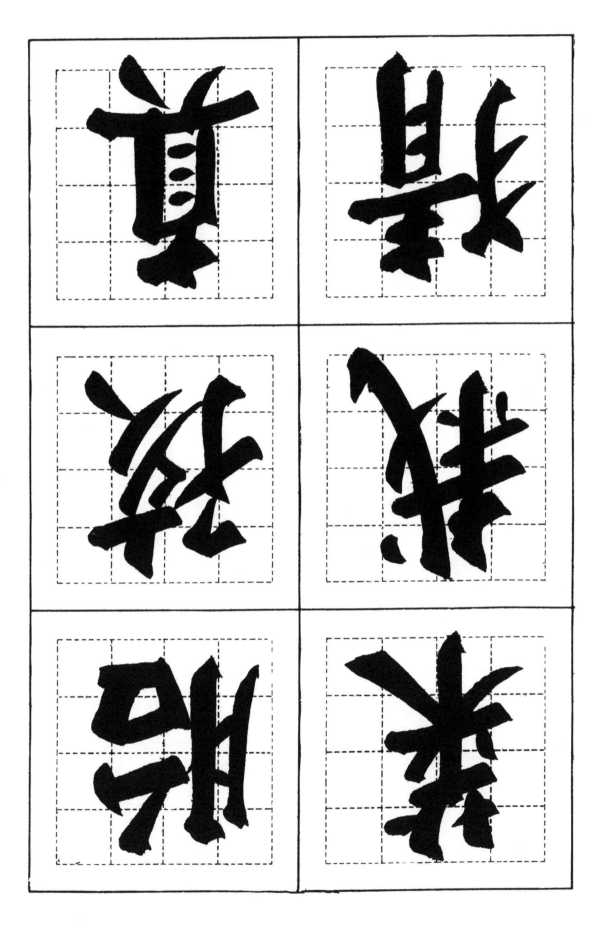

材
来
災
纔
財
才

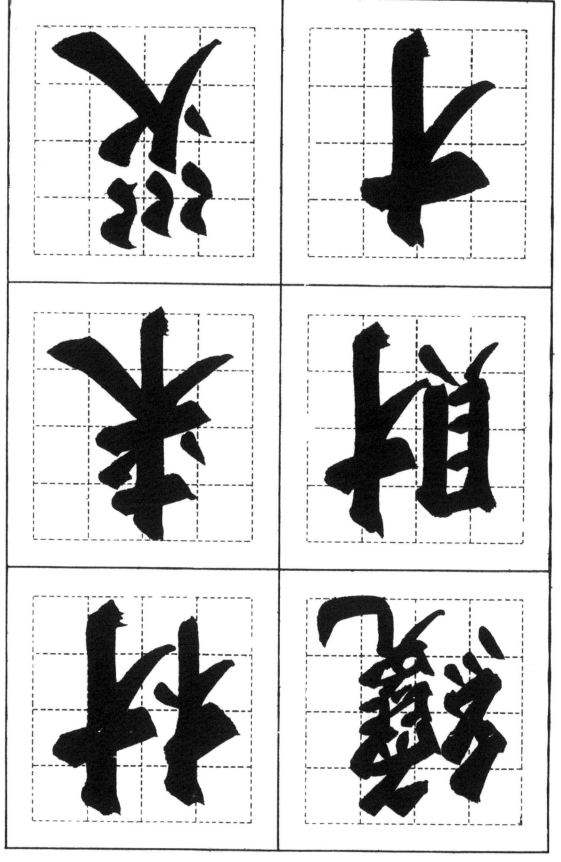

姻	薪
新	辛
辰	晨

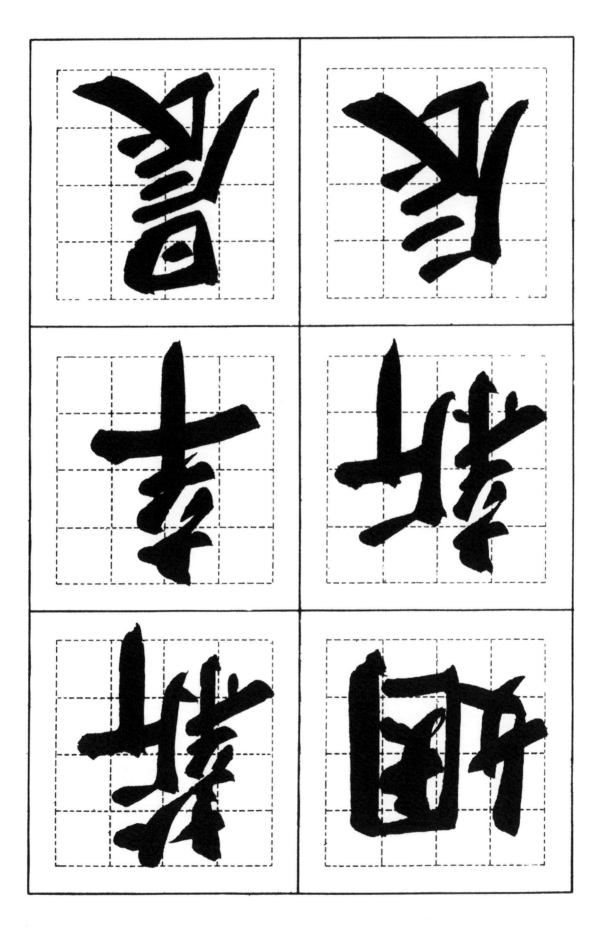

因
埃
茵
甄
納
唇

賓
諜
鄰
伸
娠
身

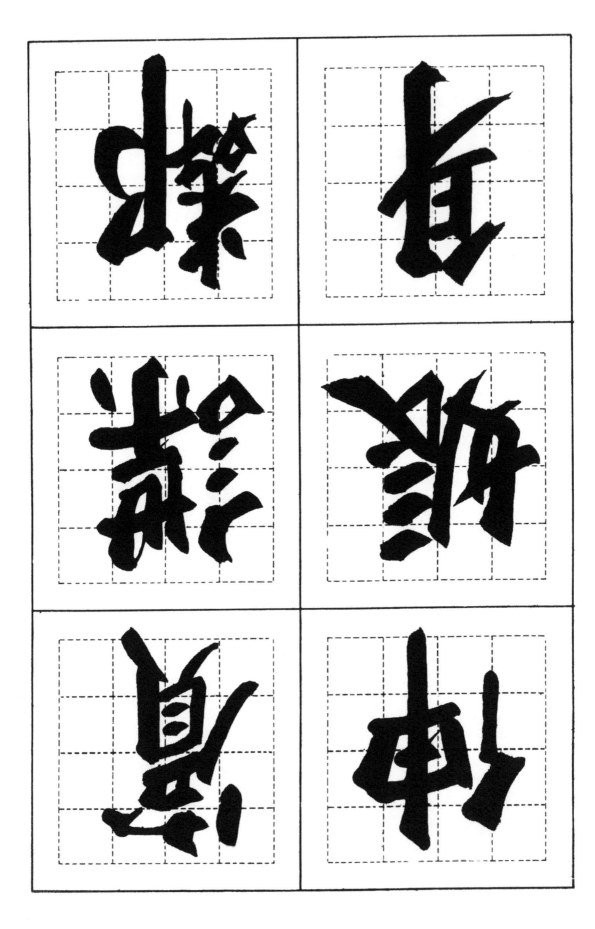

神
親
申
臣
仁
人

紉
蘋
銀
津
秦
淪

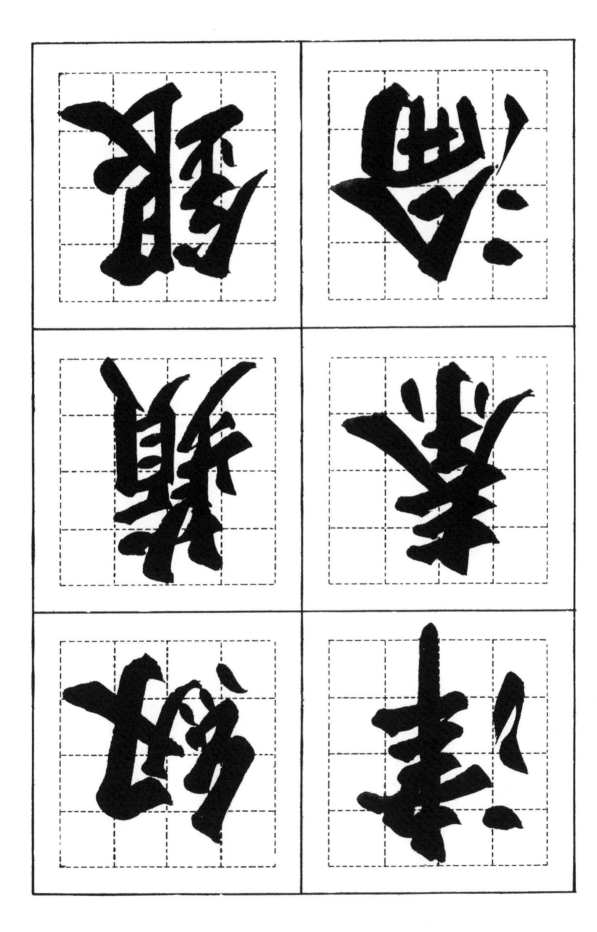

櫝
陳
塵
麟
瀆
珍

民	詢
淳	純
椿	醇

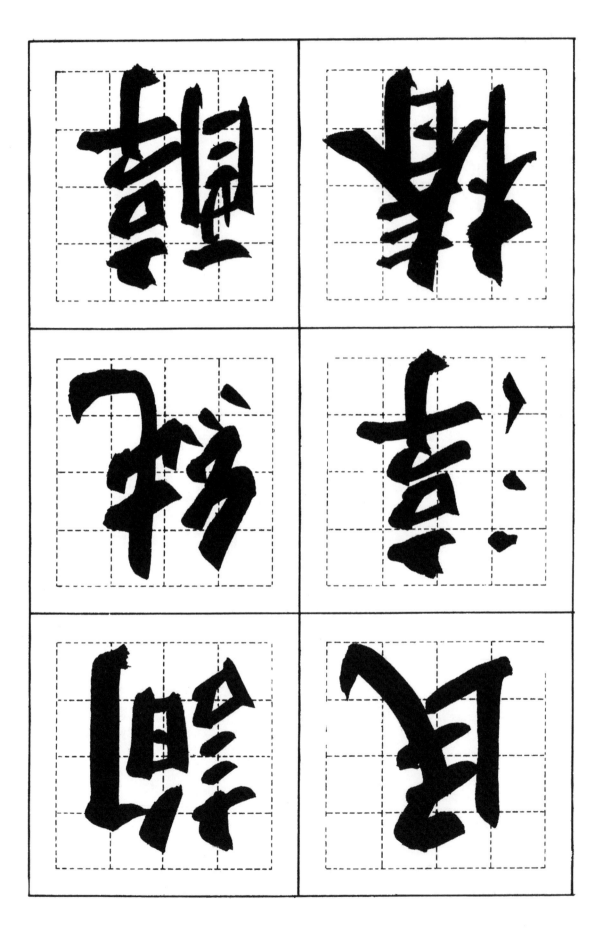

貧
彬
份
巾
岷
閩

輪
春
旬
皴
竣
遵

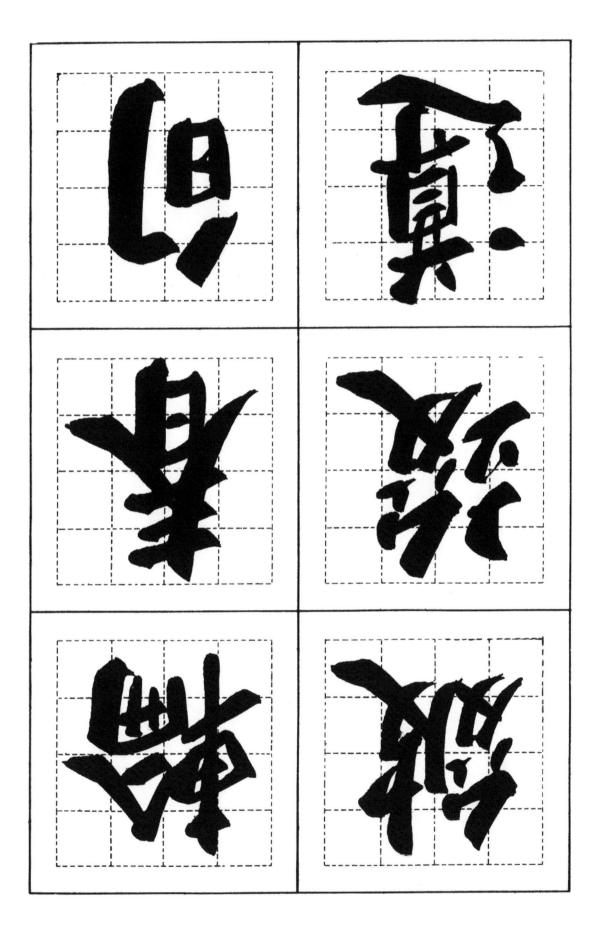

侖

綸

屯

屏

倫

論

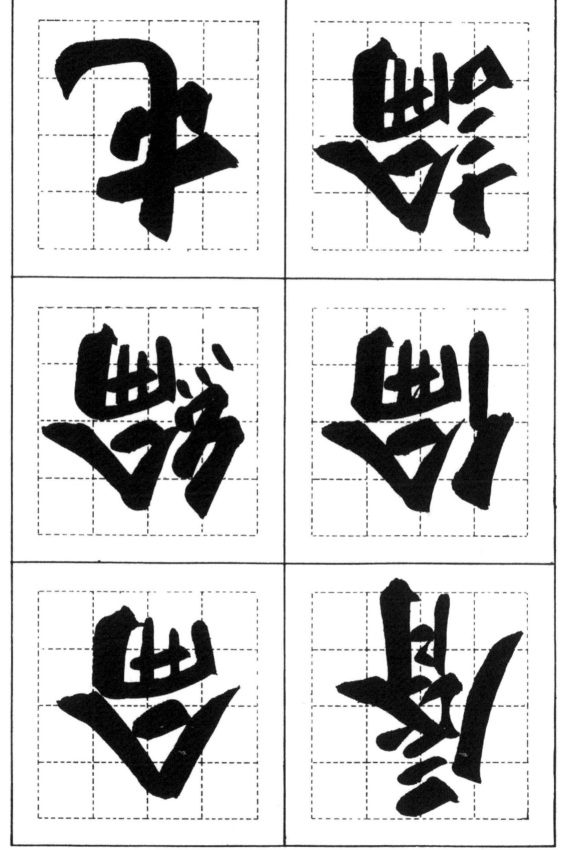

紋
雲
蚊
帘
文
聞

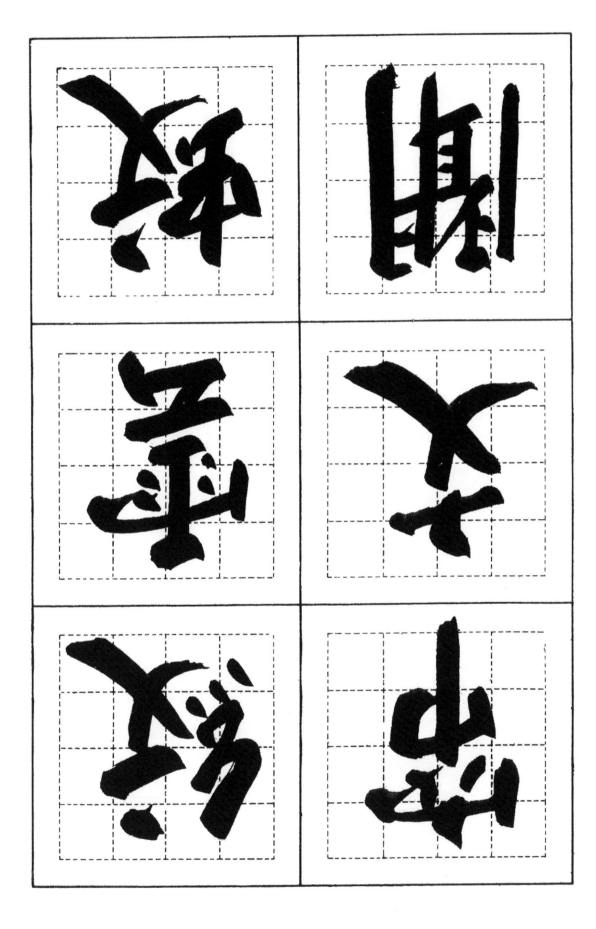

循均臻
匀巡馴

分 焚

犀 須

薰 貧

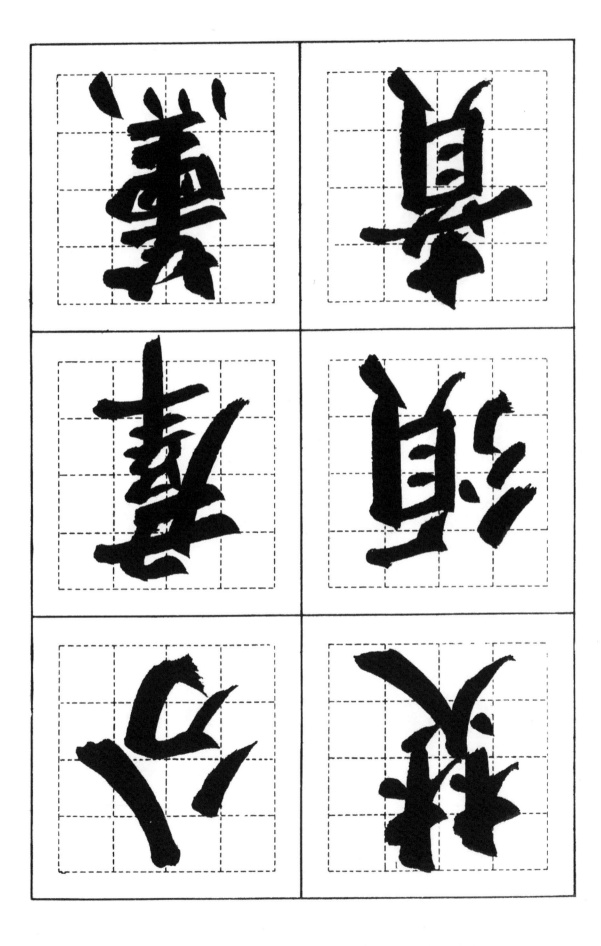

汾 墳 氛

芸 員 蘊

勤
斤
筋
紛
欣
殷

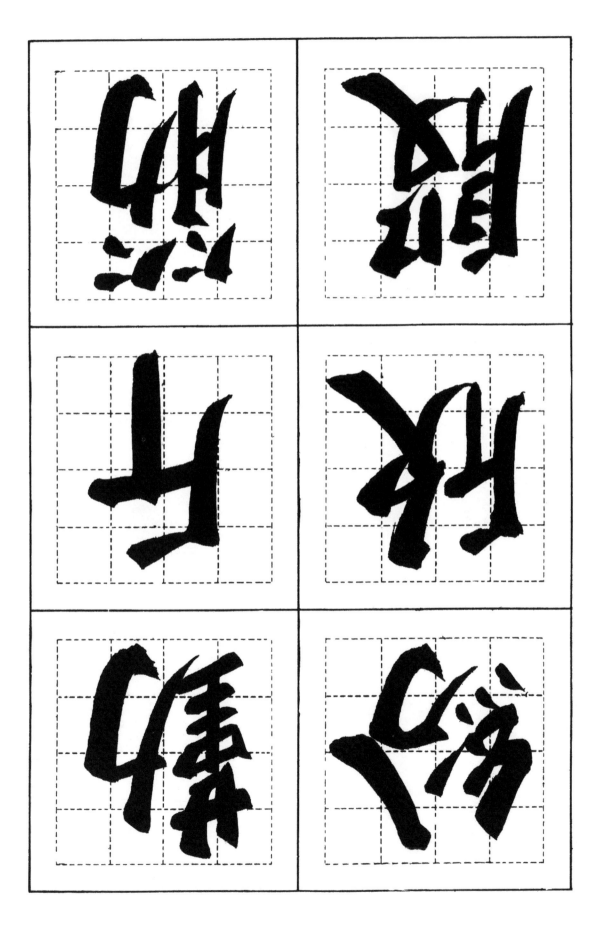

粧 繁

煩 樊

番 蕃

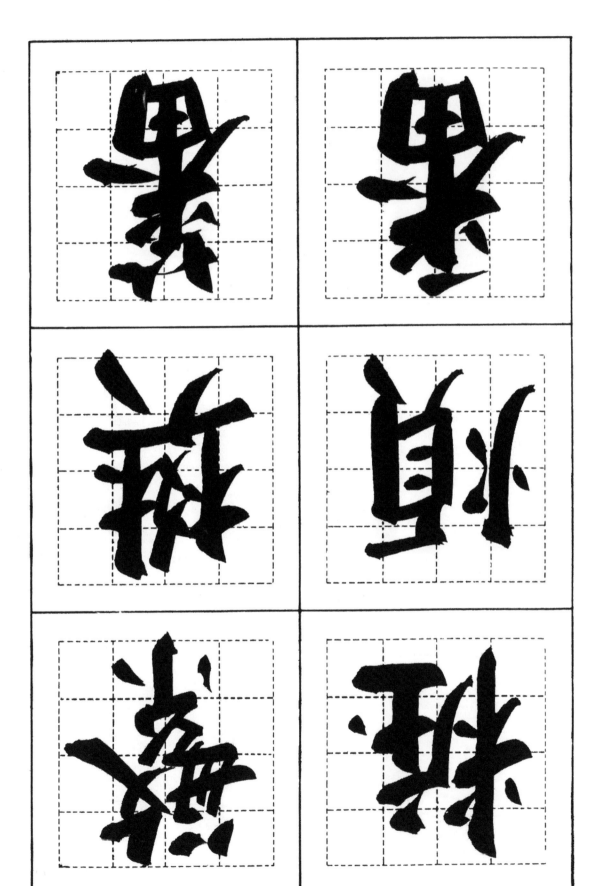

源 園 援

元 原 袁

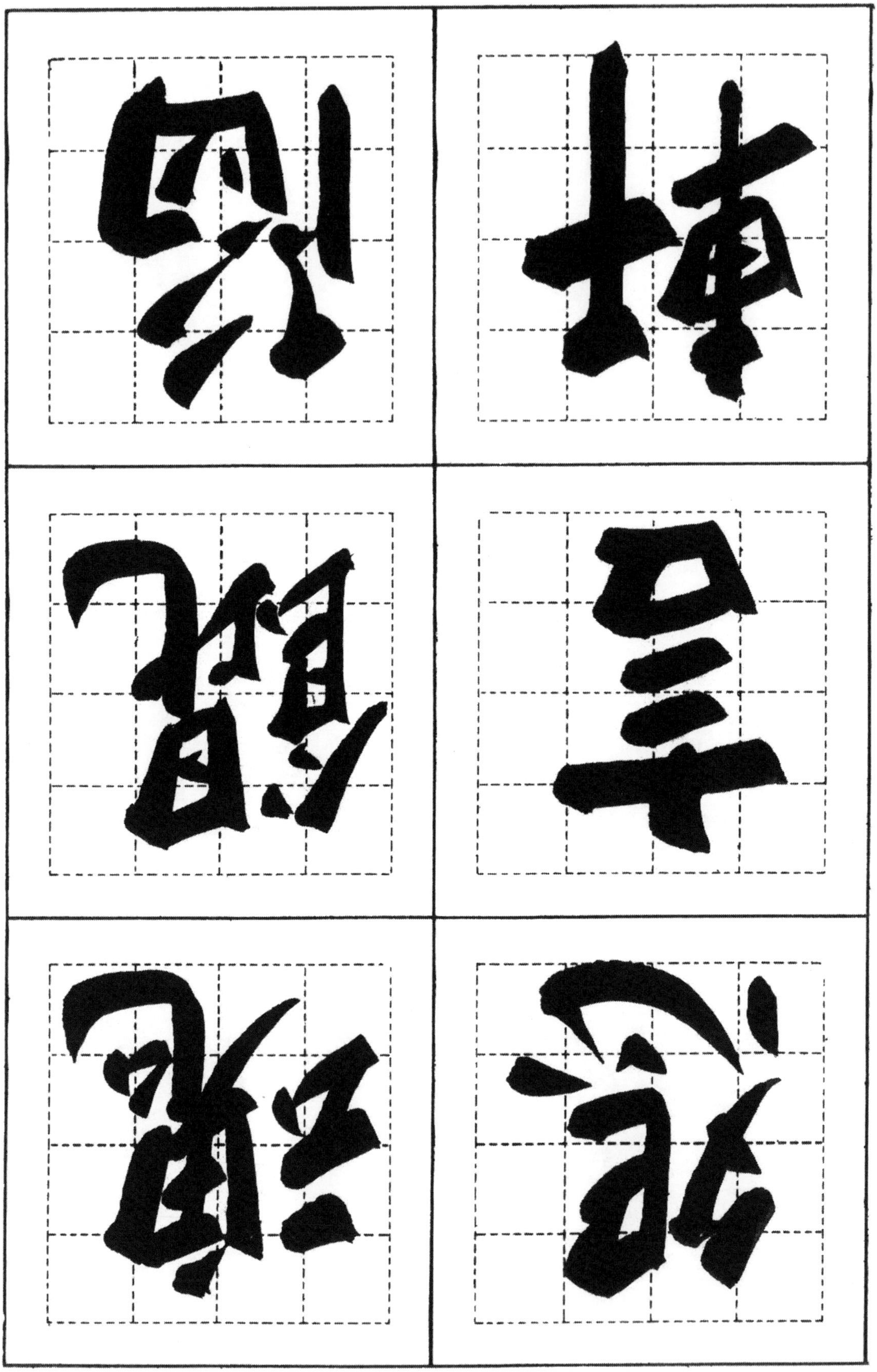

鴛
寃
宛
翻
反
諠

存	盆
敦	奔
村	坤

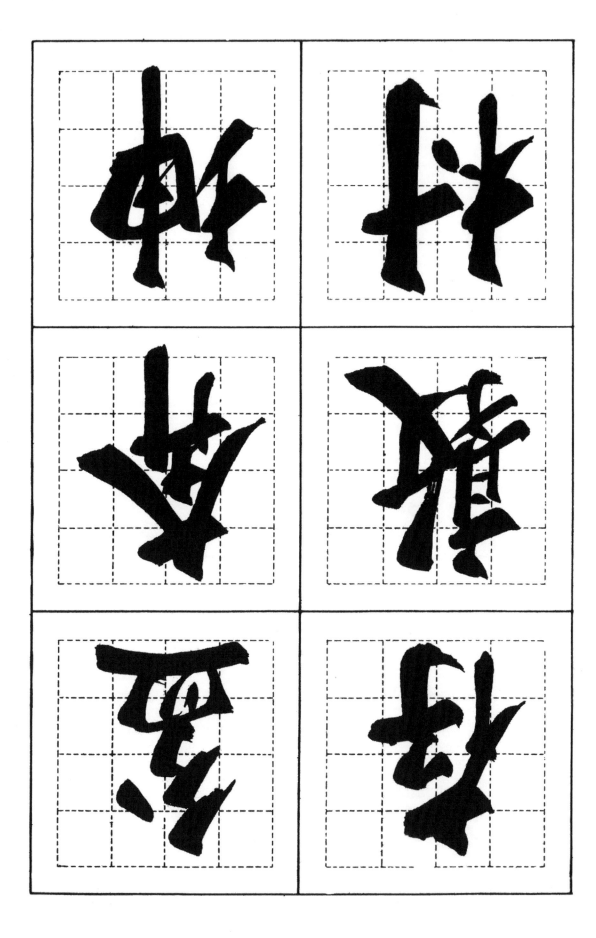

門孫尊

昆鯤溫

廿 朝

壽 韓

土 美

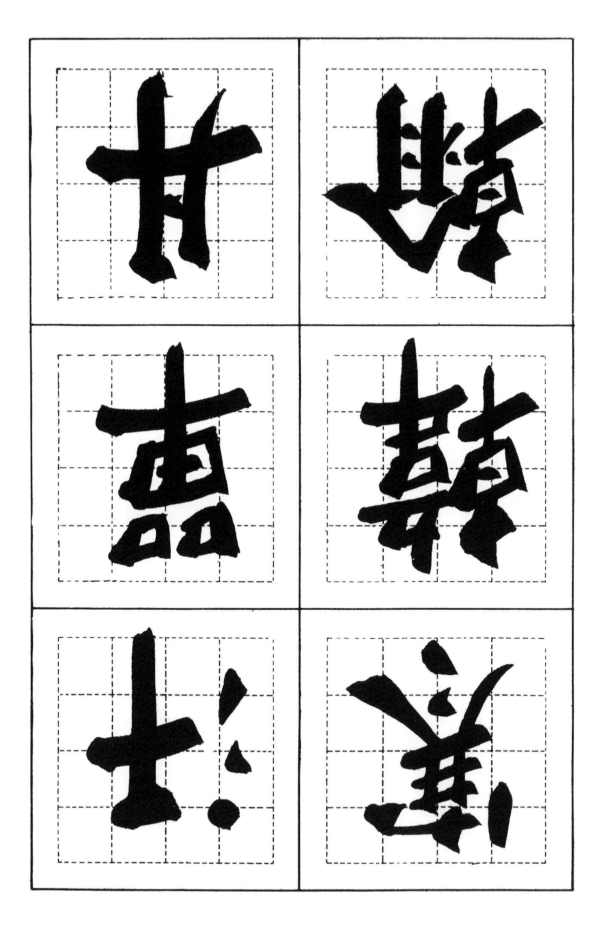

根恩吞
昏婚痕

但	干
残	乾
胆	竿

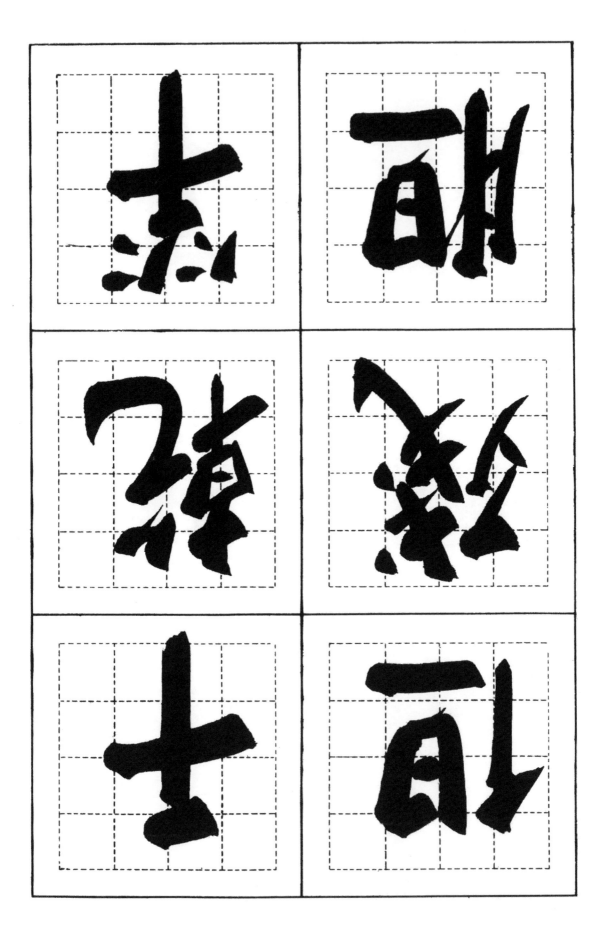

攤
壇
彈
安
難
餐

酸
瘦
團
完
丸
端

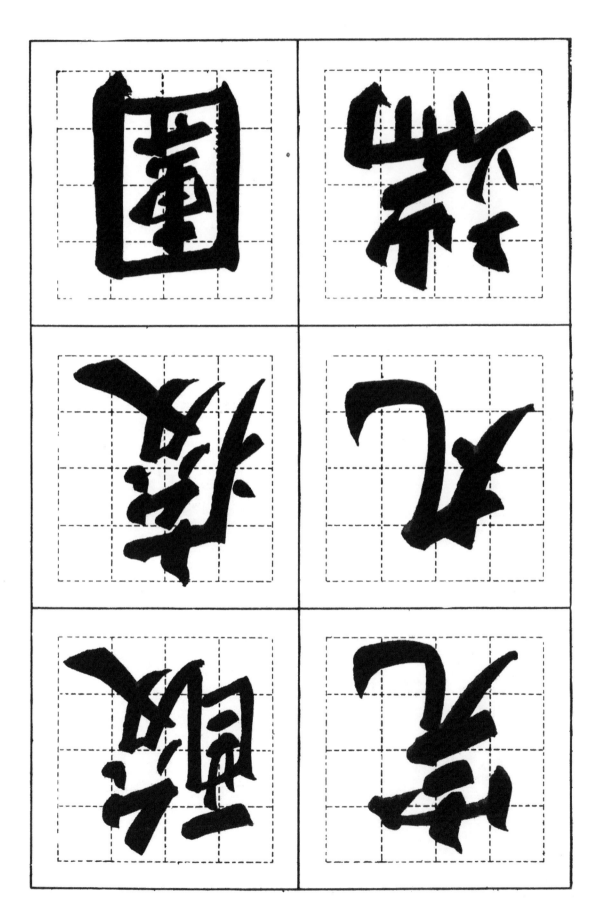

看
刊
桓
肝
蘭
欄

般
饅
曼
寬
鑽
盤

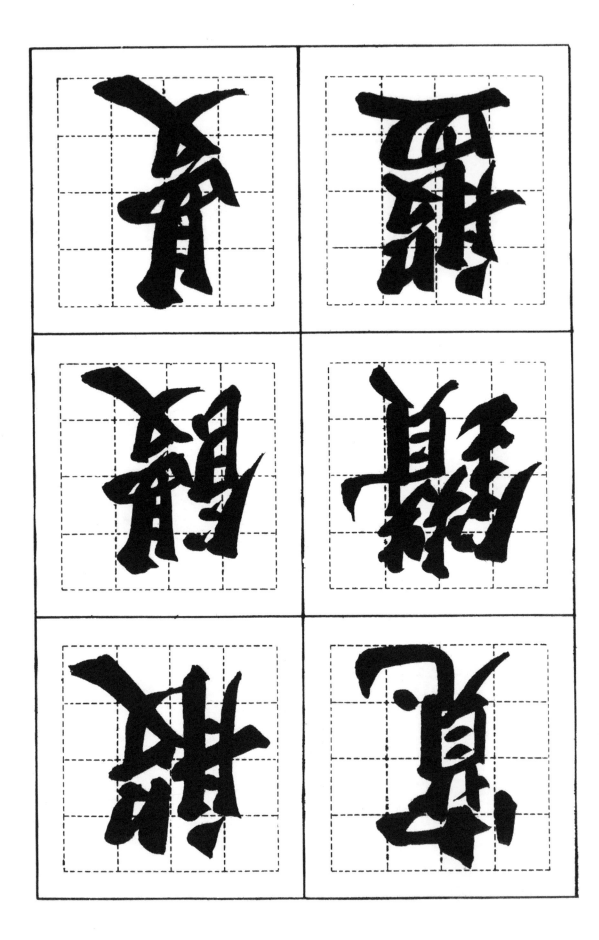

冠
鸞
歡
官
觀
朗

妾
奸
攀
班
蠻
顏

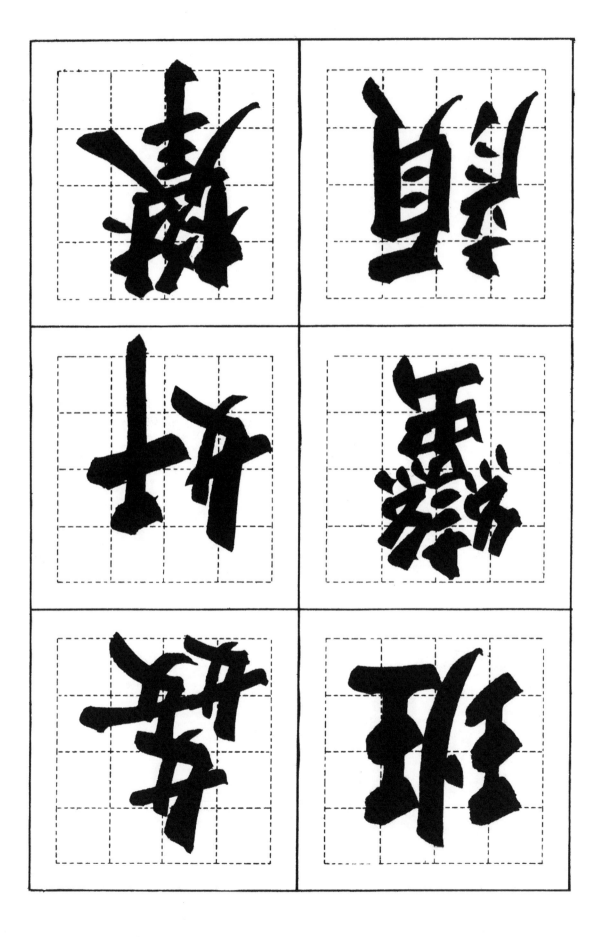

灣還環

刪關彎

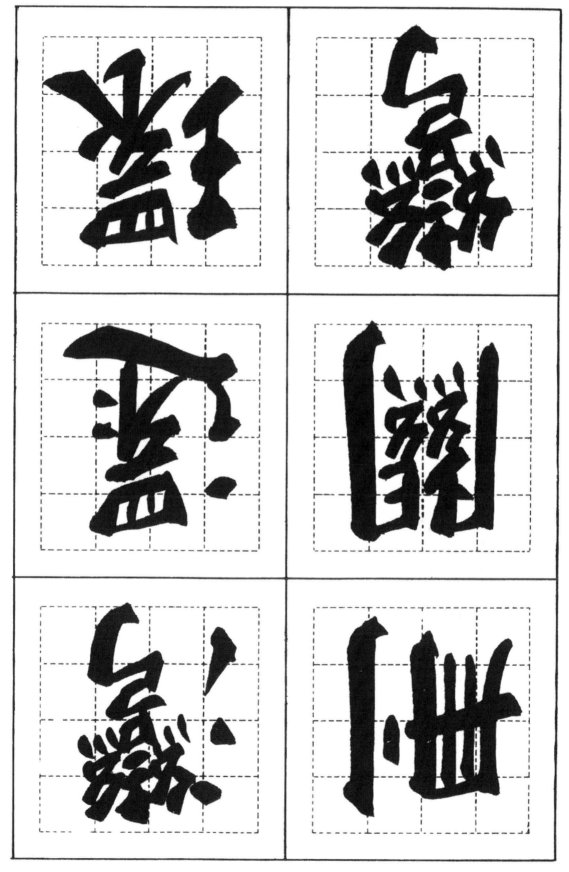

先	淇
前	仟
戕	杆

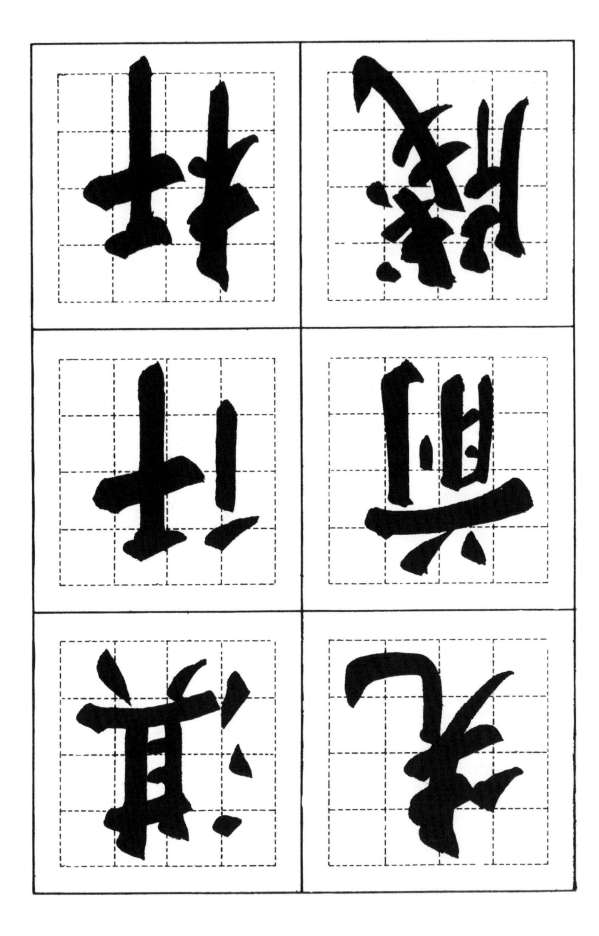

閑
漫
千
山
間
艱

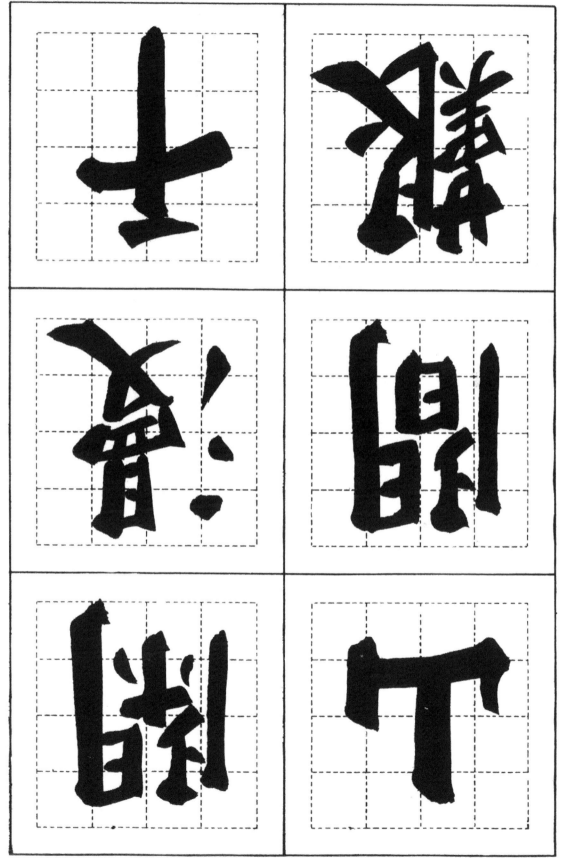

煙 咽
烟 絃
燕 憐

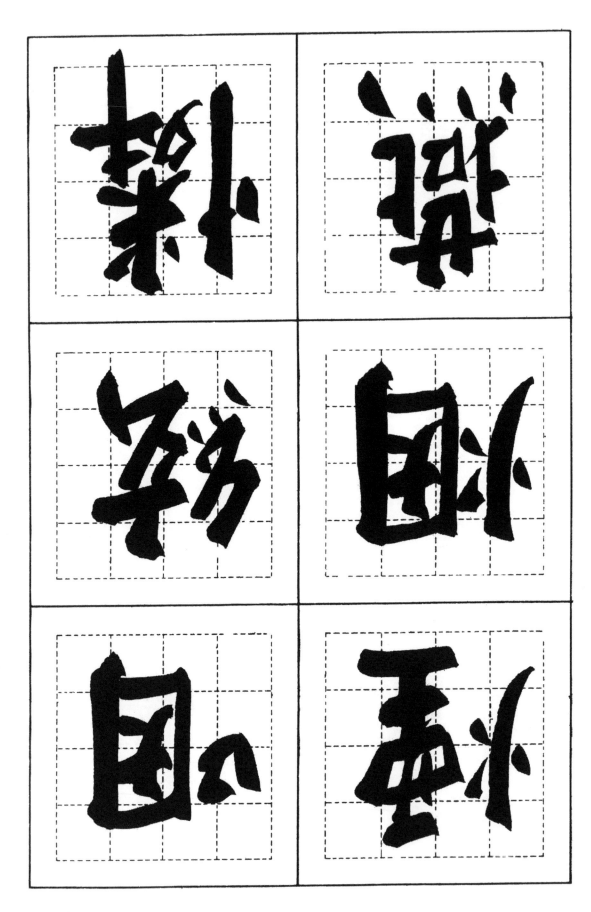

賢
弦
胭
天
肩
堅

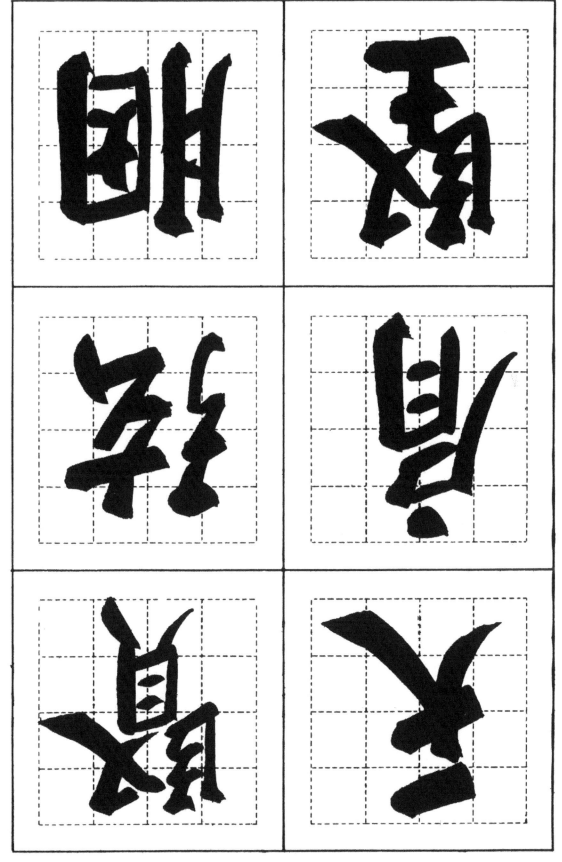

巔 滇

妍 顛

眠 宰

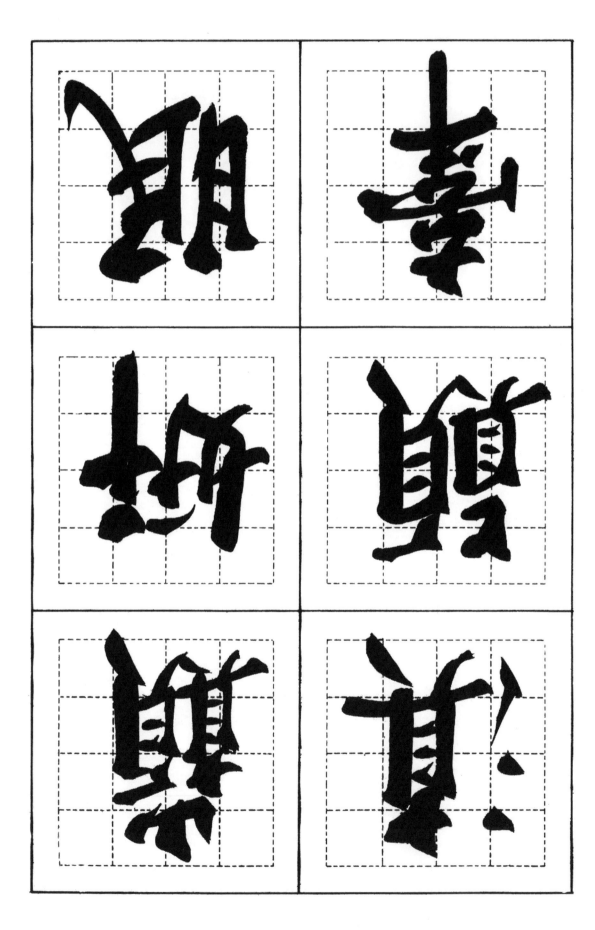

佃
填
年
蓮
零
田

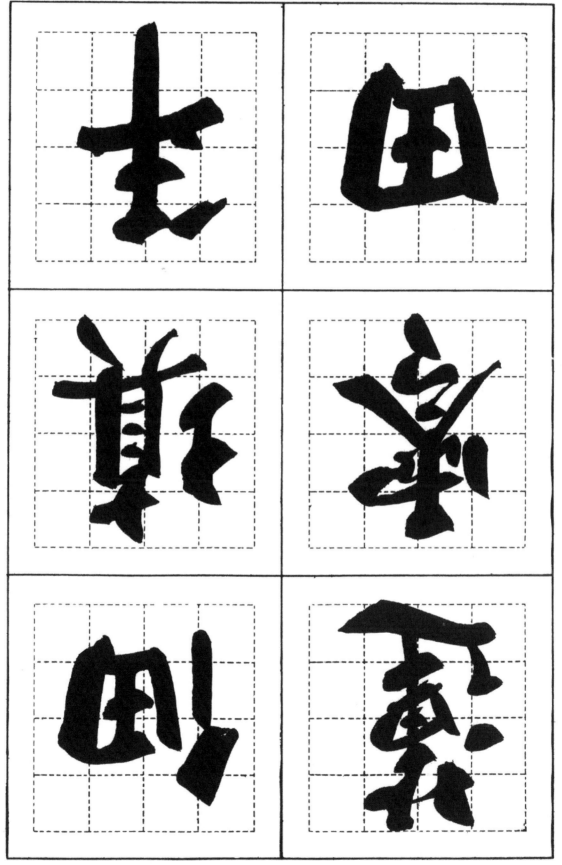

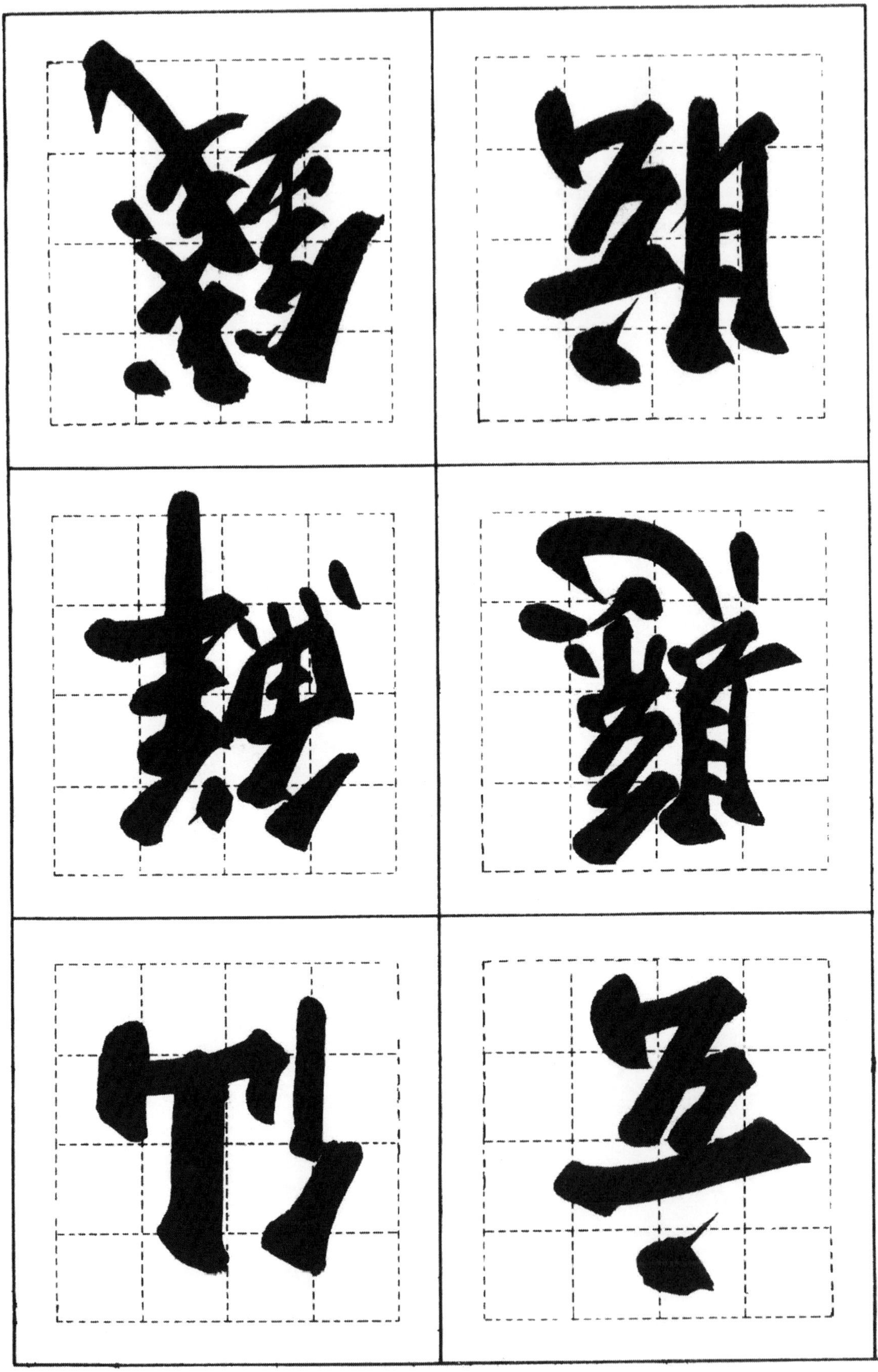

編
篇
縣
淵
鶣
邊

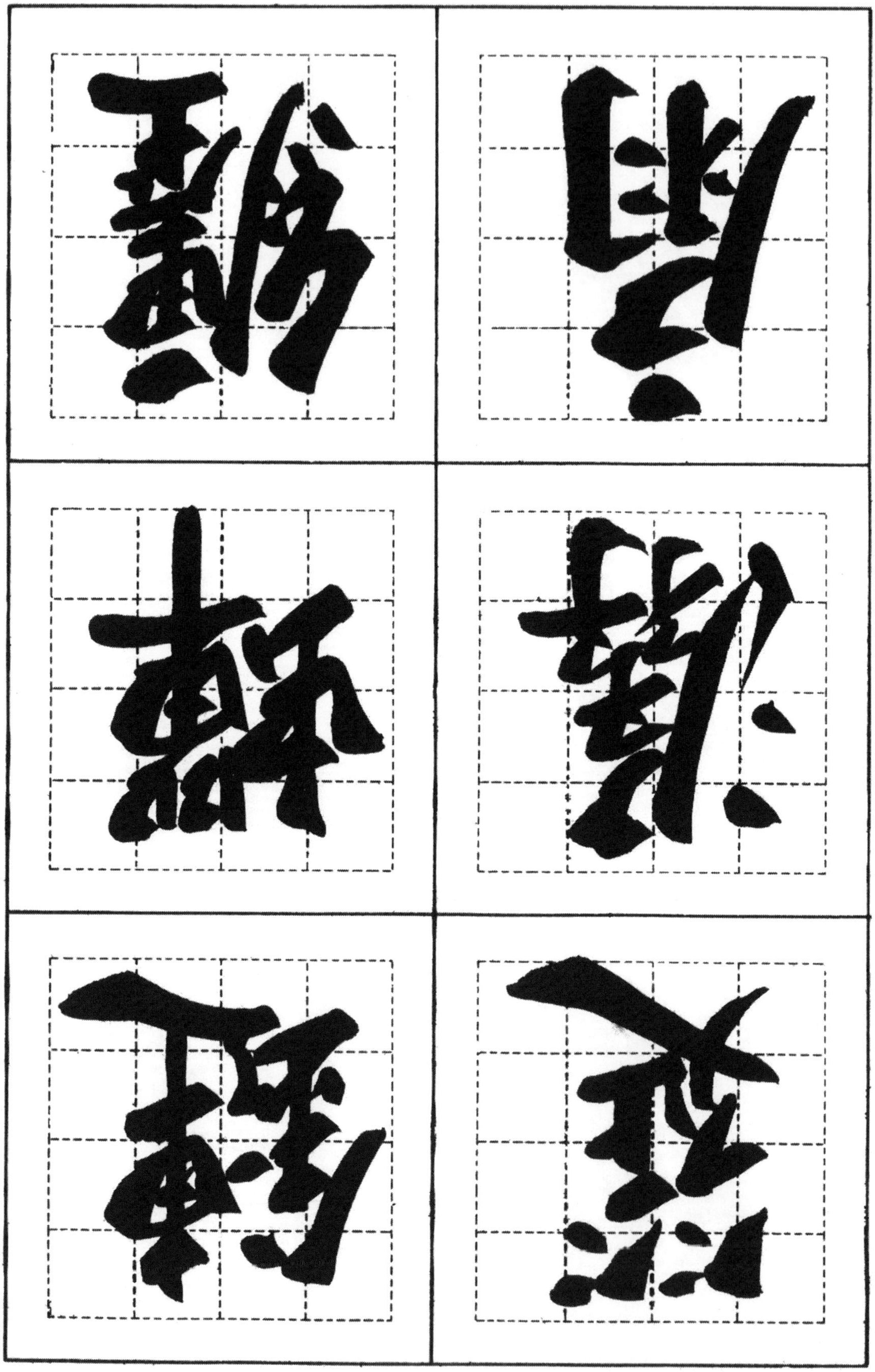

燃
延
氈
遷
煎
然

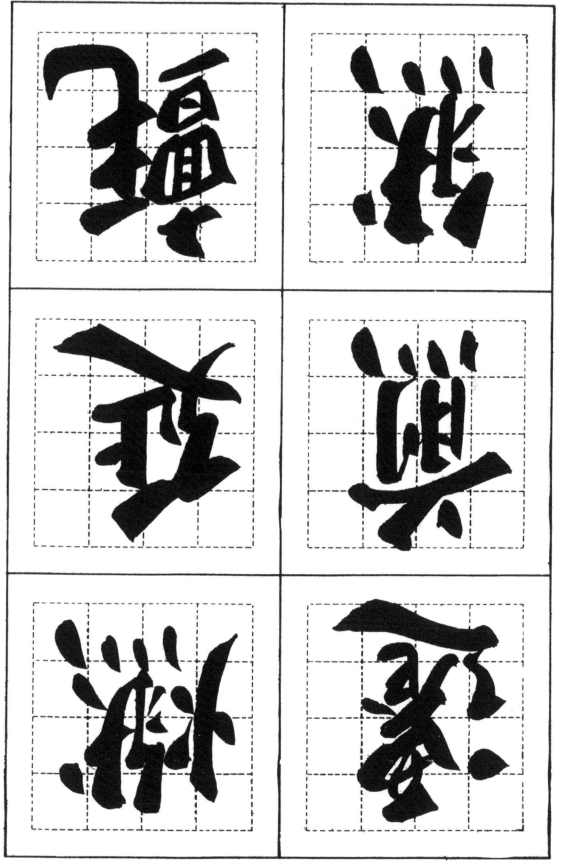

棉 泉

全 宣

淞 雋

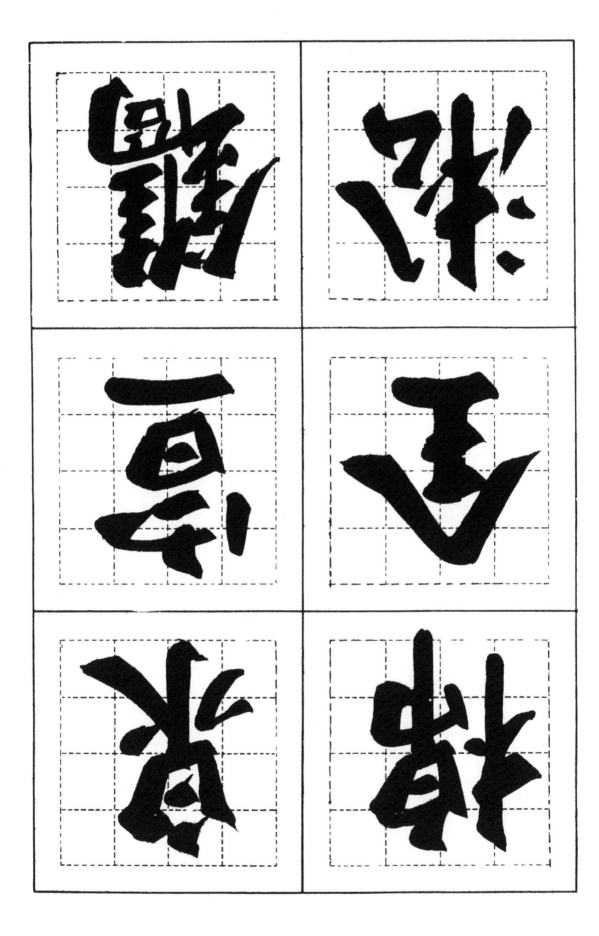

翩

便

綿

連

聯

偏

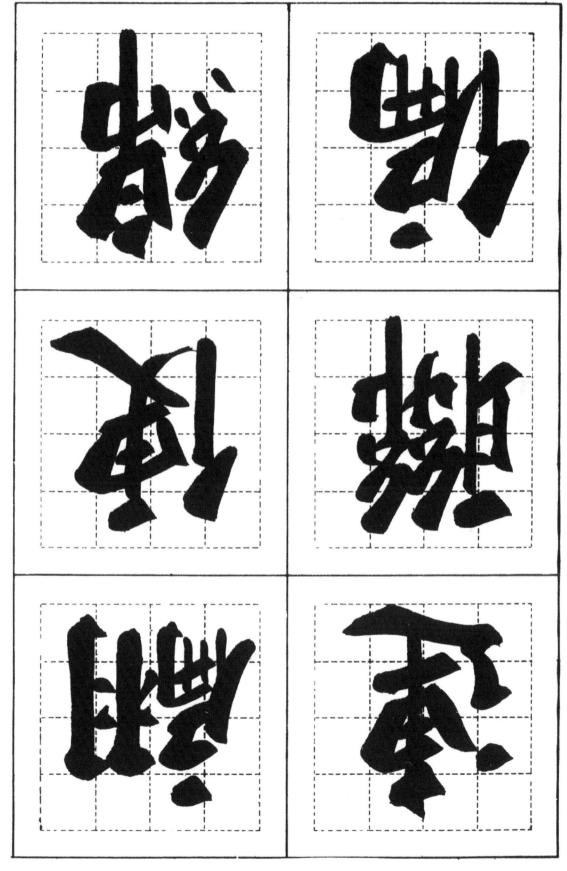

船
鞭
銓
旋
璿
娟

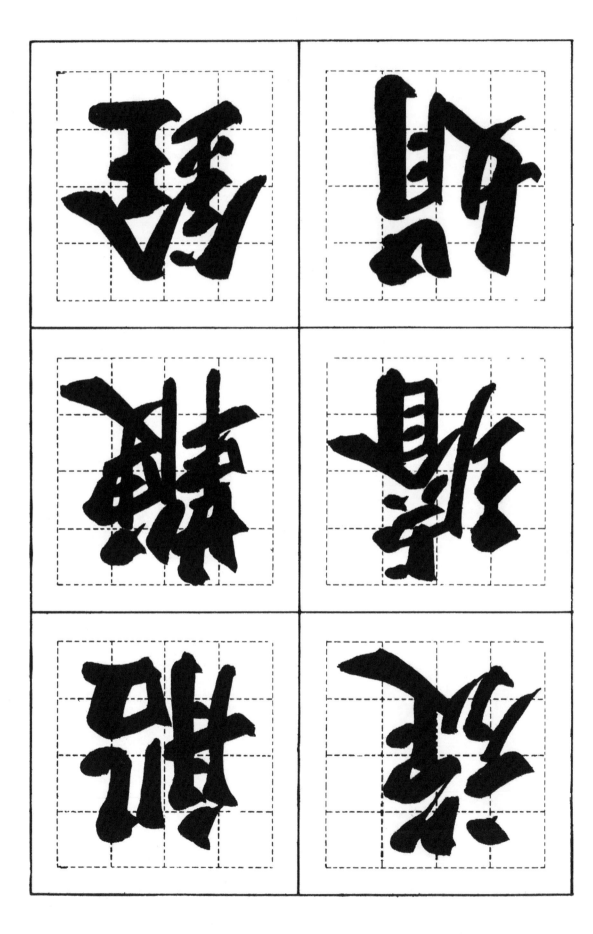

捐
鳶
緣
川
鉛
穿

橡
傳
攣
騫
拳
權

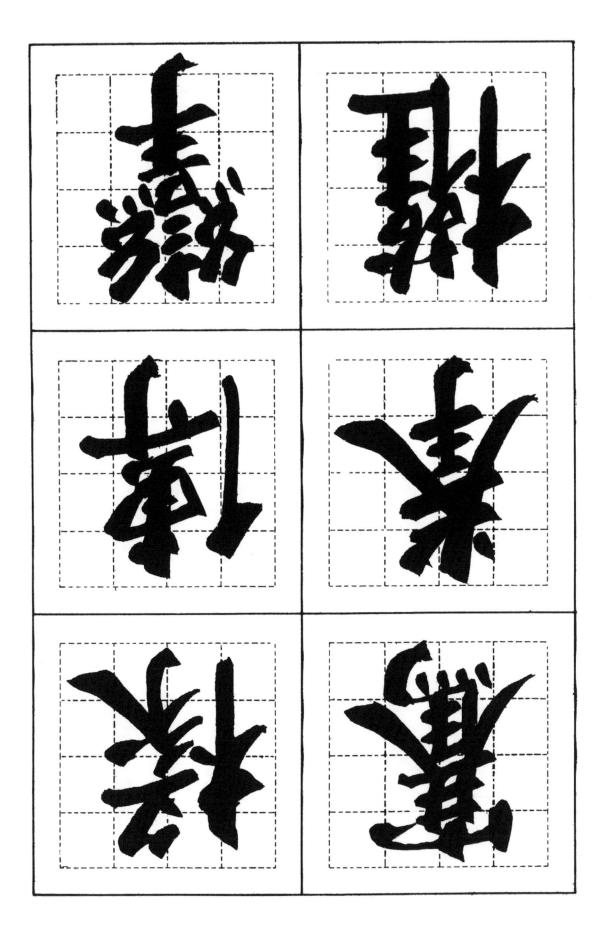

專 栓 虔 痊 磚 圓

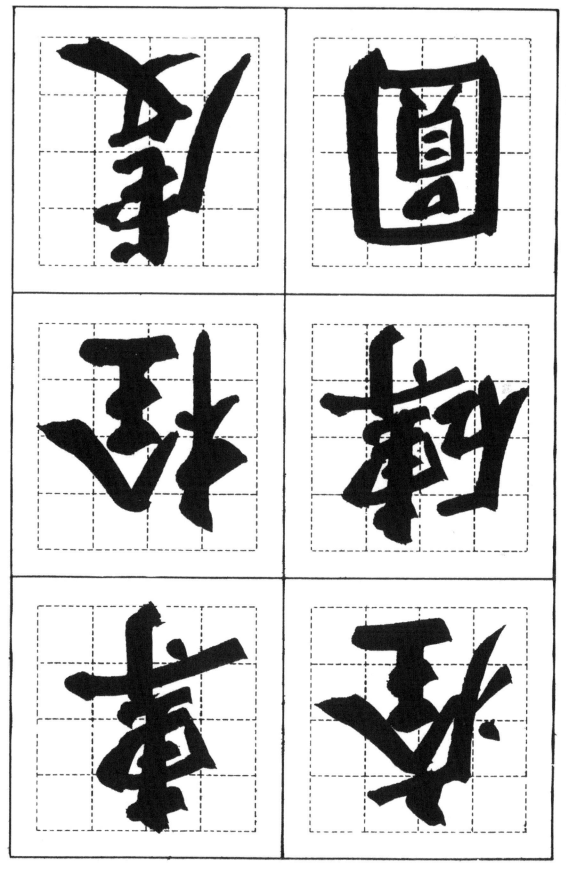

雕 條

彫 跳

迢 調

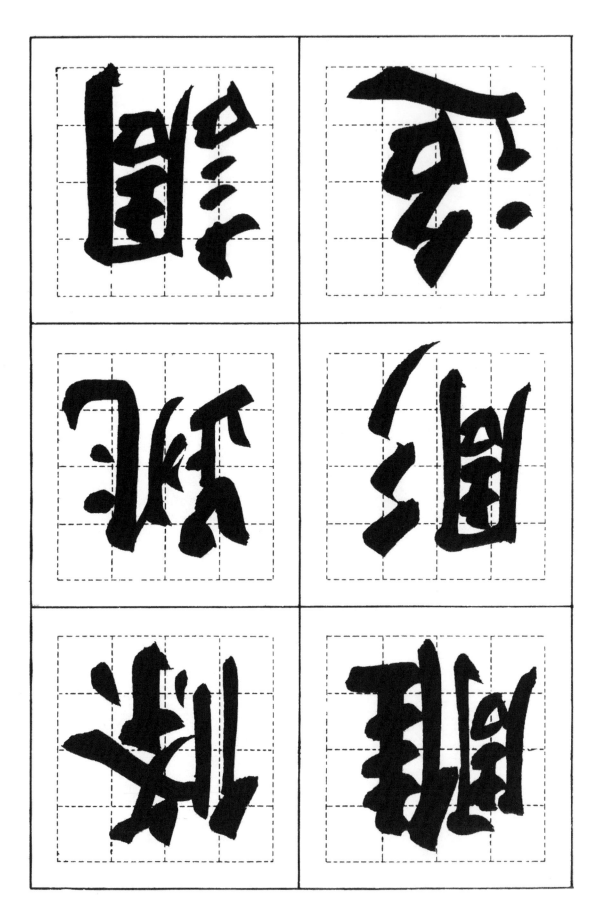

簫
刁
凋
蕭
挑
貂

寥 廖

料 僚

撩 寮

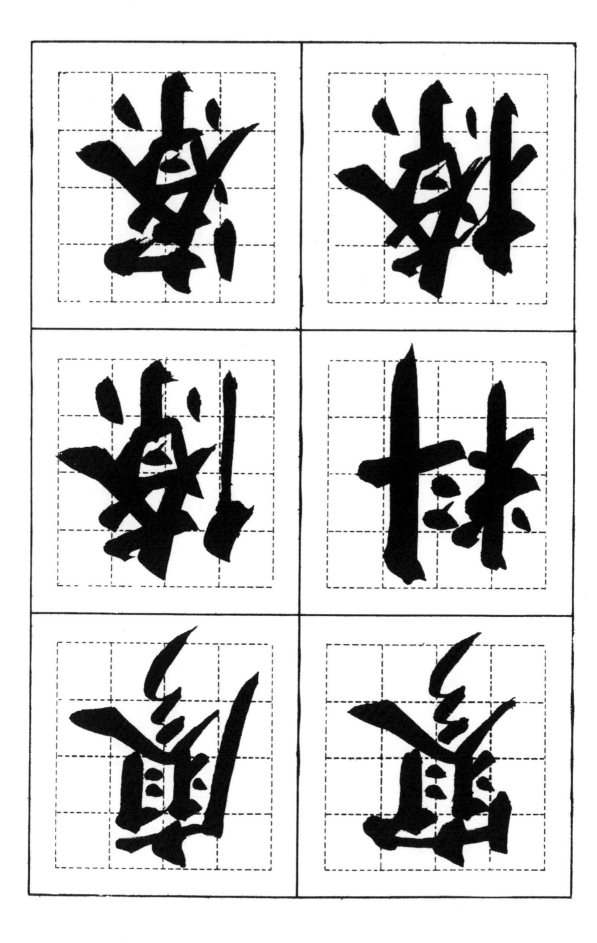

邀
聊
遼
梟
澆
釗

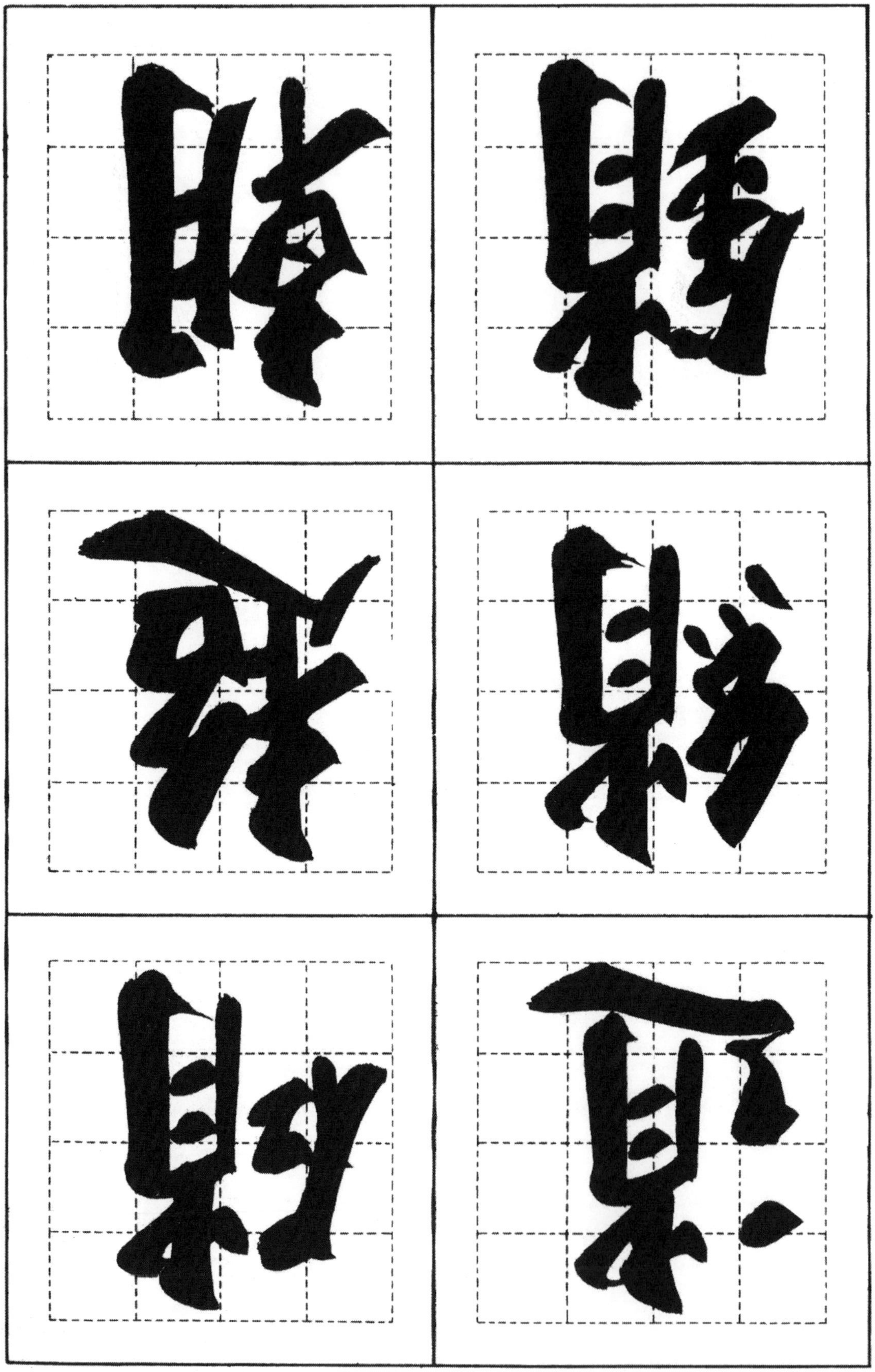

宵

消

霄

堯

幺

垚

嬌	饒
樵	遙
椒	窯

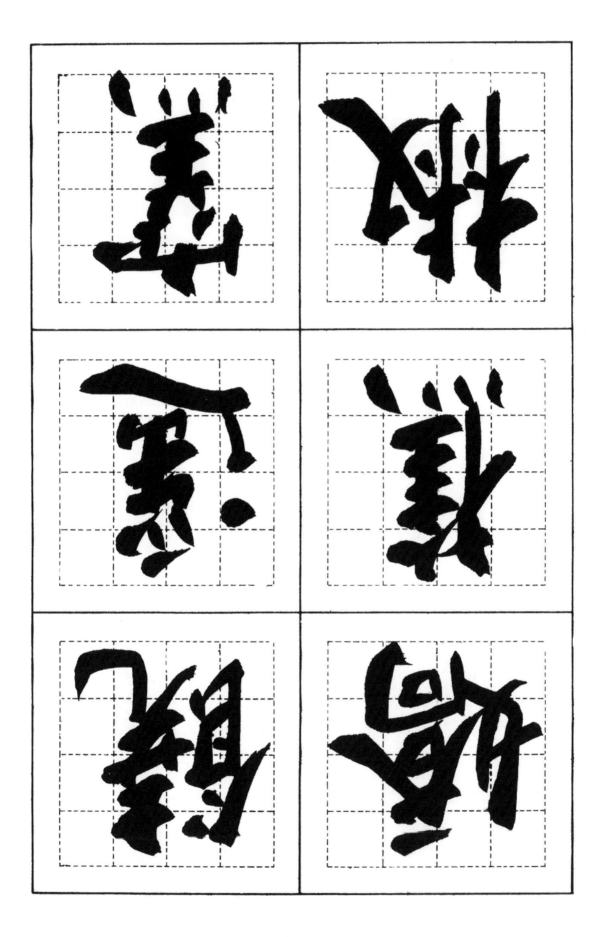

樵
驕
焦
罷
潮
朽

杓
瓢
要
韶
昭
標

搖
陶
瑤
燒
窯
姚

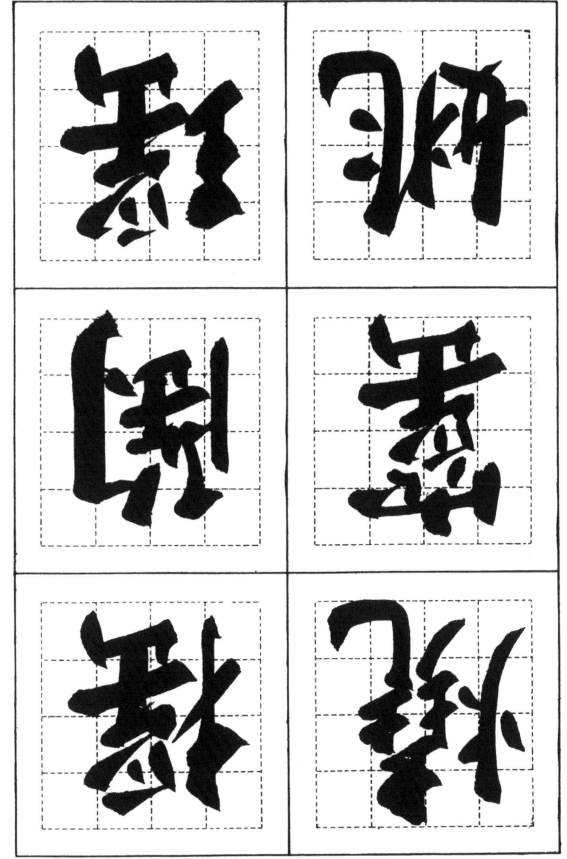

肴
廟
翹
橋
妖
漂

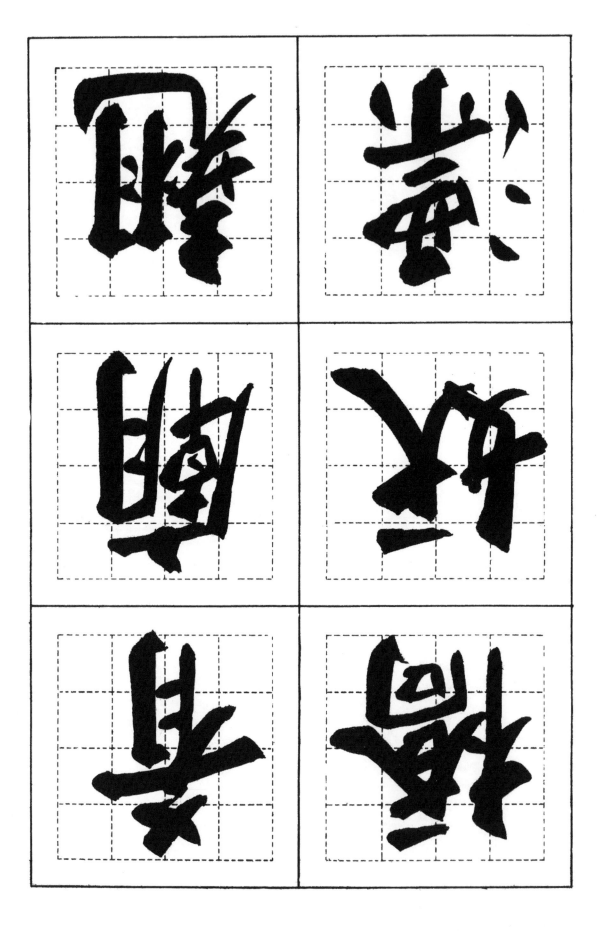

苗
貓
腰
掐
飄
描

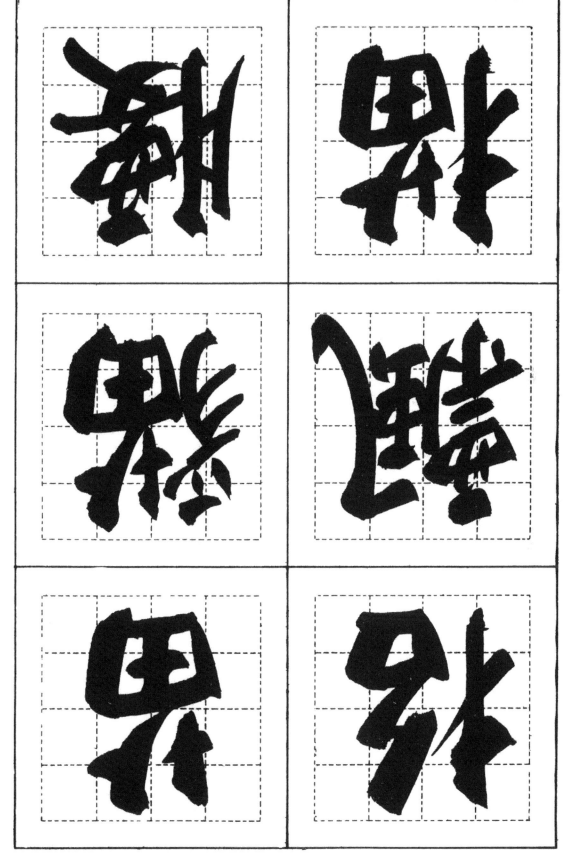

交
郊
教
喬
蛟
膠

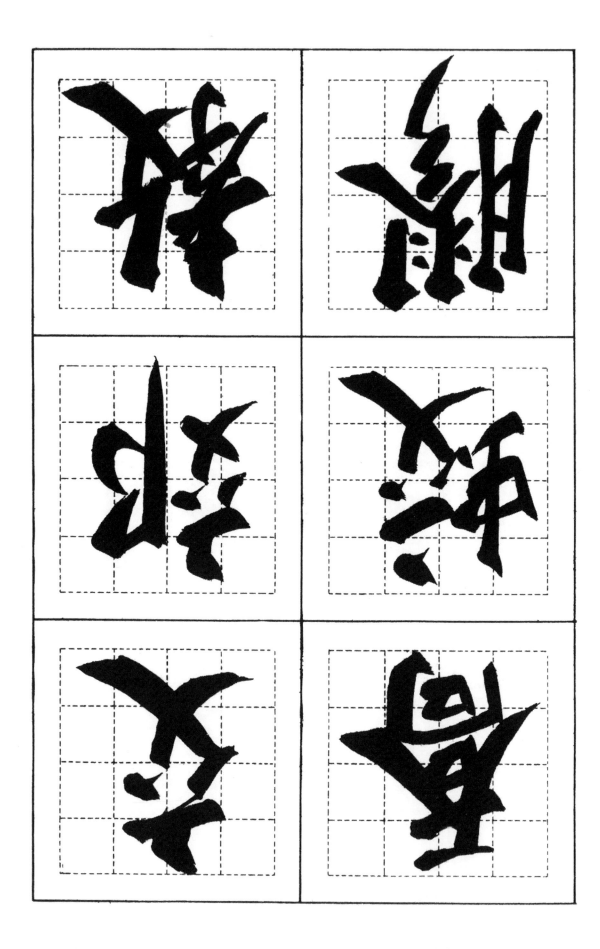

姣

交

淆

餚

殽

僑

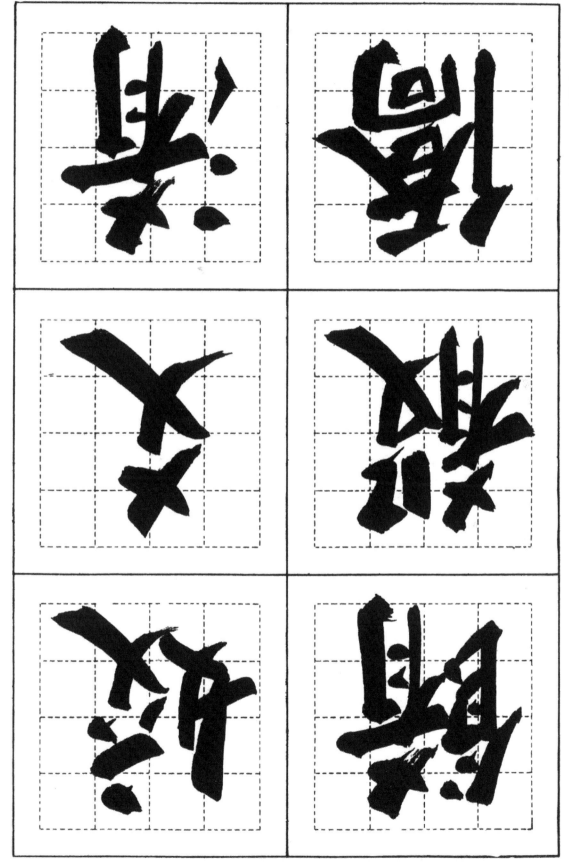

勦	胞
抄	鈔
庖	咬

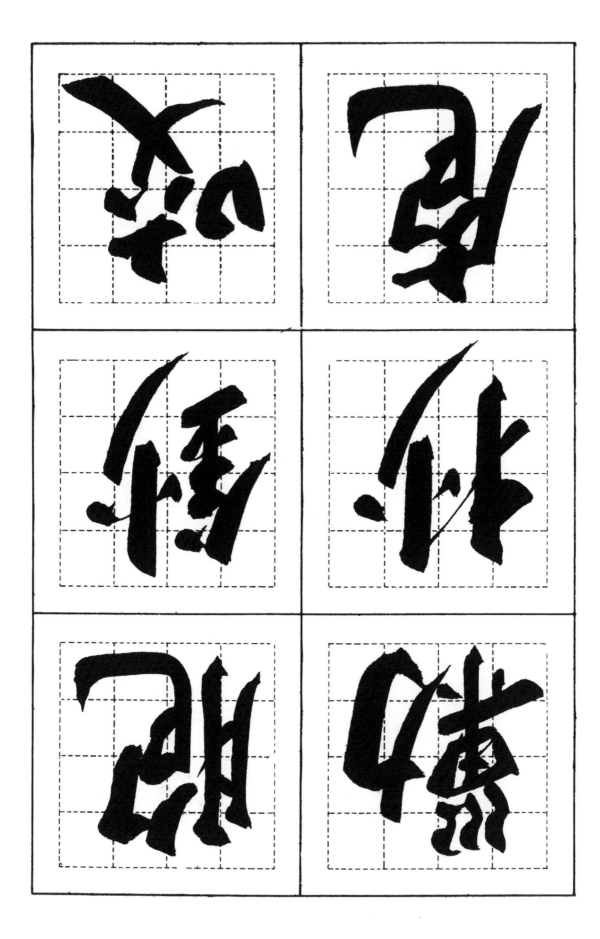

茅
敲
泡
巢
包
拋

糕 劳

豪 牢

捞 膏

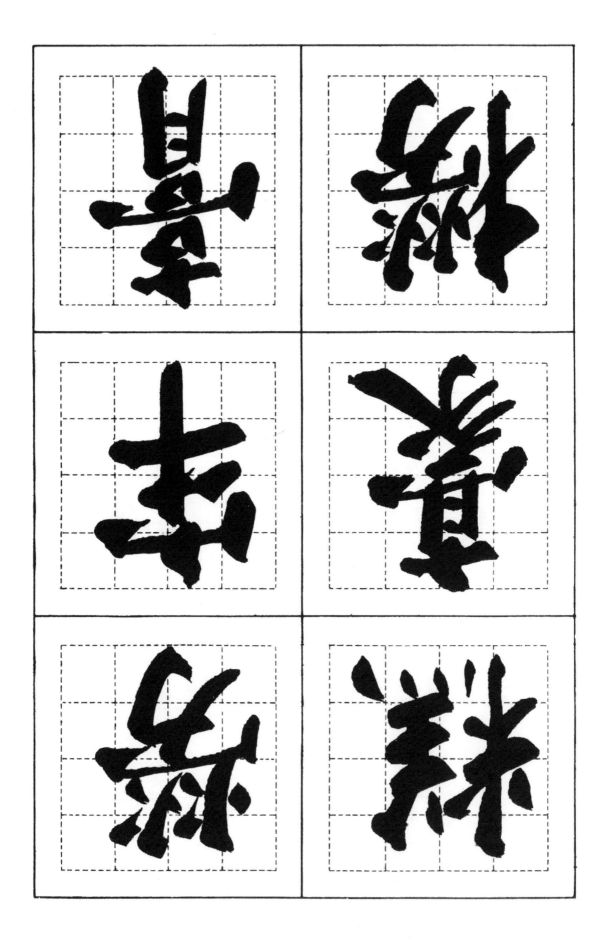

皋
岑
羔
稻
毫
高

褒	濤
桃	掏
逃	糟

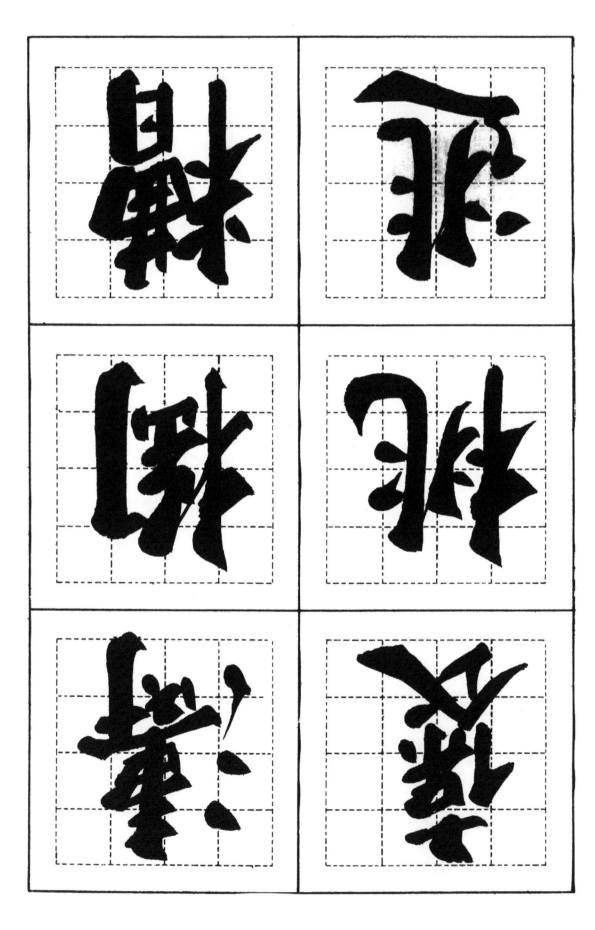

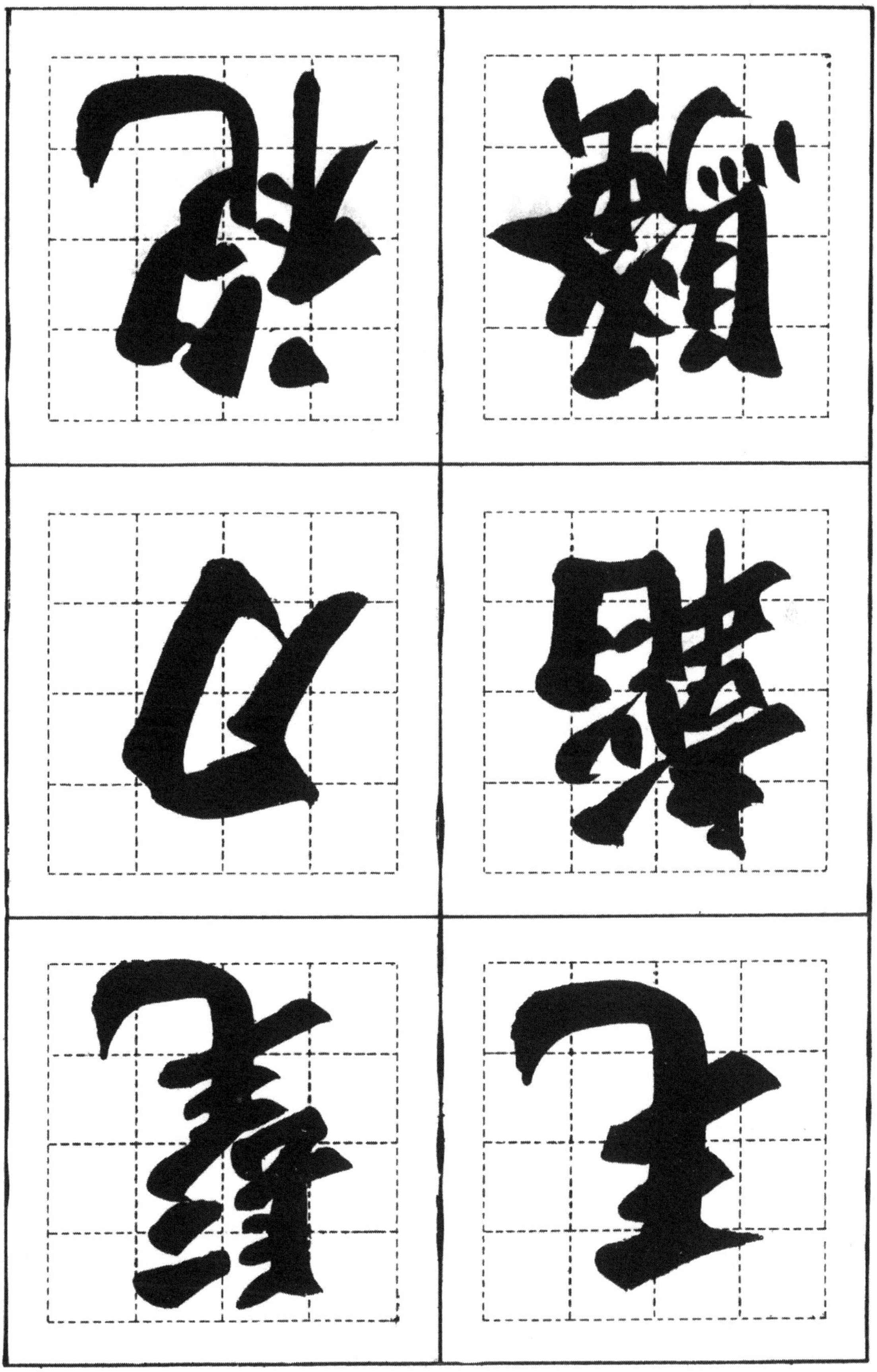

操	哥
歌	蹉
柯	多

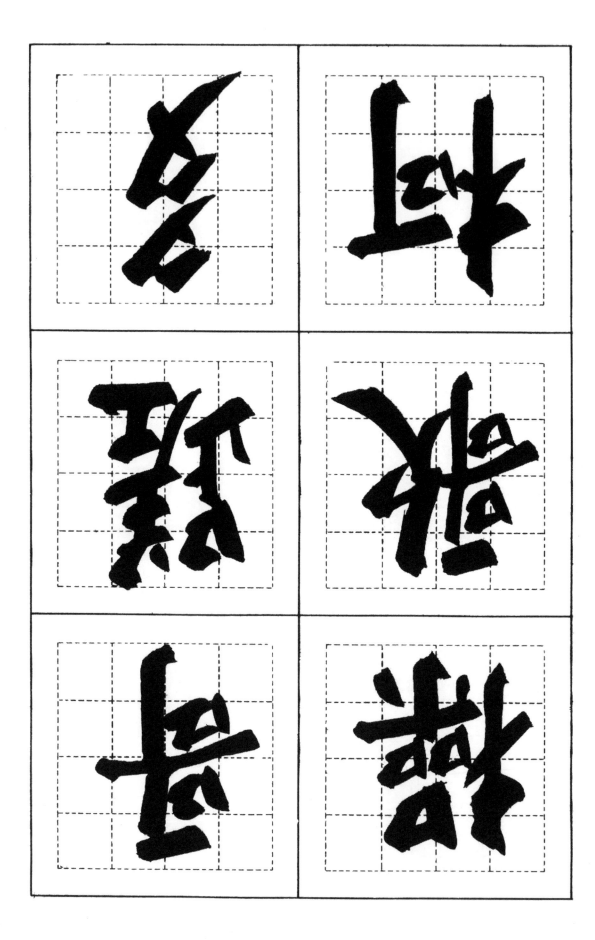

熬
曹
鰲
槽
萄
遨

挪
何
荷
俄
羅
那

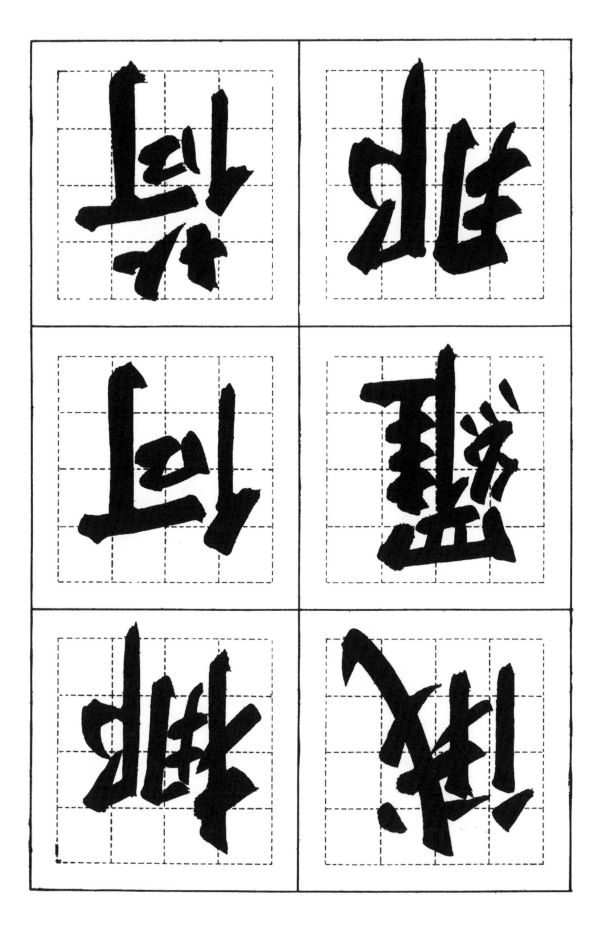

佗

娥

鑼

娑

駝

鵝

鄱
摩
螺
蓑
梭
娑

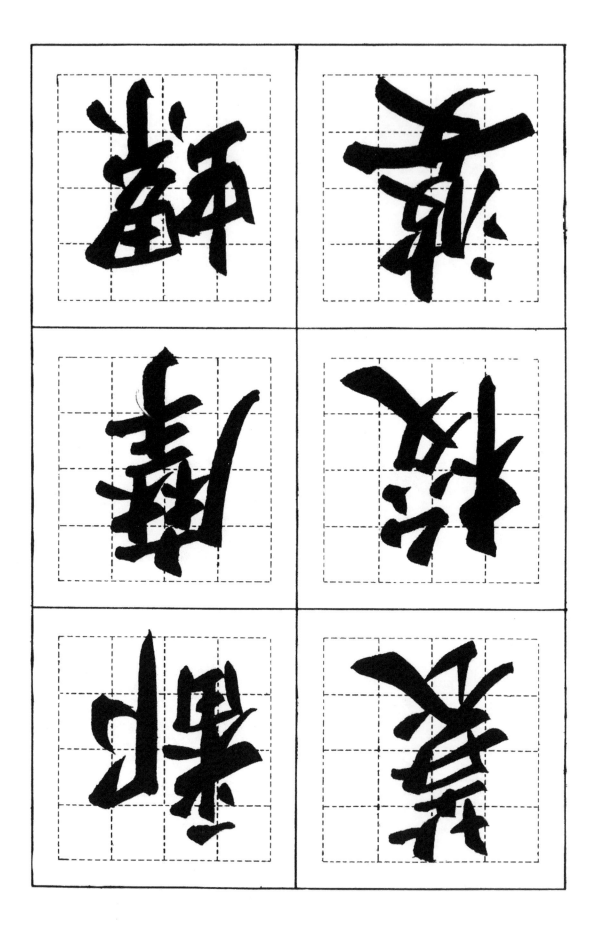

戈
鍋
莎
河
過
阿

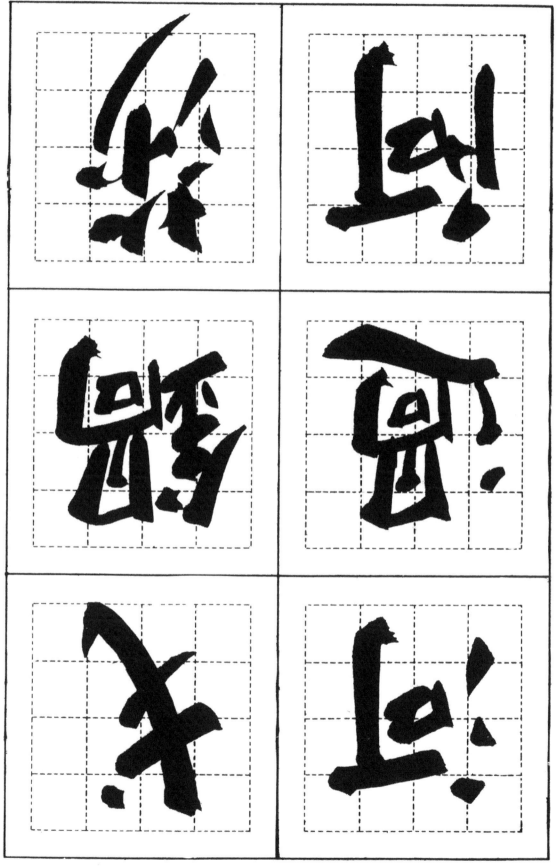

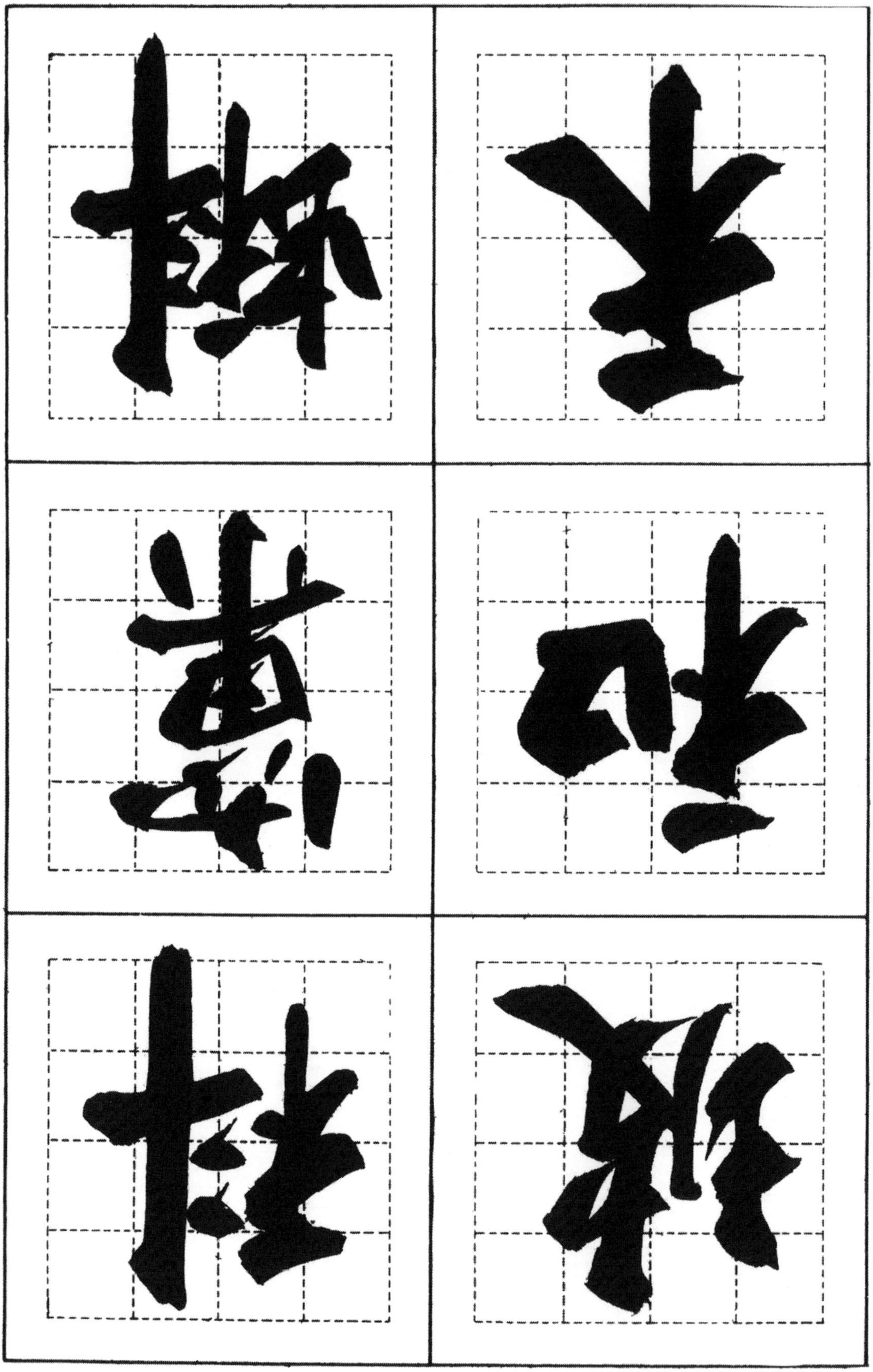

磨
頗
玻
魔
波
鸝

邪 賒

遮 斜

耶 椰

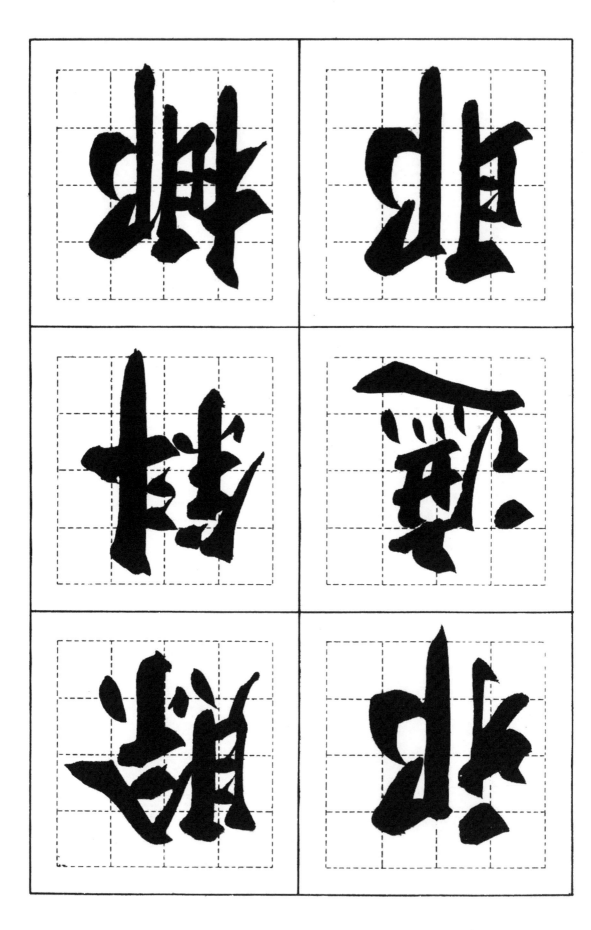

迦麻蟆
課伽茄

家 遐 霞

花 誇 嘉

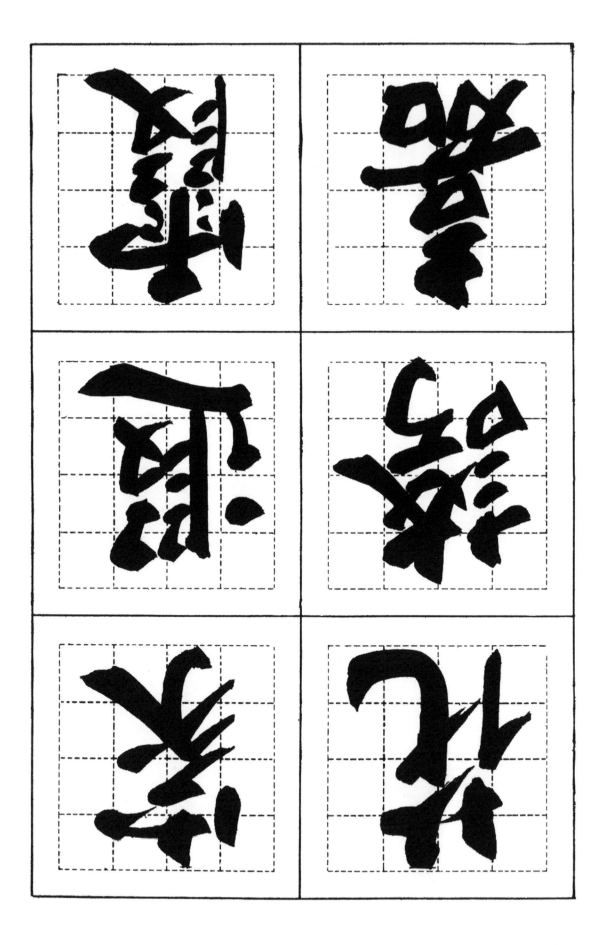

華

英

瓜

嵯

巔

驊

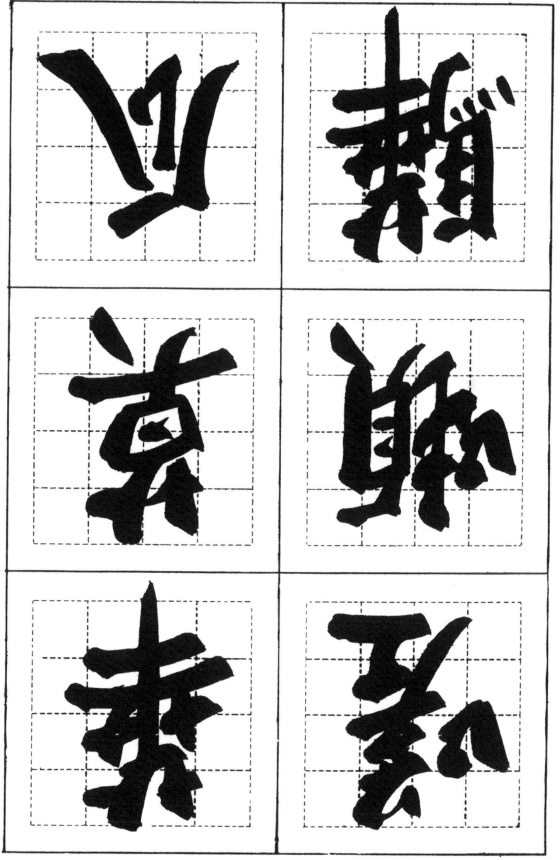

衙

妝

茶

沙

砂

牙

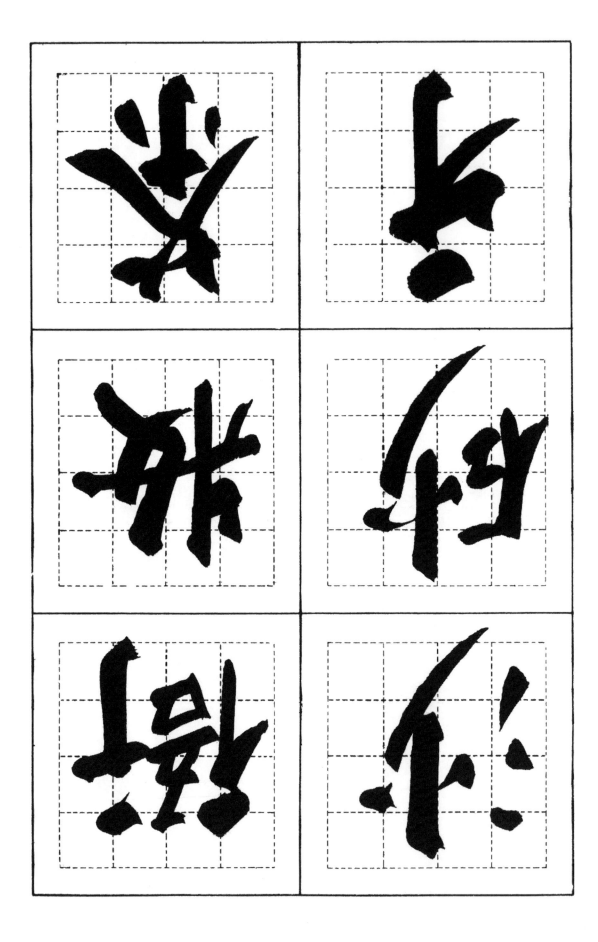

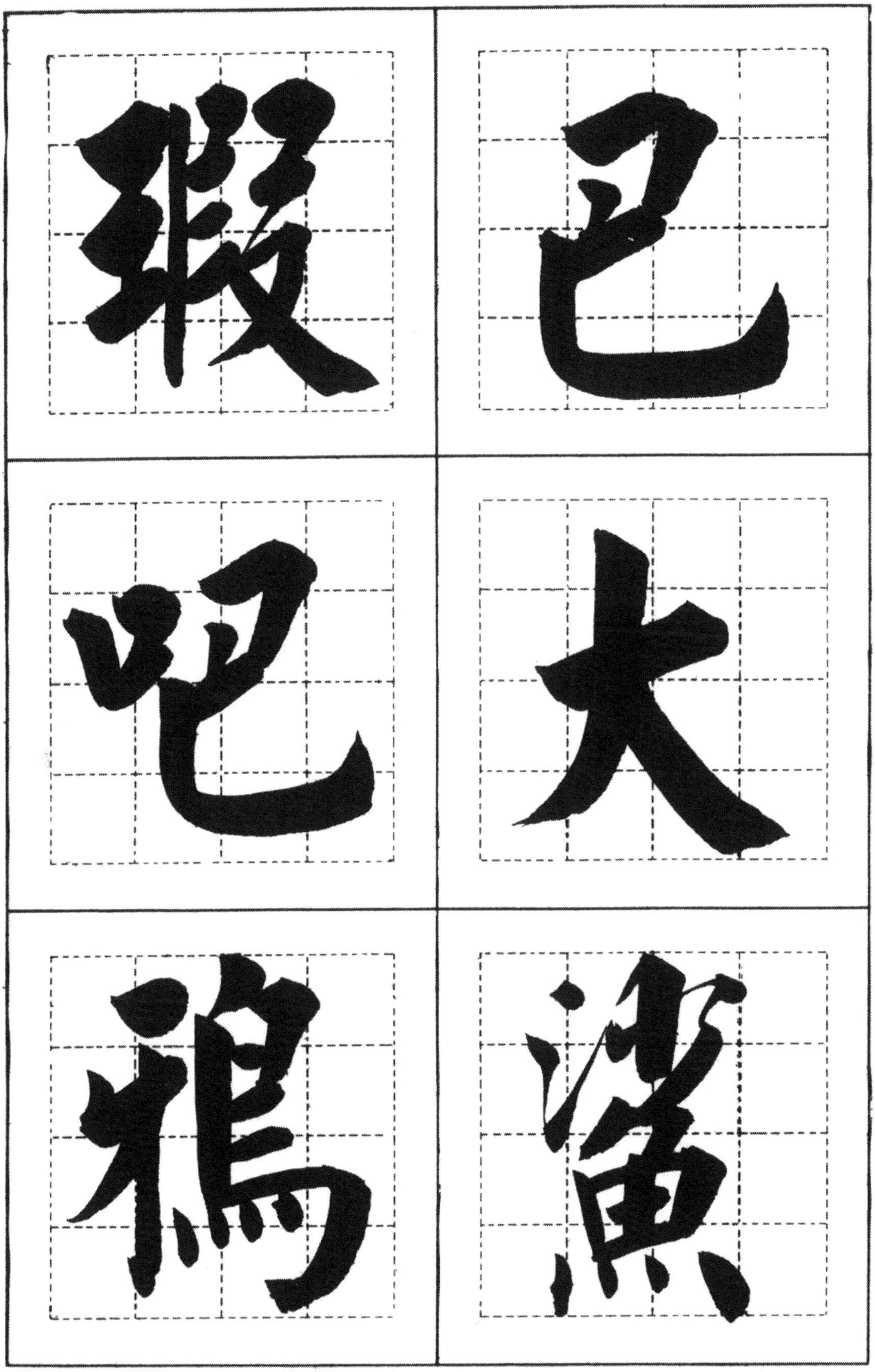

陽
詳
良
參
重
揚

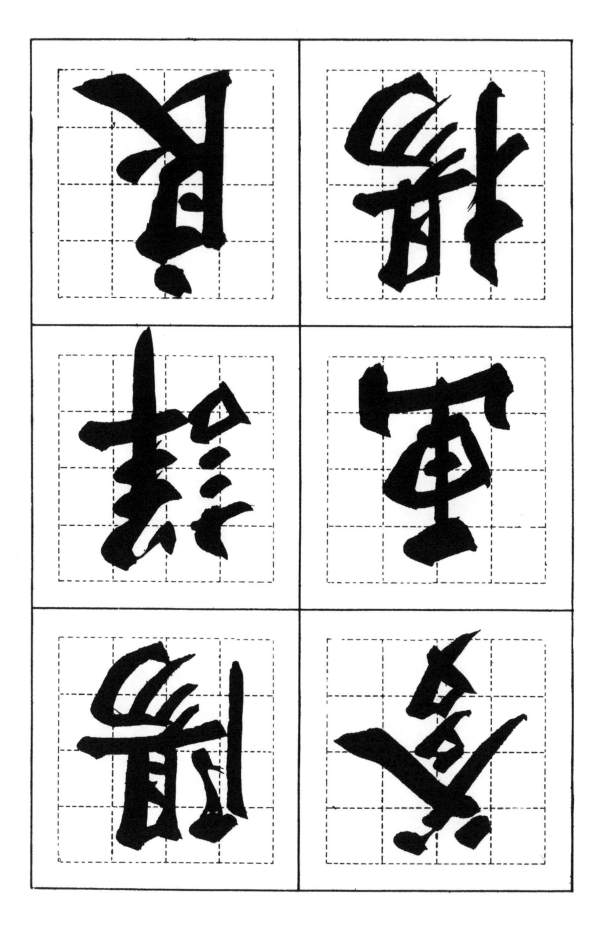

杷
奎
些
紗
爬
琶

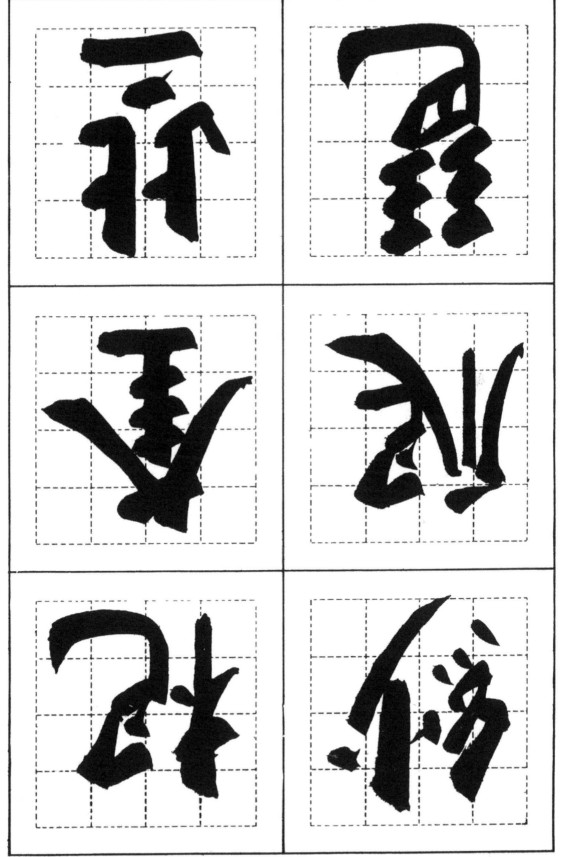

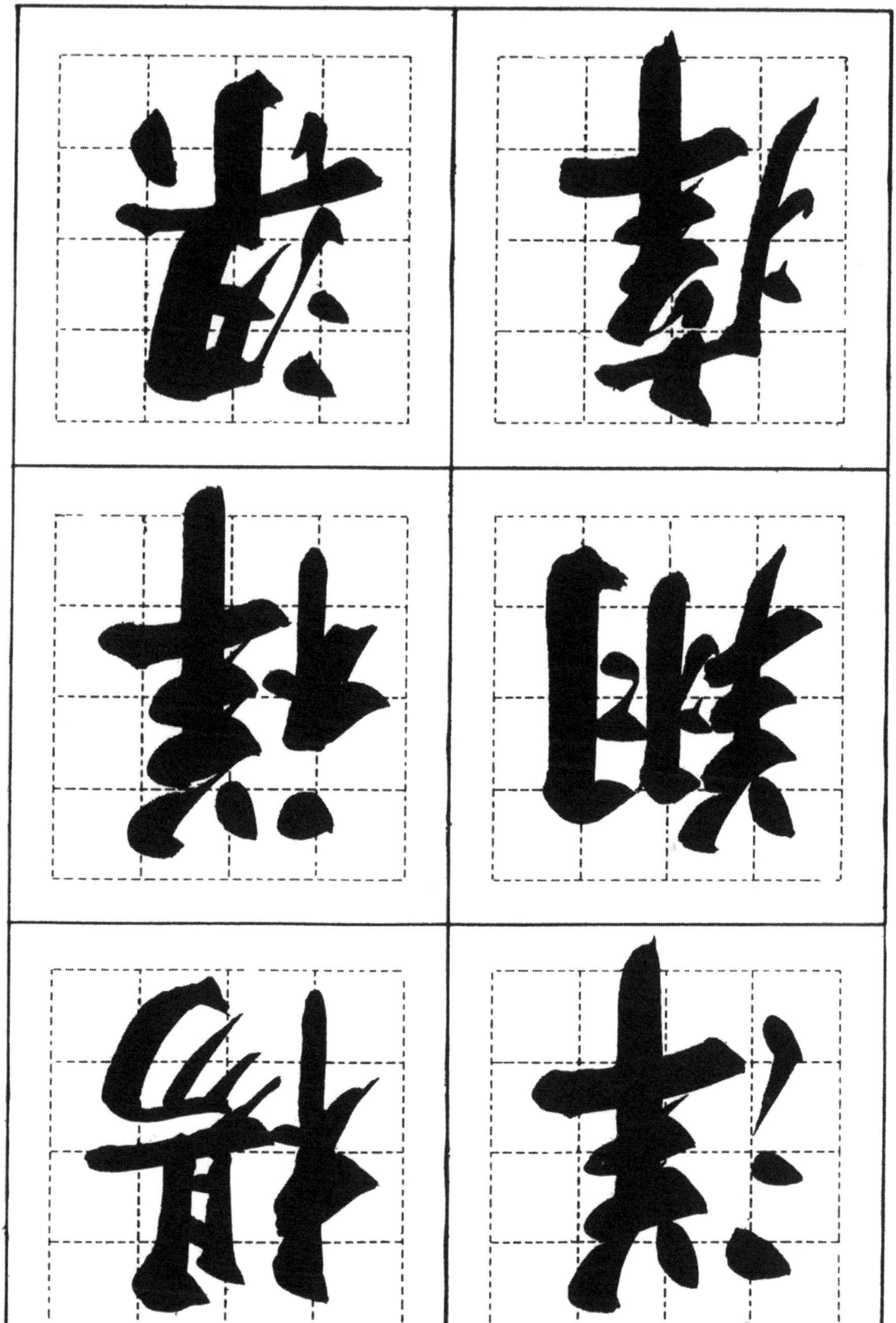

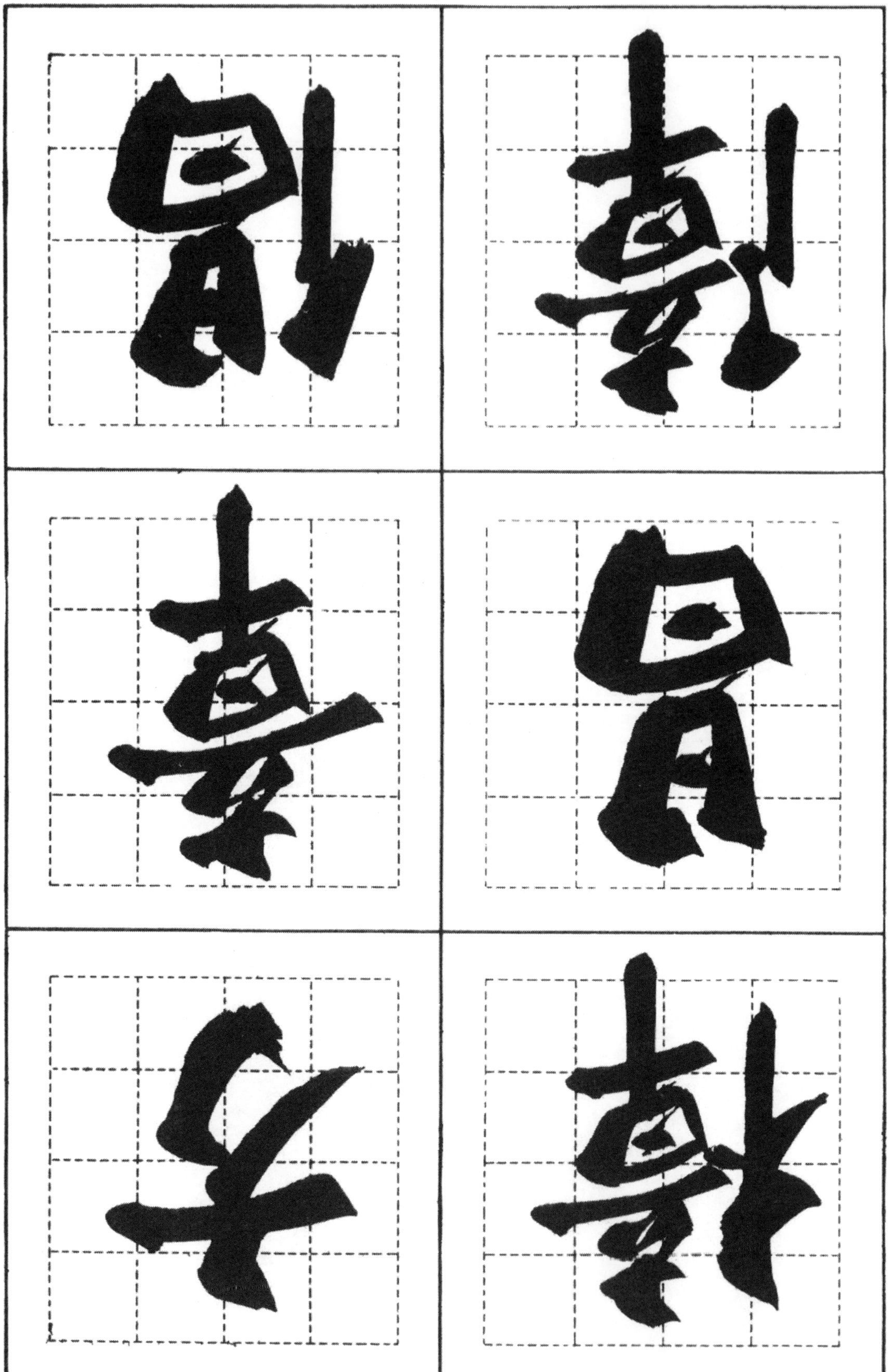

湯
防
薑
商
傷
房

箱 攘

芒 湘

創 將

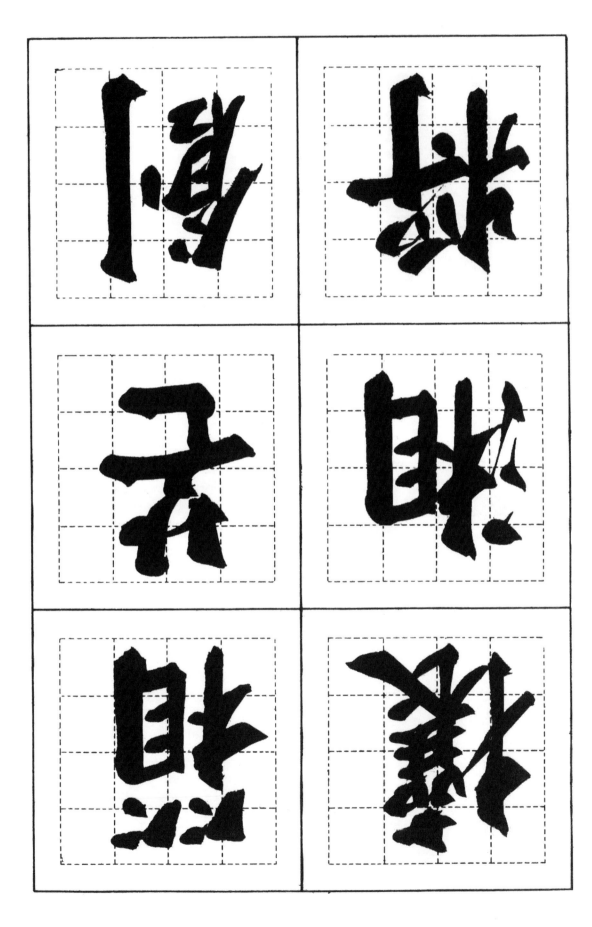

姜 場 張

疆 長 腸

蔣
瘡
脊
鑲
裳
霜

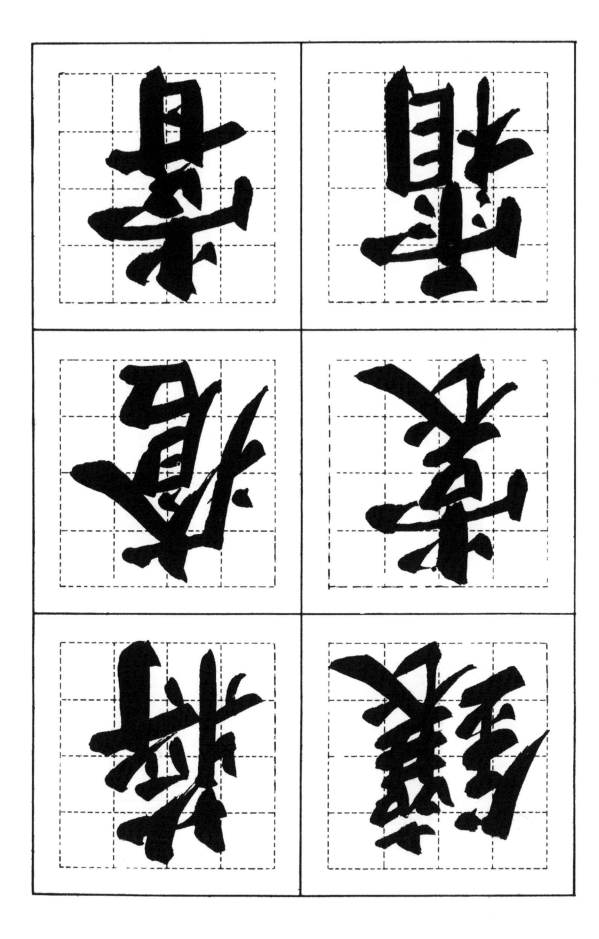

亡
莊
床
相
娘
常

堂 漿

塘 糖

郎 棠

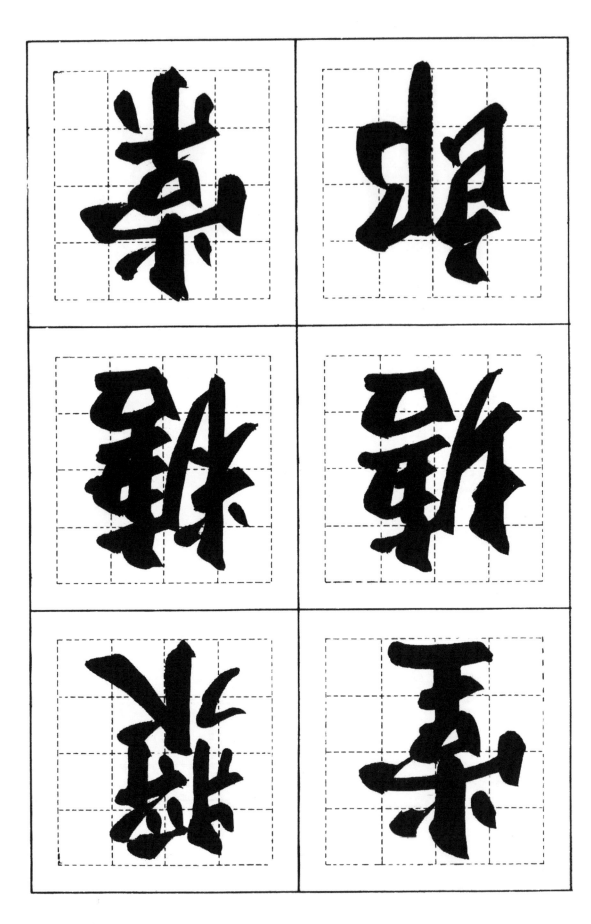

償
牆
槍
抱
裝
嘗

搶 王

彊 秧

狂 芳

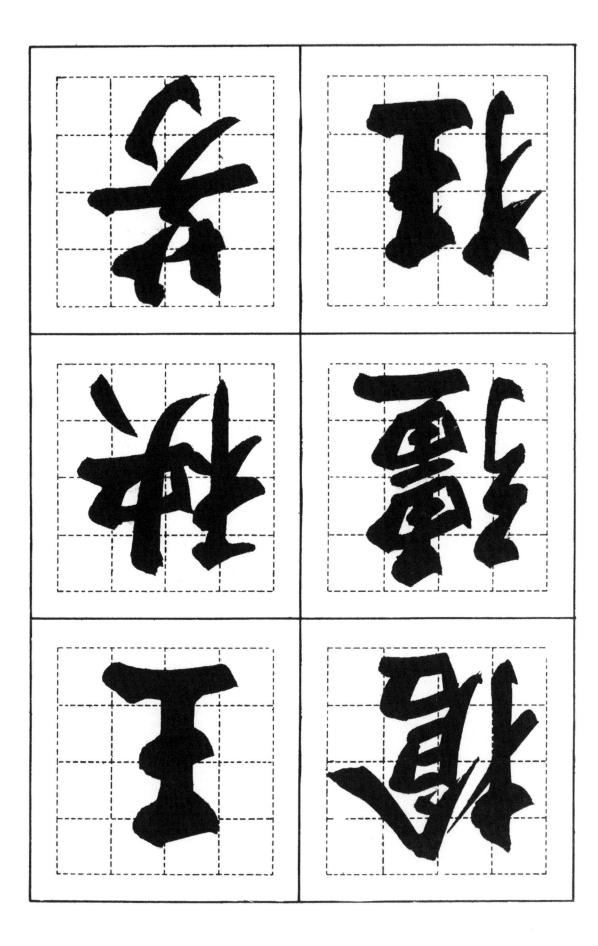

匡
央
強
舊
鴦
殃

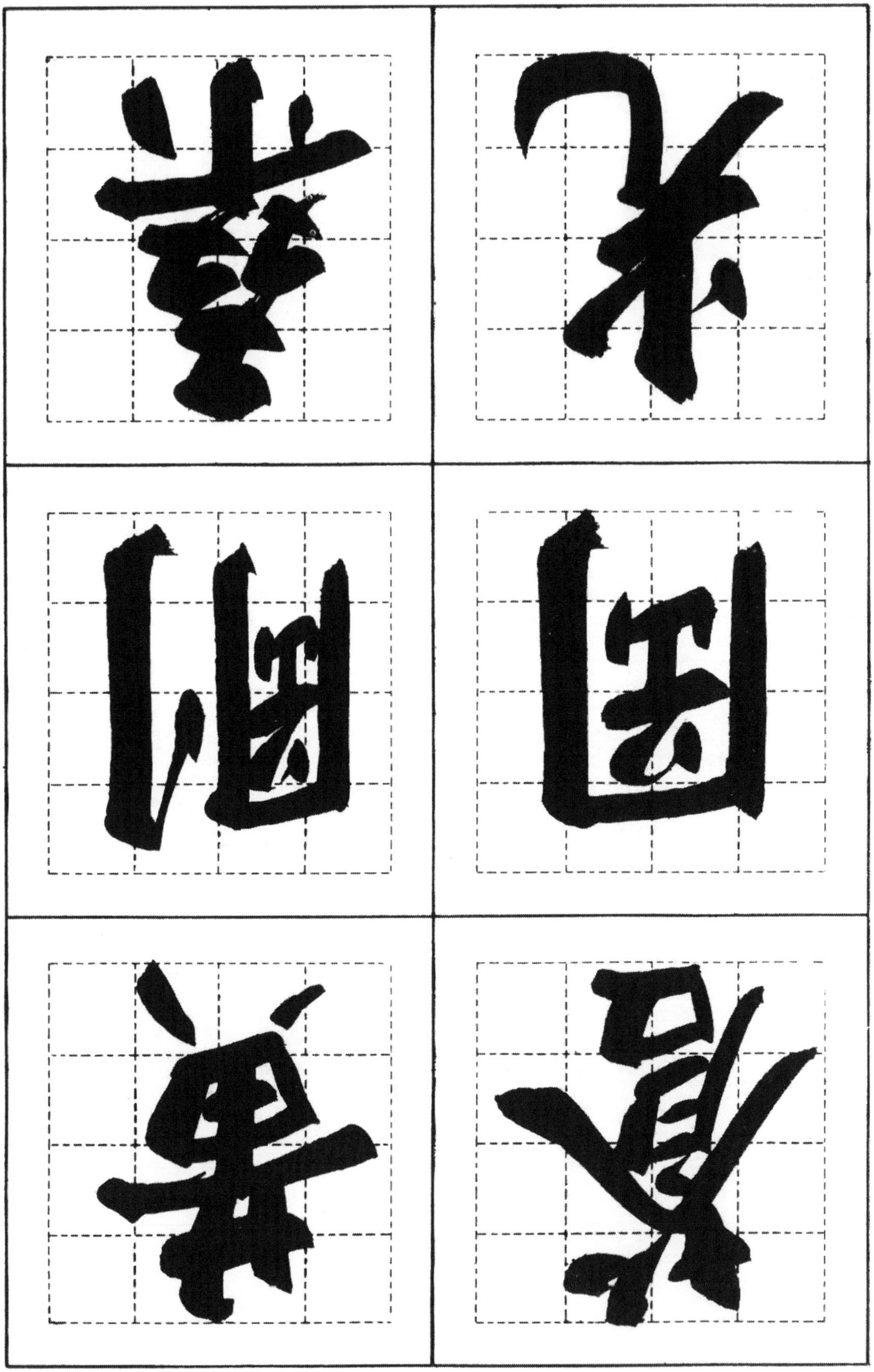

狼當倉
唐廊珮

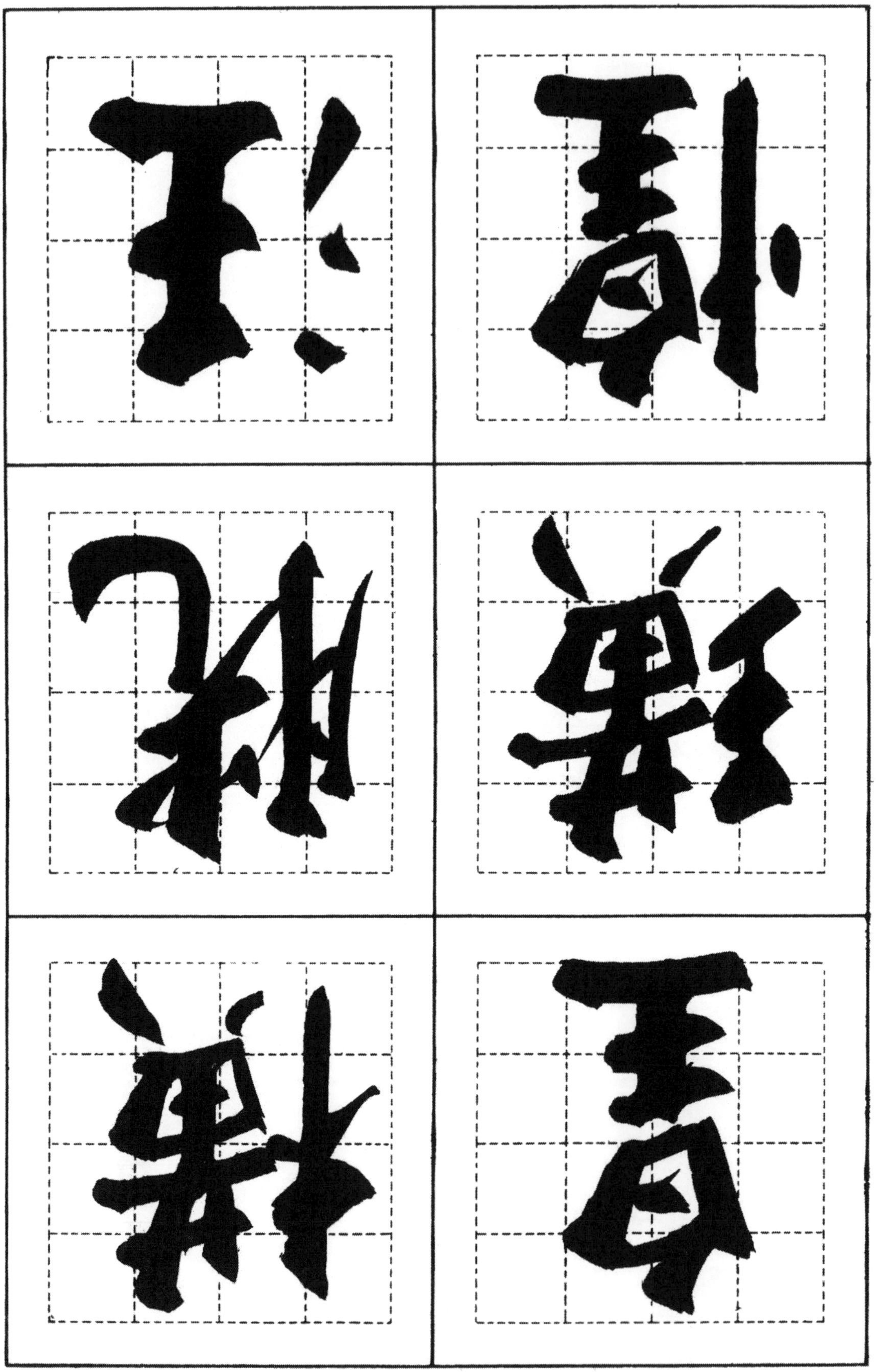

喪
綱
荒
鋼
康
崗

幫
庚
更
臧
囊
傍

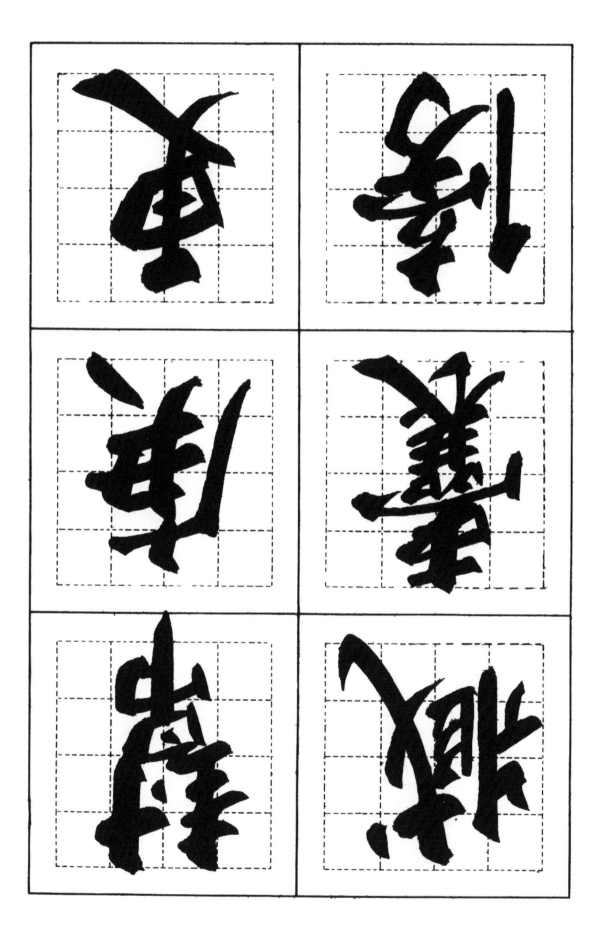

簧
凰
杭
行
遑
潢

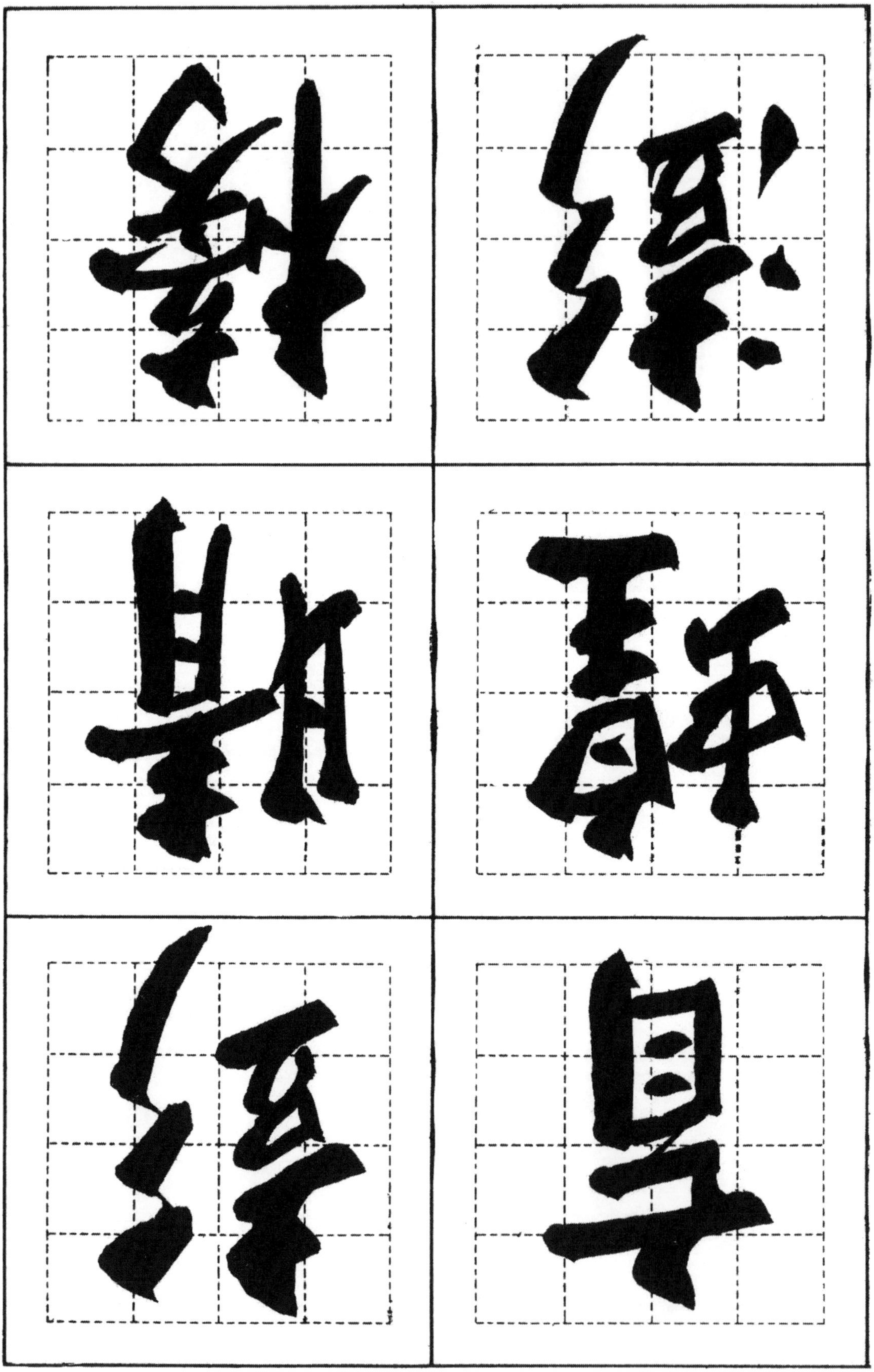

羹
坑
粳
旁
昂
藏

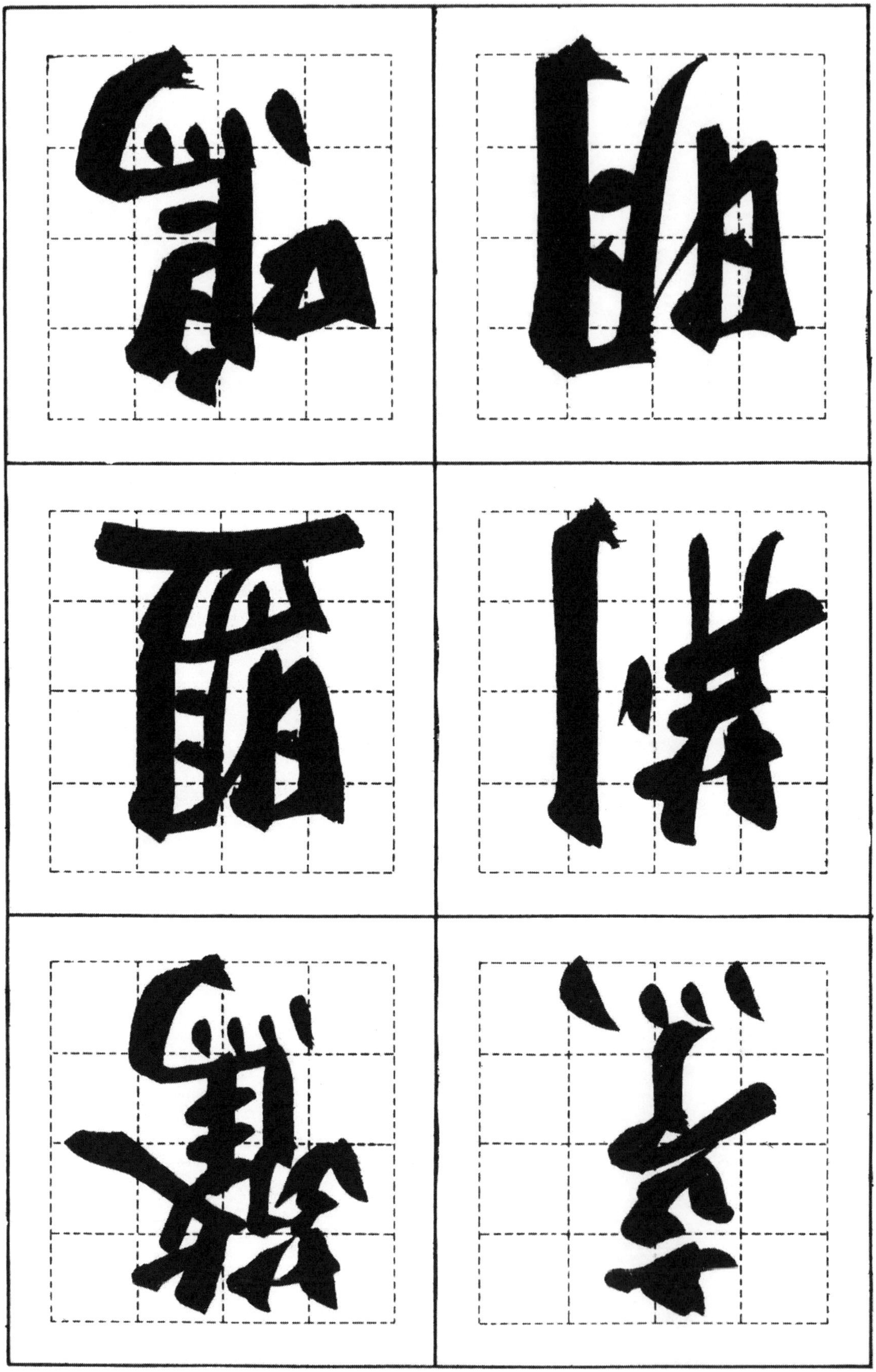

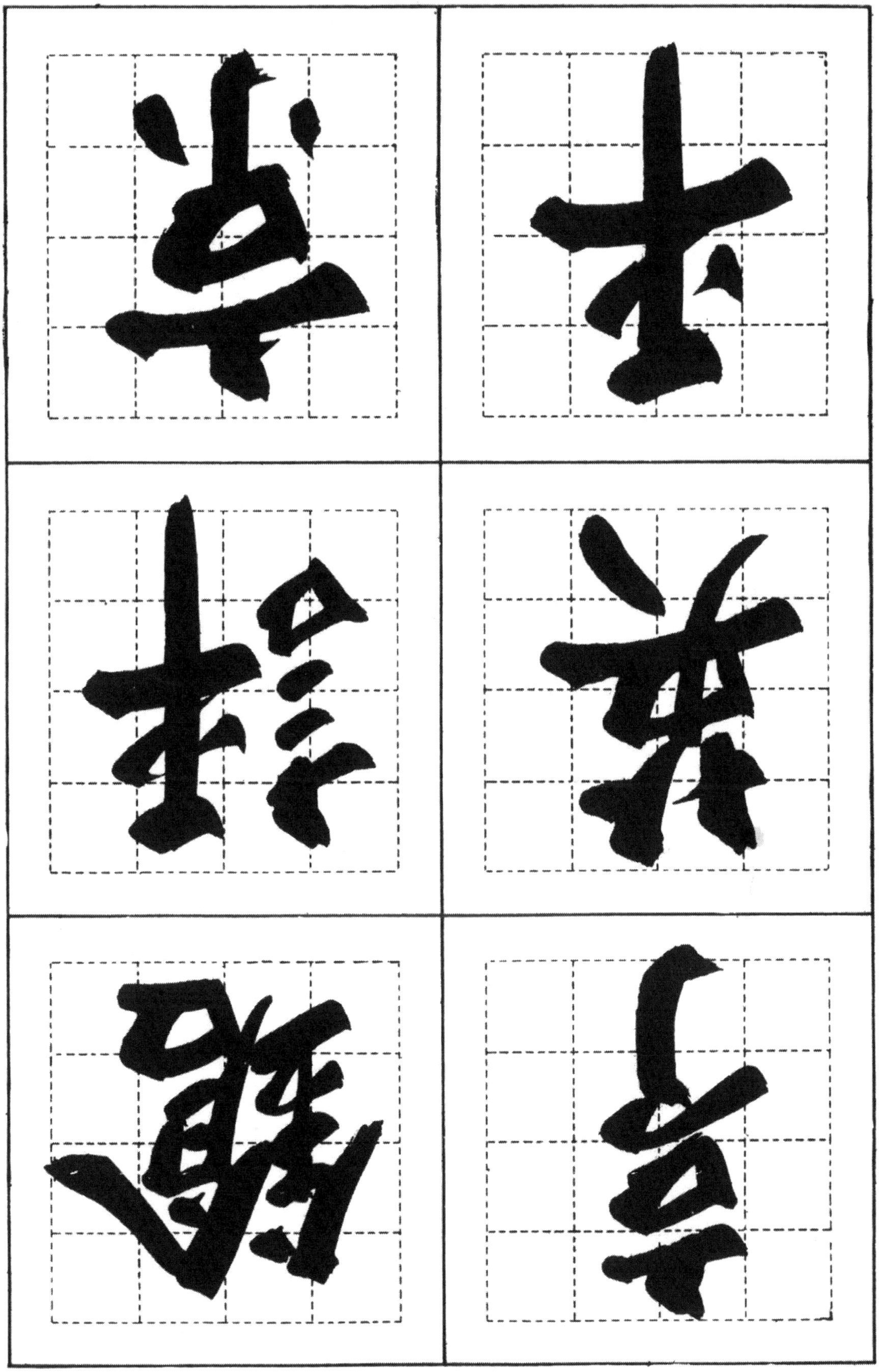

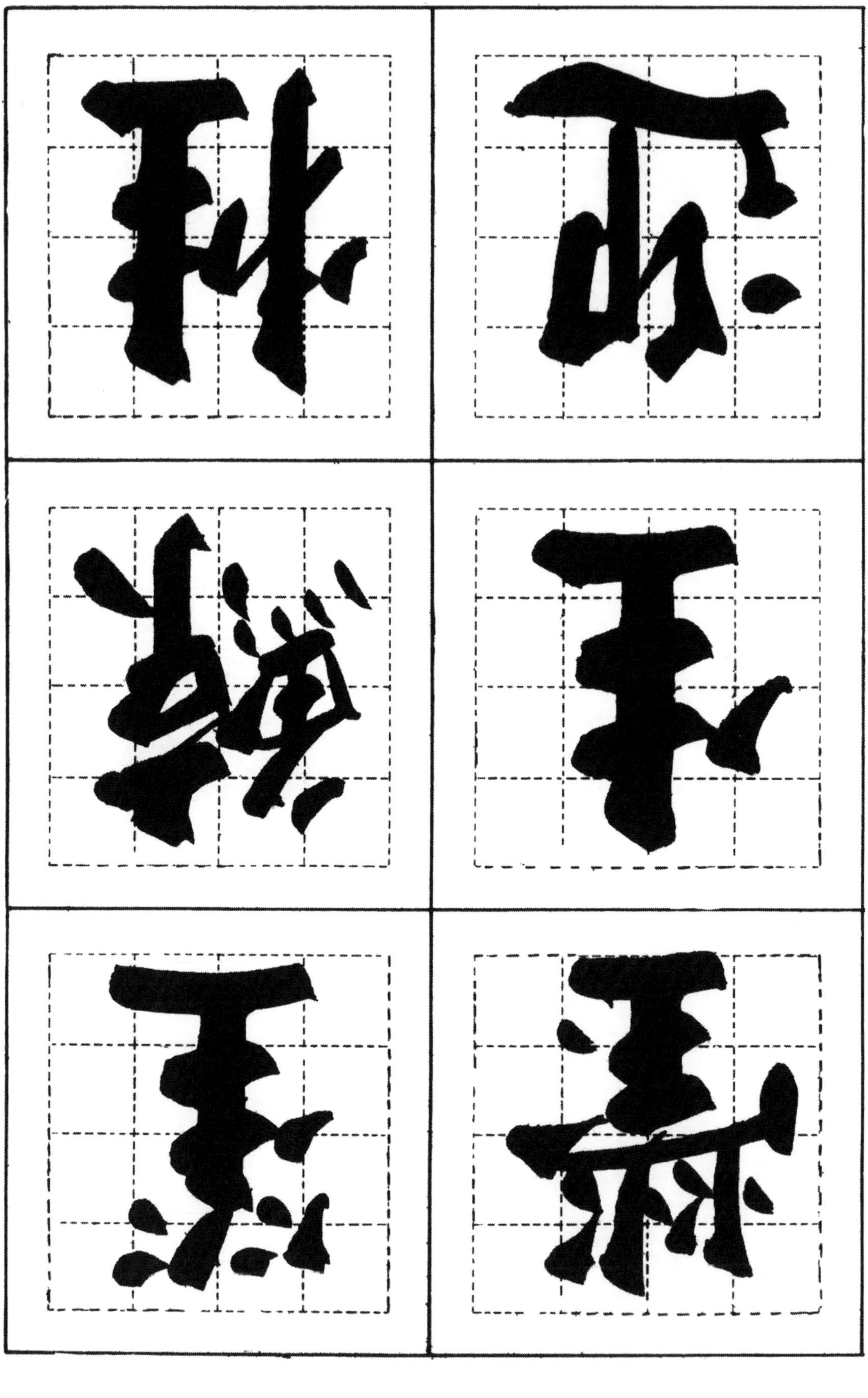

兵
榮
衛
澄
兄
卿

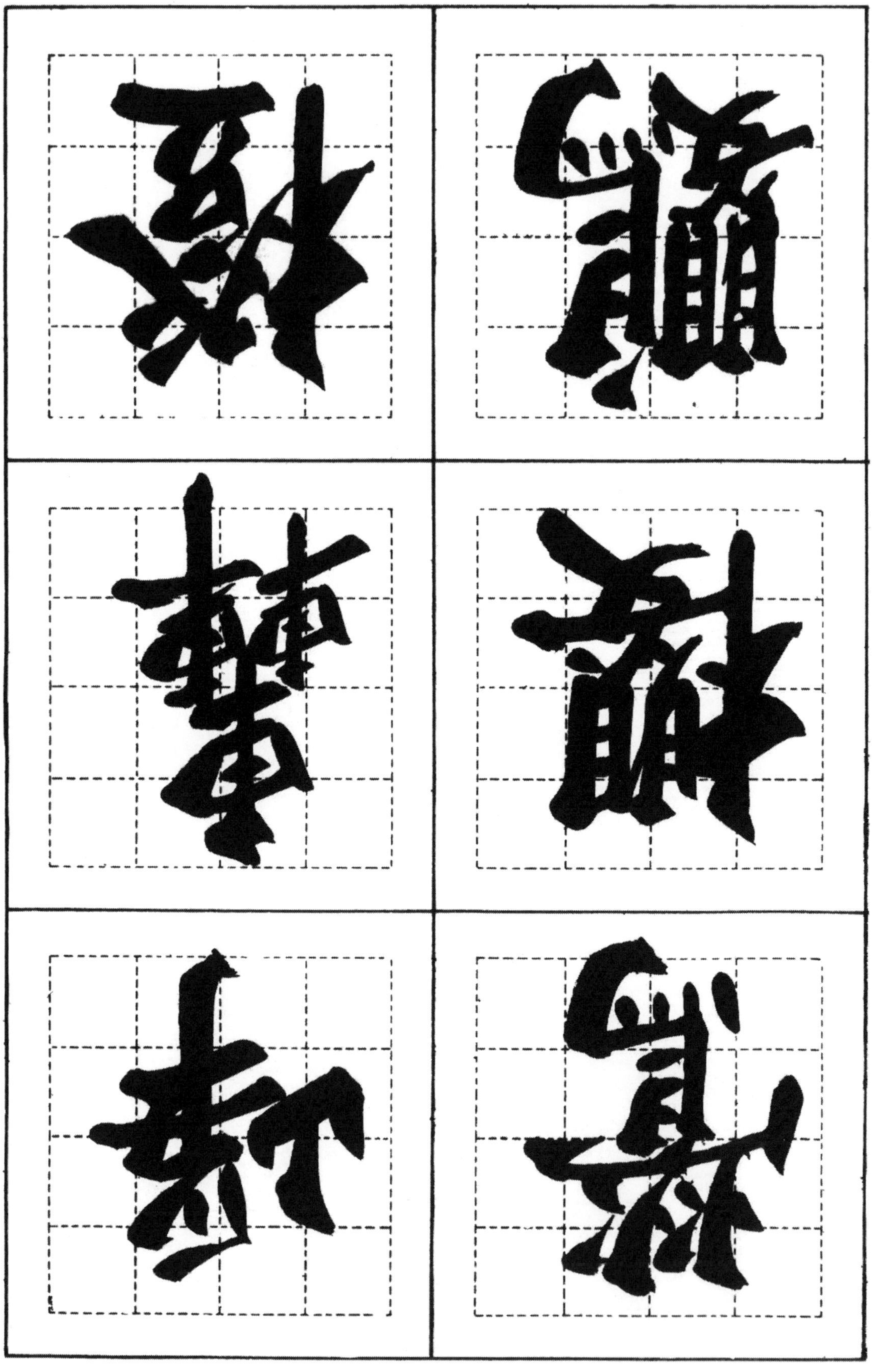

嵘 茔 丁

耕 珉 宏

盈楹
情營
瀛嬰

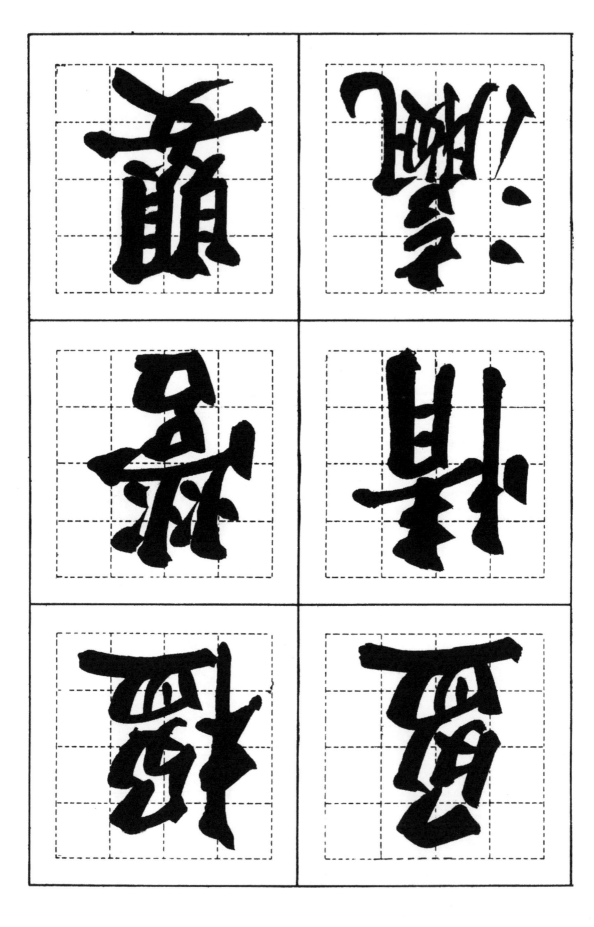

清
晶
莚
棚
泓
爭

輕盛聲
誠呈征

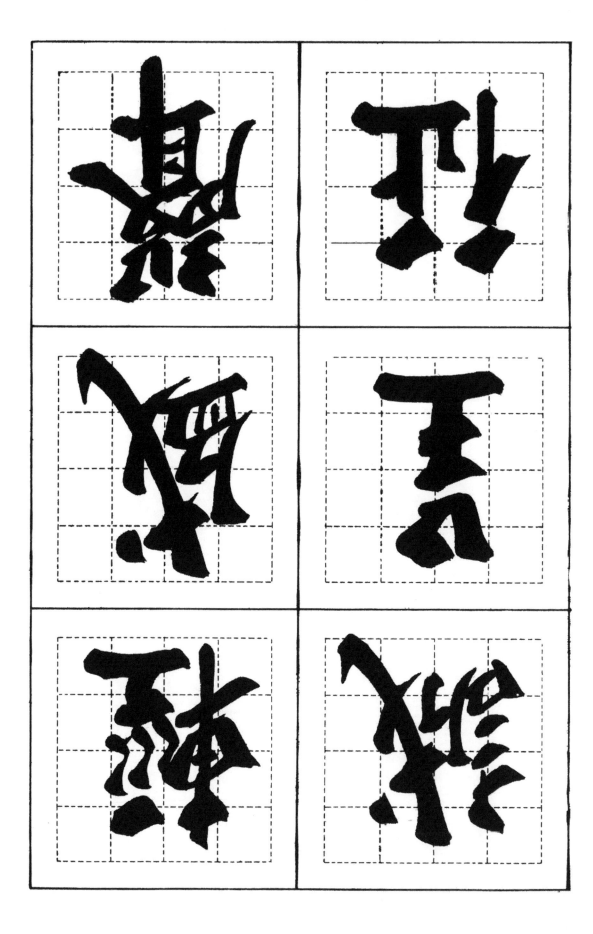

偵
戍
城
纓
貞
禎

青
經
聽
并
瓊
頸

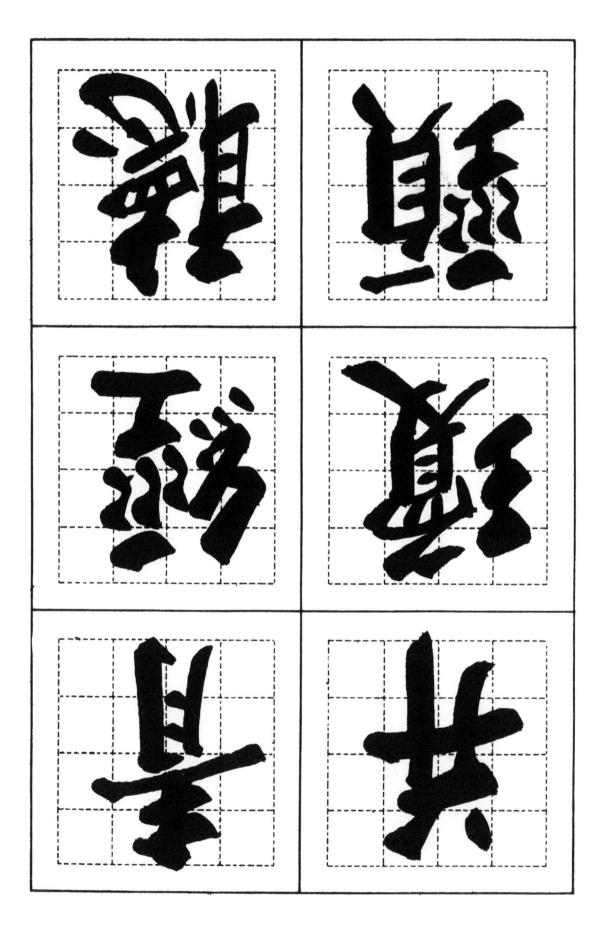

傾
令
名
正
屏
法

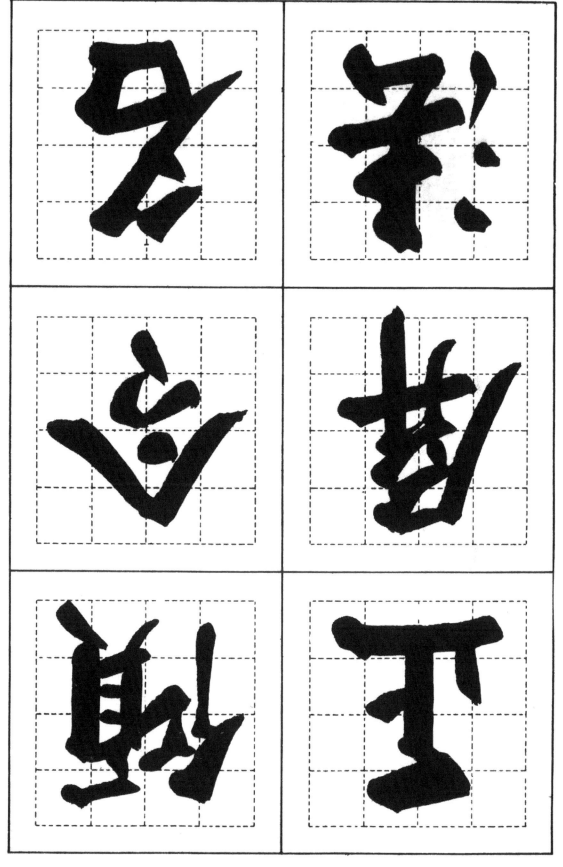

停

刑

馨

形

型

庭

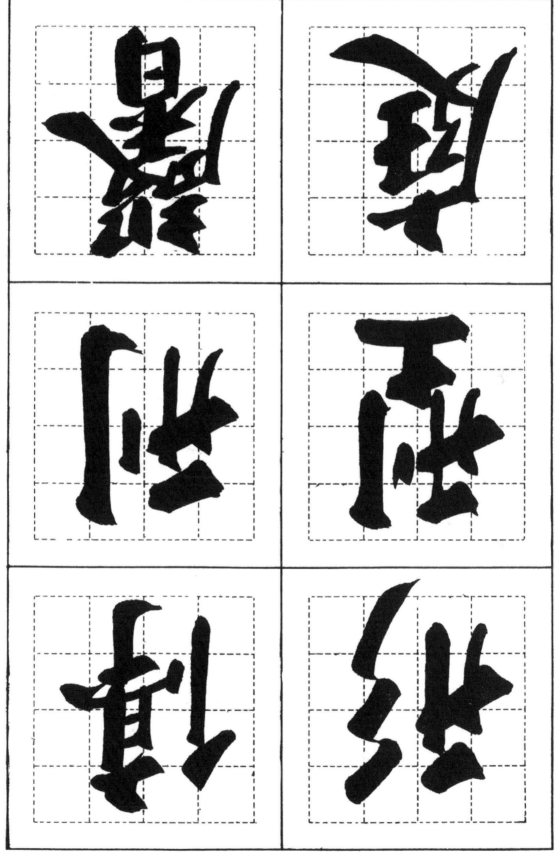

苓 玲

伶 瑩

廳 銘

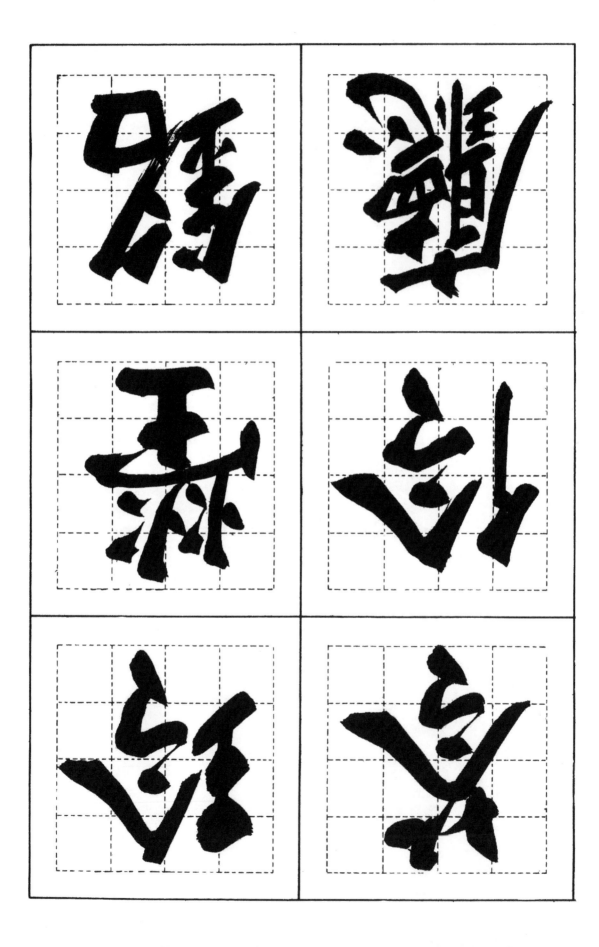

廷
亭
腥
呈
迅
齡

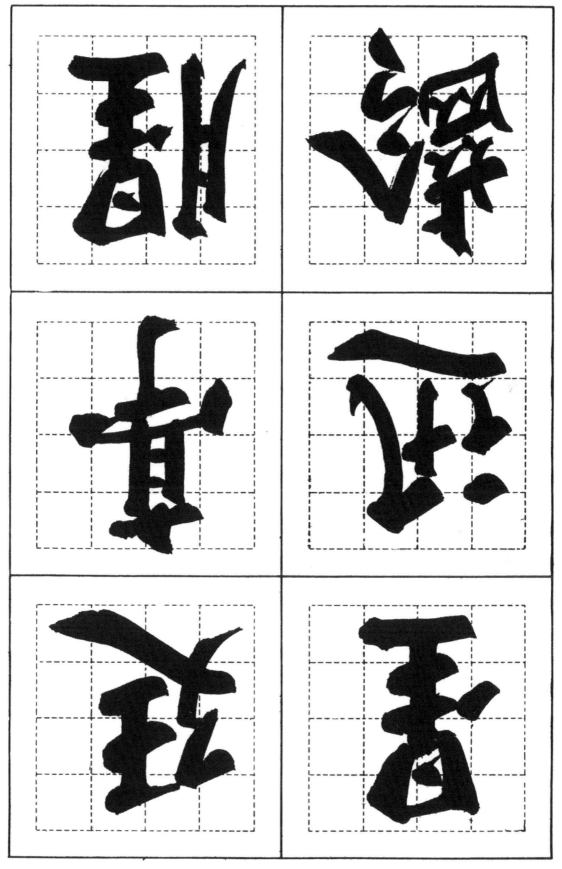

萍	汀
螢	蒸
扃	陵

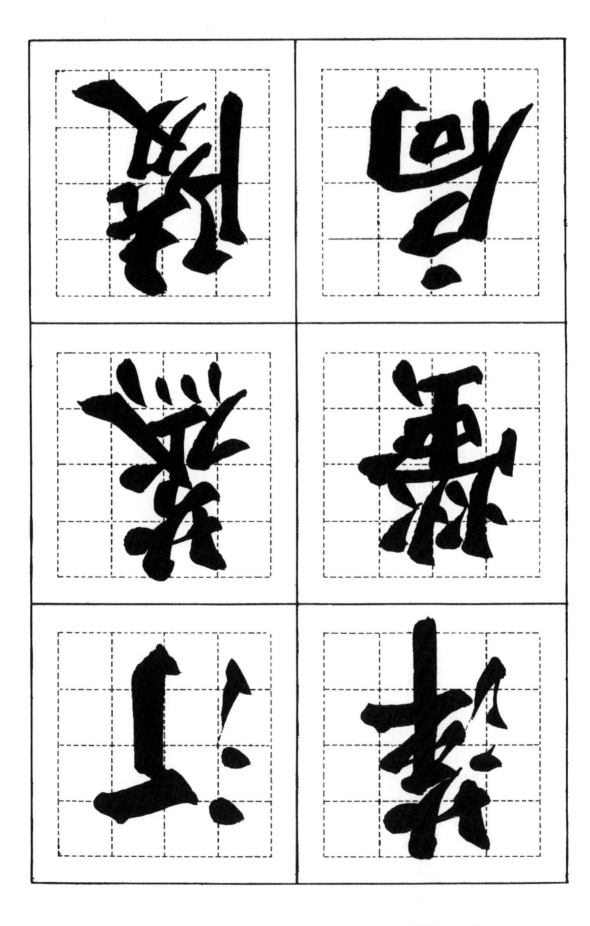

訂
瓶
町
且
冷
寧

承憑
冰乘
蠅陞

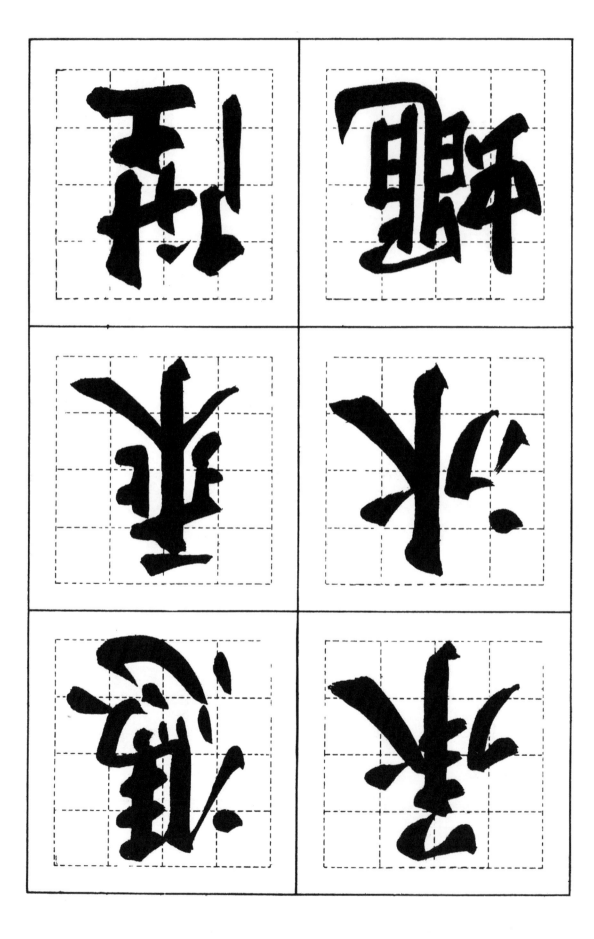

凌 蕭 鷹

烝 懲 膺

凝
稱
興
毓
矜
徽

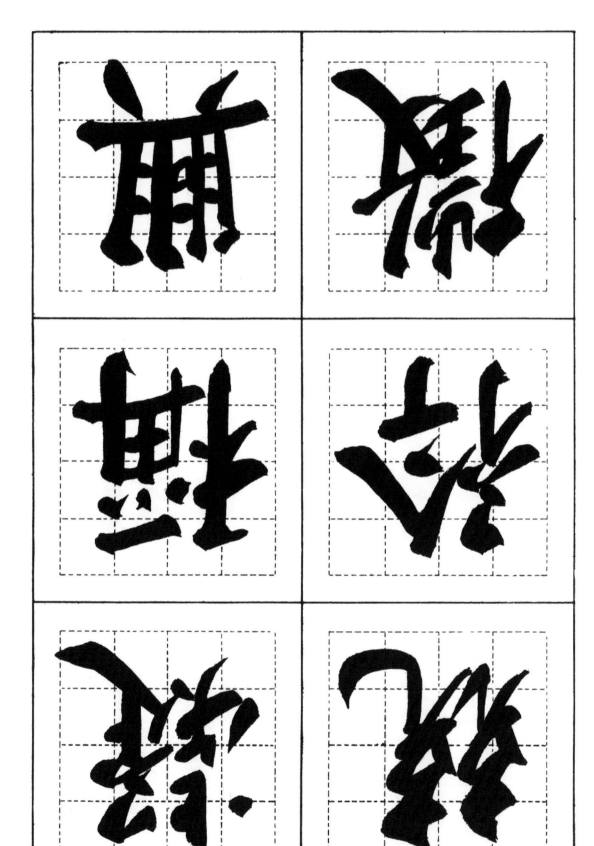

應
升
仍
昇
繩
勝

燈	鵬
層	琪
朋	弘

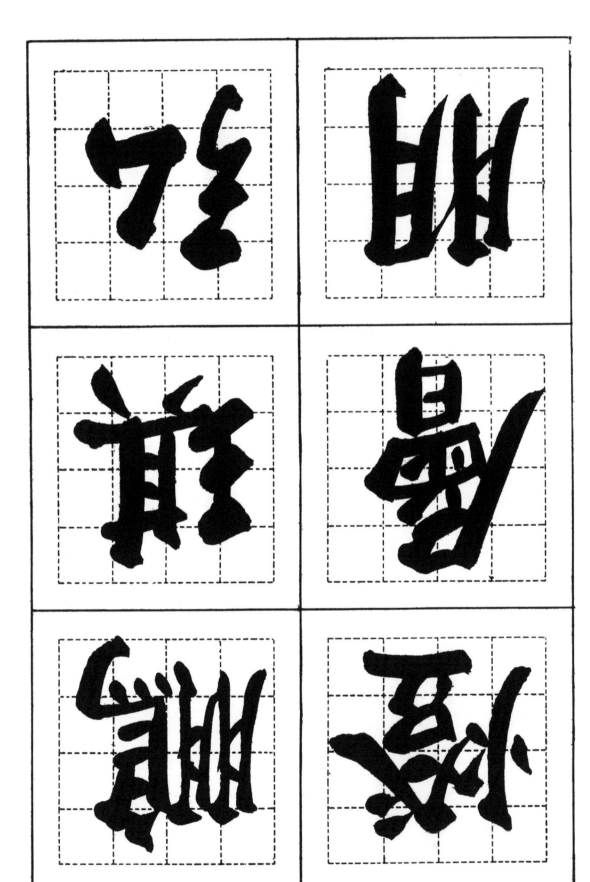

曾
崩
增
登
僧
稜

憂 藤
留 恒
流 郵

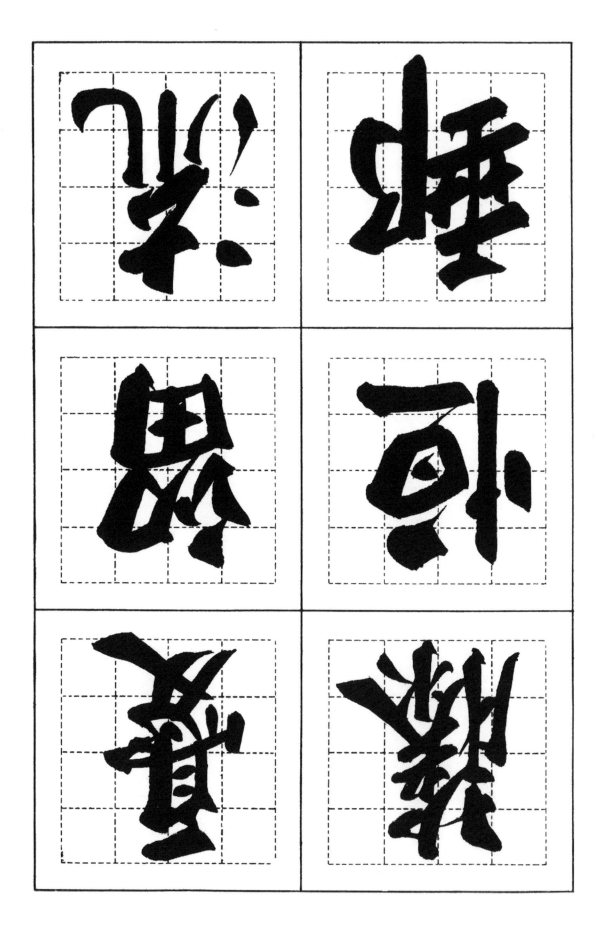

騰
謄
優
燴
能
肱

悠
游
遊
秋
油
猶

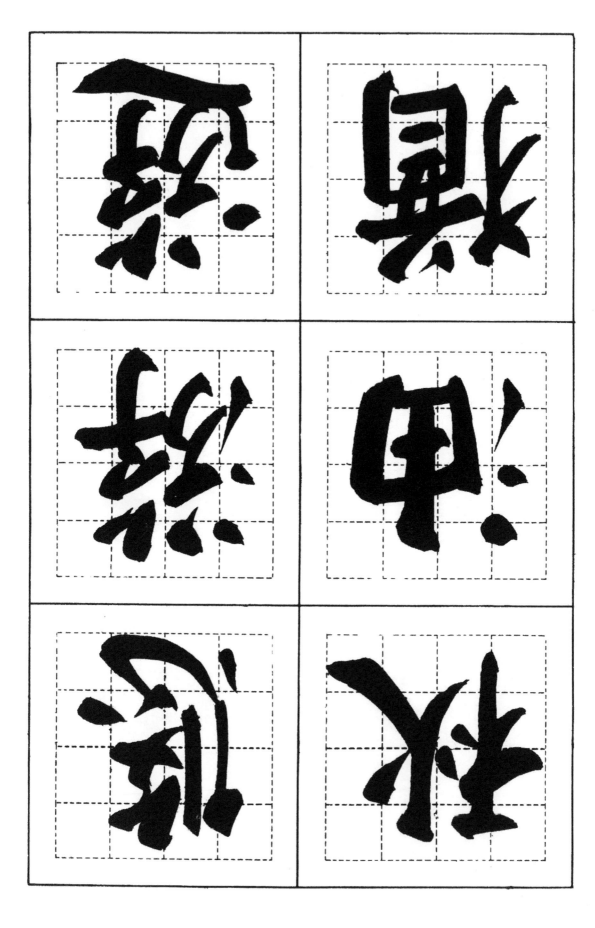

瘤

鞦

猷

尤

劉

榴

抽	舟
洲	柔
周	收

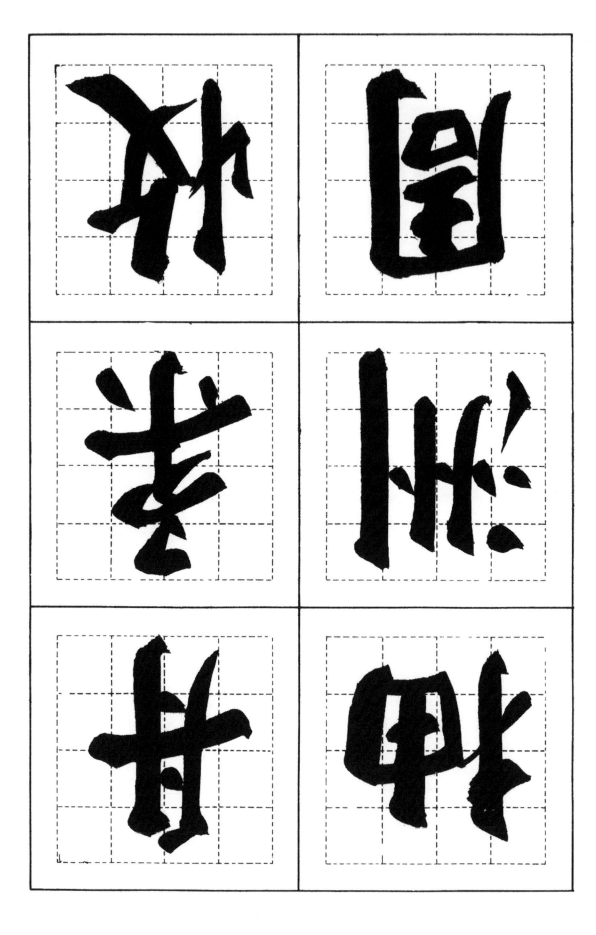

脩 羞 修

由 牛 酋

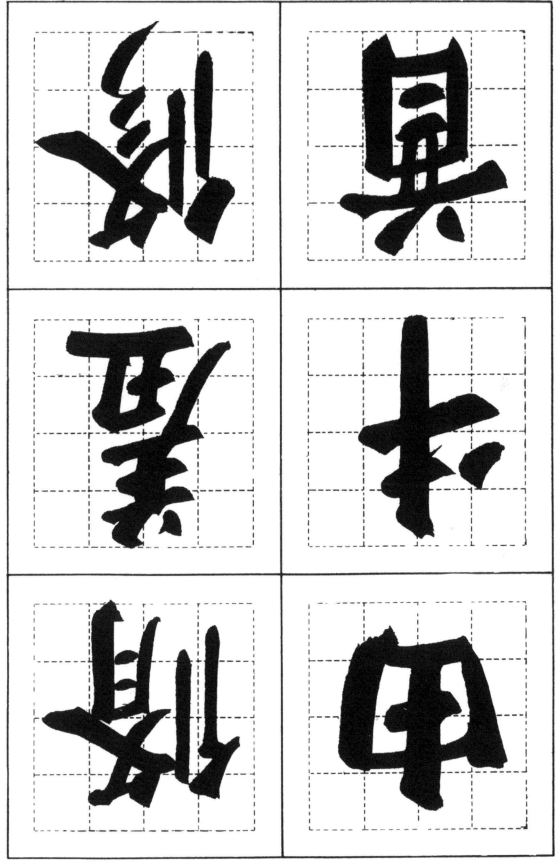

不
愁
休
鳩
邱
鄒

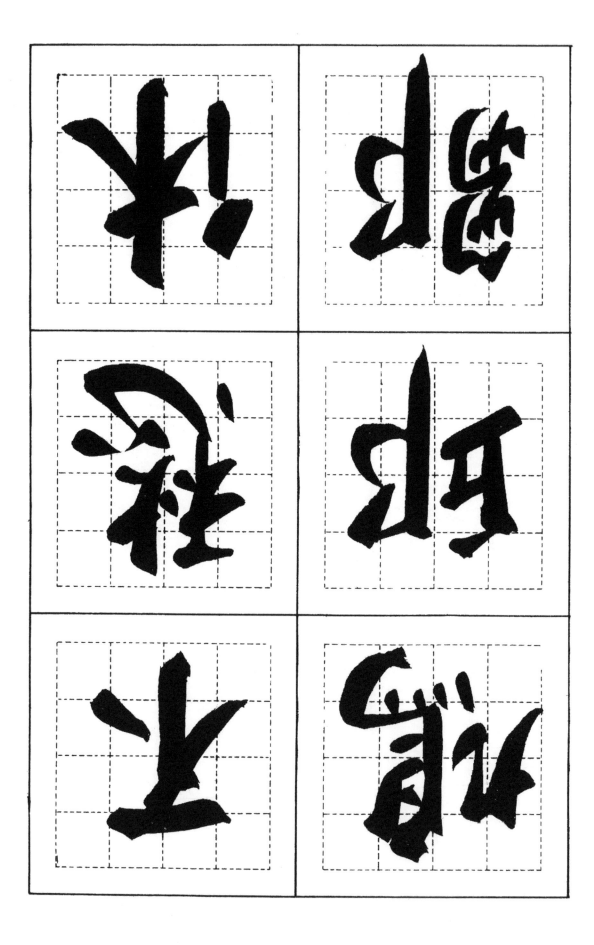

丘 酬

州 蹂

仇 搜

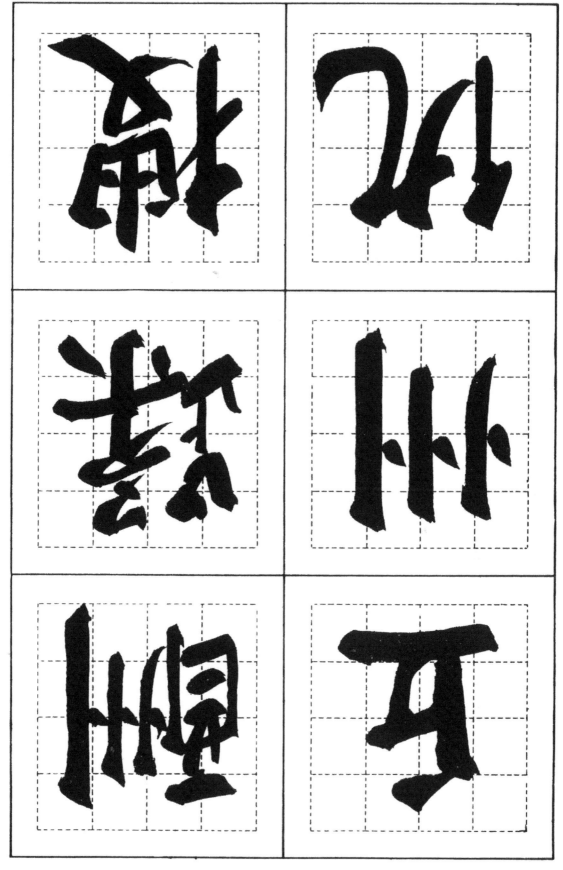

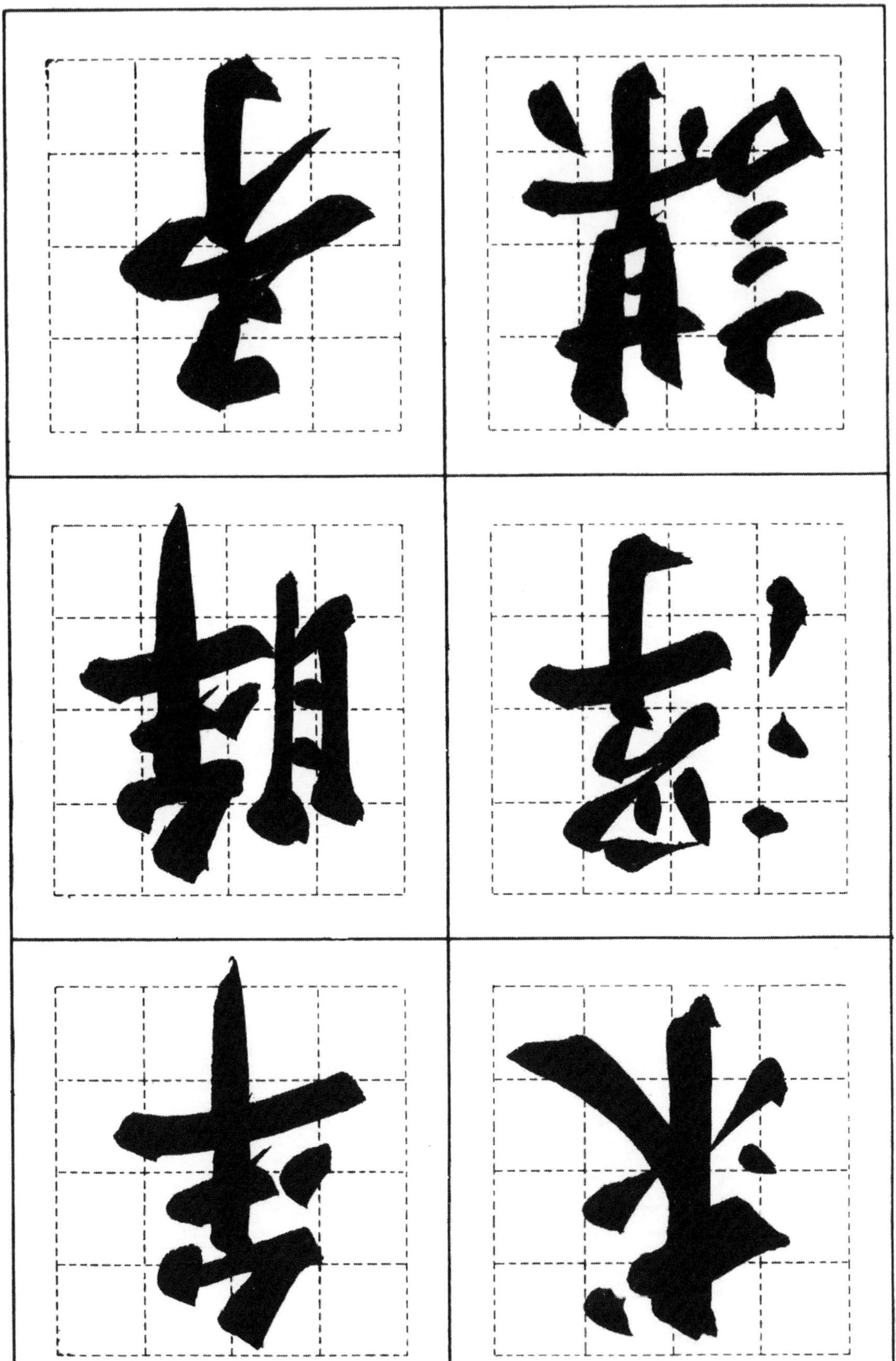

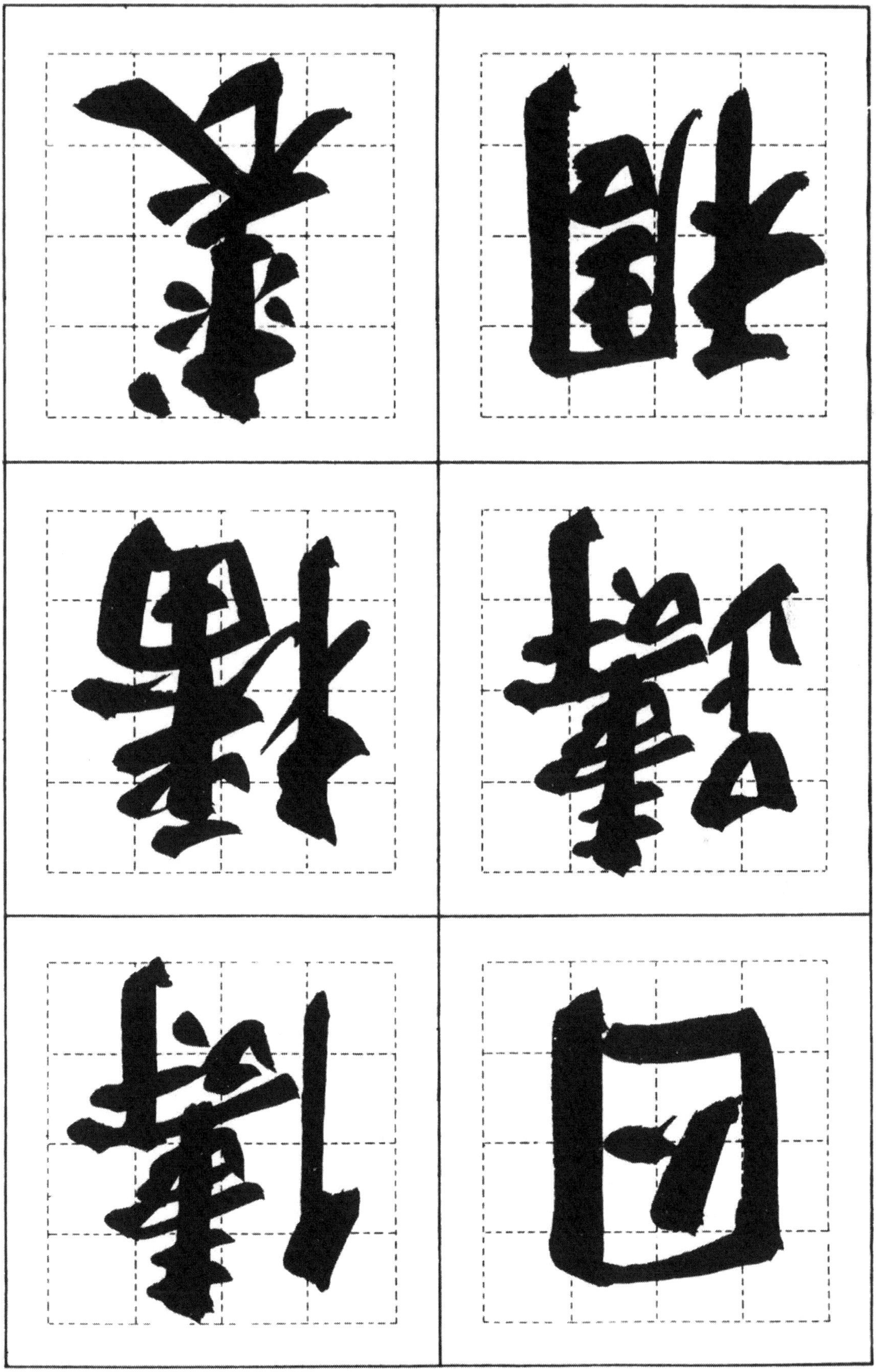

劉溝兜
梧頭投

侯

樓

偷

球

謳

歐

繆 侵 尋
喉 甌 虎

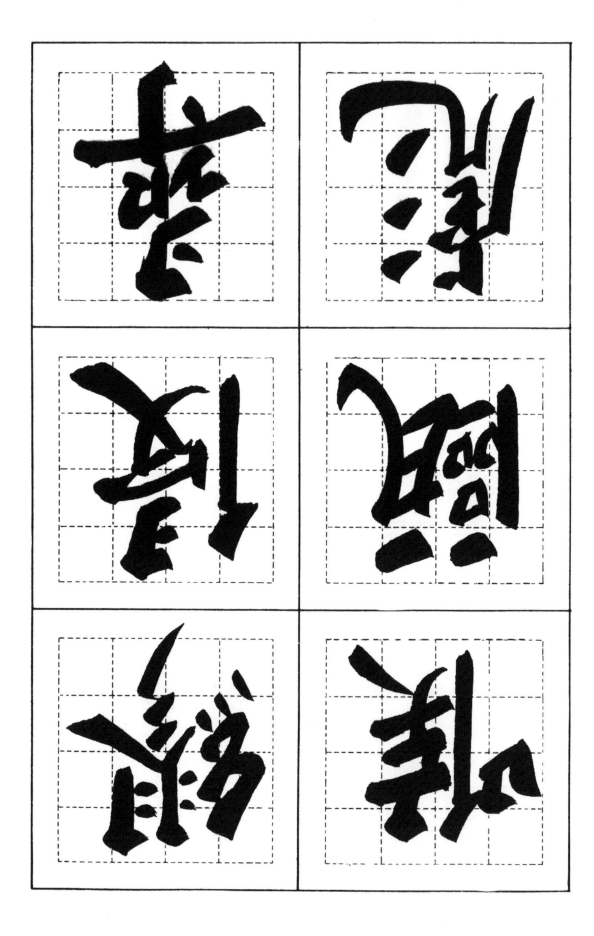

鷗
猴
幽
勾
枸
要

淋	枕
沈	淫
任	琴

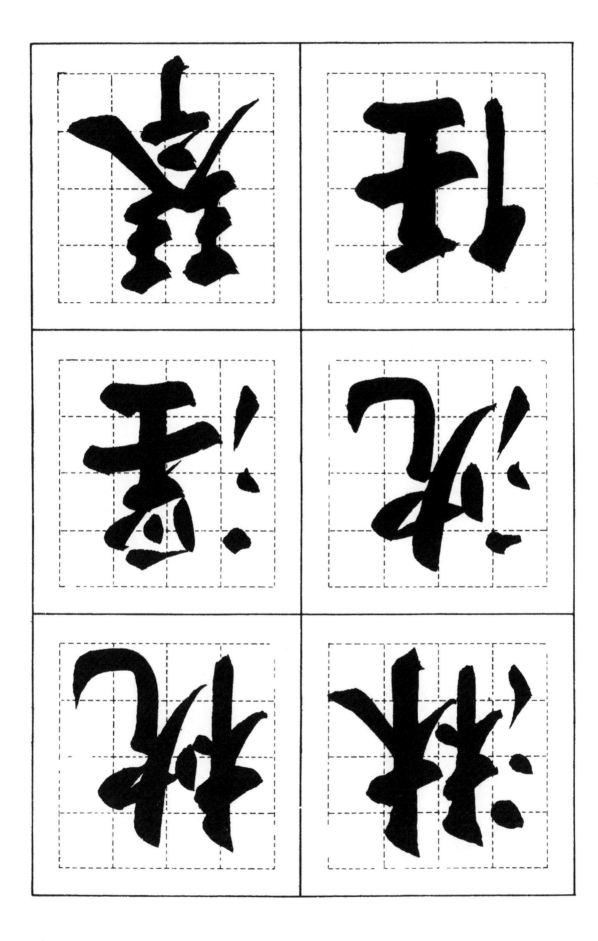

霖
針
沉
林
臨
斟

禽
禁
參
衾
金
襟

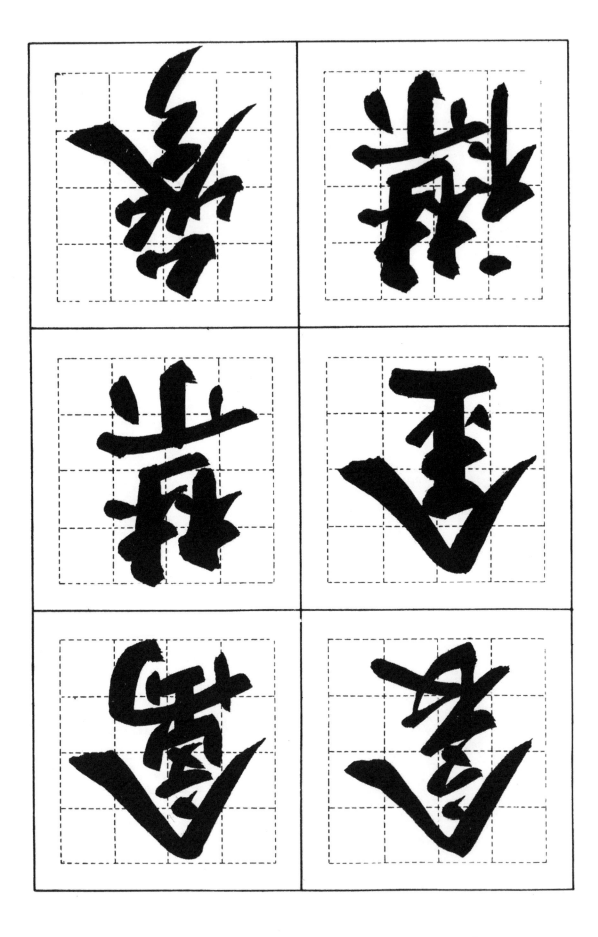

撟欽吟心恍深

覃

庵

含

森

男

菴

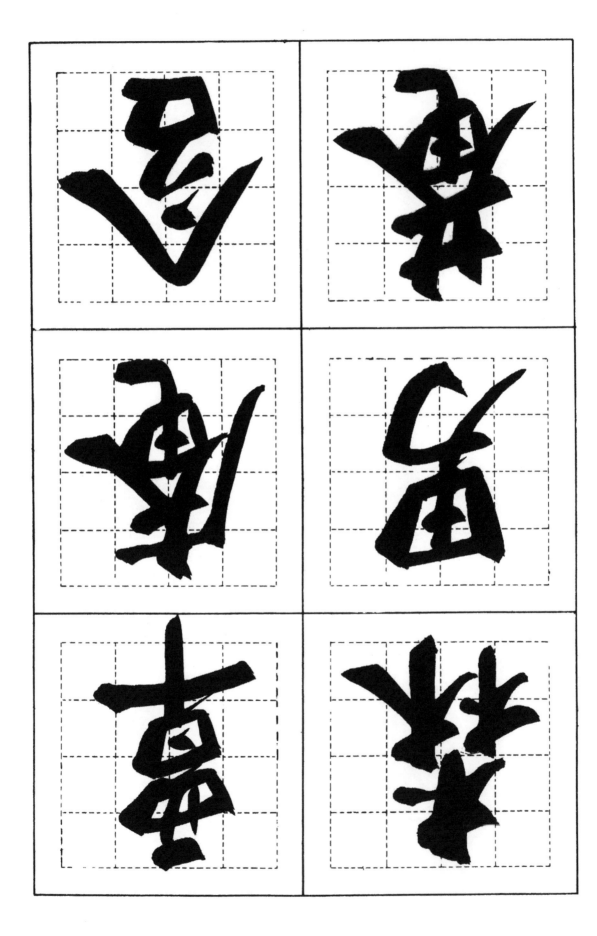

參
南
潭
令
音
陰

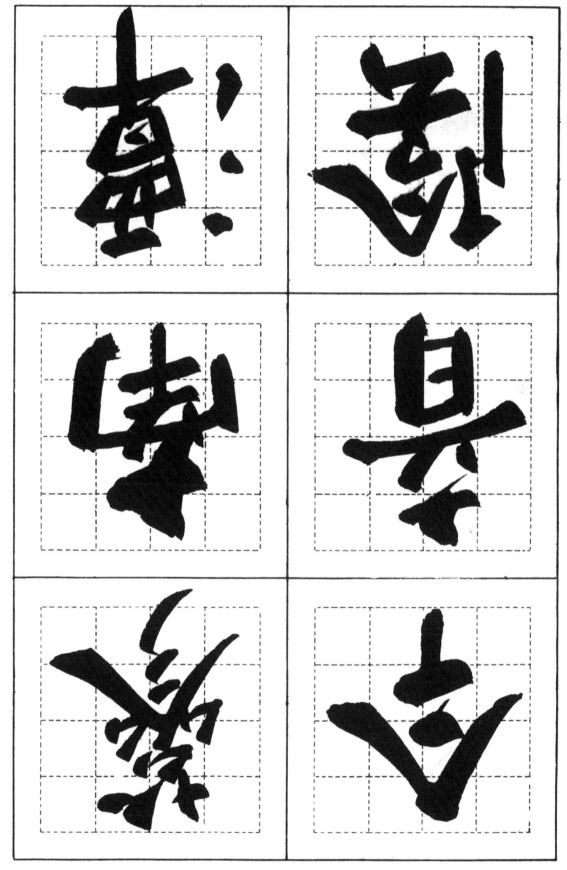

珍	爵
璣	㬎
德	奔

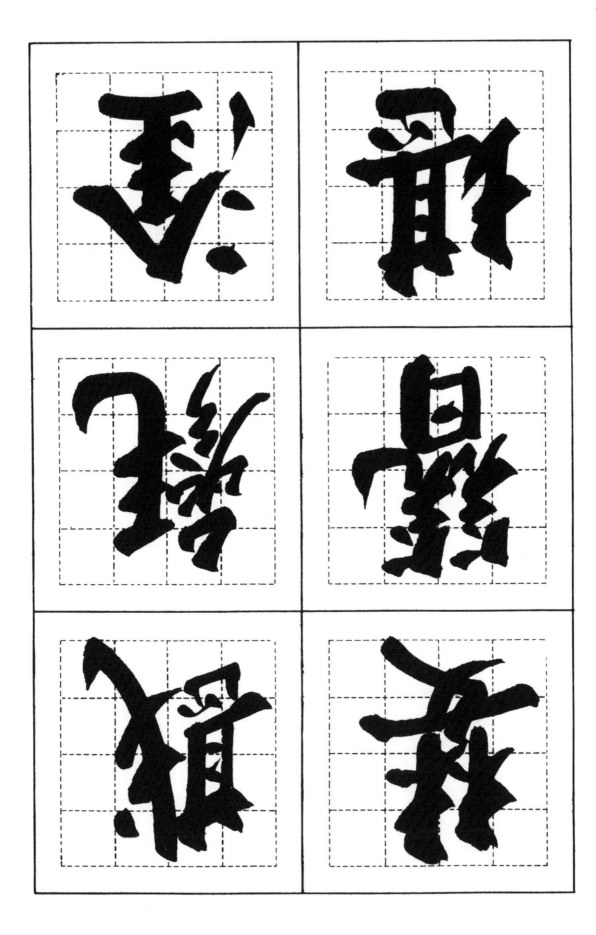

探
貪
涵
函
嵐
蠶

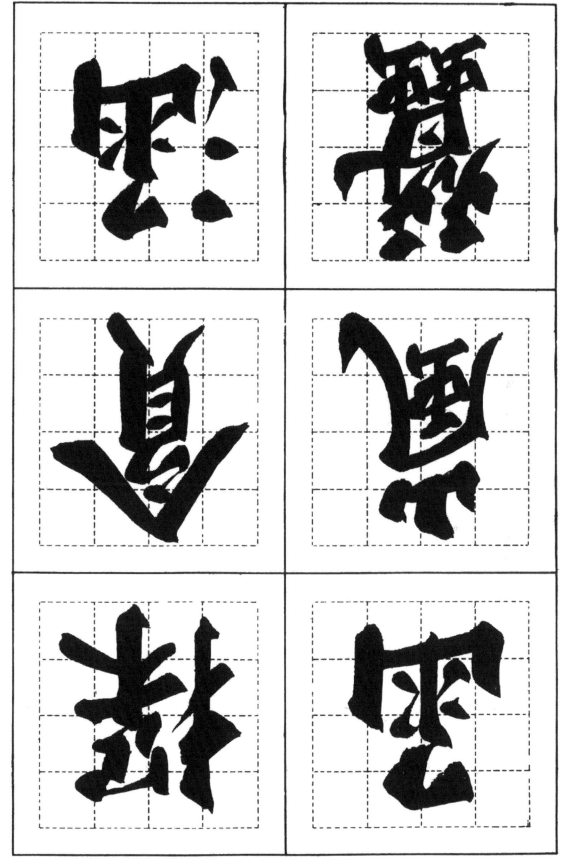

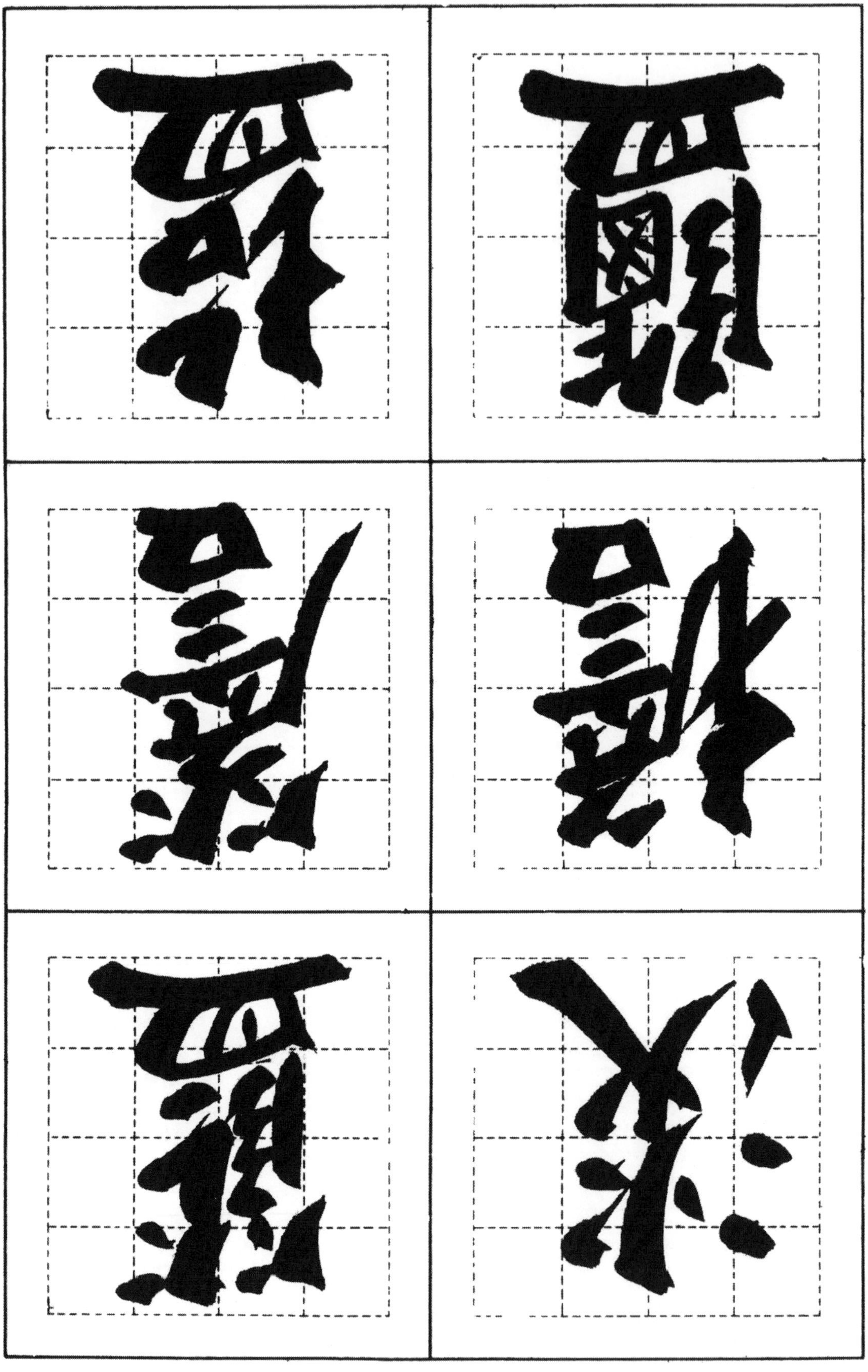

甘
痰
憨
談
藍
酣

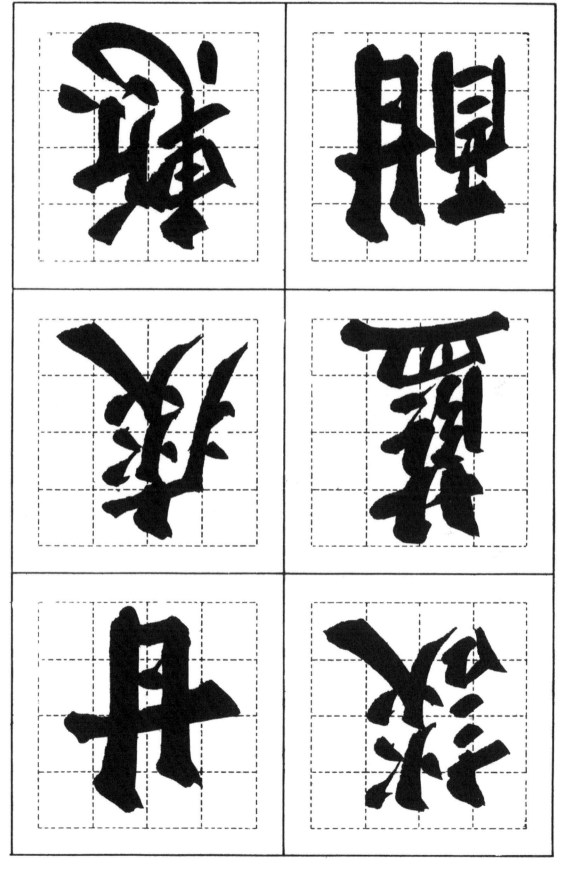

鹹	淹
髯	冉
沾	占

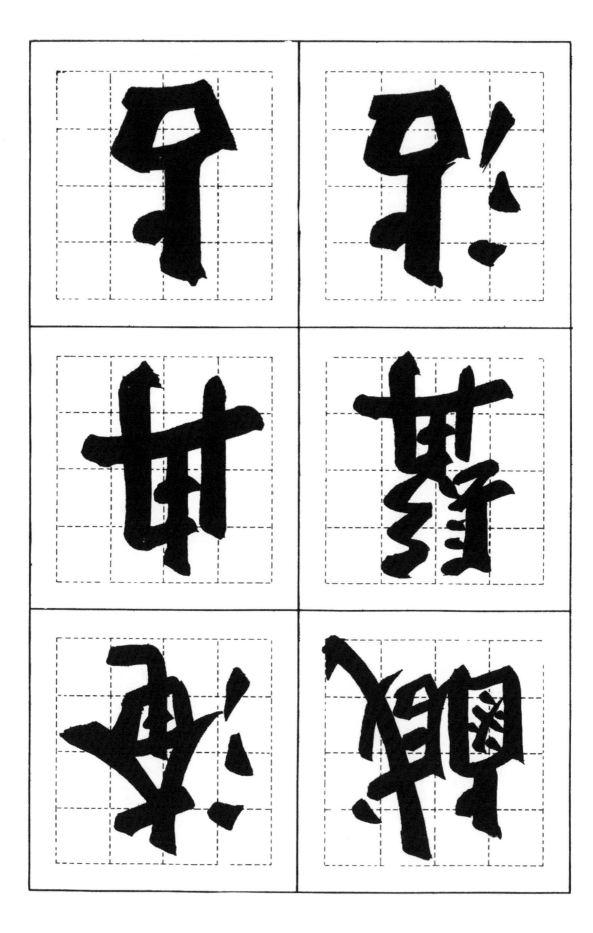

籤

簾

臉

廉

咖

纖

添 謙

佔 战

甜 杉

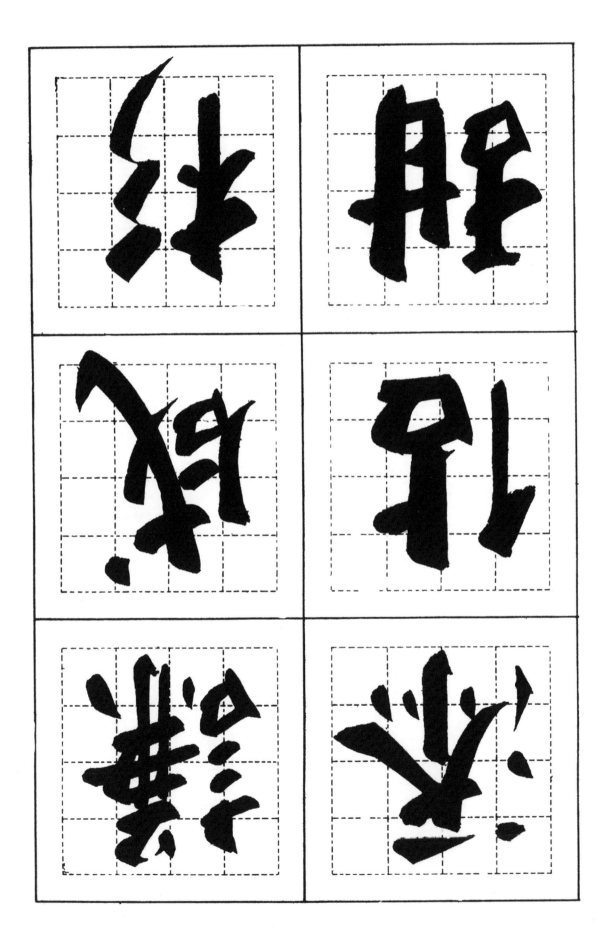

漸
粘
潛
炎
黏
尖

玖	嚴
监	凡
坎	帆

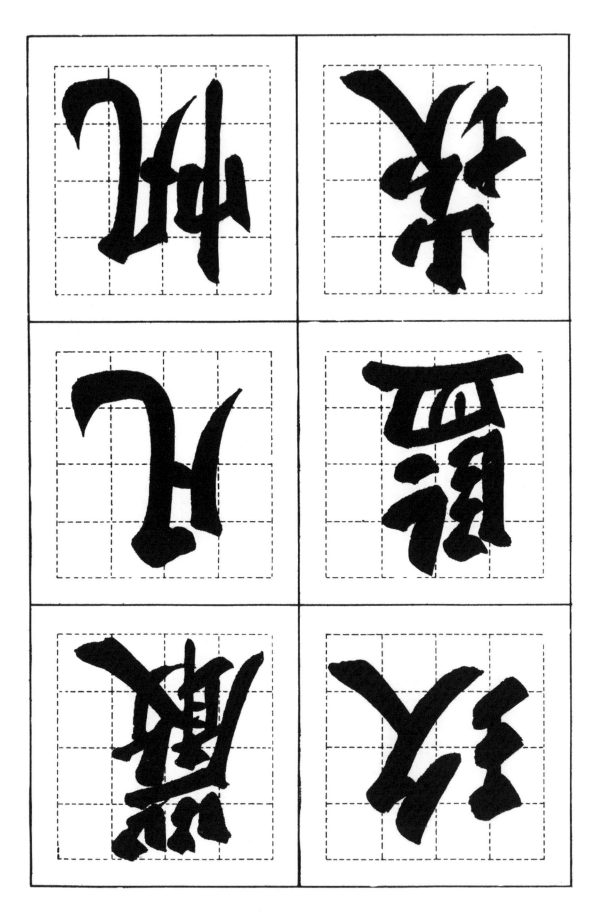

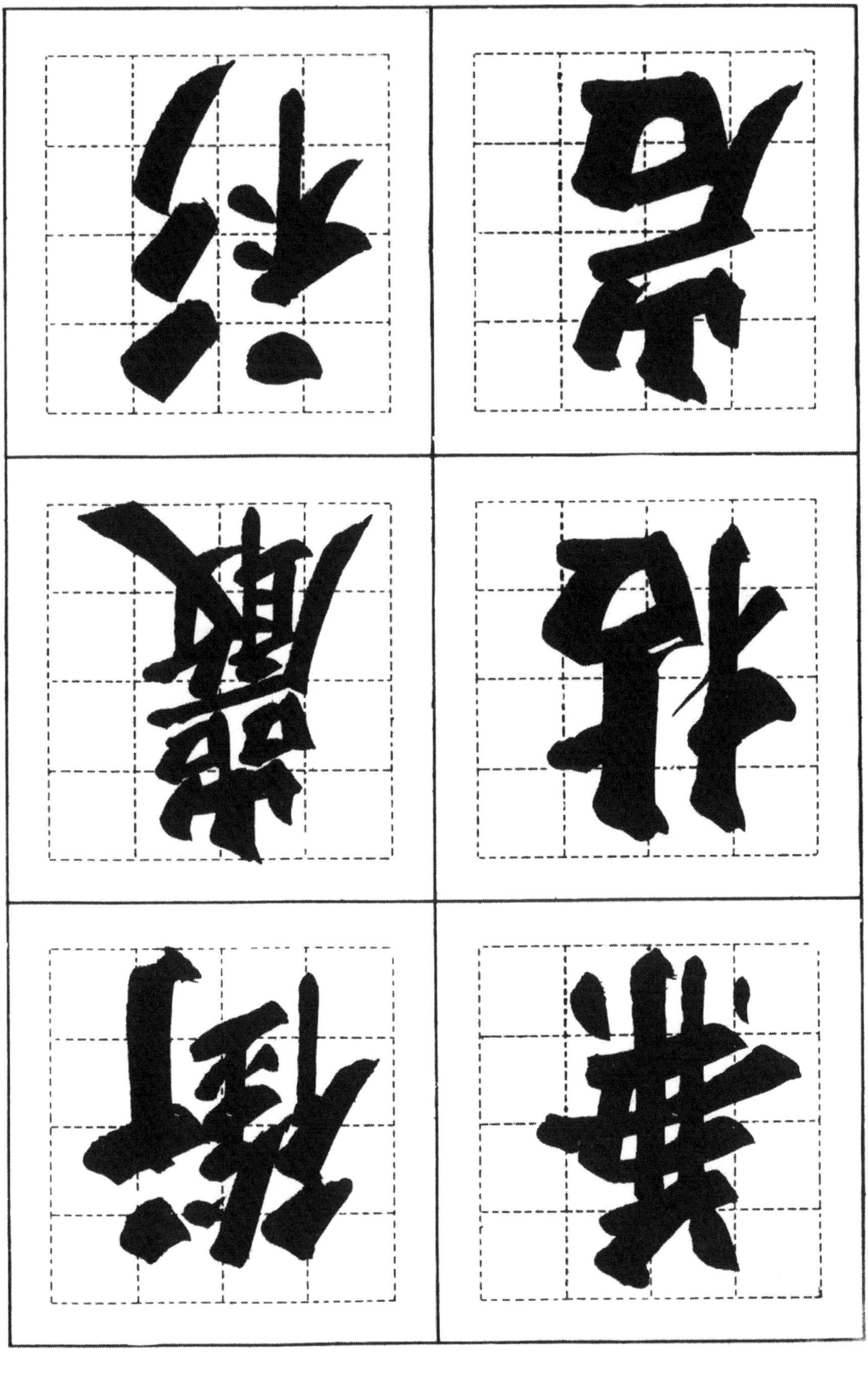

拱	董
鞏	港
講	棒

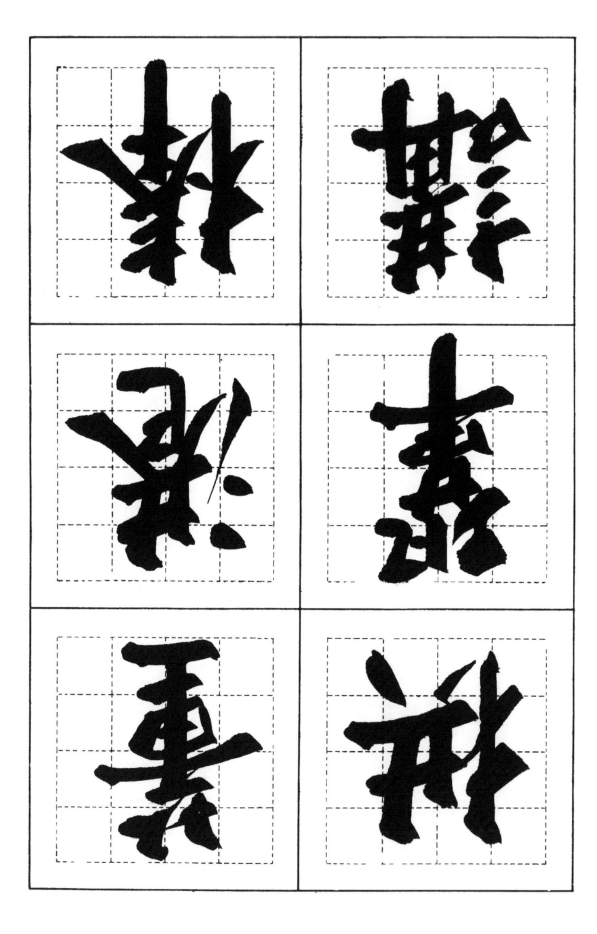

奉
勇
恐
擁
爰
捧

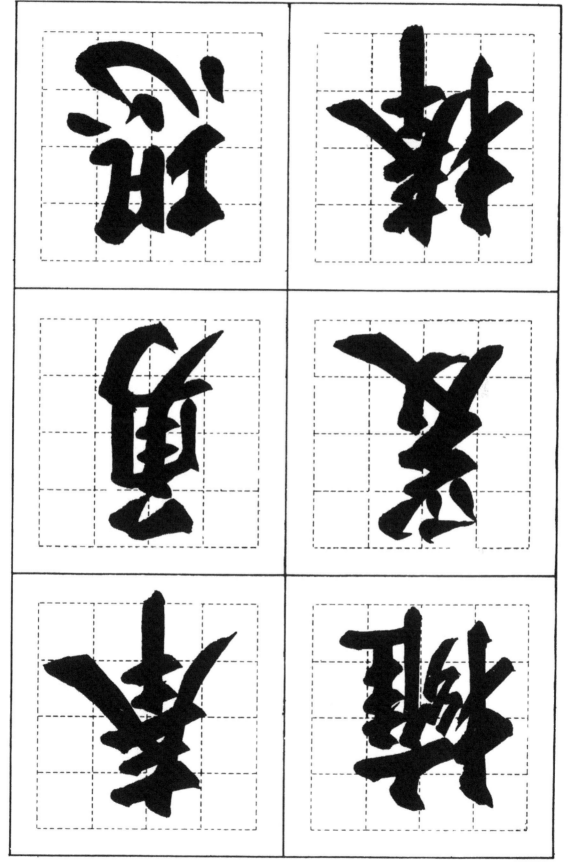

椅
蟻
恣
作
飡
倚

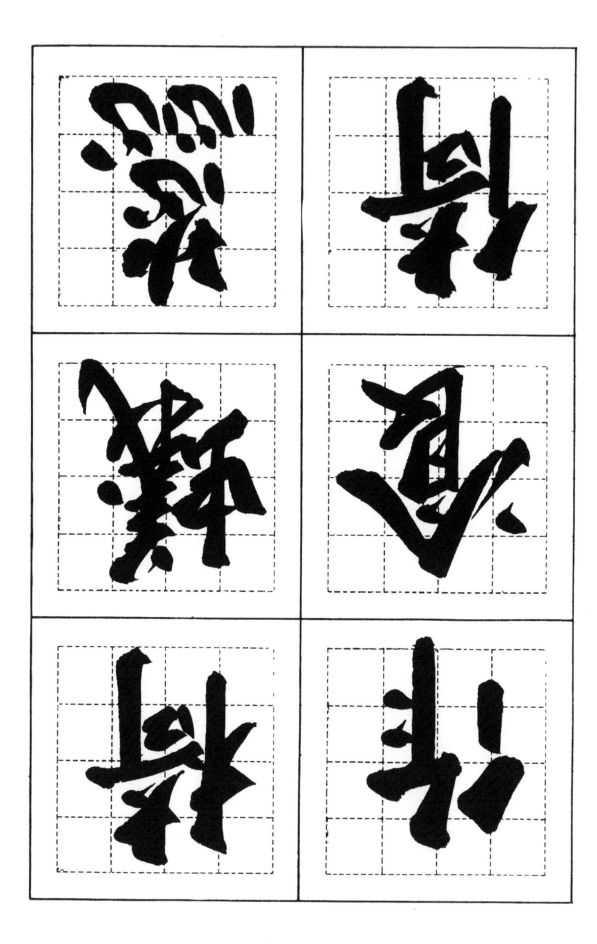

咫　抵　是

項　硃　只

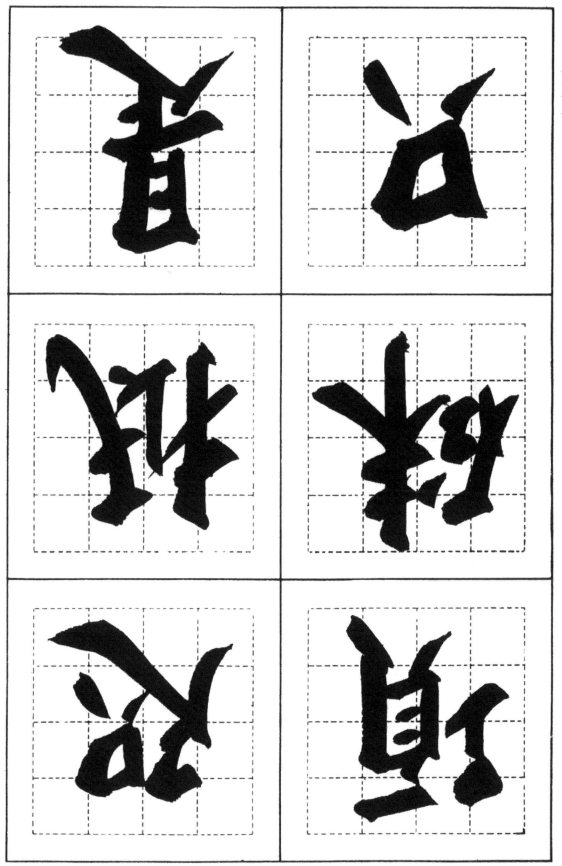

砥 蛾
詭 比
髓 刨

劇
煅
佰
彼
孔
靡

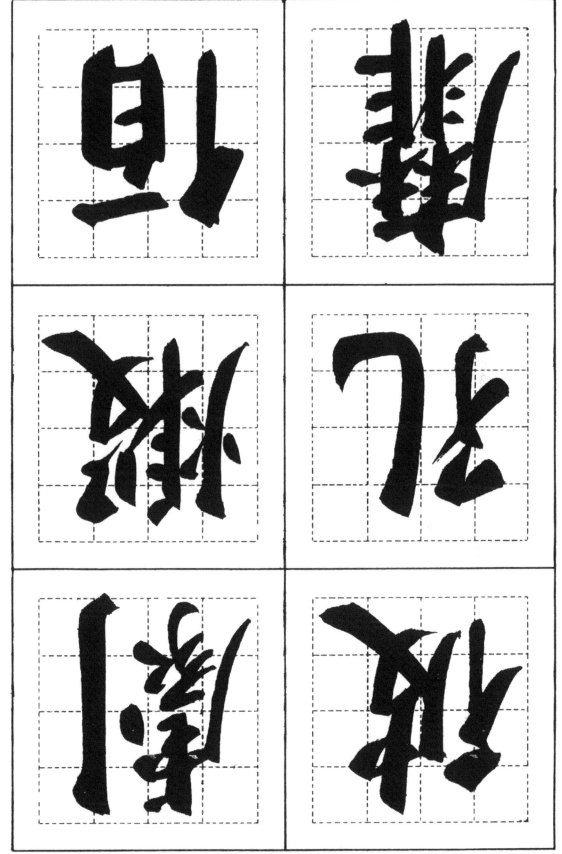

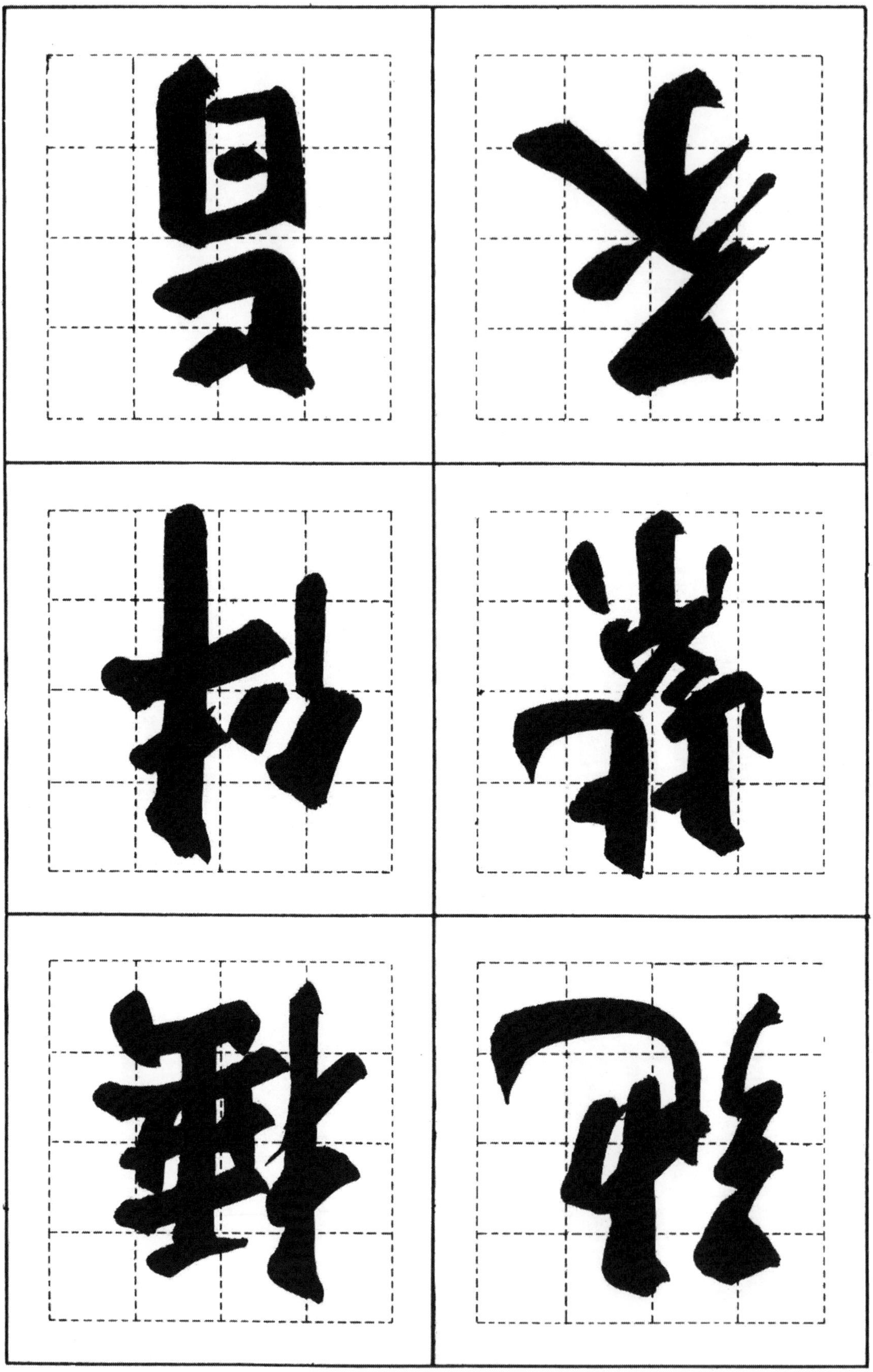

邇
婢
侈
徙
灑
俾

鄙 几

痞 麂

兕 妣

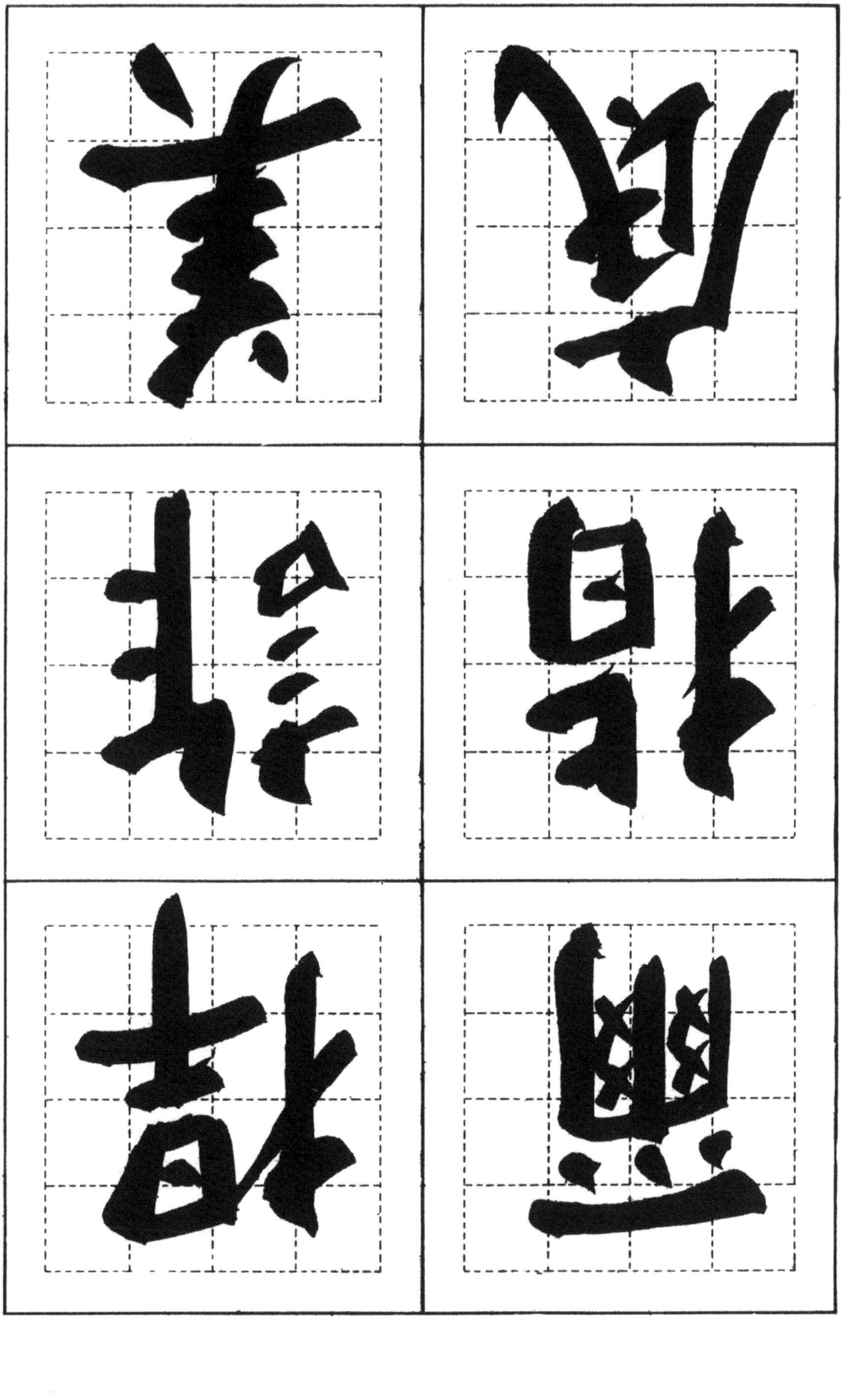

壘水揆
雉死履

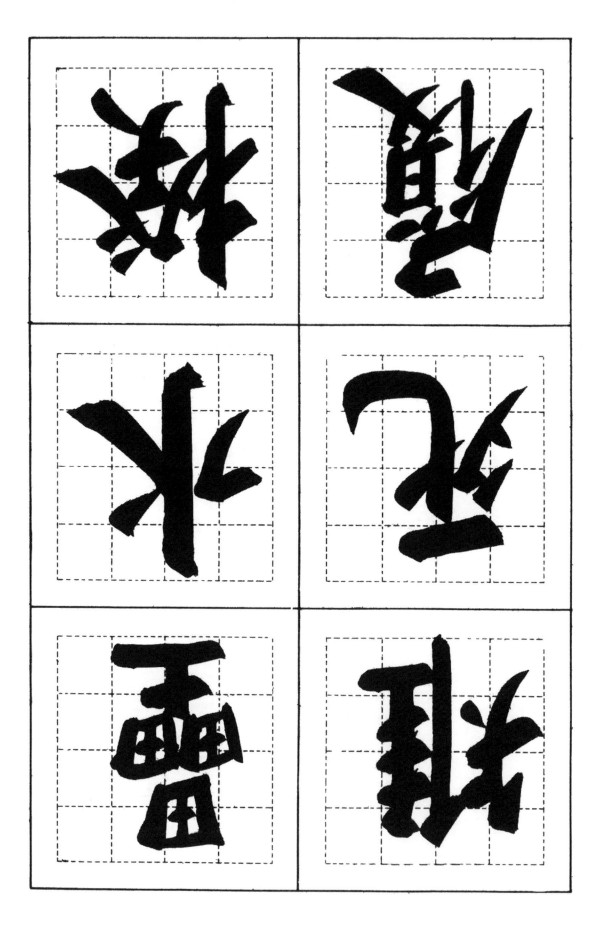

究

矢

匭

机

凶

軌

紀 巳

恃 祀

以 似

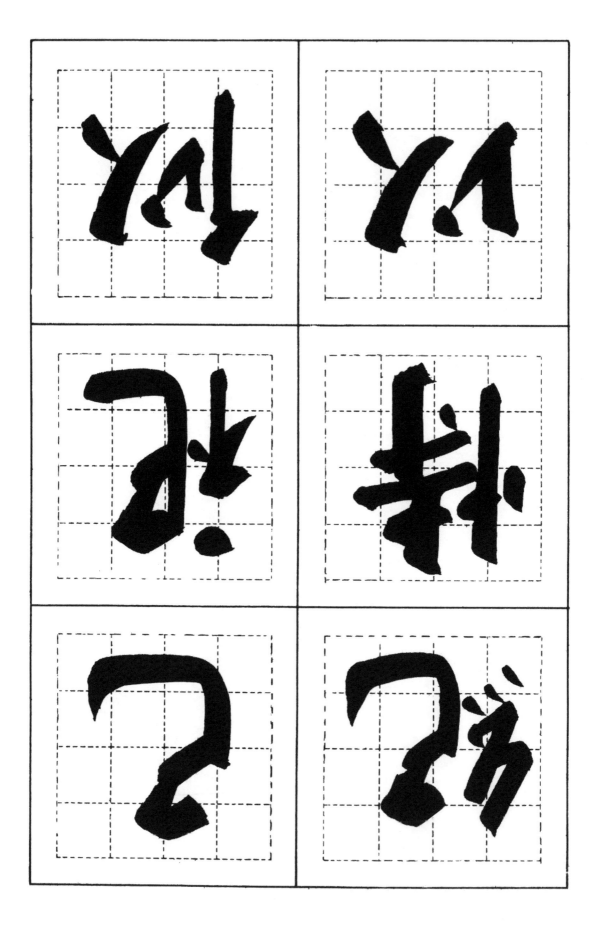

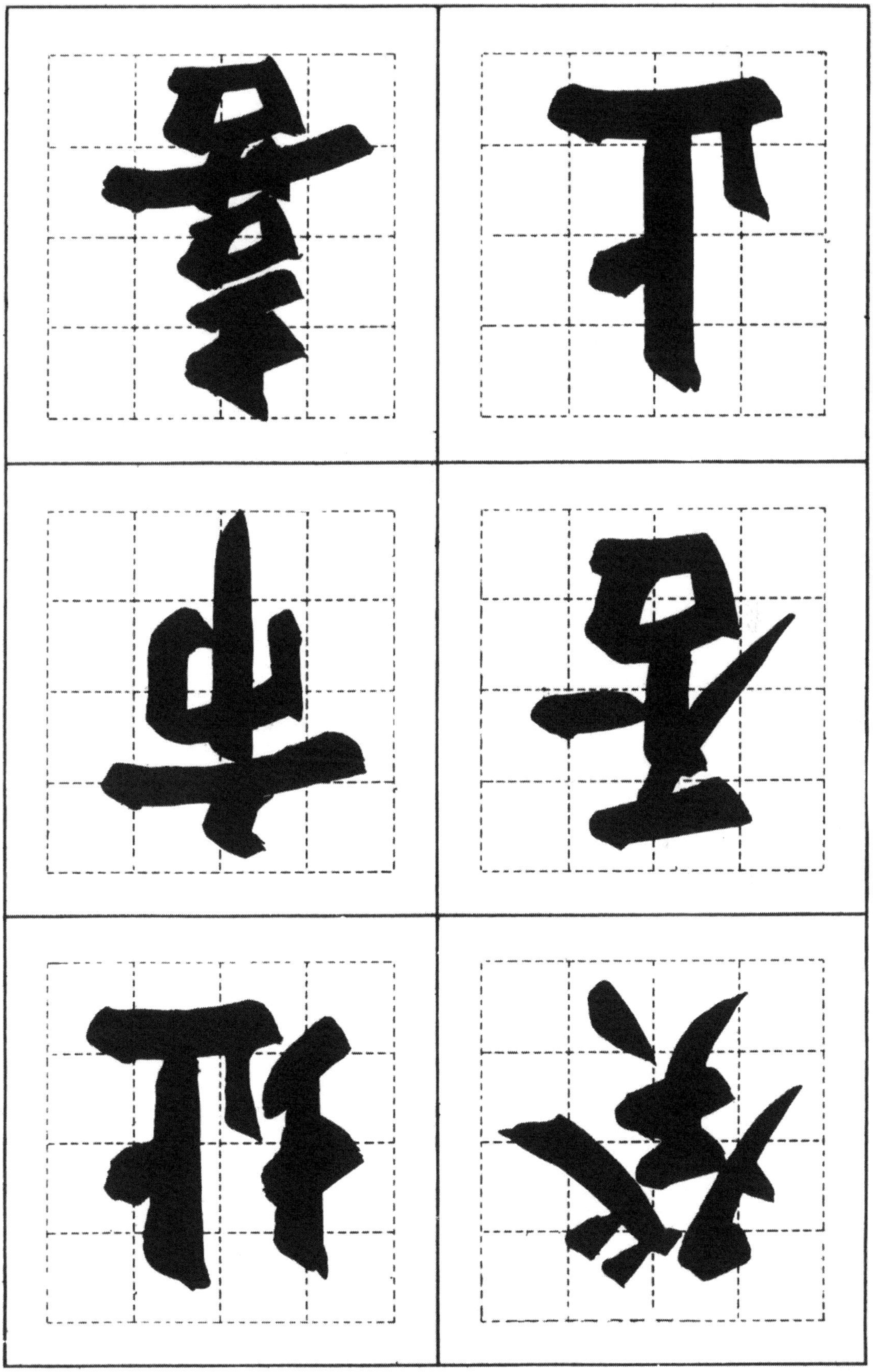

擬
菡
耽
李
卞
梓

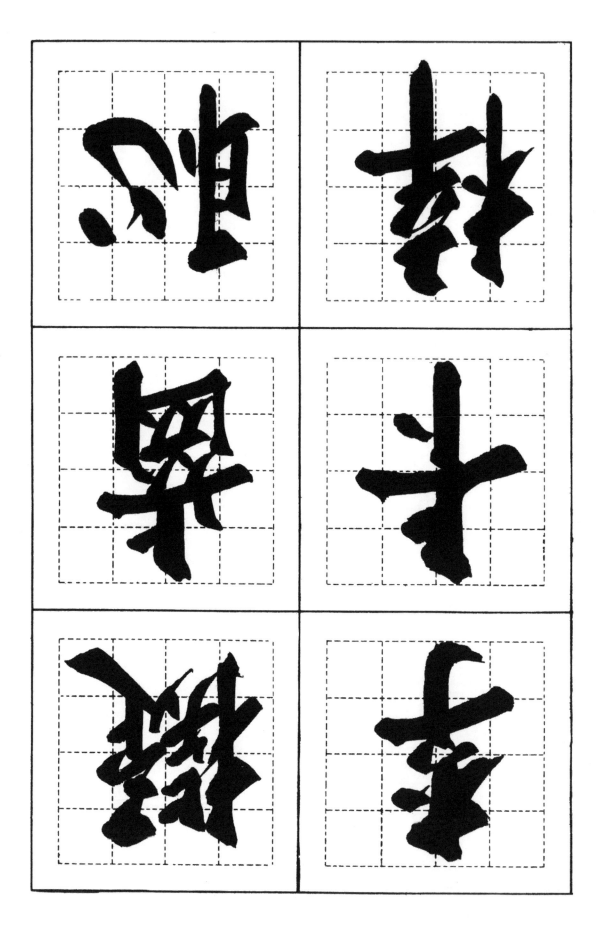

使
里
鯉
汜
史
耳

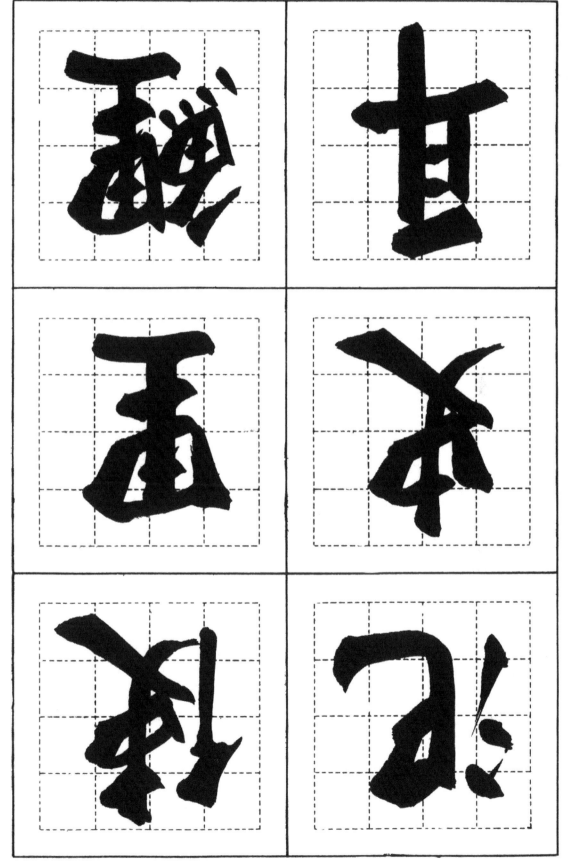

杞	仕
士	子
俟	尾

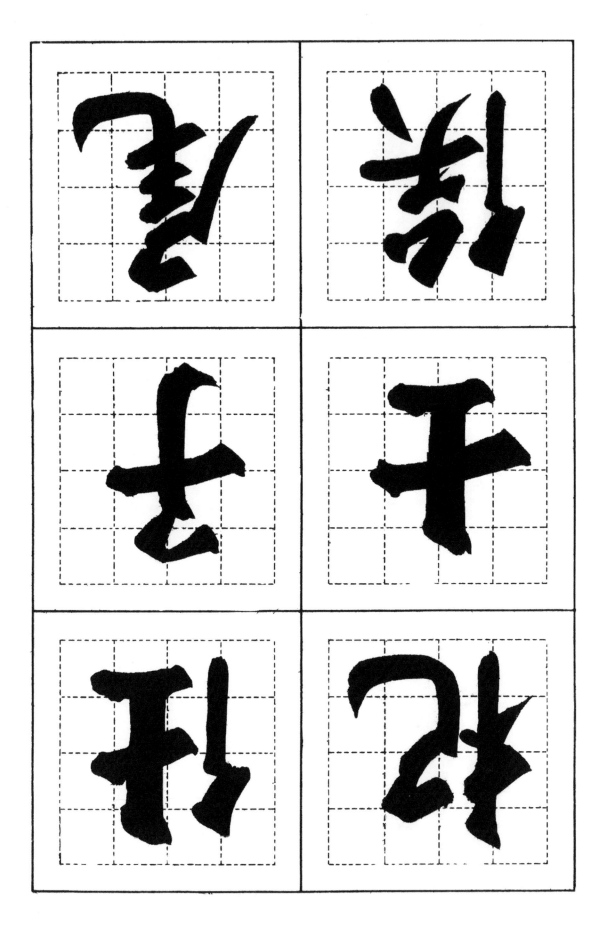

理 始

裏 痔

駛 起

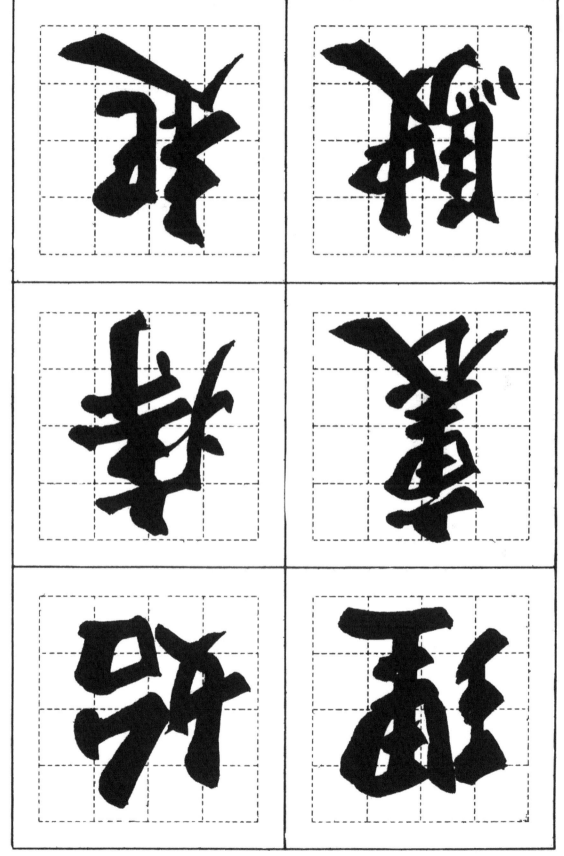

華虫

鬼竟

蜚語

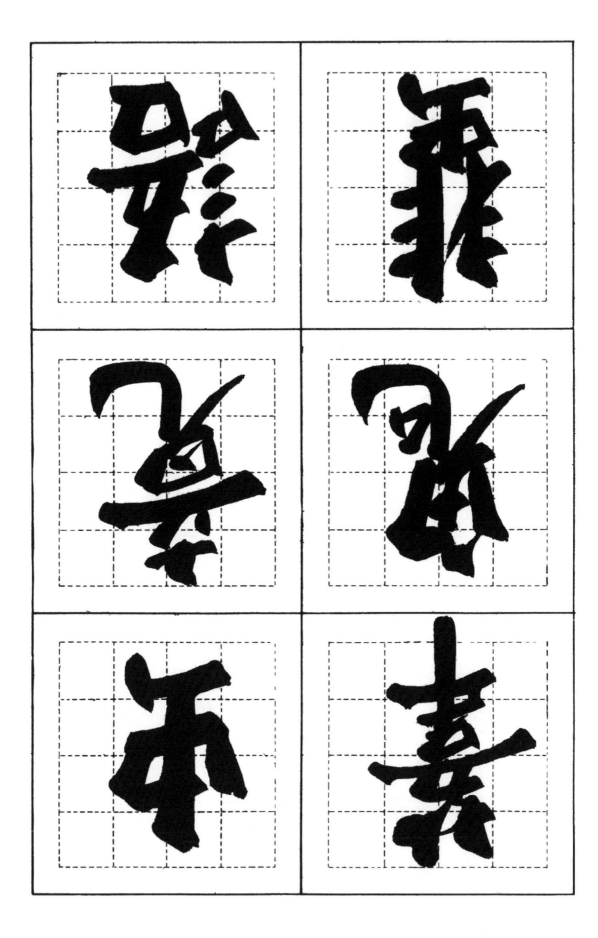

樓
匪
偉
豈
渠
斐

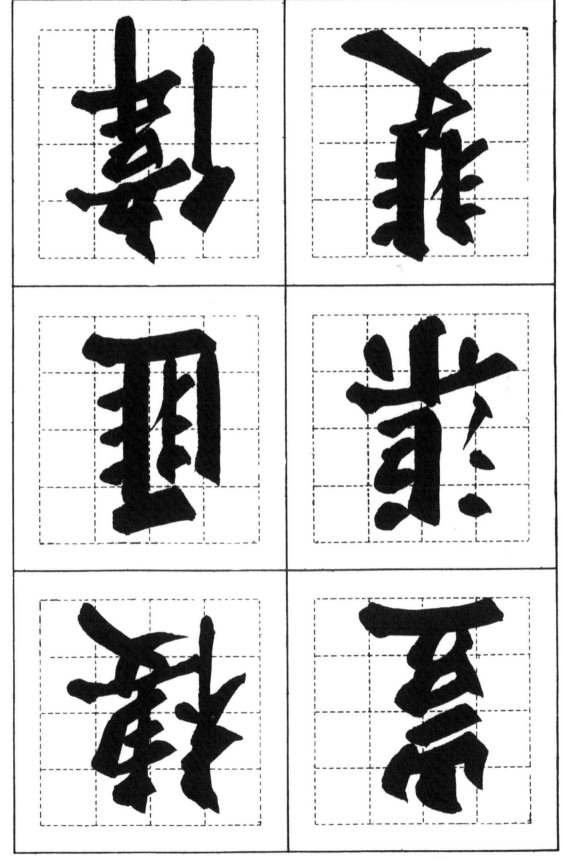

父 暑

与 鼠

煮 黍

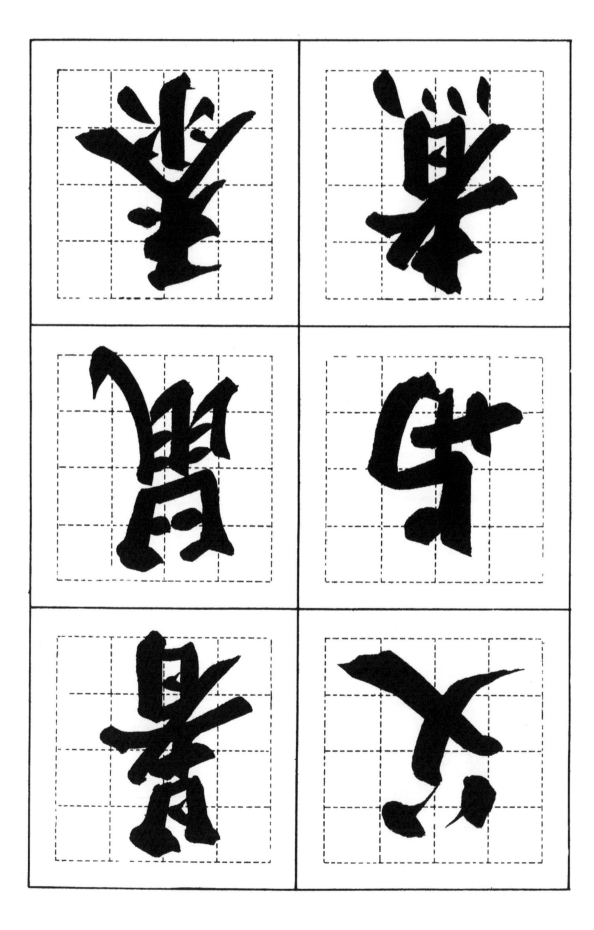

孫
別
藏
翰
衣
兄

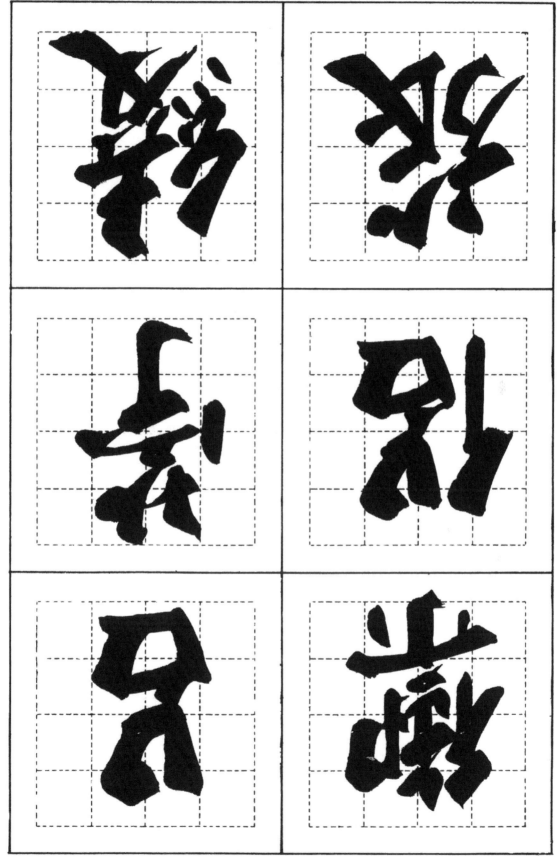

楚臣阻女拒所

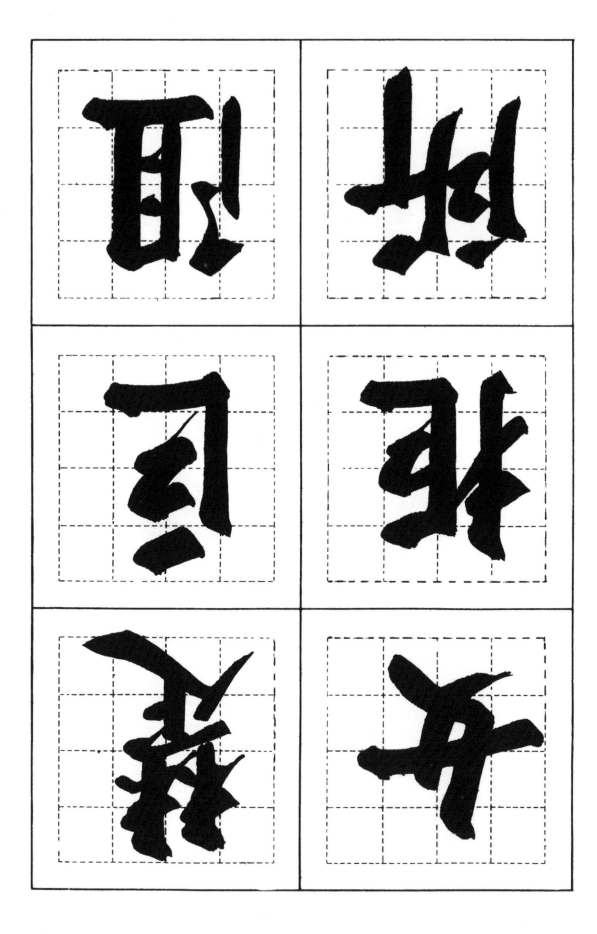

募

骨

許

褚

貯

處

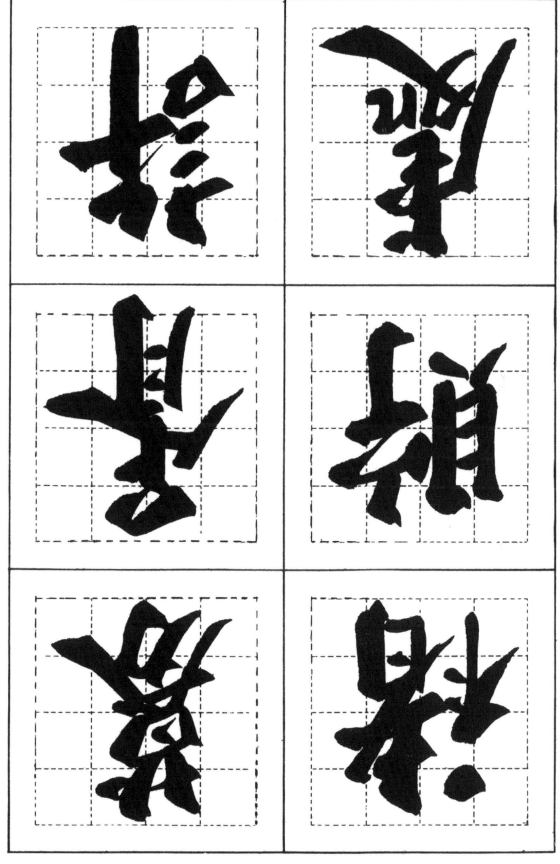

去	墅
做	禹
羽	雨

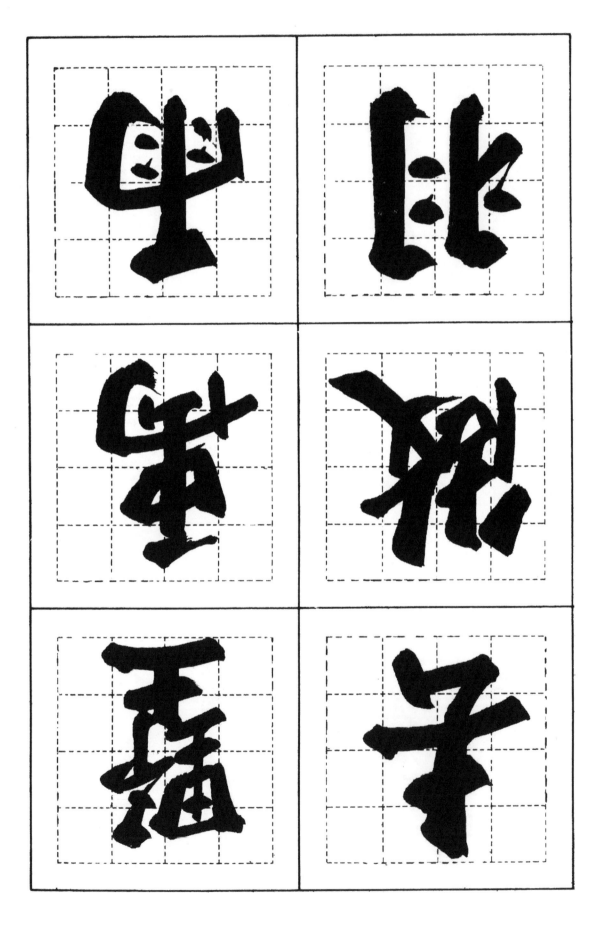

敘
序
緒
肇
礎
莒

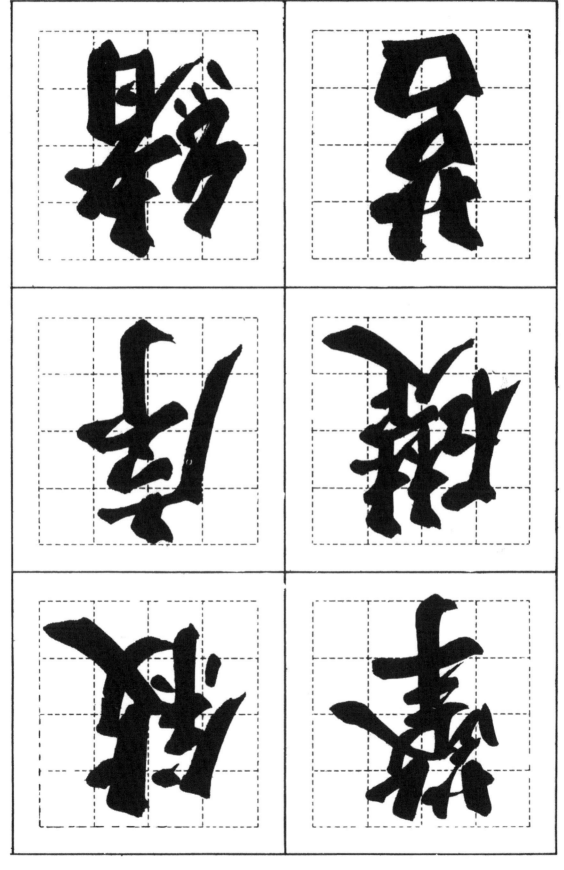

鵝
柱
腑
斧
舞
武

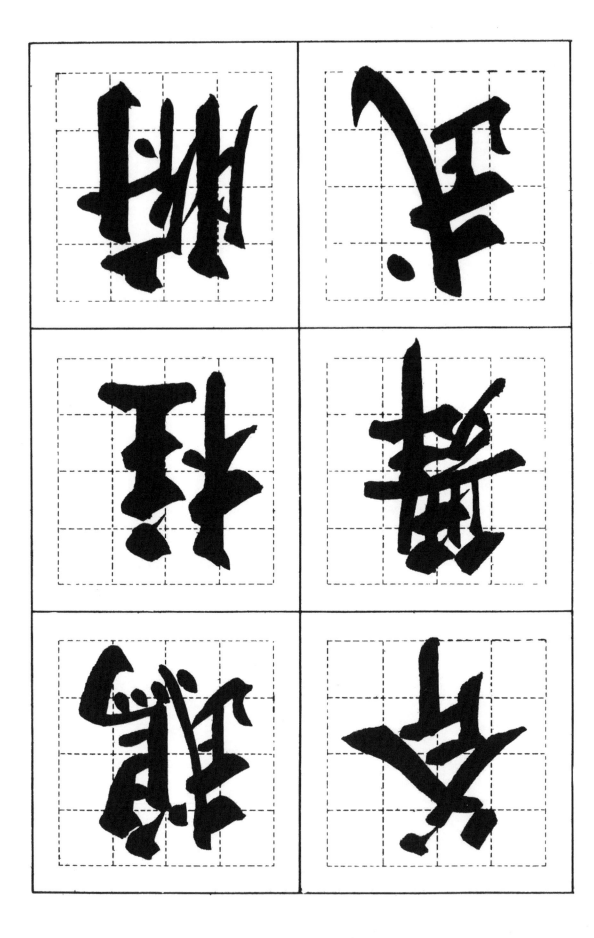

聚
脯
府
字
萬
甫

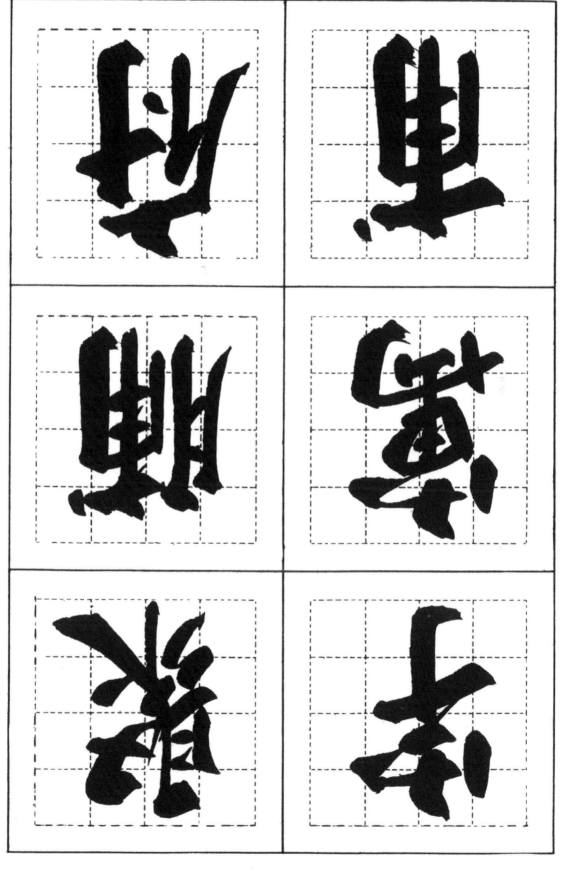

乳	取
矩	土
數	嫣

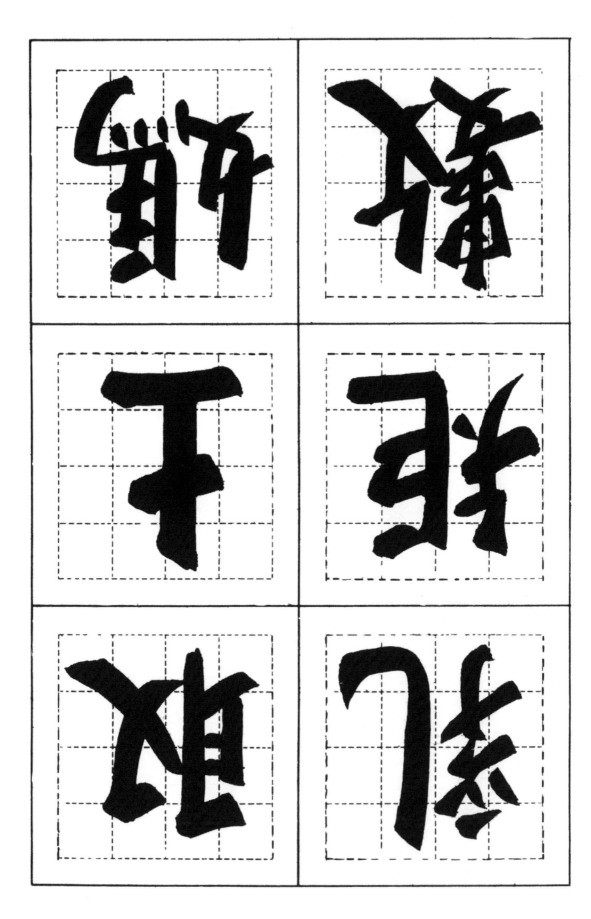

樹
主
迂
愈
腐
豎

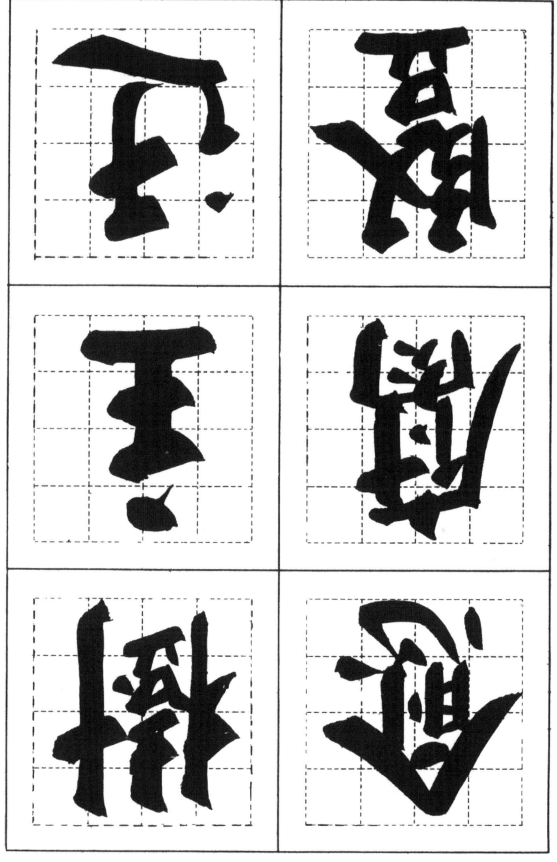

古 鼓
賭 鈷
股 賈

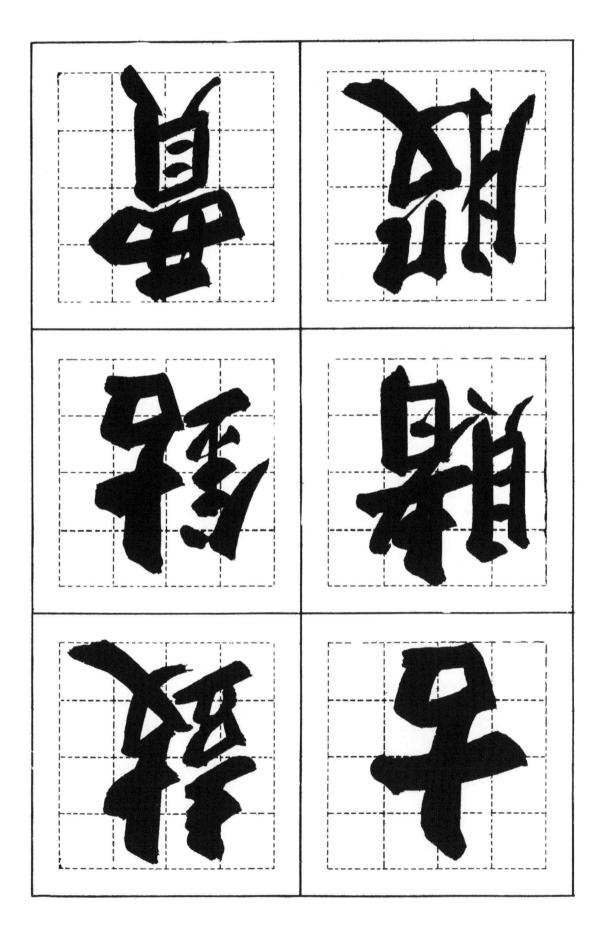

虜
肚
堵
杜
魯
滷

組	苦
伍	努
塢	祜

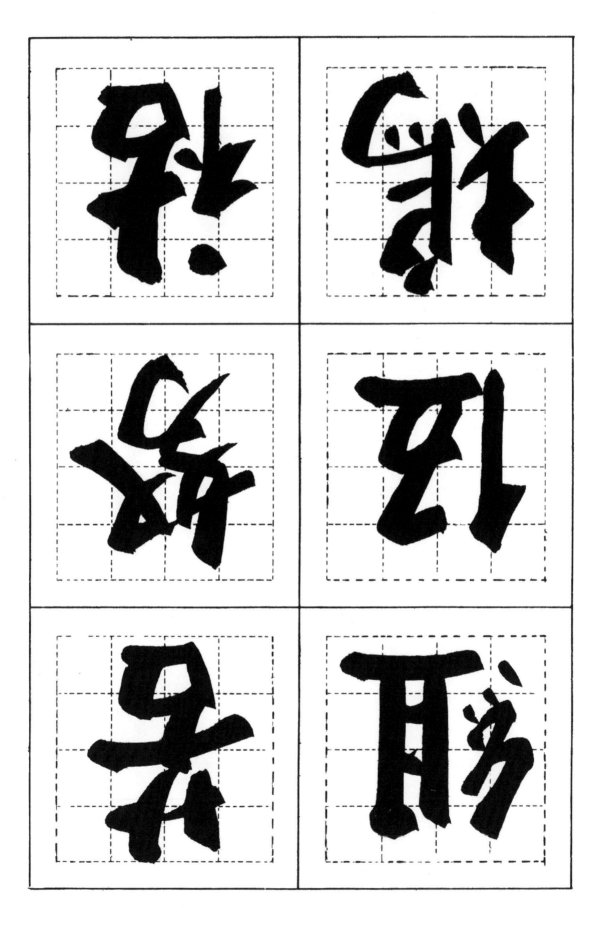

蝯

熱

互

劉

睦

士

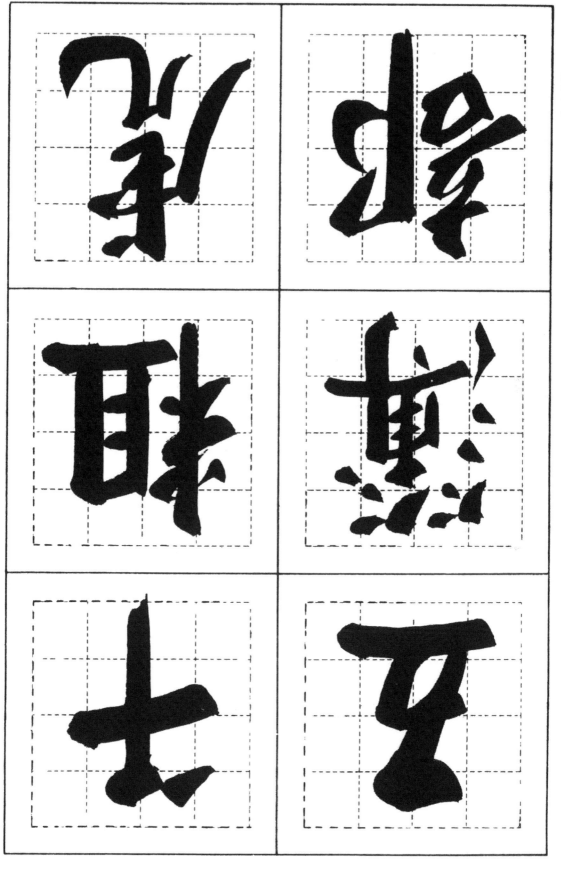

琥 戶

雇 普

滬 浦

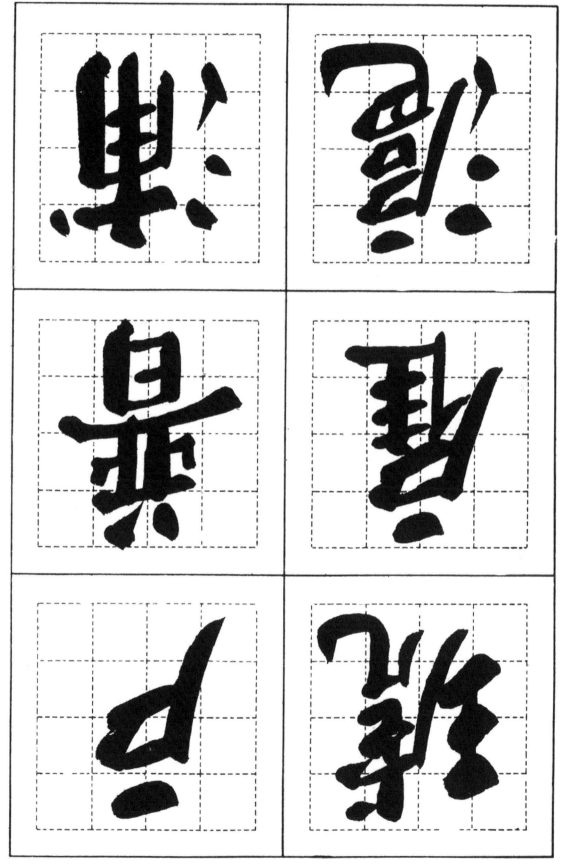

蟹

解

買

粲

米

陛

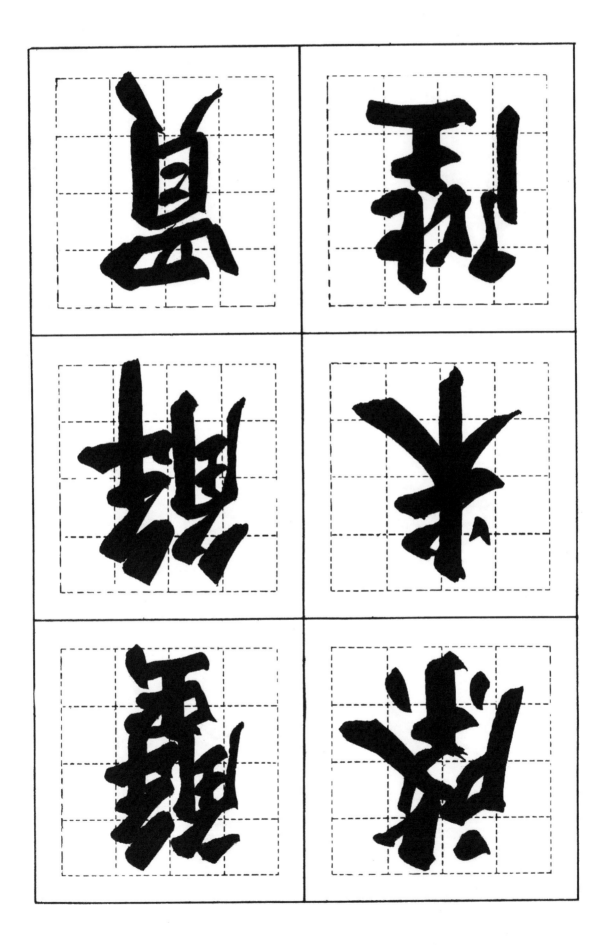

遞
涵
啟
體
郎
孝

罪
腿
匯
磊
蕾
儡

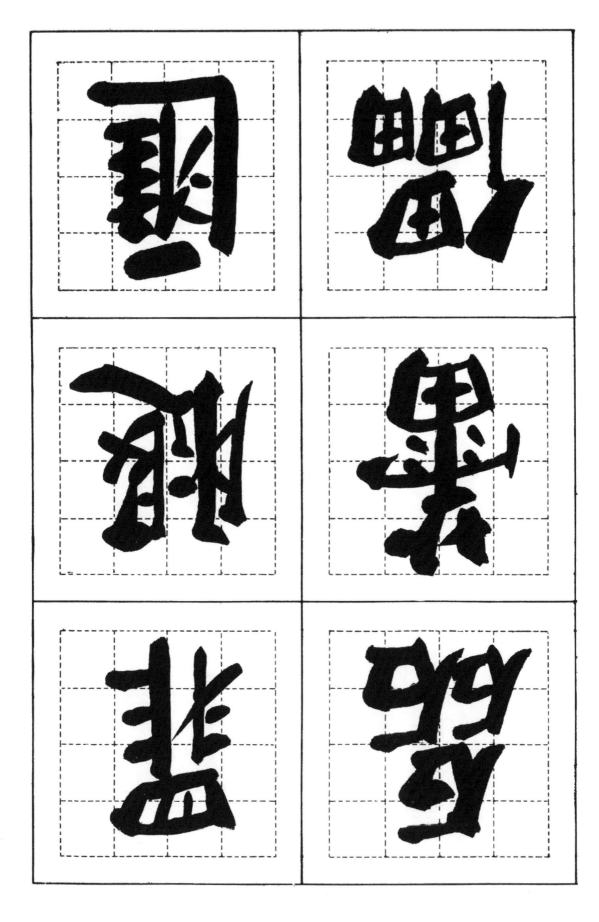

夥
楷
賄
罷
矮
闢

載　改

待　怠

乃　亥

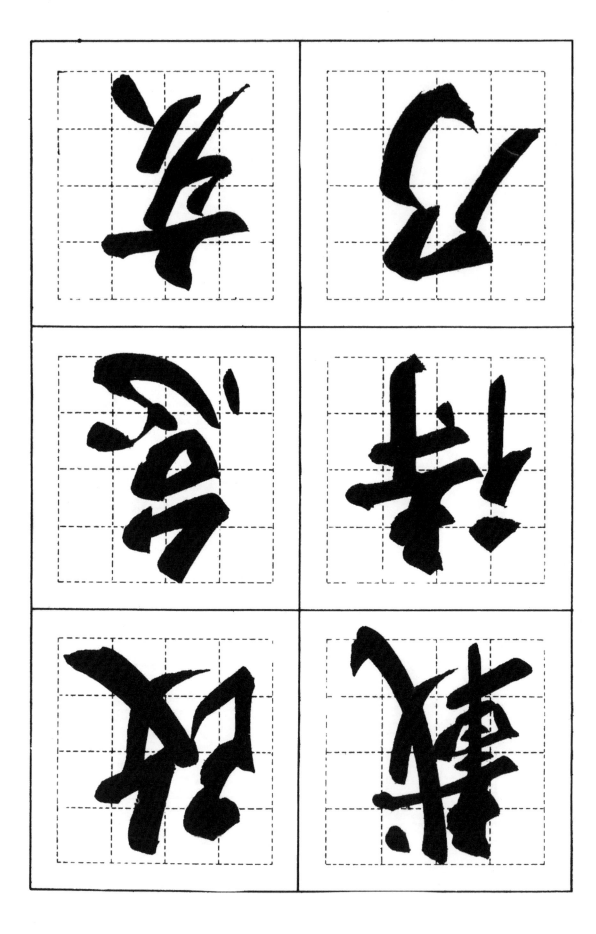

海

凱

宰

痱

傀

璀

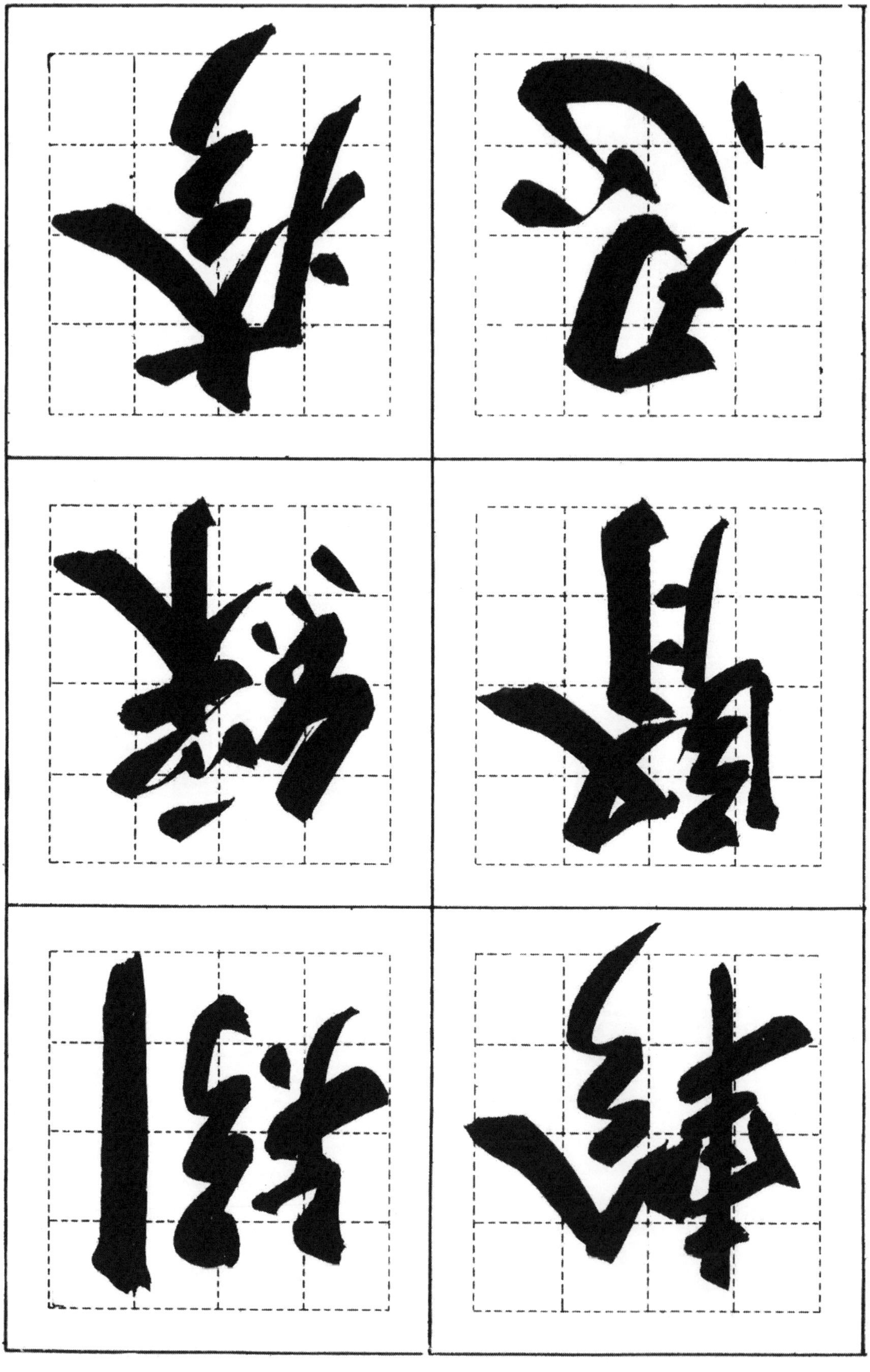

在

倍

菇

采

彩

等

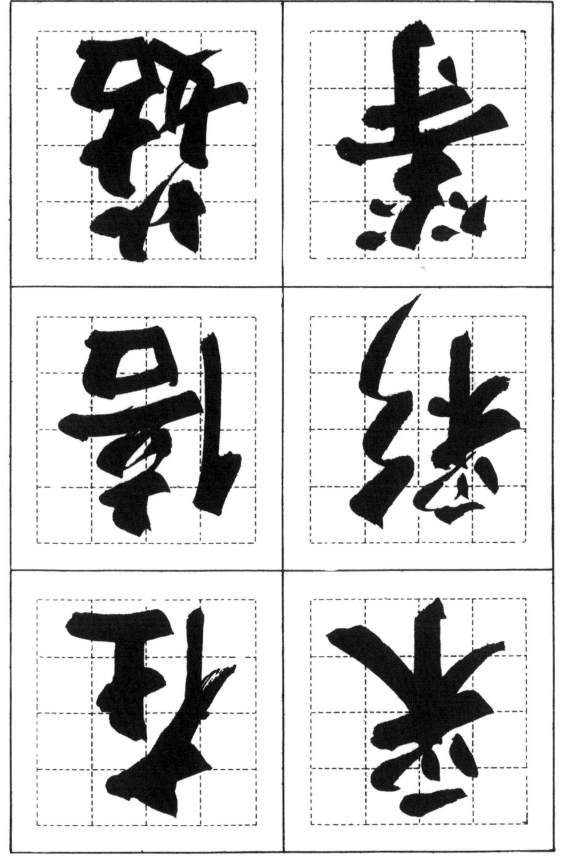

隕
準
們
引
憫
敏

盾	憤
吻	粉
剖	你

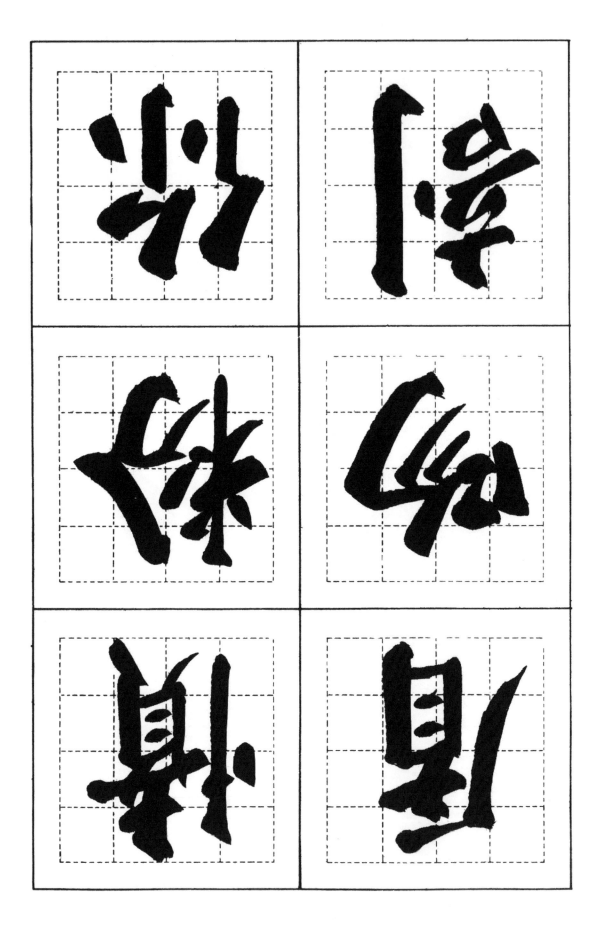

筍笋蠢准允尹

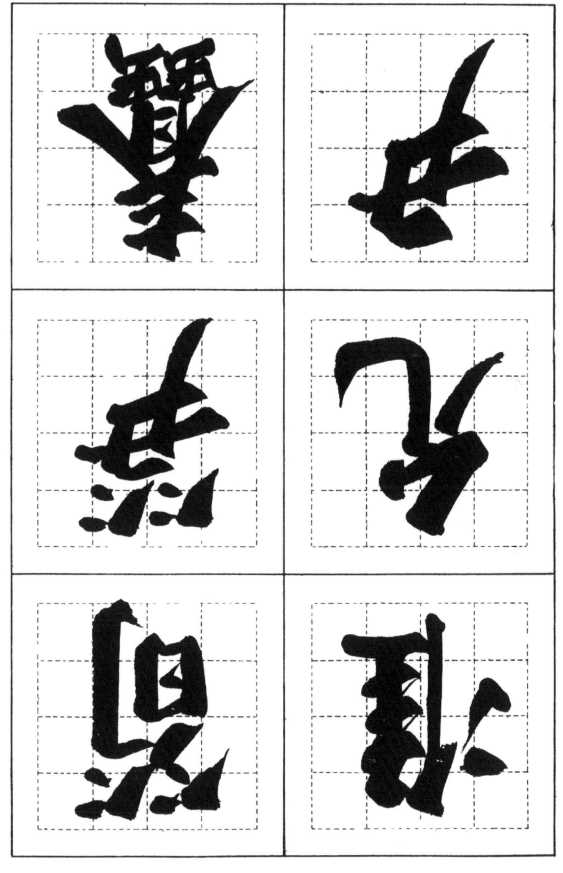

逨 云

晚 挽

娩 阪

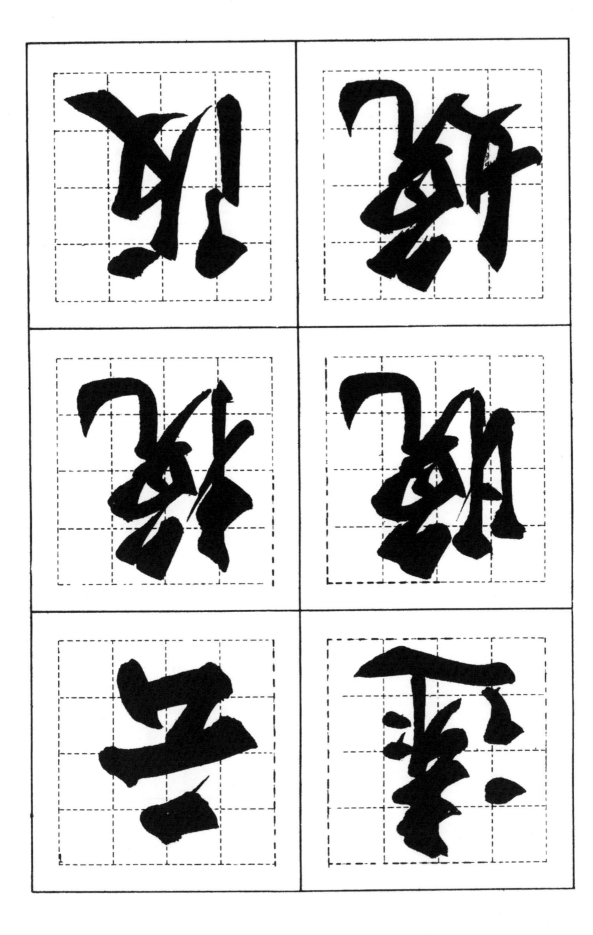

槿
阮
偃
隱
擲
究

損
穩
遁
混
渾
本

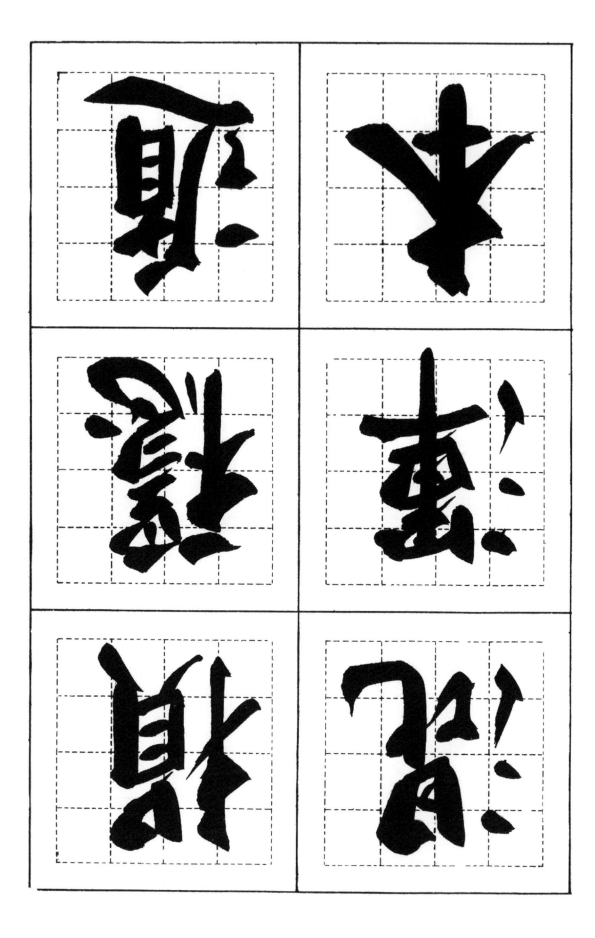

苑

飯

圈

卷

婉

菀

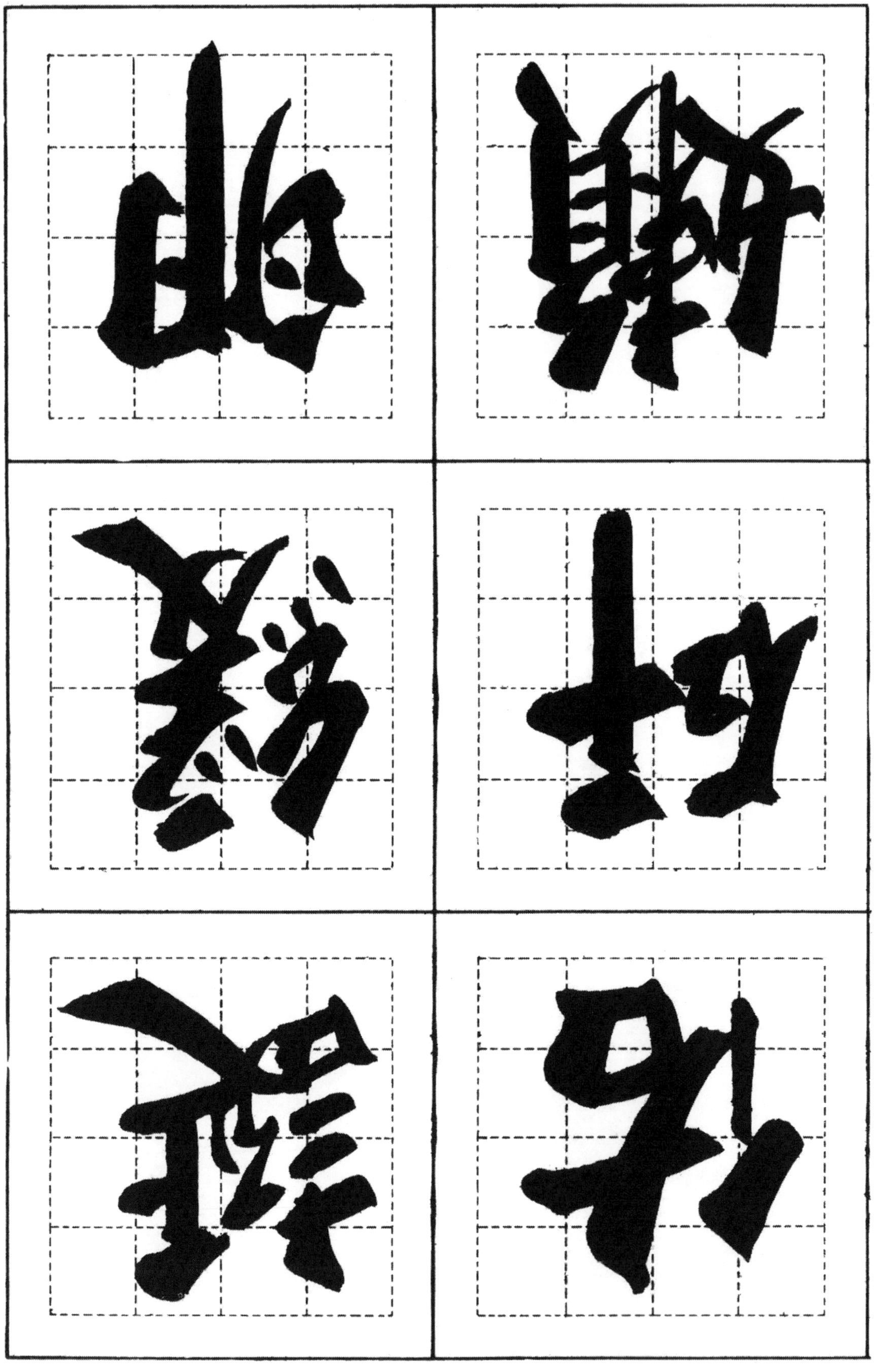
幽
外

懇
耕
傘
很
墾
早

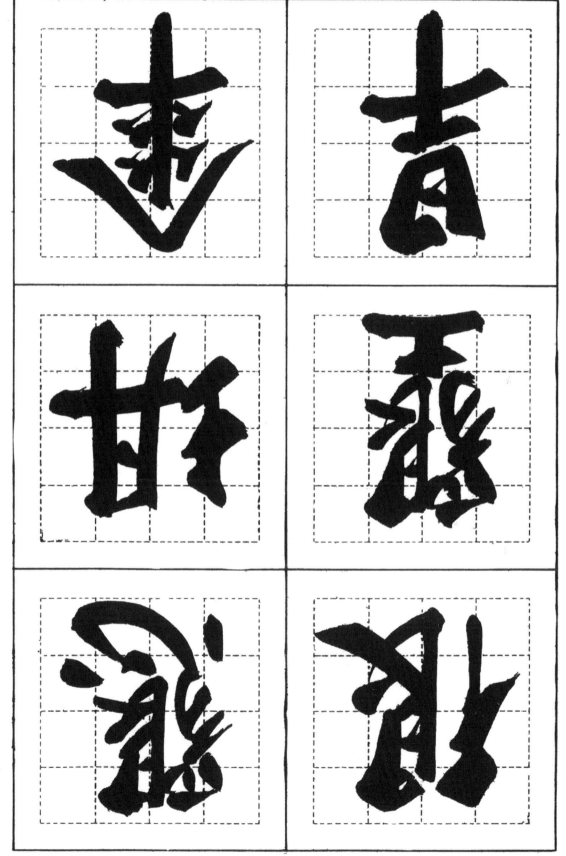

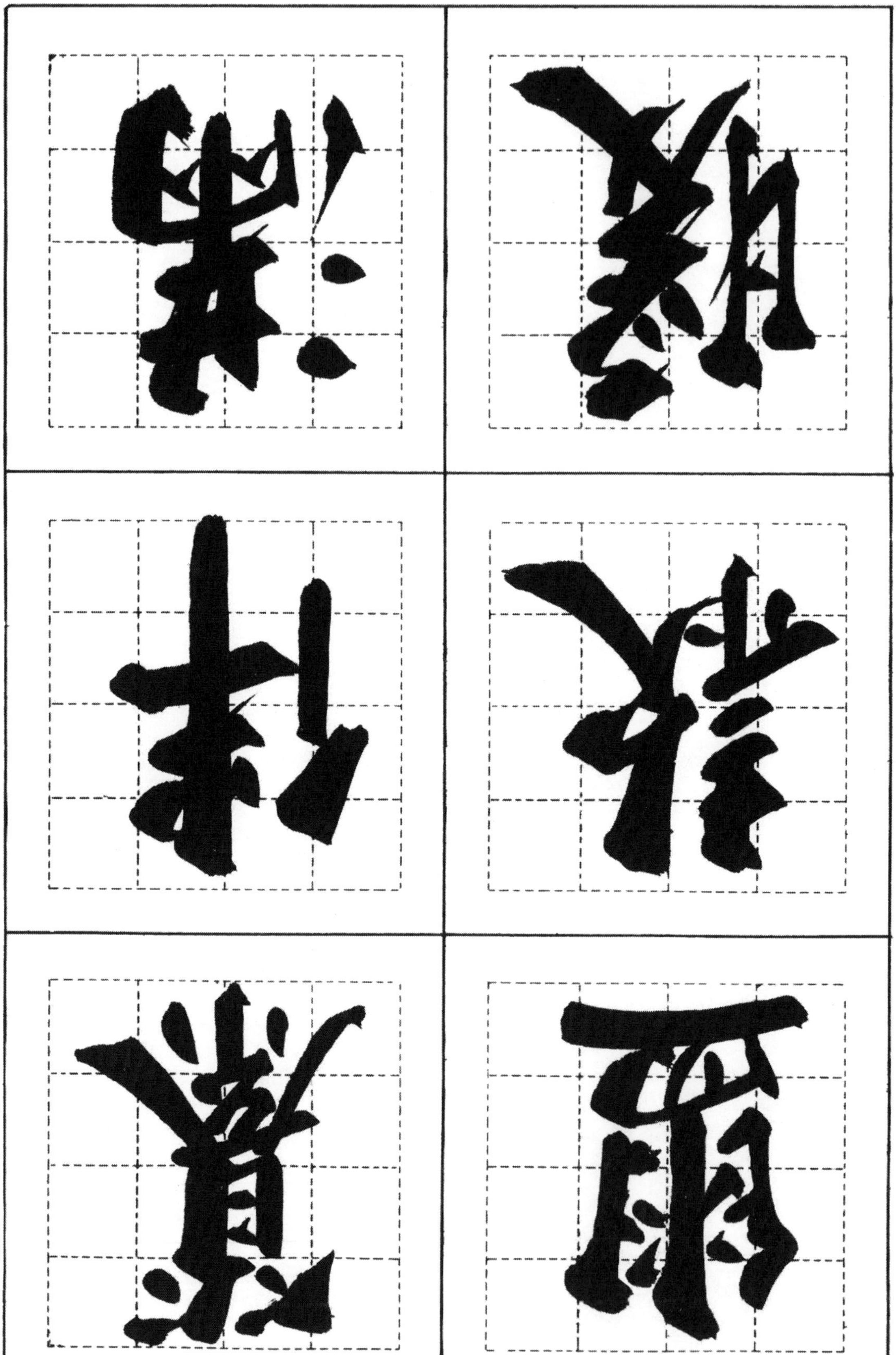

瘓管算
浣灘擴

孱
碘
顯
簡
栗
棧

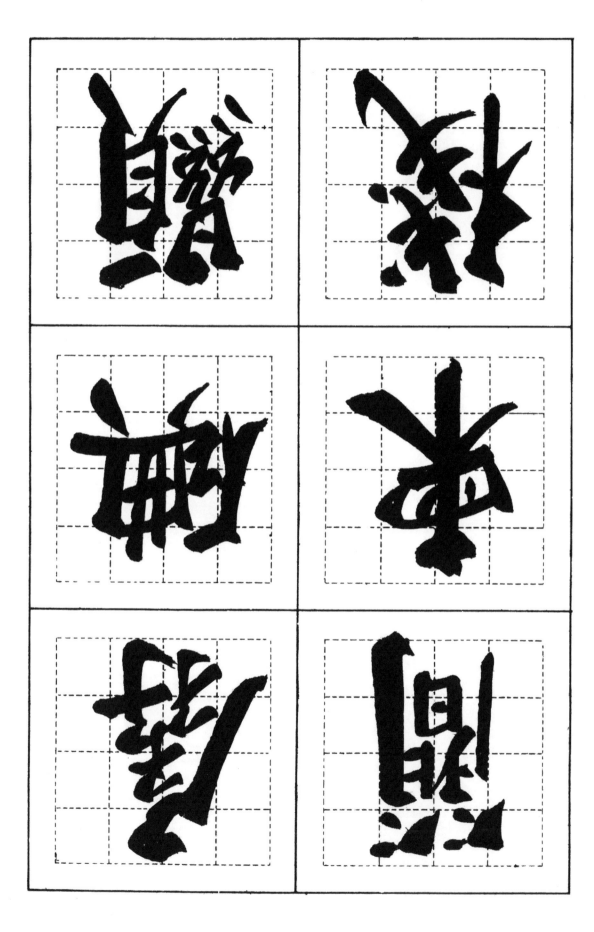

產

汕

限

版

皖

撰

扁 演
犬 衍
癬 踐

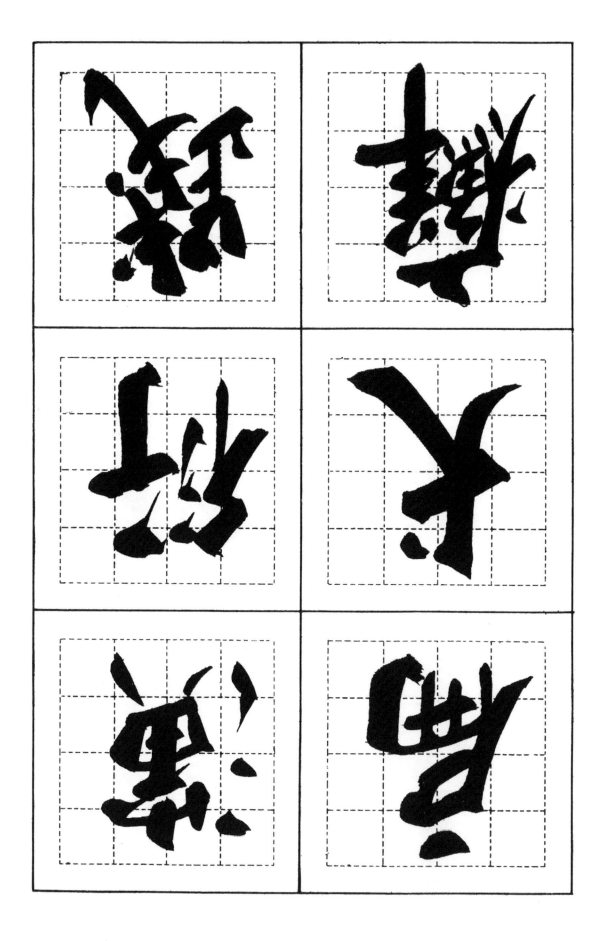

板 撫 匾

眼 典 峪

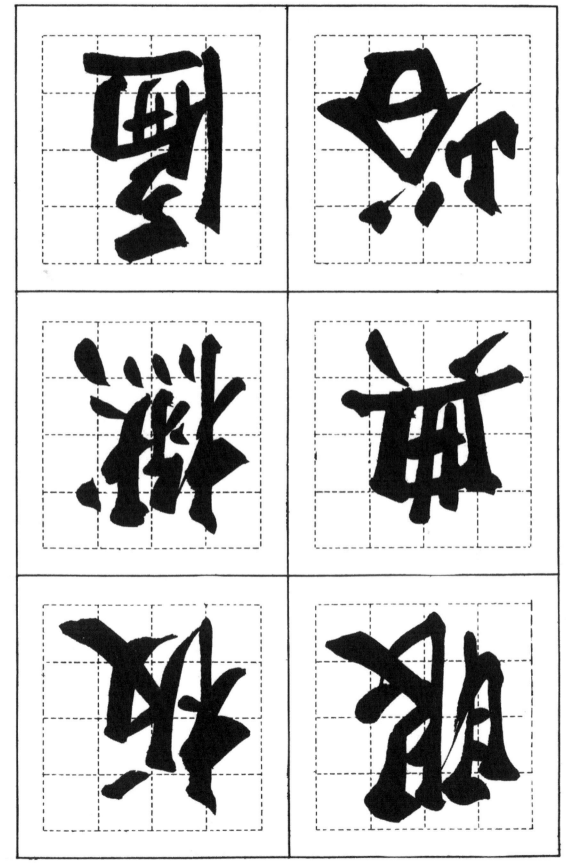

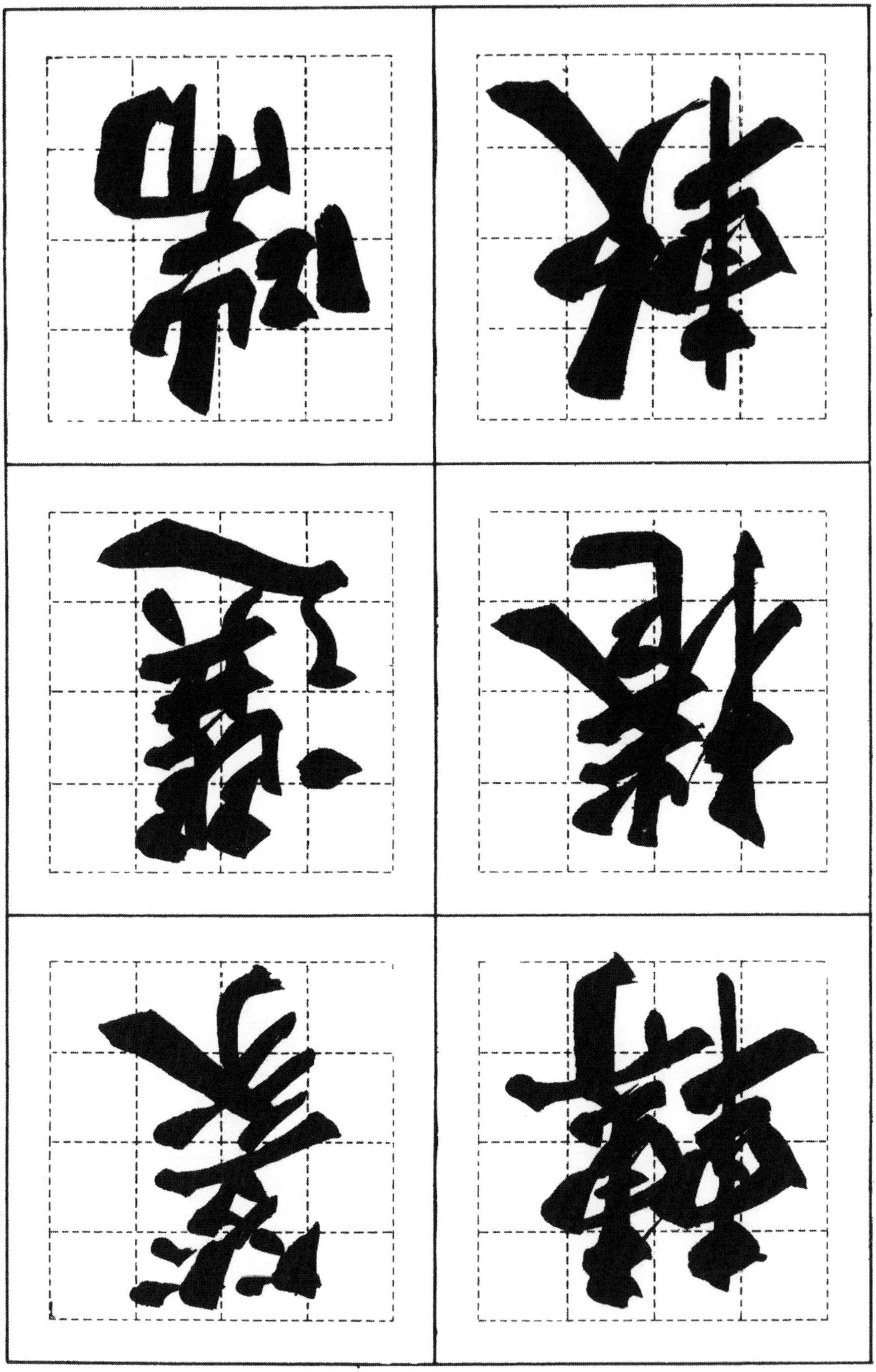

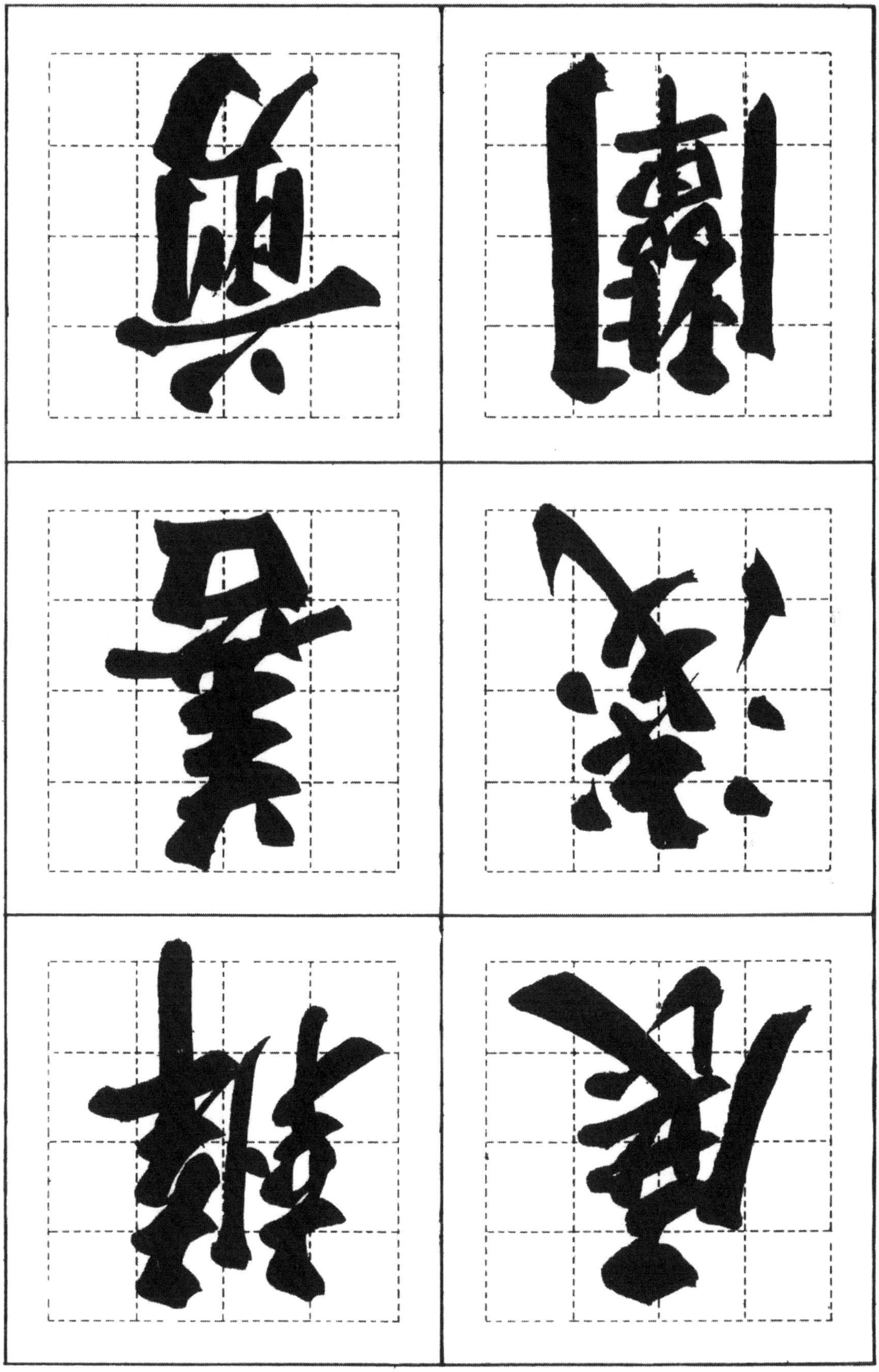

趙
少
擾
小
兆
肇

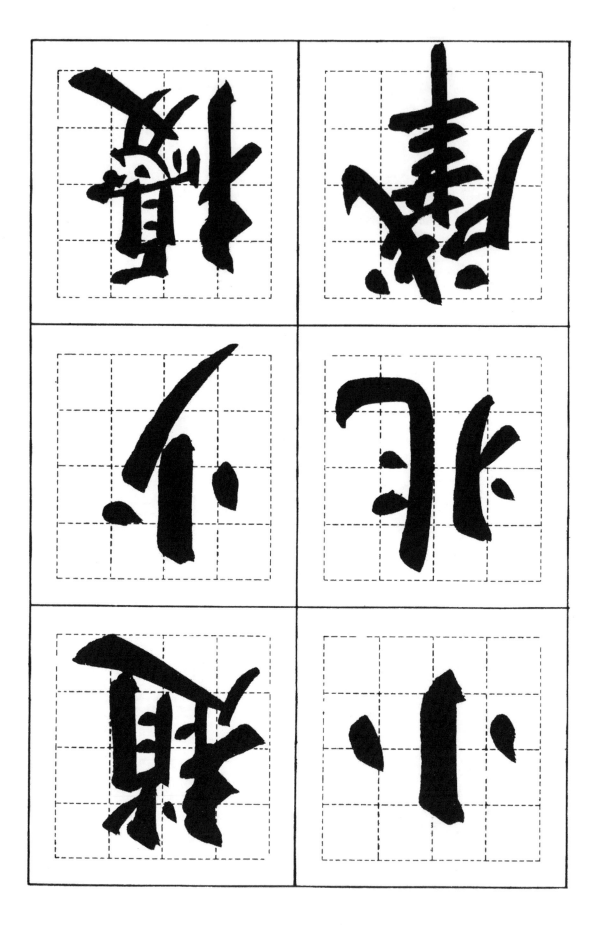

皎

焉

了

免

勉

冕

老
道
稻
狡
爪
浩

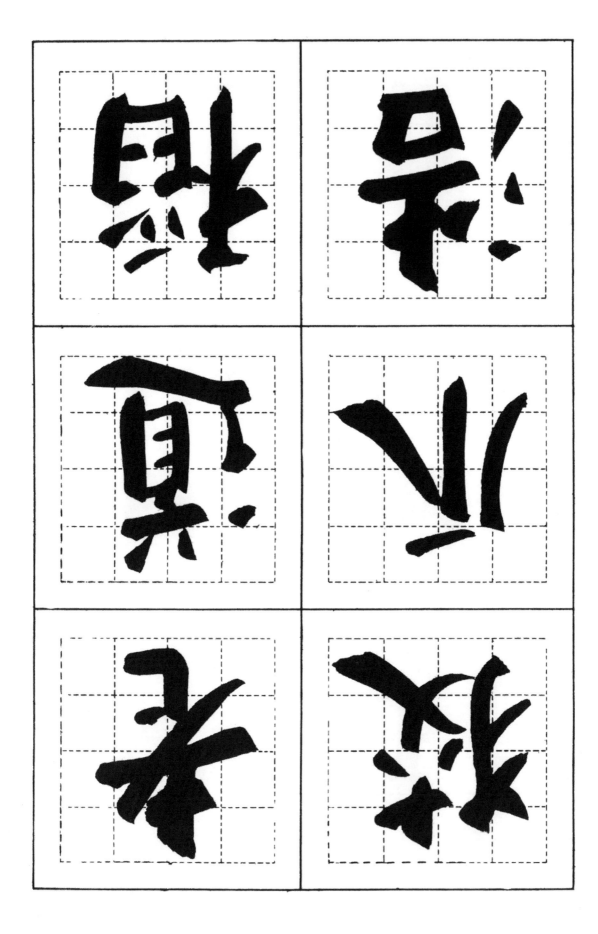

表
巧
卯
淼
紹
橋

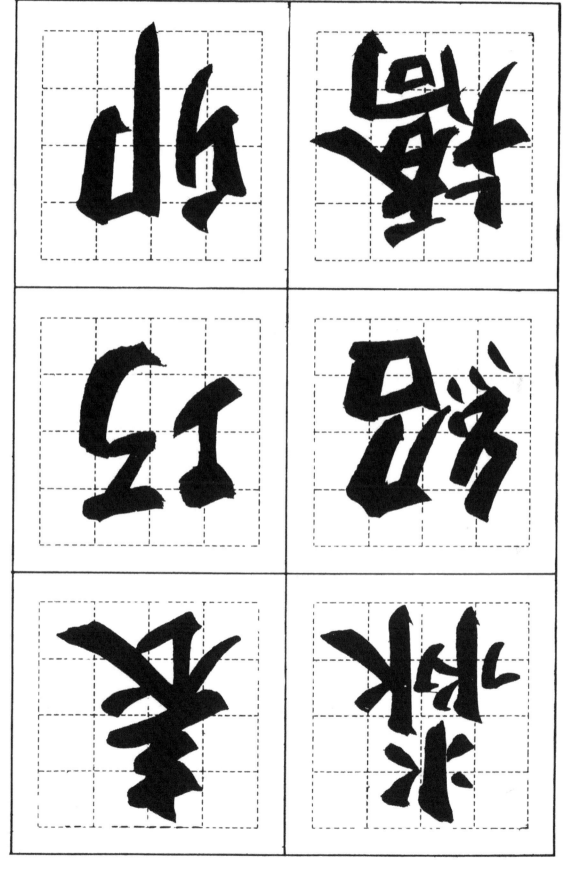

早 磁

東 寶

好 保

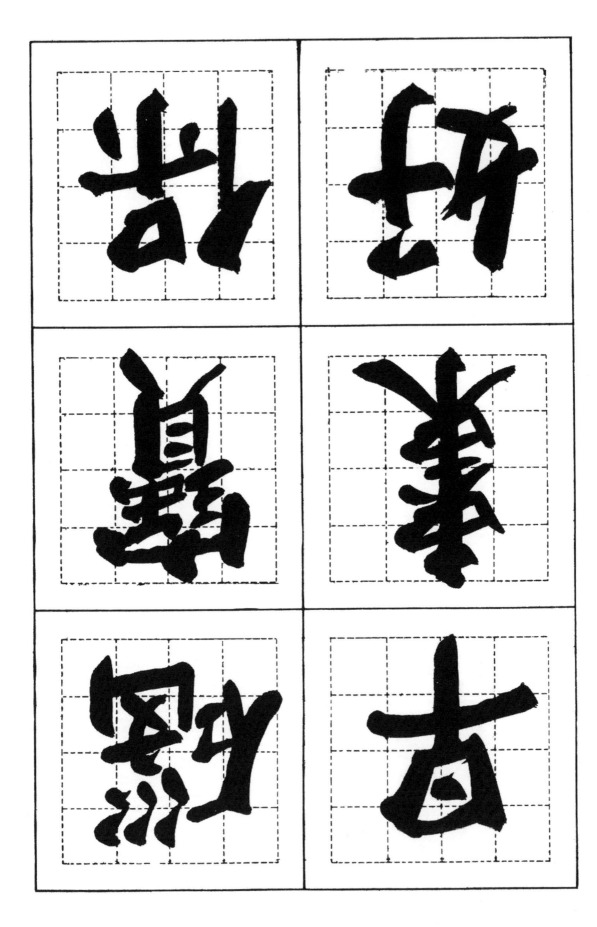

倒

禱

草

討

惱

掃

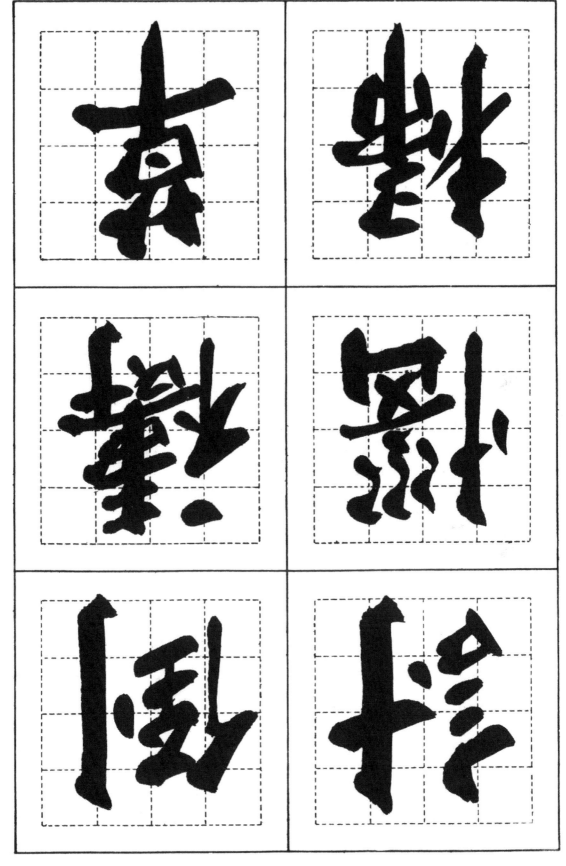

腦	襖
鎖	坐
妥	裸

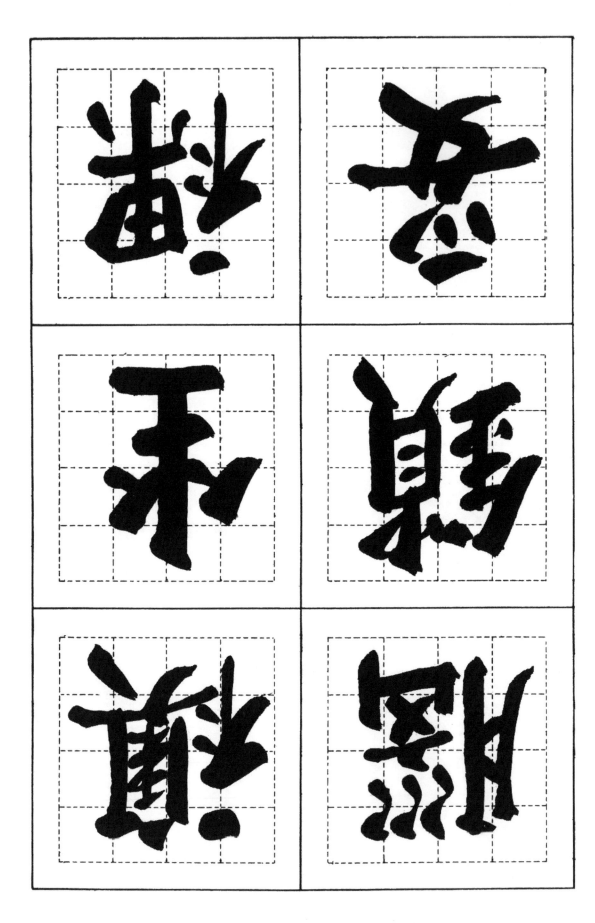

果 菓 朵

我 娜 左

瘰
倭
柵
禍
拇
火

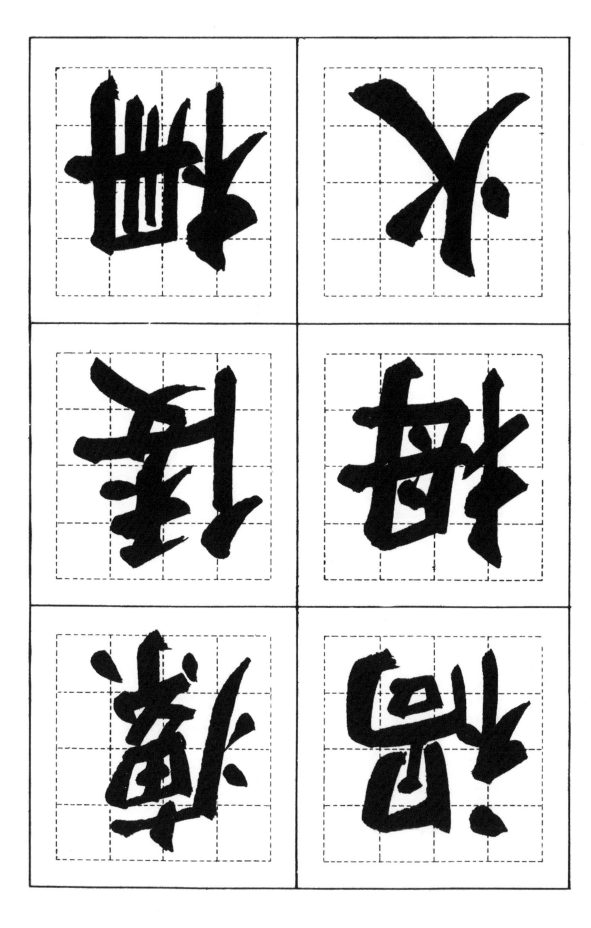

顆

爸

馬

碼

罵

者

蝦 巒

假 啞

斑 下

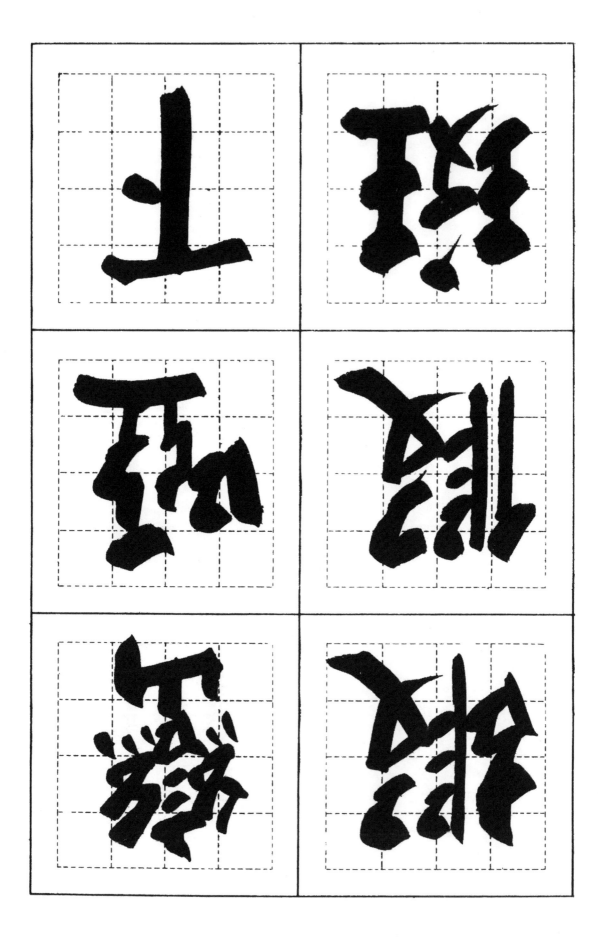

治雅足
彰野也

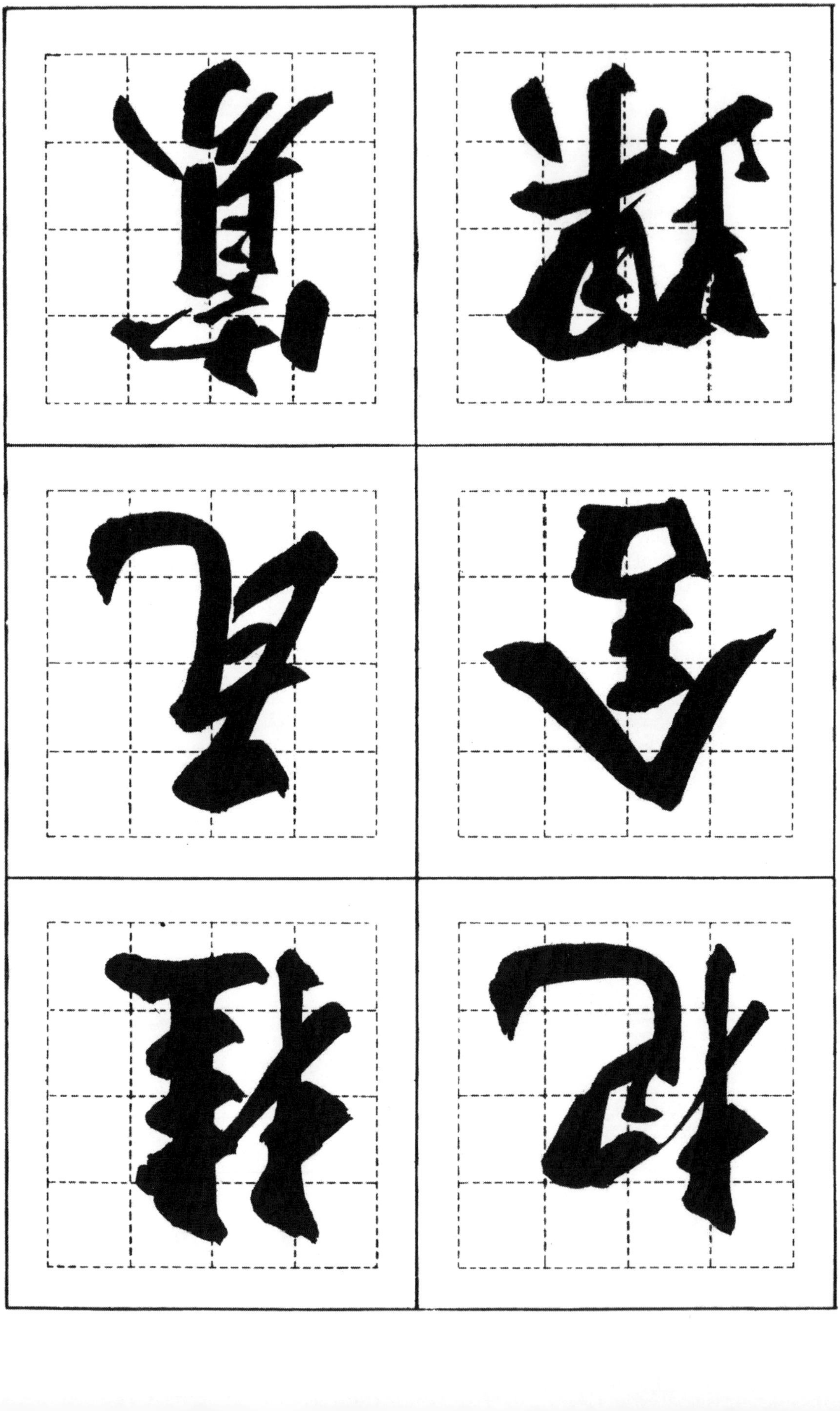

捨姐厦
夏篤社

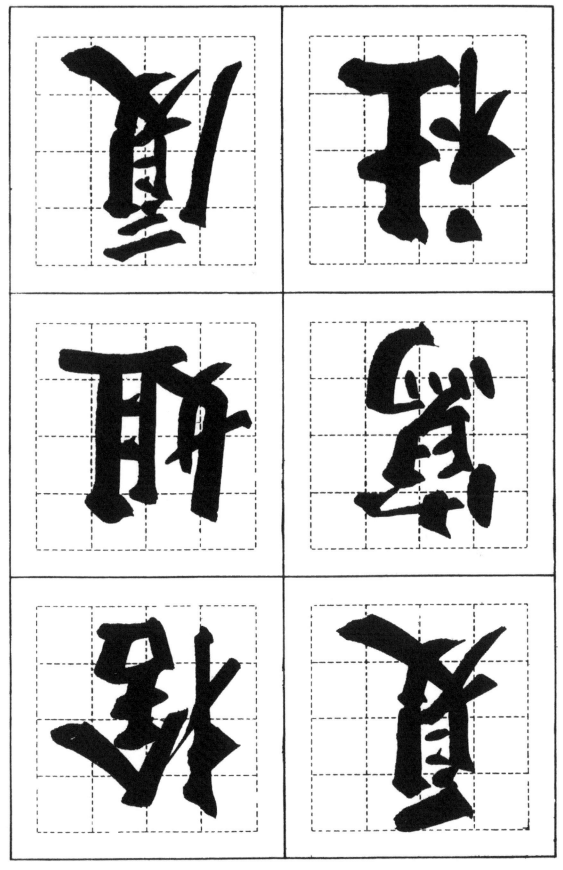

養 箋

掩 像

癢 獎

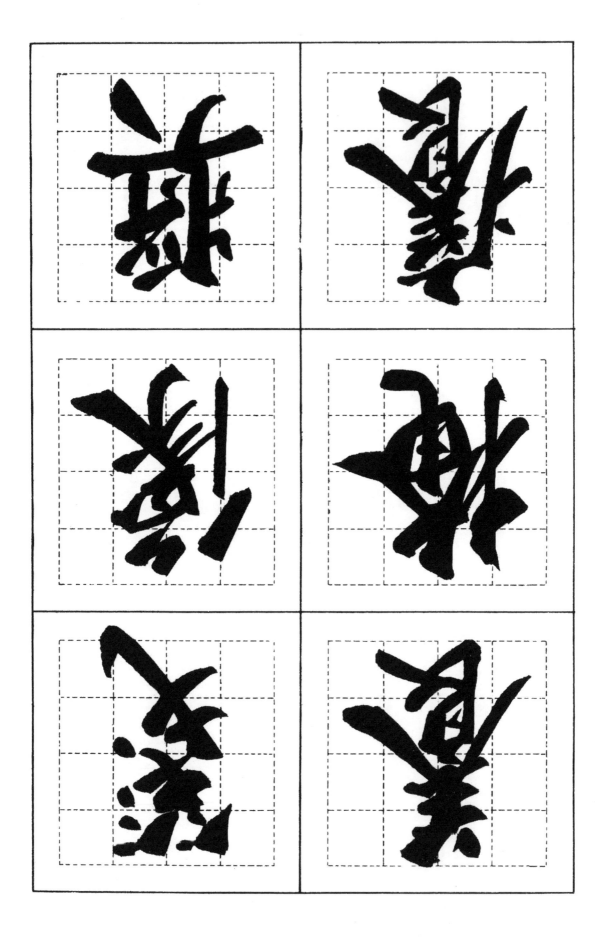

彖
惹
瀉
搓
跨
妃

響亭敞
想掌爽

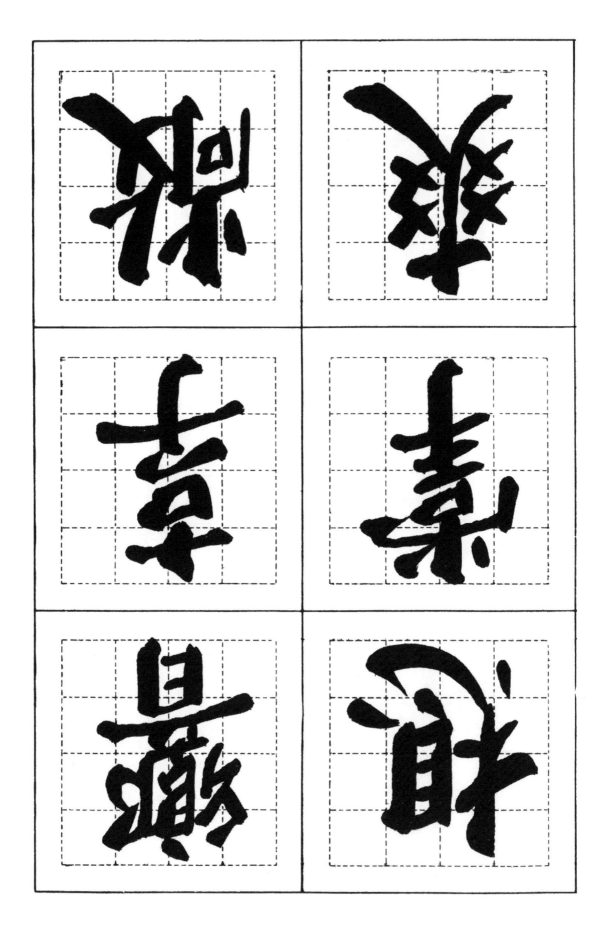

仰

痺

愴

雨

槳

島

賞 綱

仿 伯

仗 往

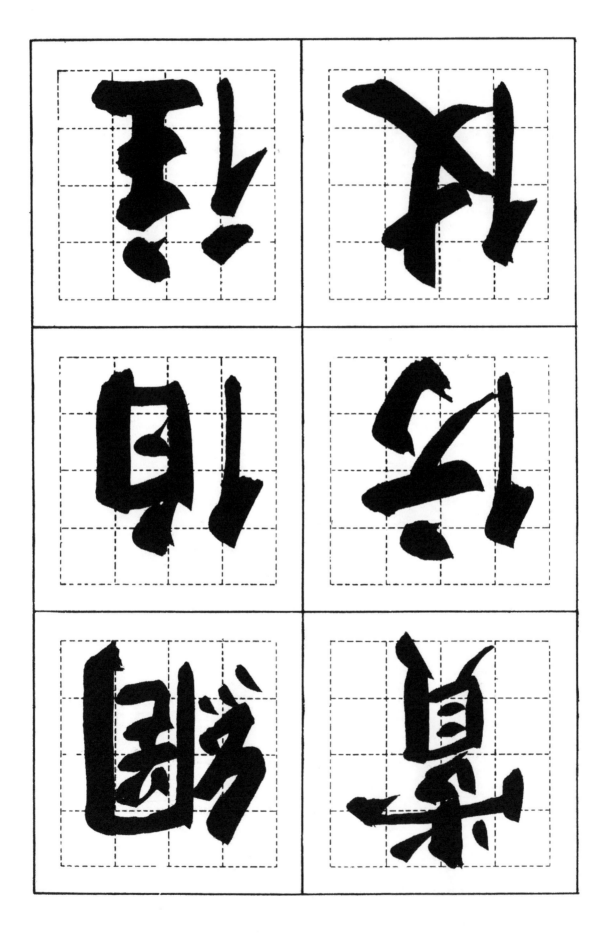

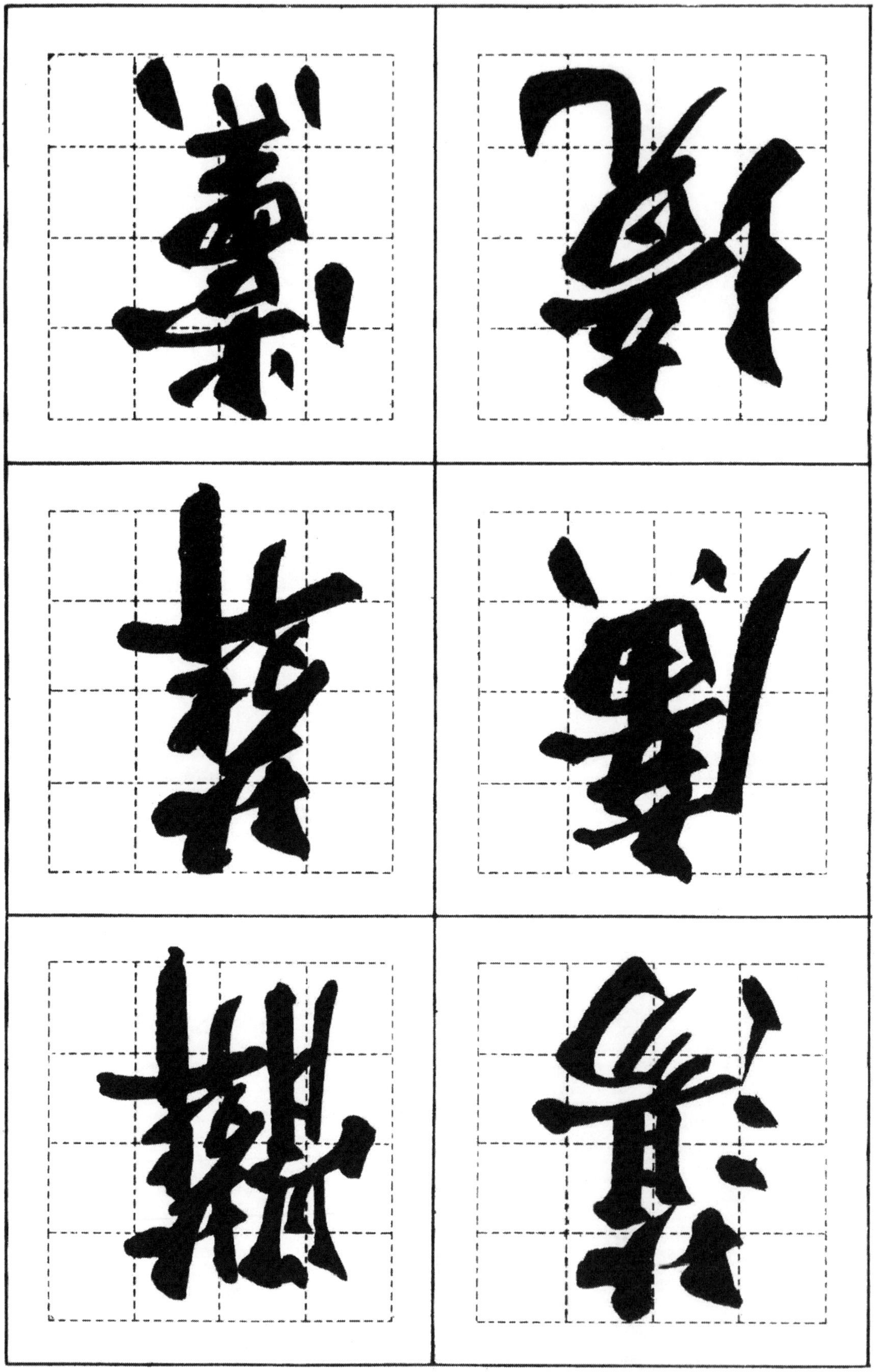

陂
柱
上
杖
紡
閏

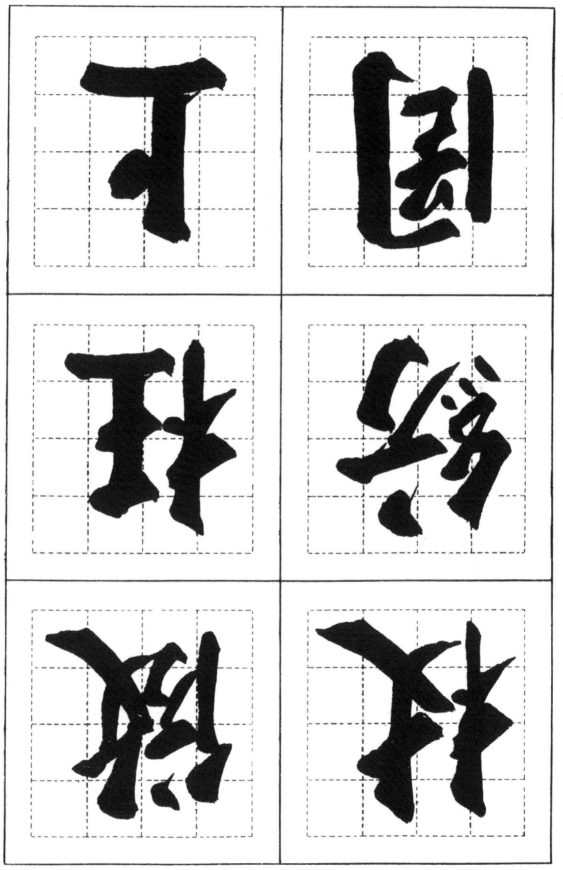

炳	影
警	省
景	永

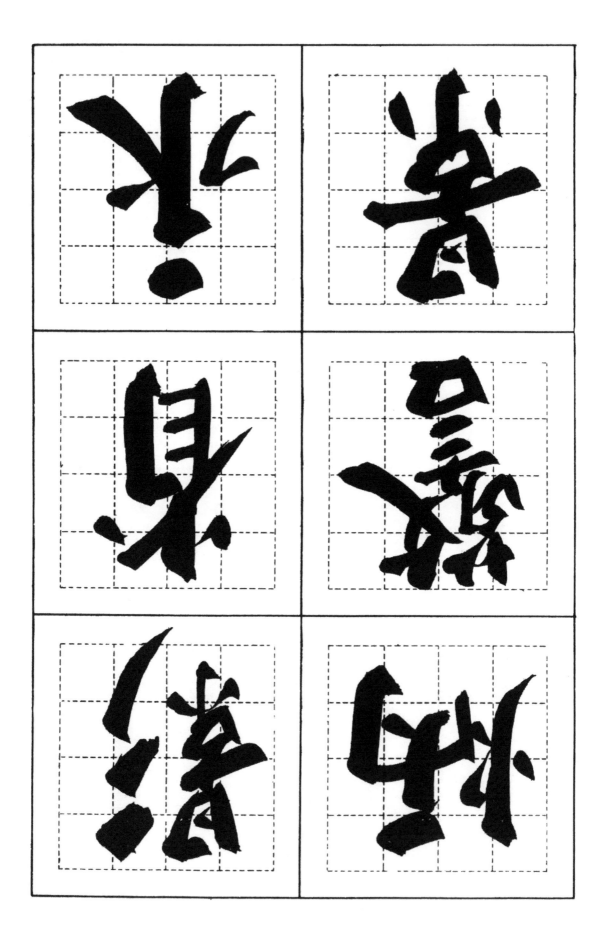

梗
丙
秉
椰
謹
映

檸	幸
耿	靜
黽	靖

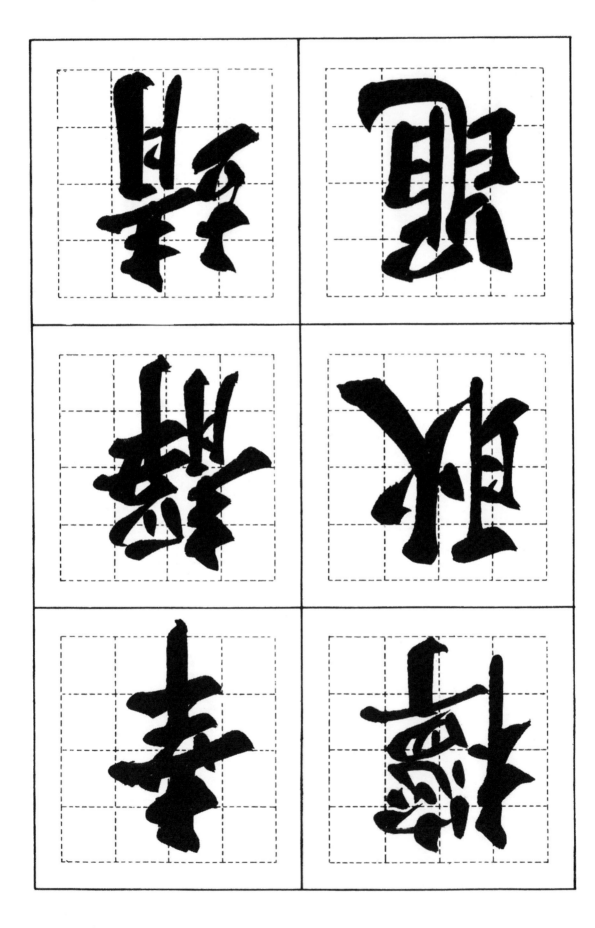

礦

打

返

猛

杏

血

灶 井 頃

嶺 頻 餅

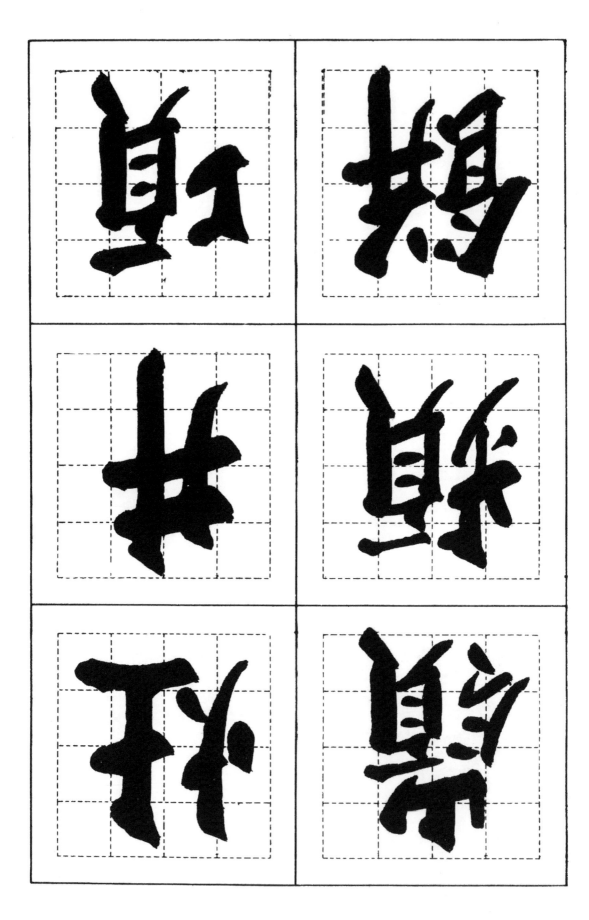

鑛

郢

領

整

逞

穎

洗
醒
並
挺
每
霆

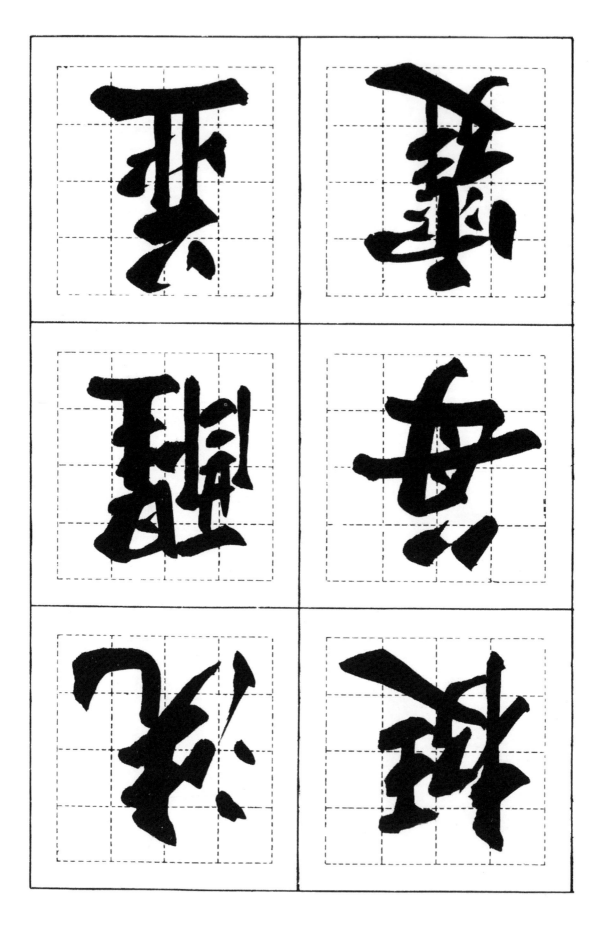

茗頂鼎

煥請炯

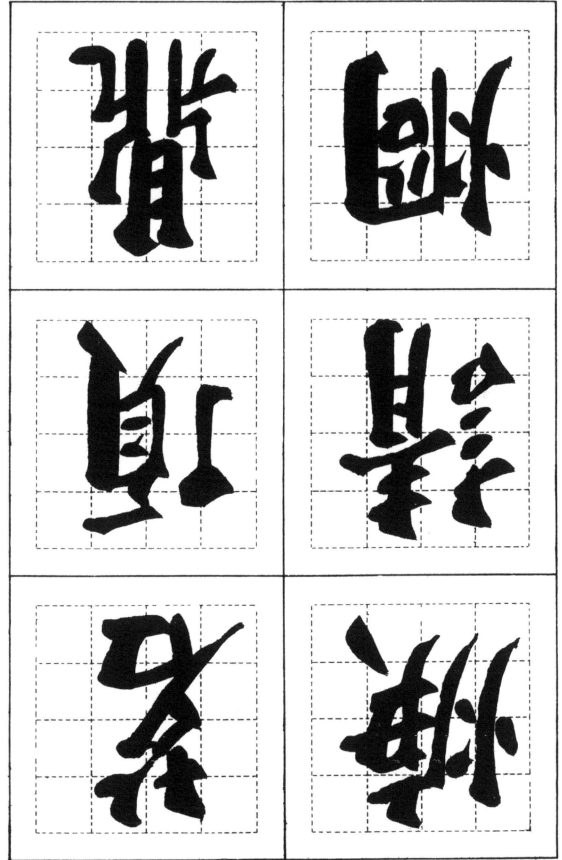

右 丑
柳 肘
紐 朽

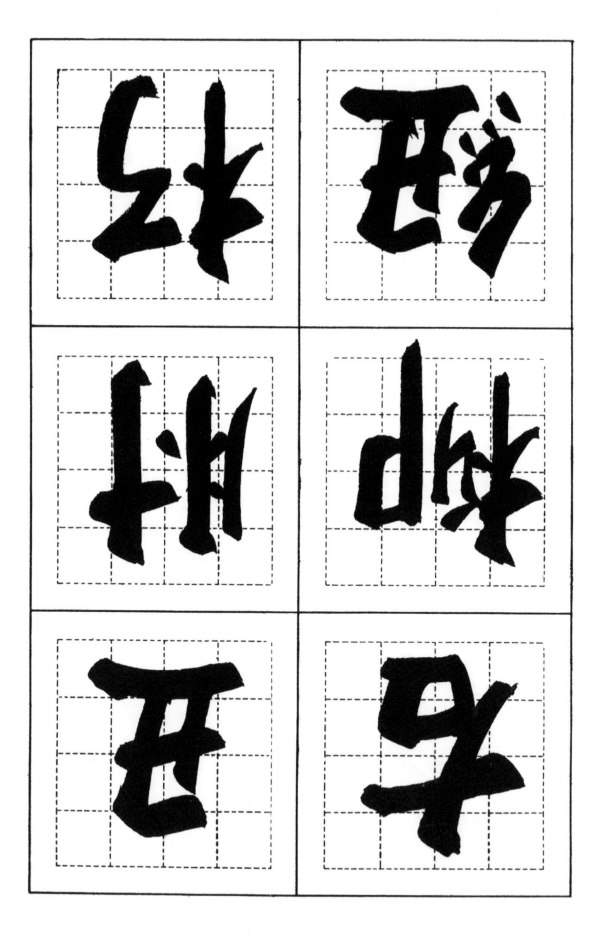

有肯友
艇拯証

醜 着

負 缶

阜 妙

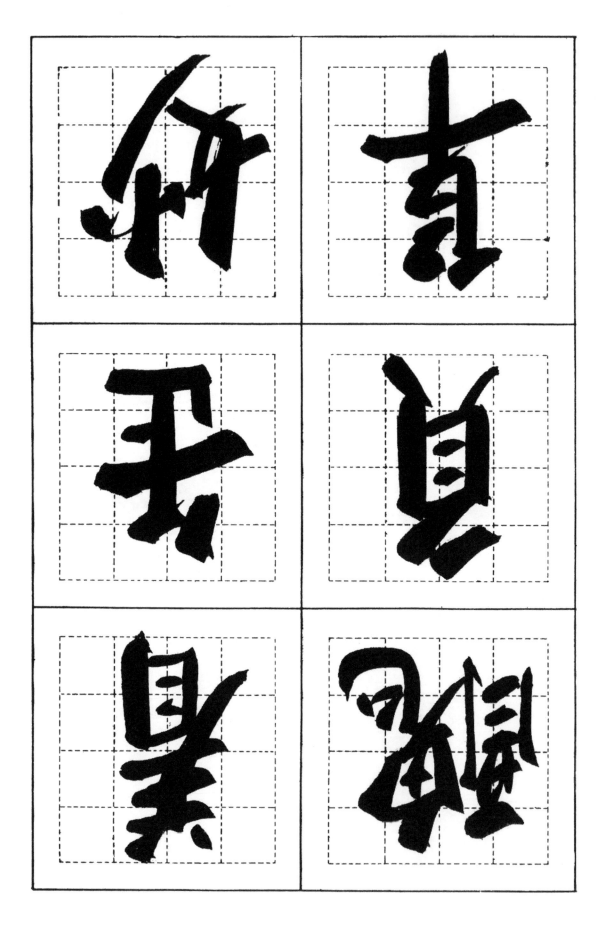

垂
手
守
九
久
首

狗

偶

叟

扣

趣

叩

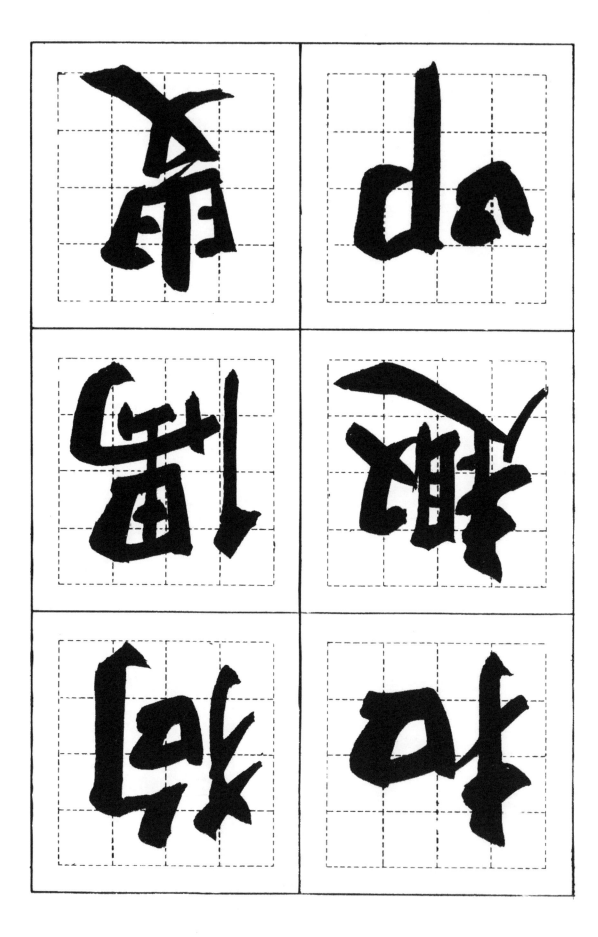

走
口
姗
藕
吼
悔

母
牡
某
厚
炮
后

況	釦
飲	糾
品	搬

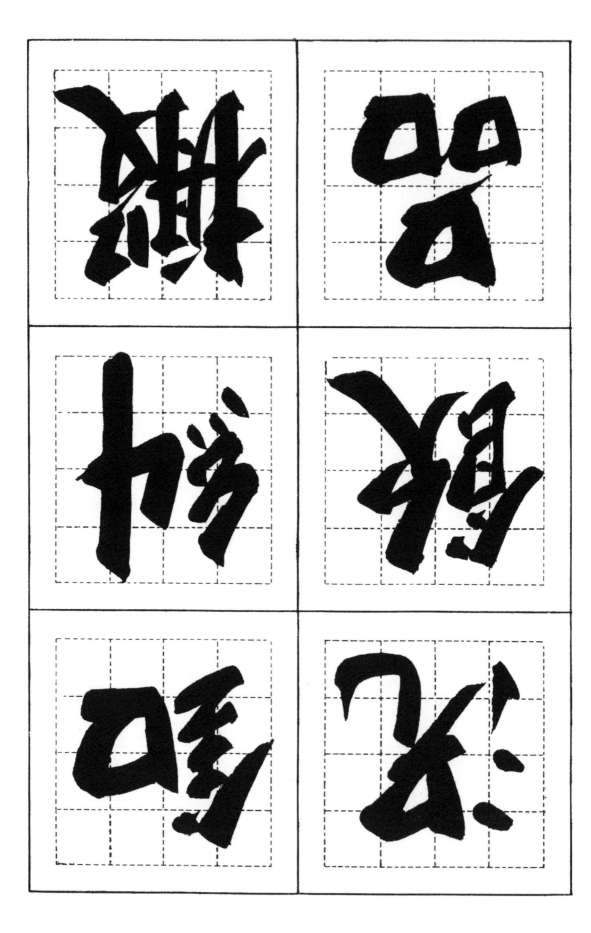

叁

審

派

寢

飪

稔

撿

覽

險

斂

橄

蛋

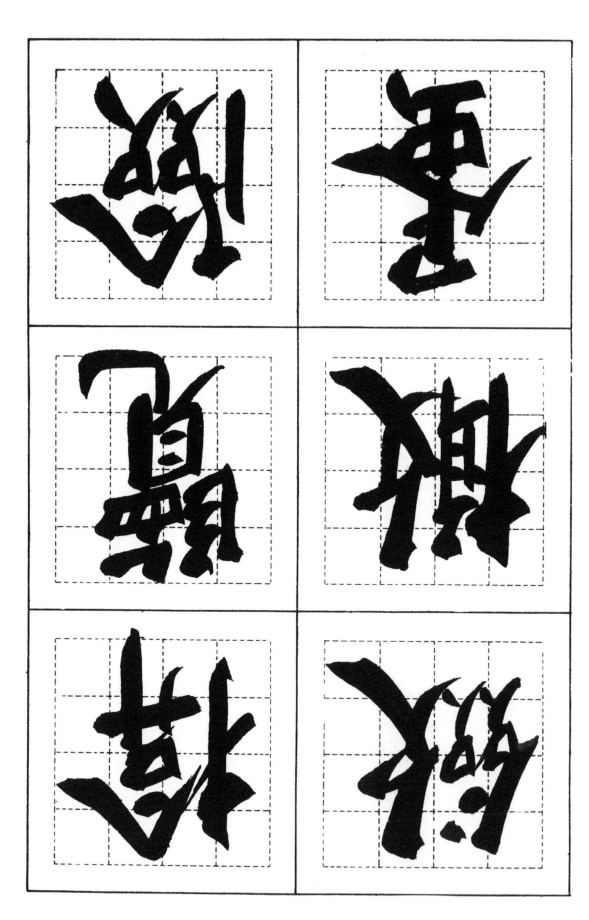

敢
攬
膽
感
贛
撼

奄	黠
截	簞
忝	歉

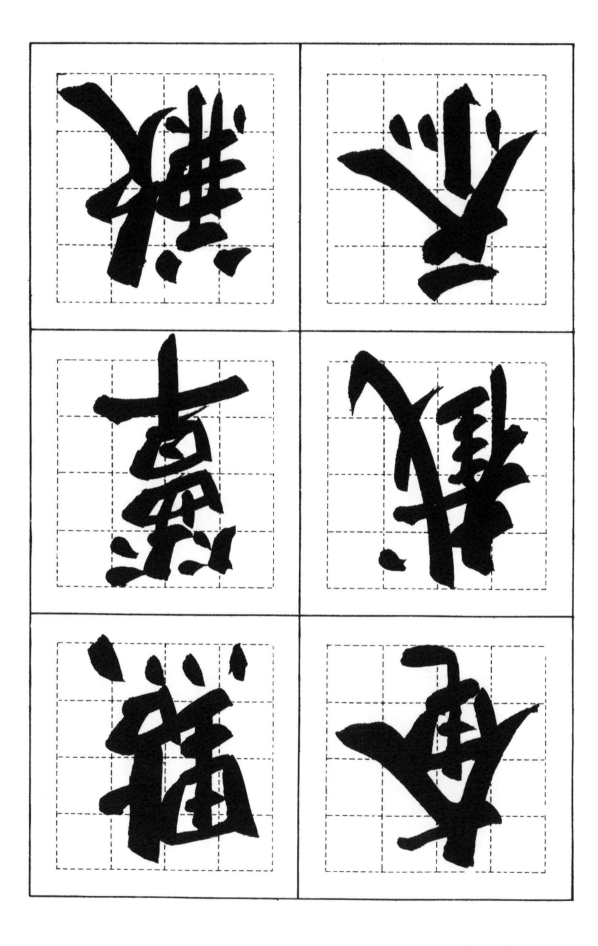

梁
陝
閃
貶
儉
他

艦	范
範	濫
鳳	犯

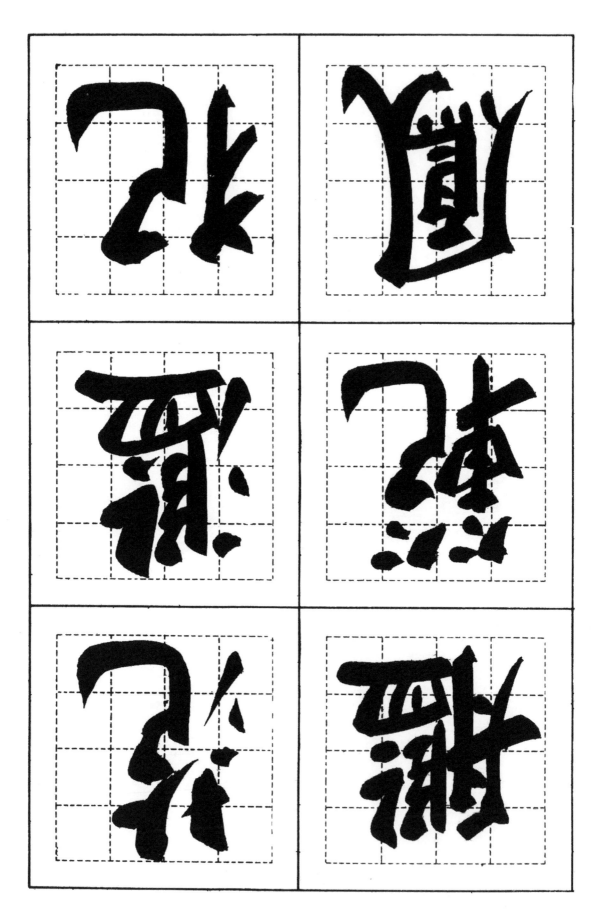

斬
礁
檻
滅
湛
臉

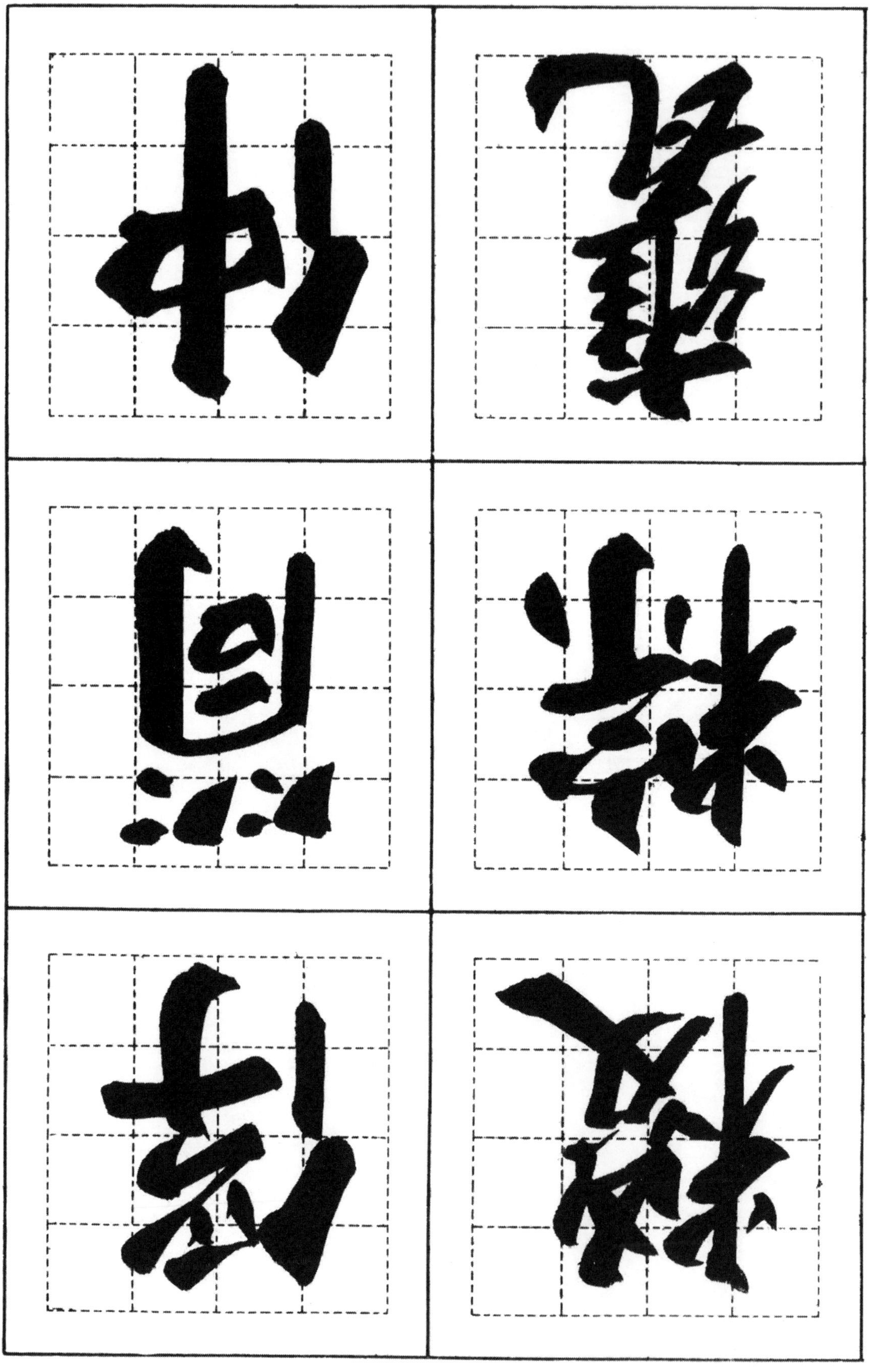

弄
捌
控
送
貢
皋

統	俸
塚	驟
用	症

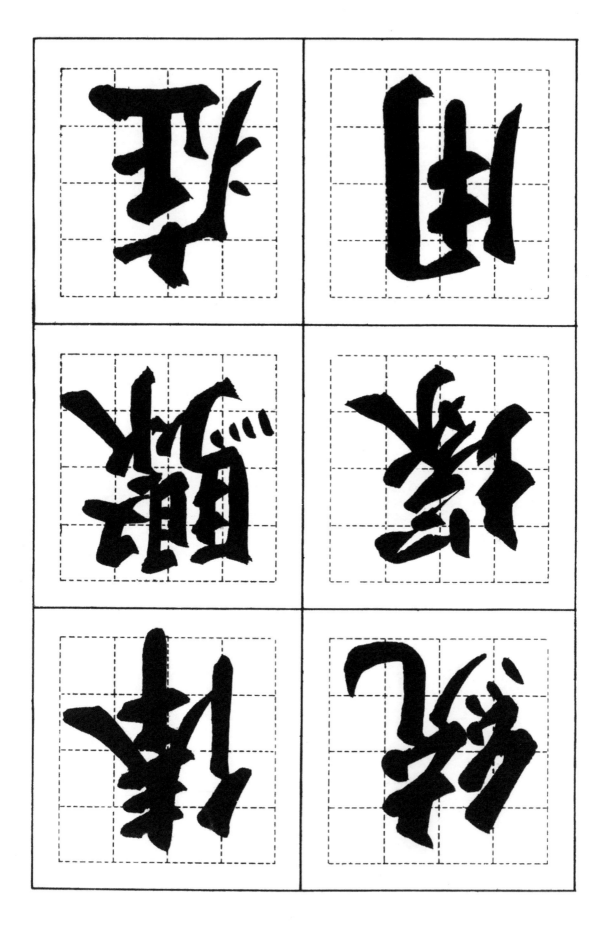

棟
宋
綜
痛
漲
棹

積 累

賜 寄

被 臂

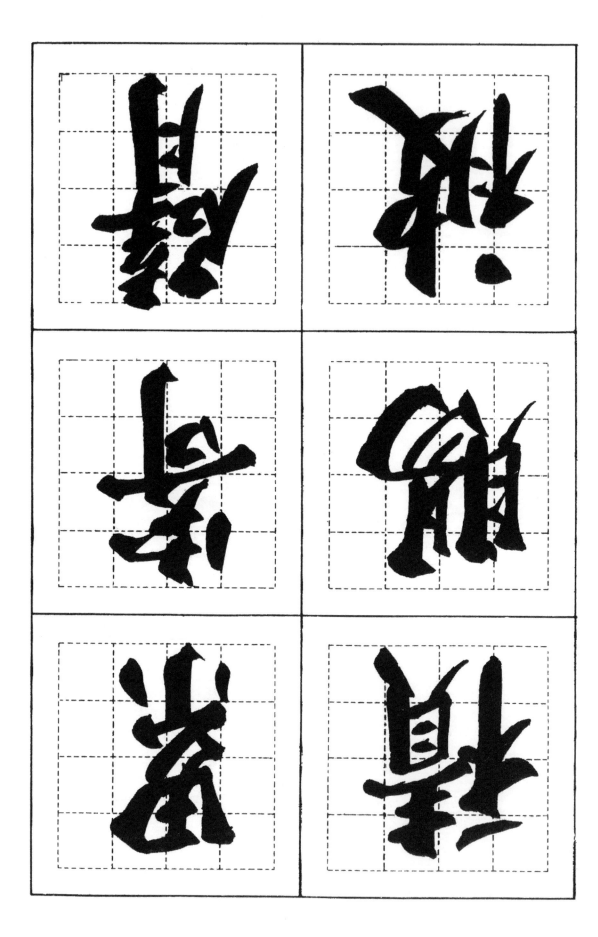

避荔致
巷術伎

義　企

悅　翅

憩　施

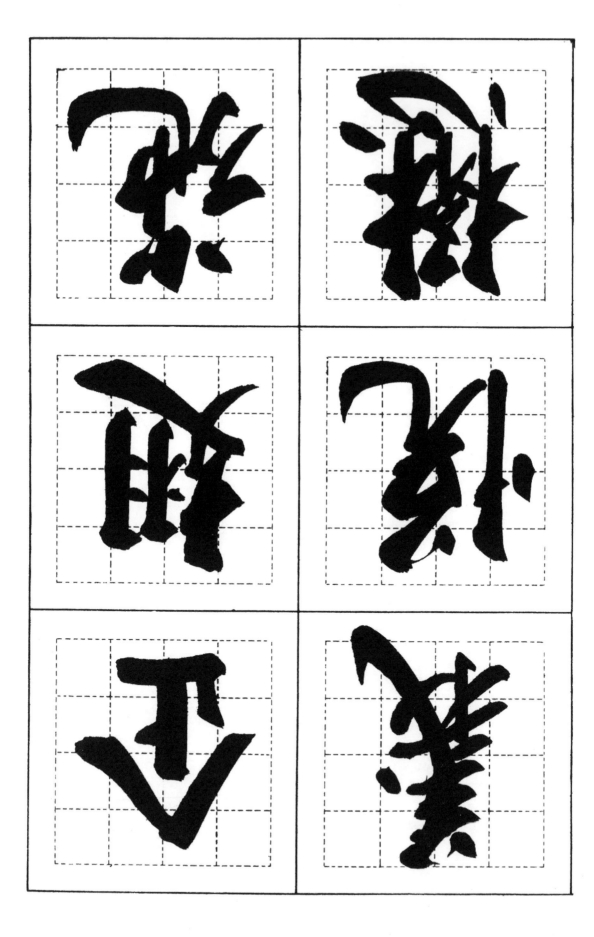

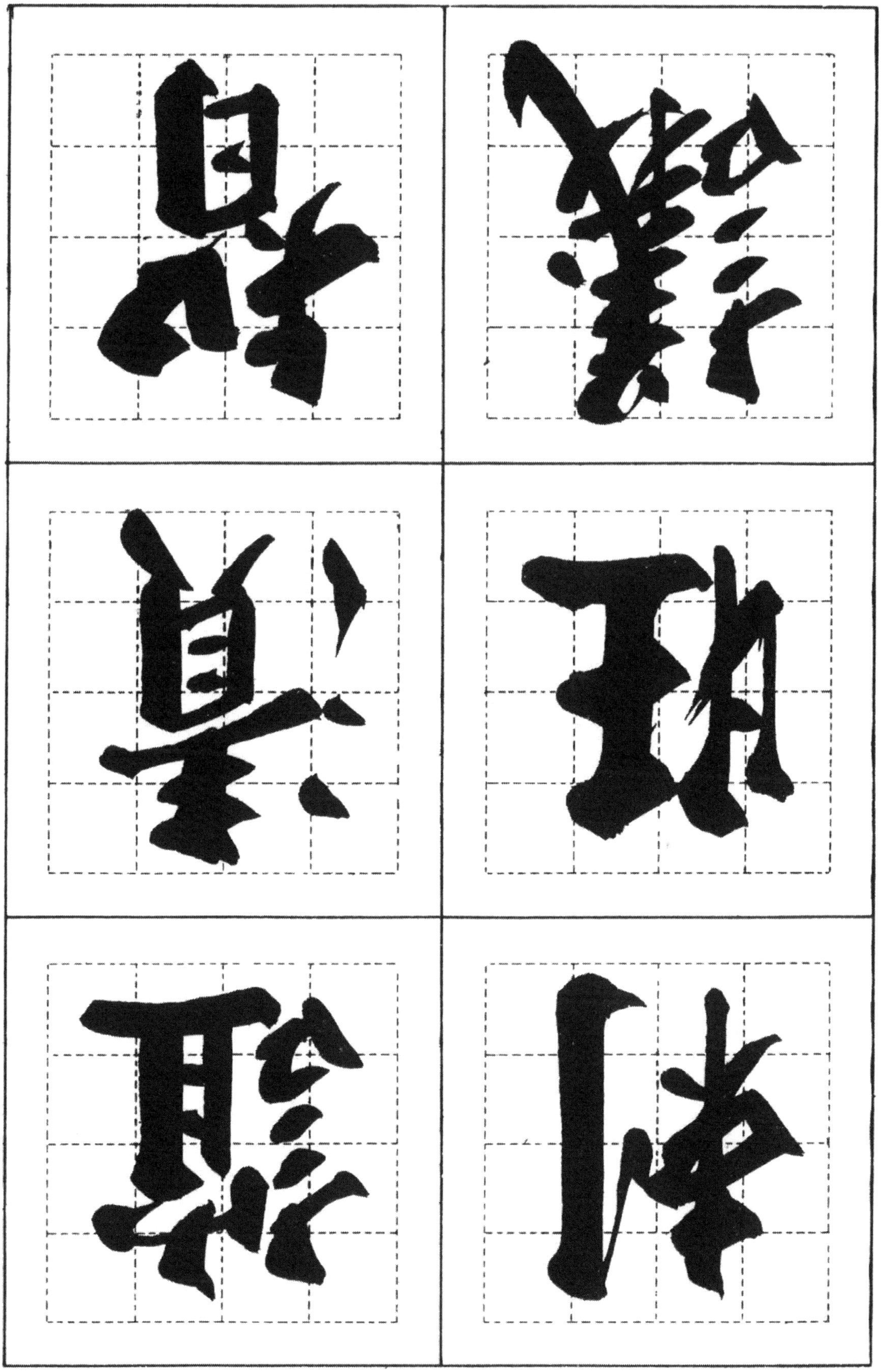

淚
祕
秘
醉
粹
類

瑞至位

曬僞毀

備
帥
率
費
餽
櫃

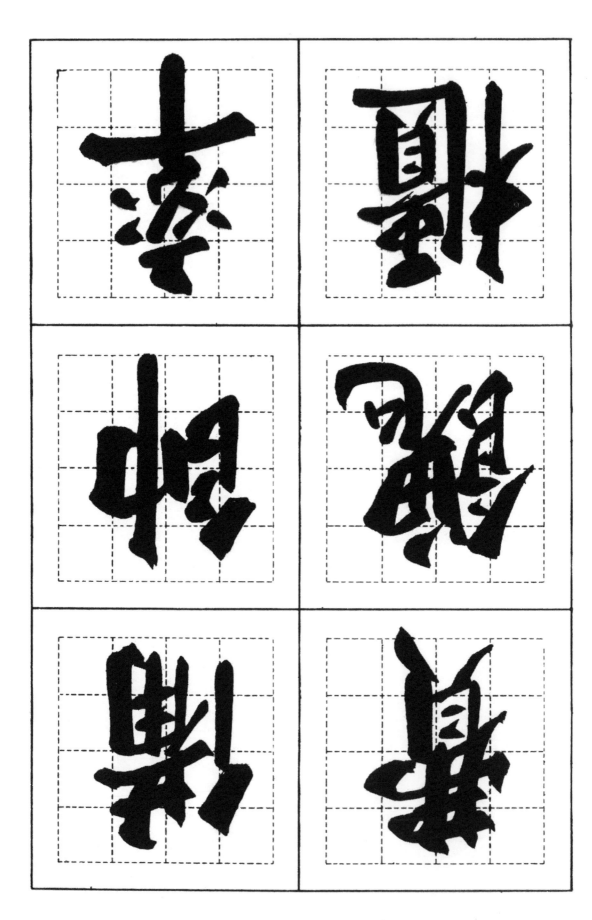

睡 隧

遂 穗

琴 沁

稚

寐

冀

致

棄

緻

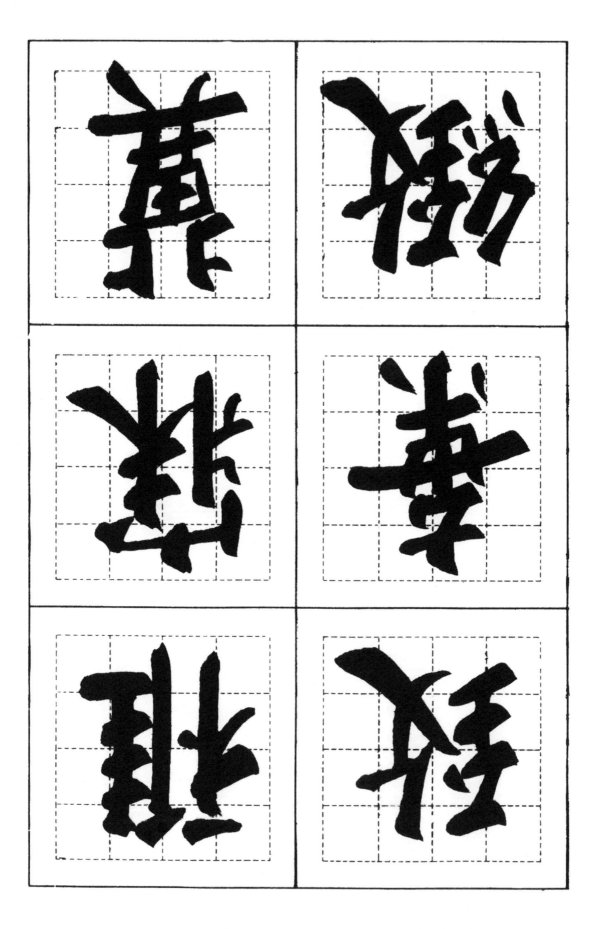

蒞
痢
膩
視
汽
嗜

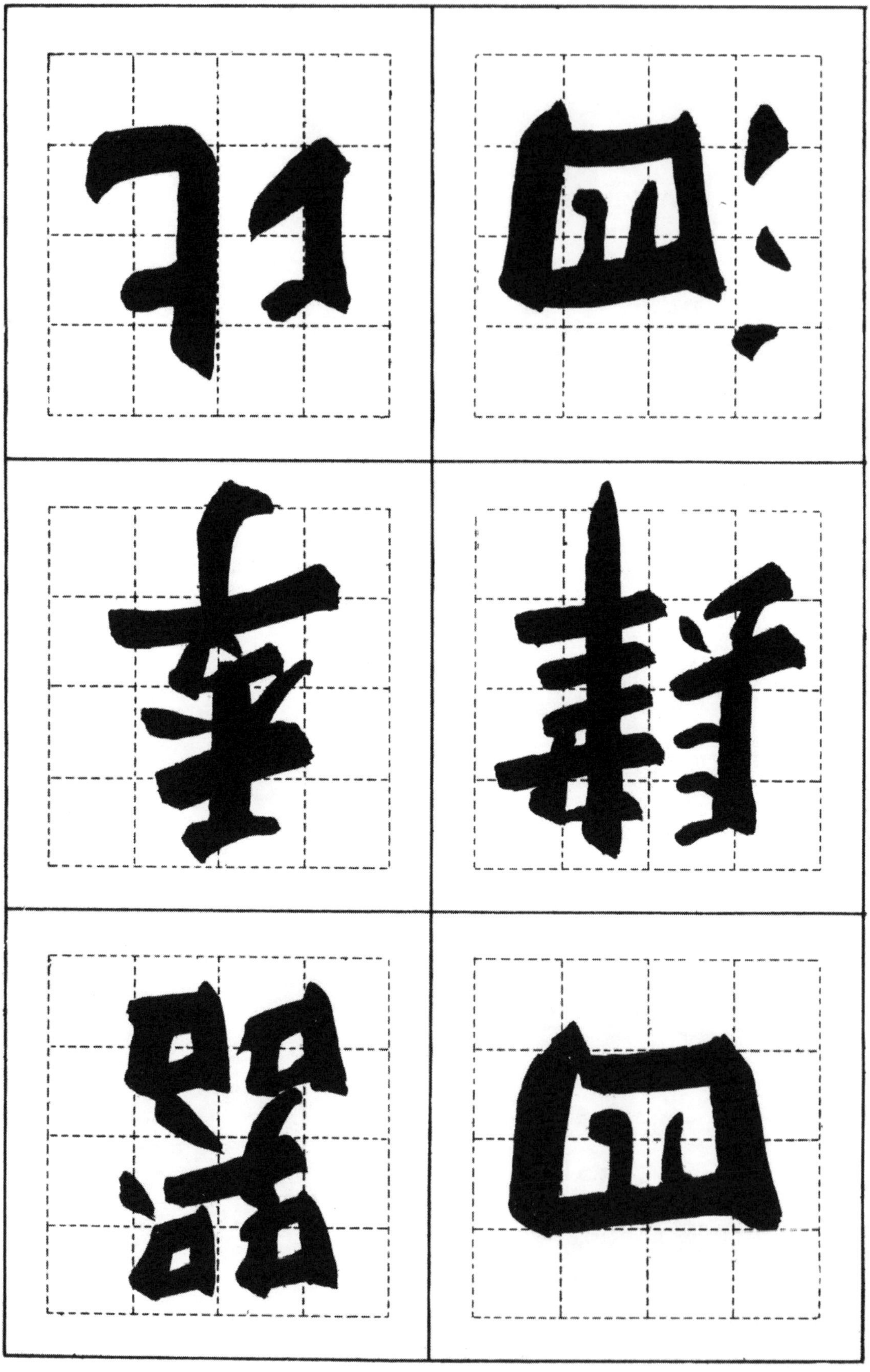
西：
封
西
羽
幸

貳
次
懿
暨
翠
二

怡	痣
志	織
誌	識

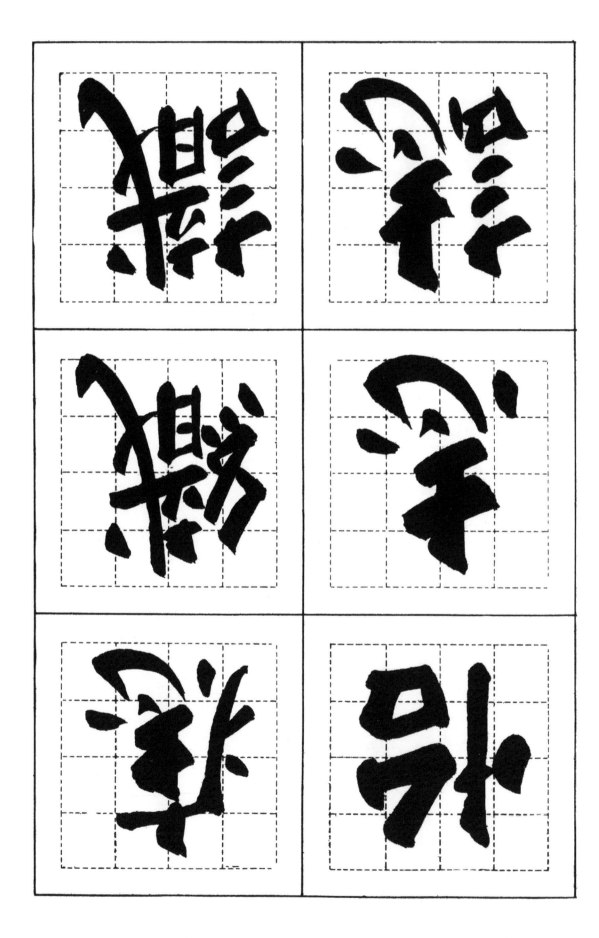

萃	示
地	自
肆	墜

字
餌
撫

吏
飼
事

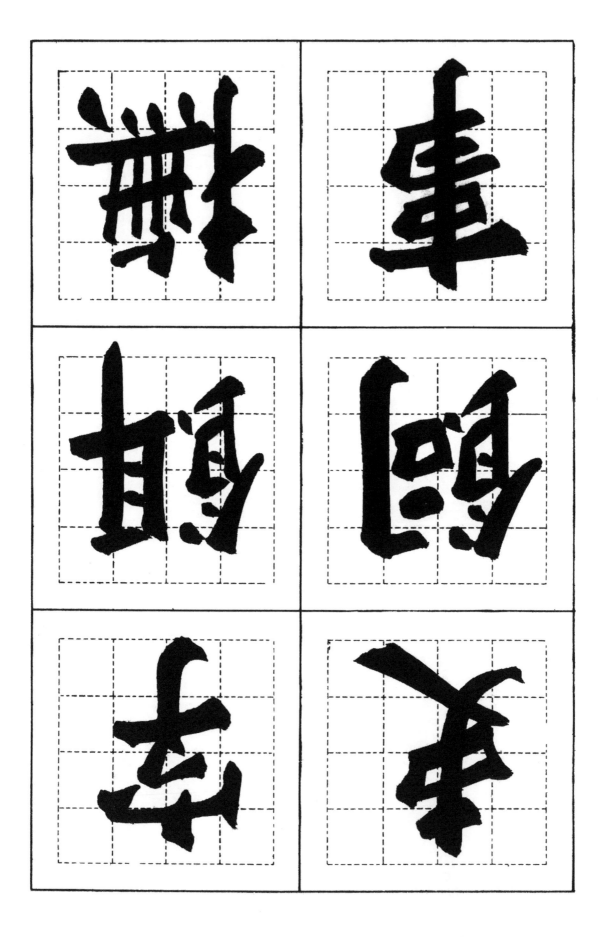

嗣

試

幟

寺

值

植

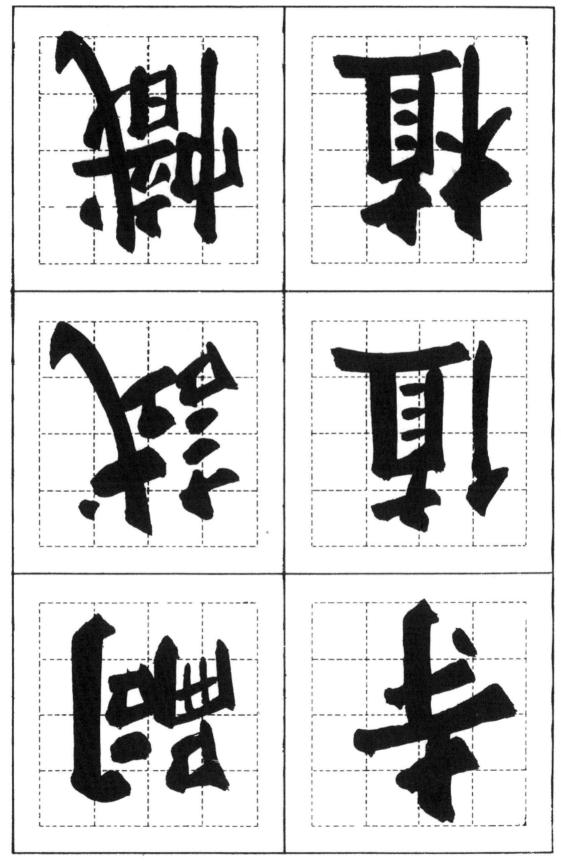

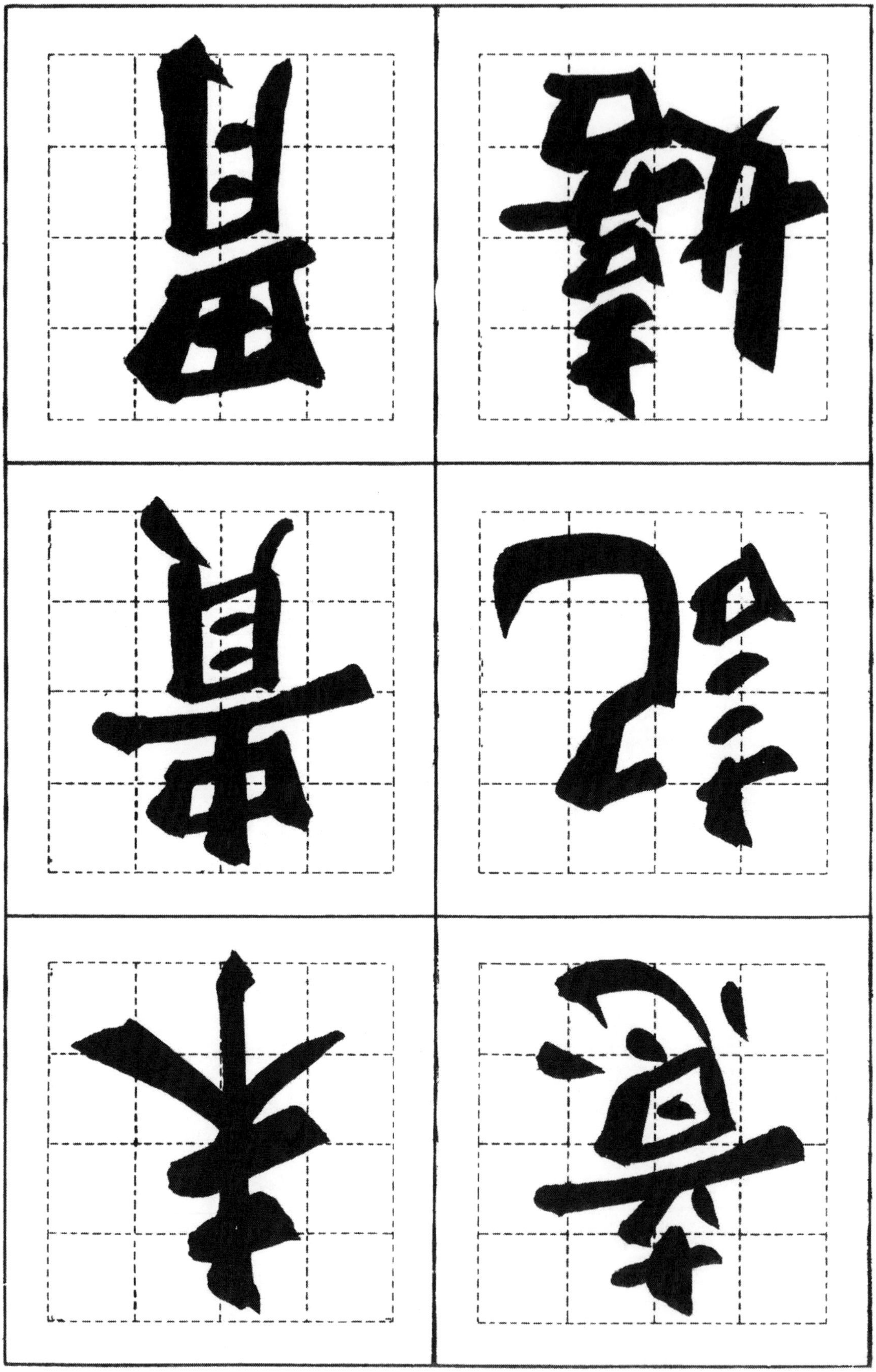

畏
置
侍
妮
廁
異

翡韮氣
慰卉精

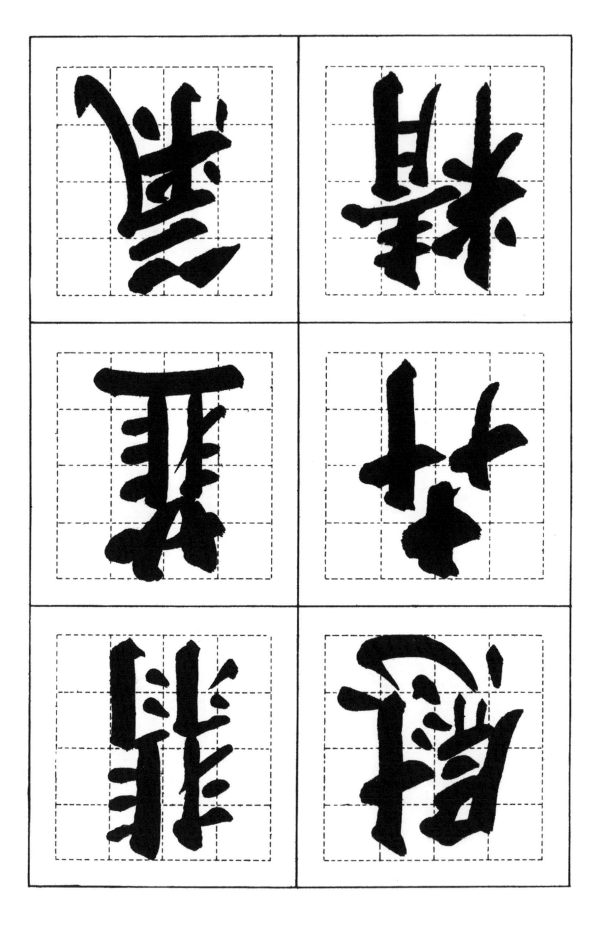

渭
魏
庇
味
謂
緯

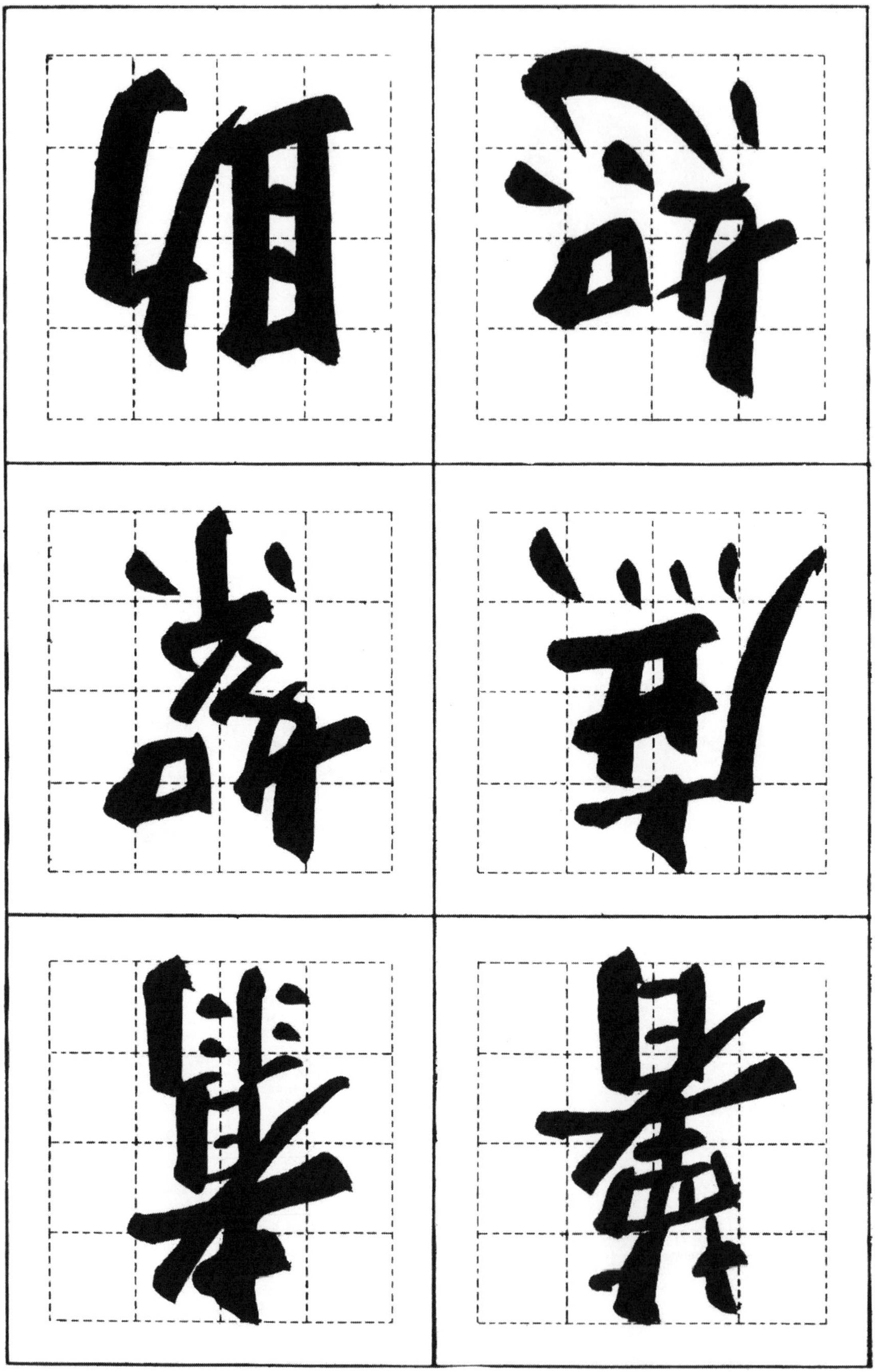

付 署 搪

御 慮 掾

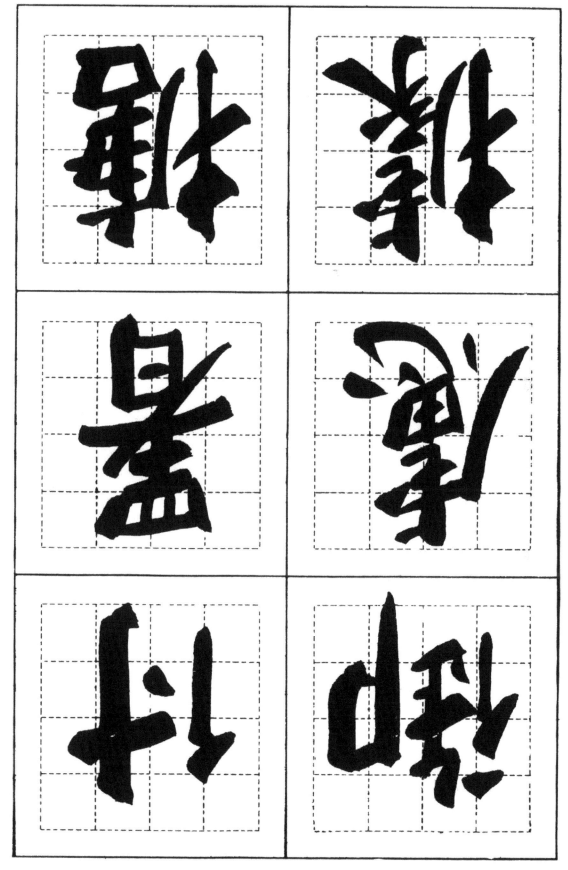

住 注

附 句

拾 伐

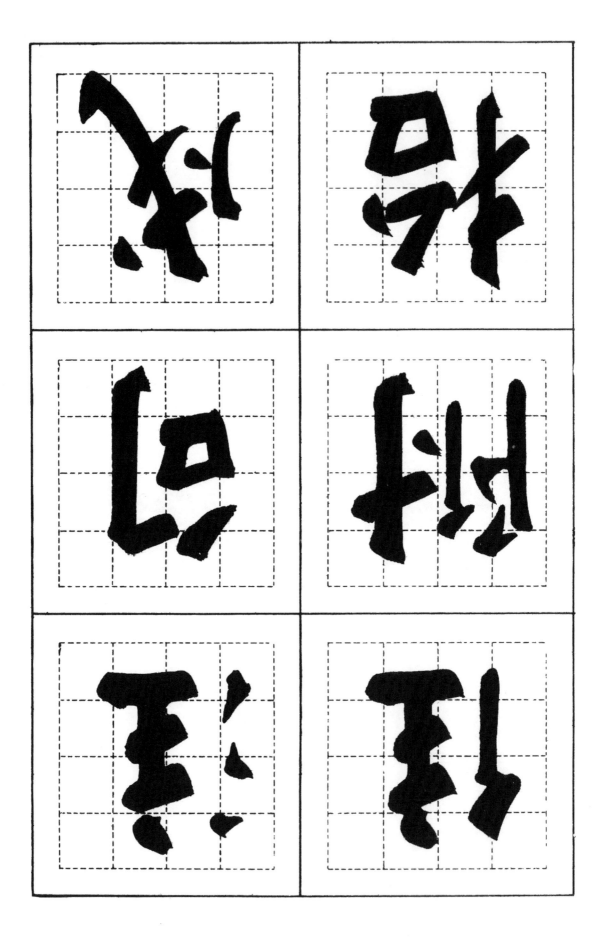

彌

厲

豫

預

望

遇

霧	賦
辯	註
閒	傅

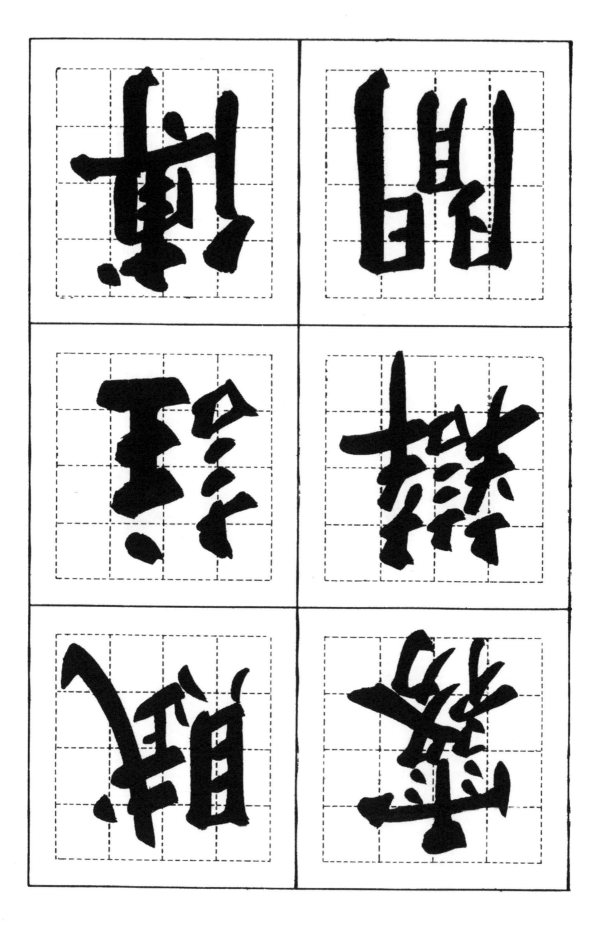

務
懼
具
裕
孺
赴

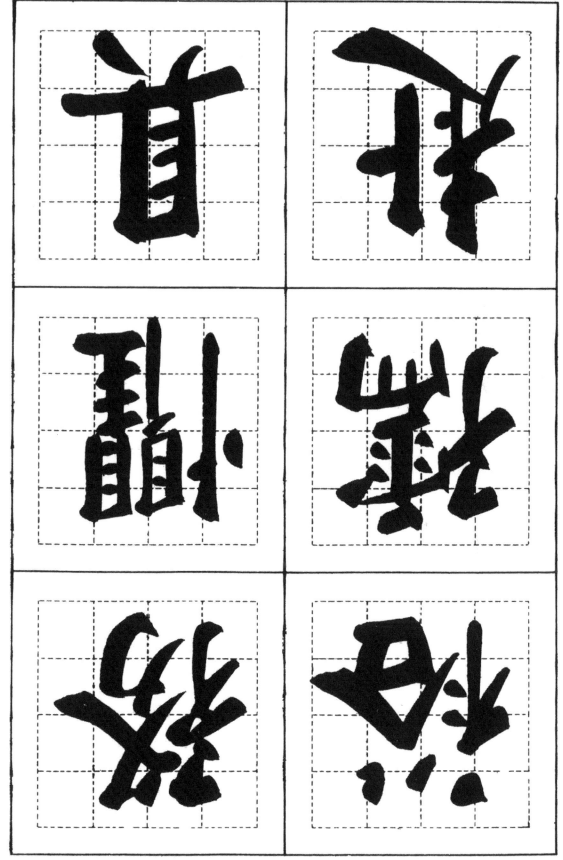

路 妒

療 兔

鷺 碱

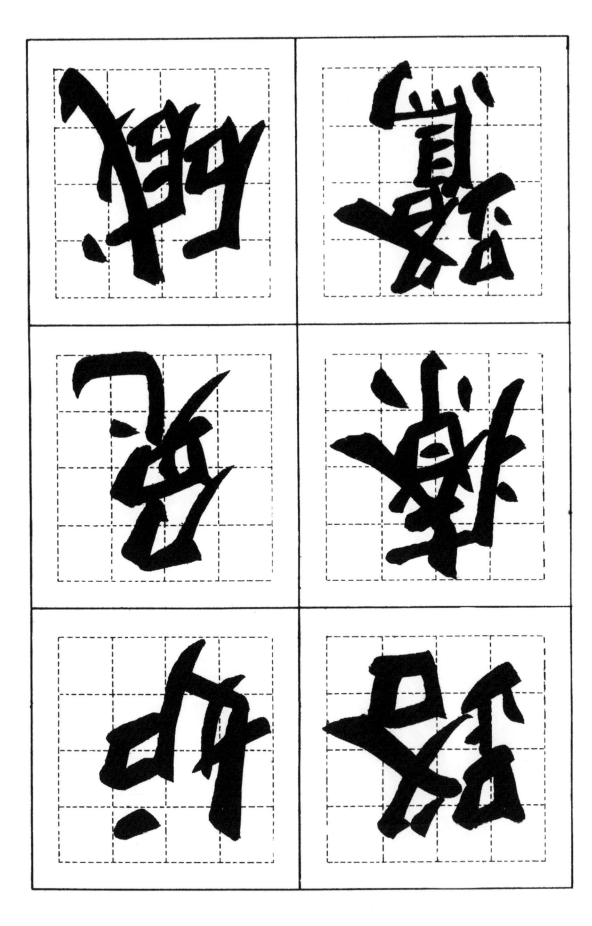

暮
慕
渡

搏
娶
屢

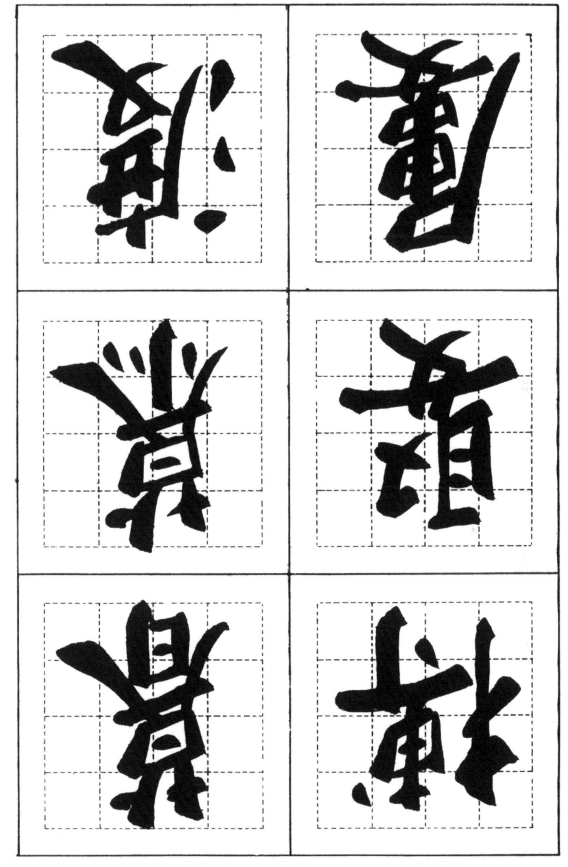

故	曉
誤	護
悟	互

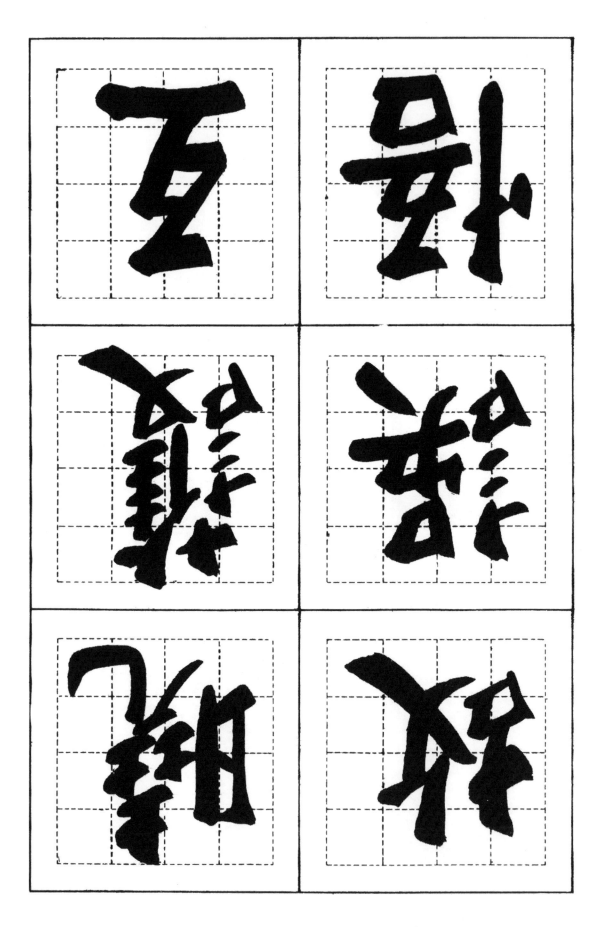

固露墓顧吐度

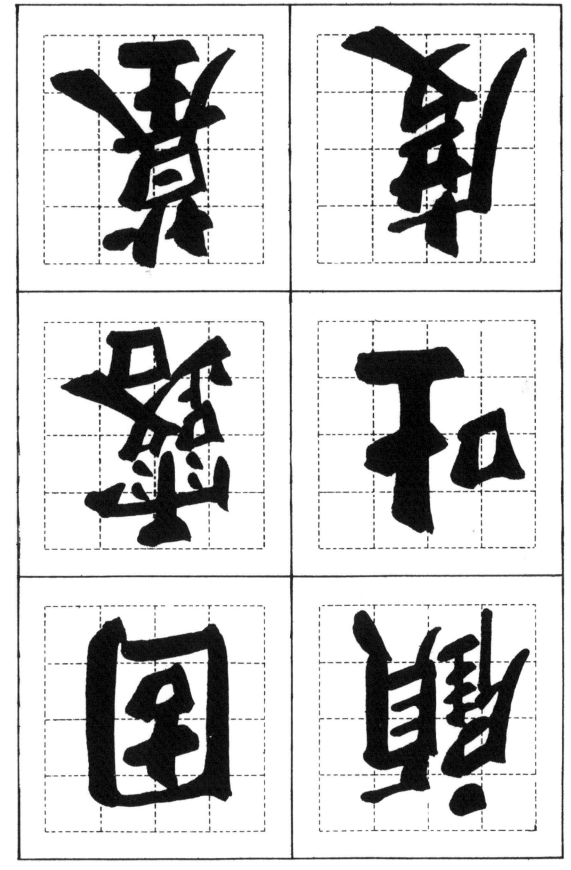

錯
怖
禎
汗
渝
厝

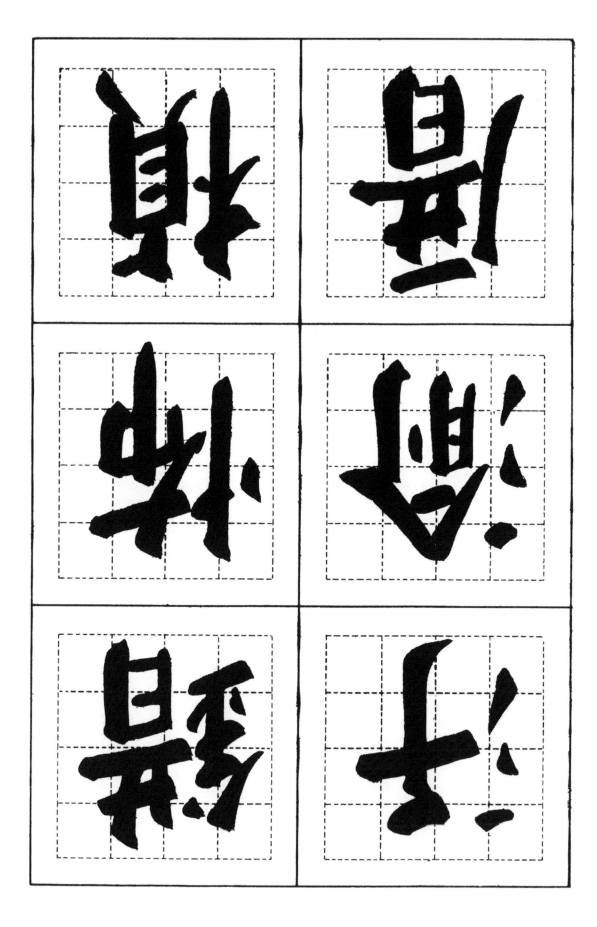

步	帝
哺	裨
濟	剝

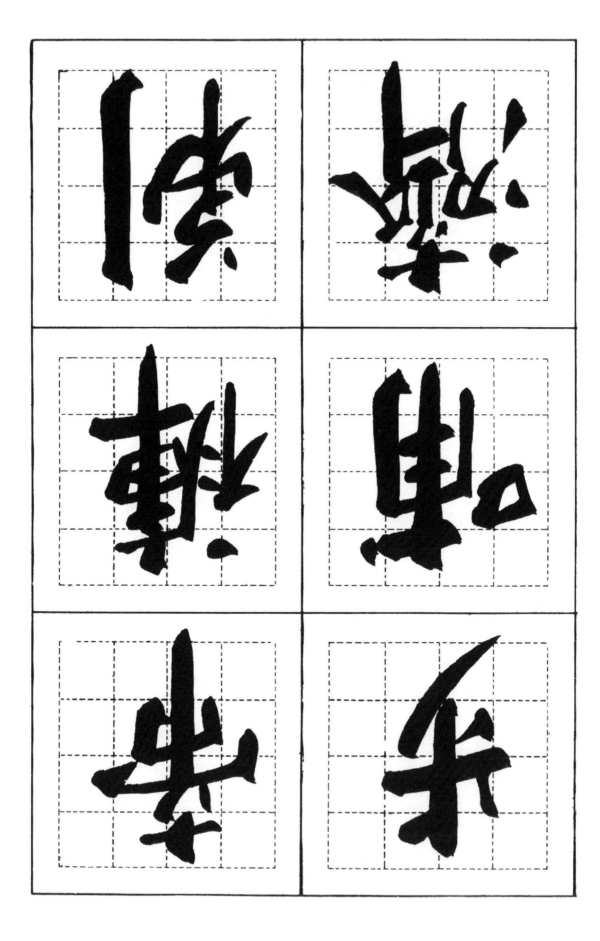

庫

恤

補

佈

醋

措

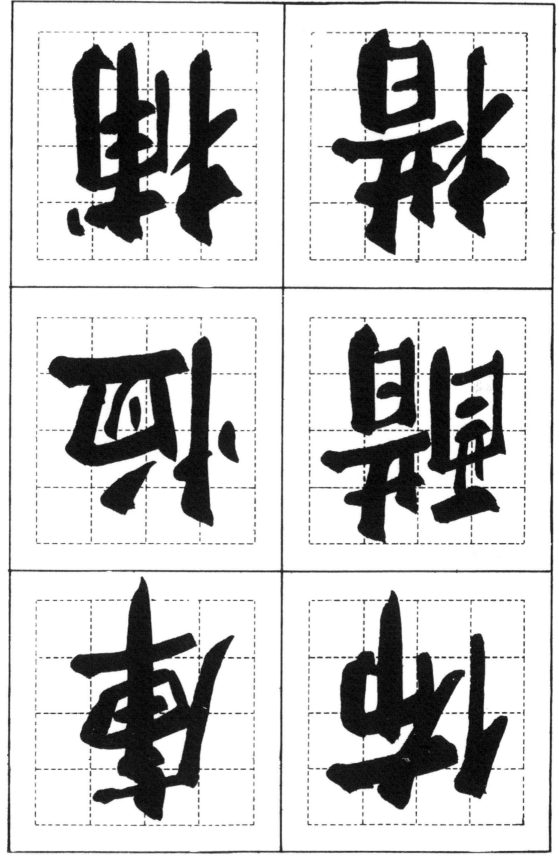

係
繫
系
棣
計
繼

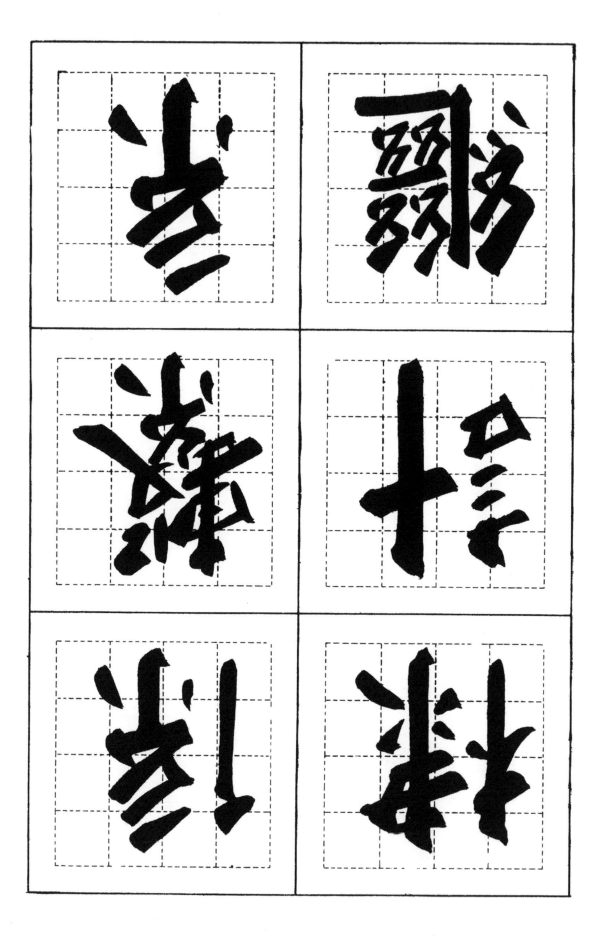

替

第

悌

弟

擠

燙

祭歲衛

繪隸儷

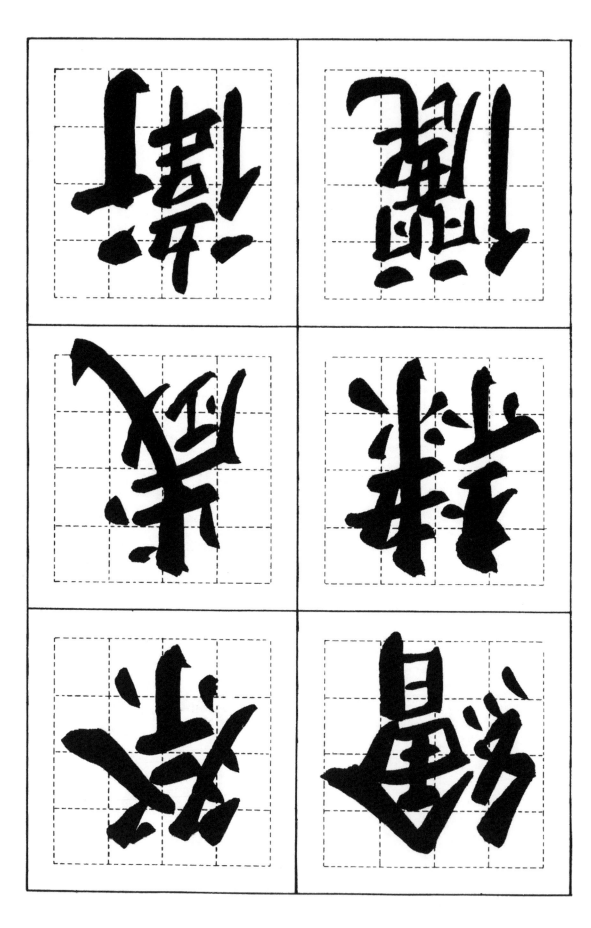

慧
惠
桂
契
謎
閑

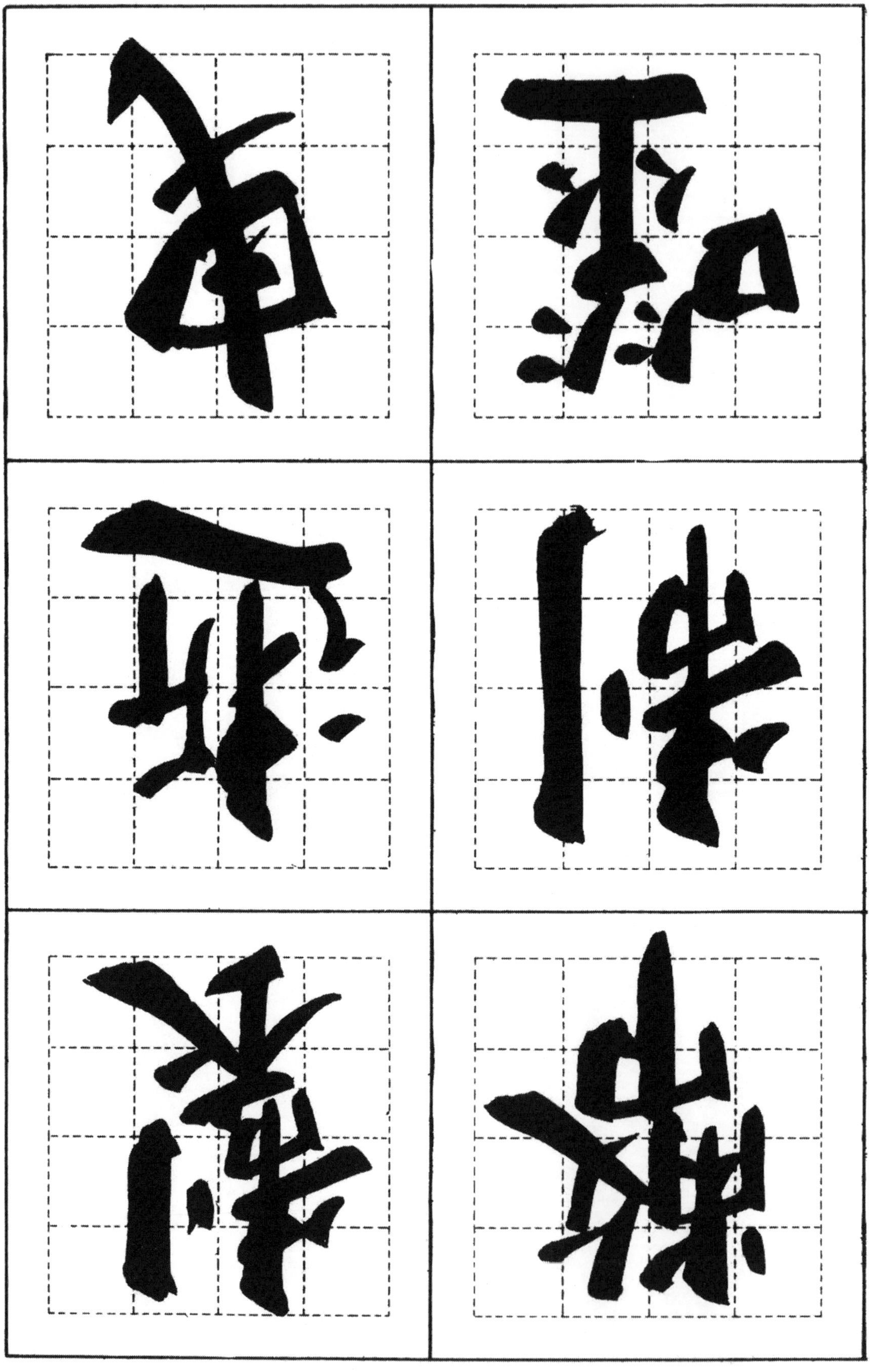

睿
綴
税
際
贅
脆

滯 憩

偶 世

例 勢

掣 洩 藝

誓 泄 裔

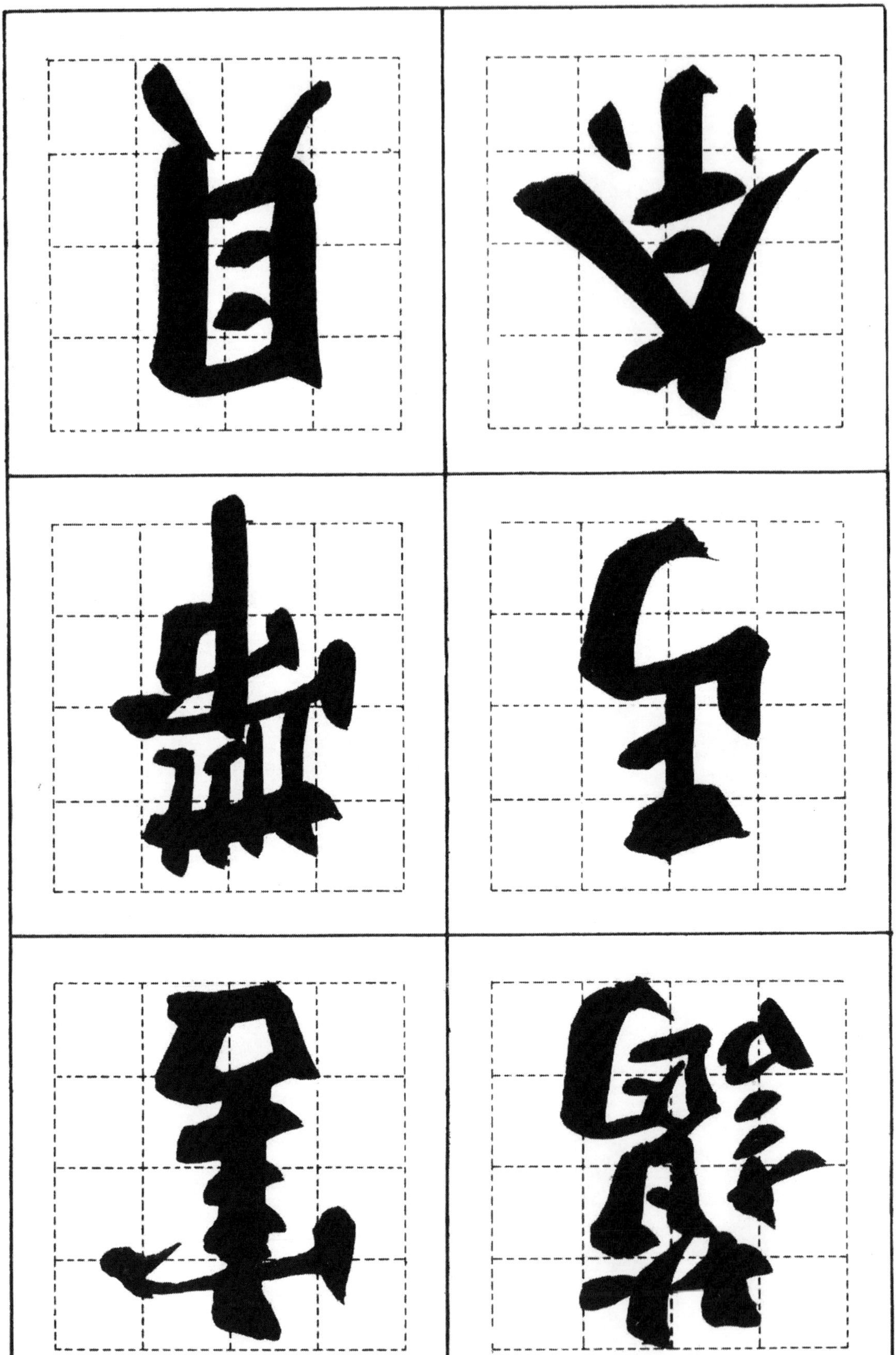

太
盖
艾
勵
测
泰

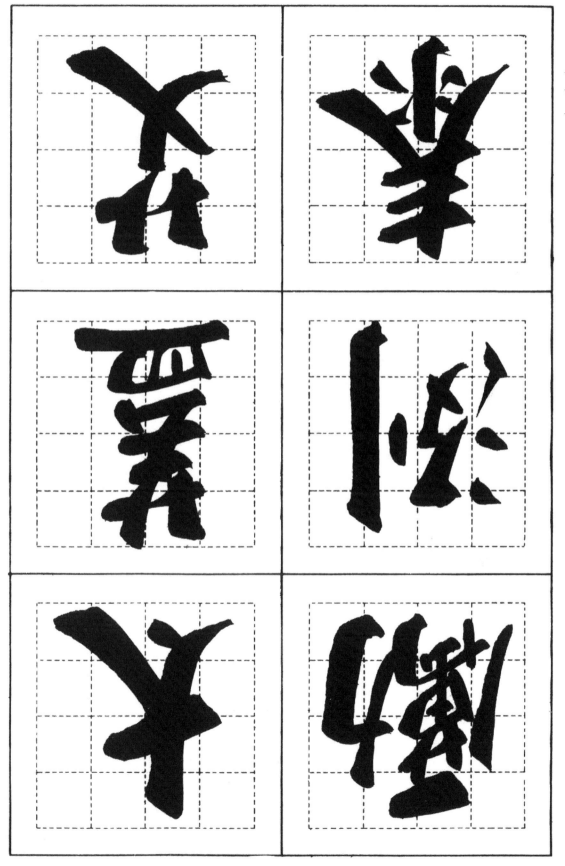

怪
壞
介
掛
懈
債

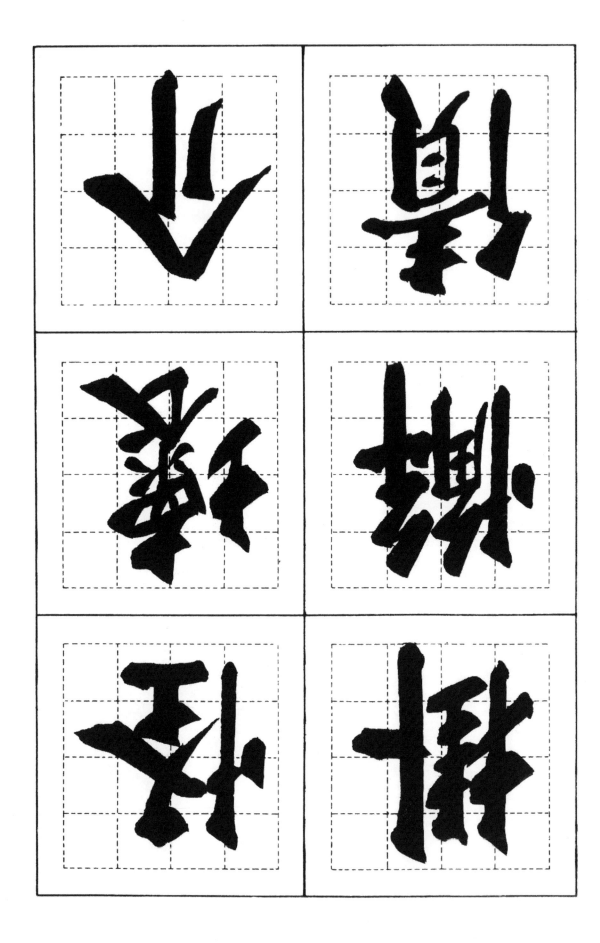

膾外賴沛會兌

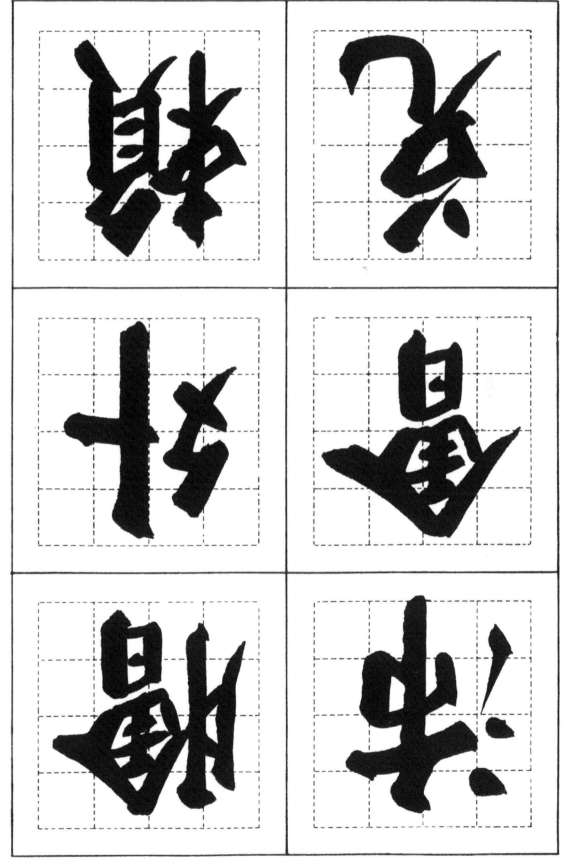

畫	屆
界	械
戒	拜

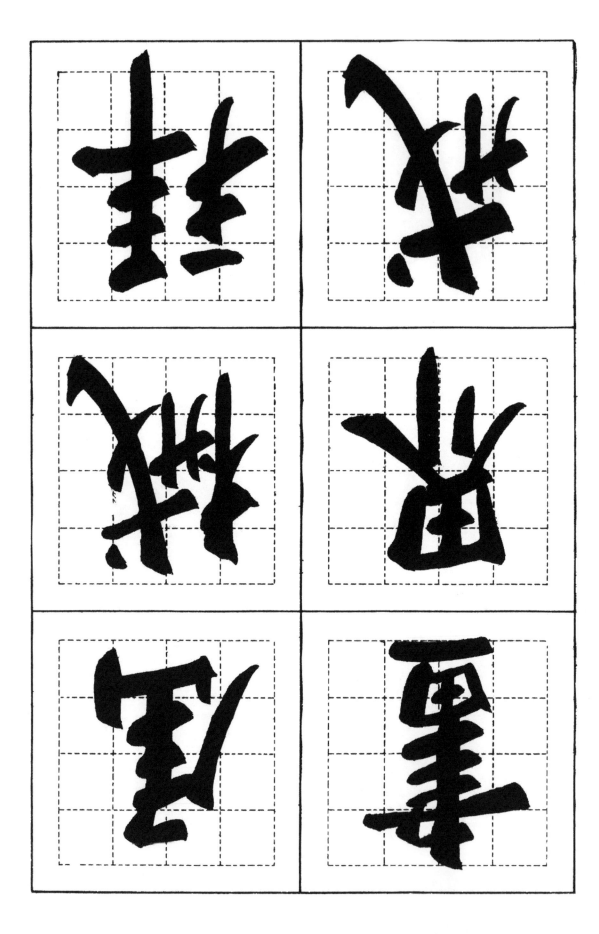

搭
賣
卦
壓
蔡
獵

妹
莓
臟
隊
佩
背

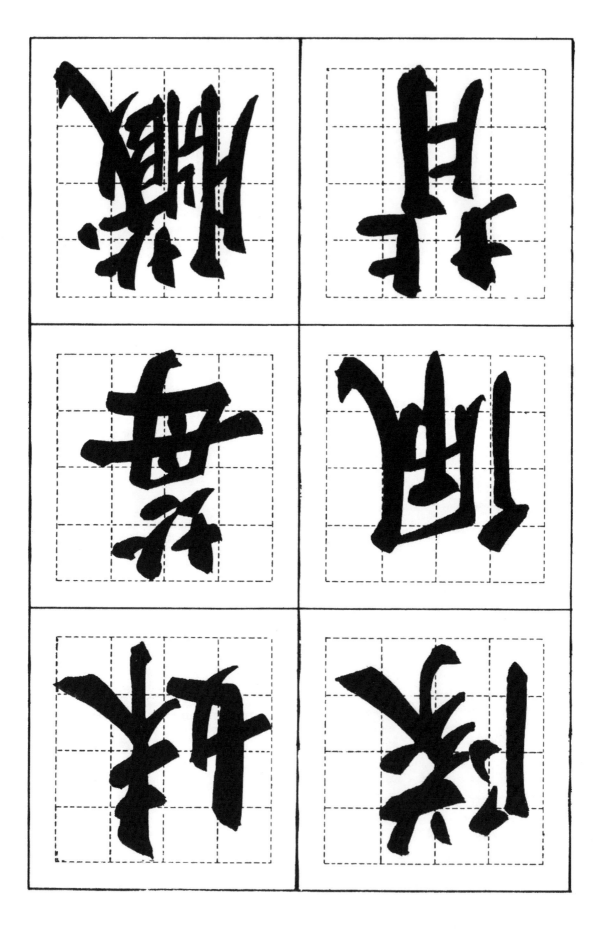

敗 話 塞

快 扒 邁

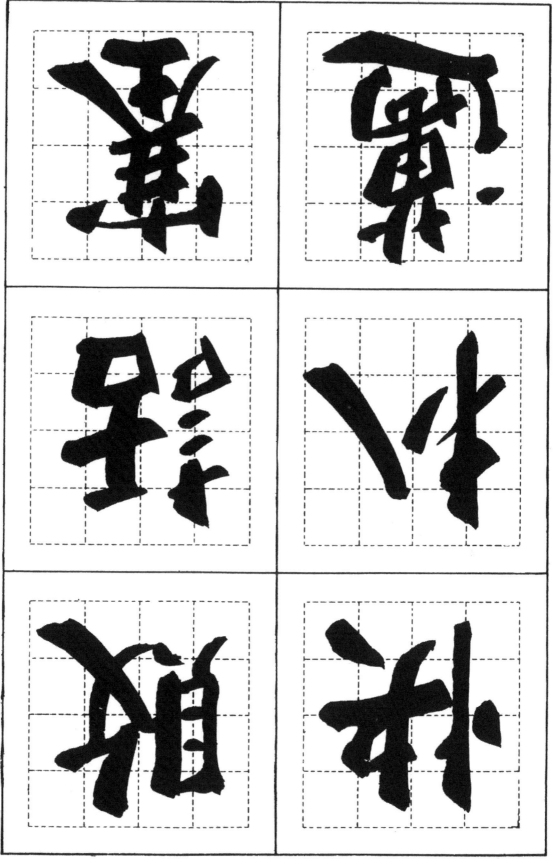

代
聶
岱

碎
内
輩

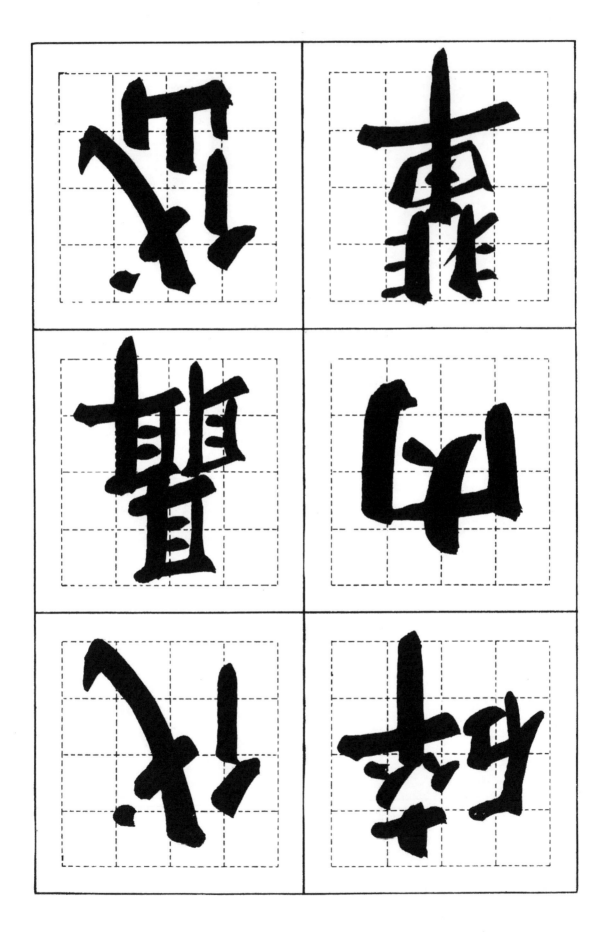

對

幗

潰

配

捷

誨

戴
堡
沖
溉
礙
愛

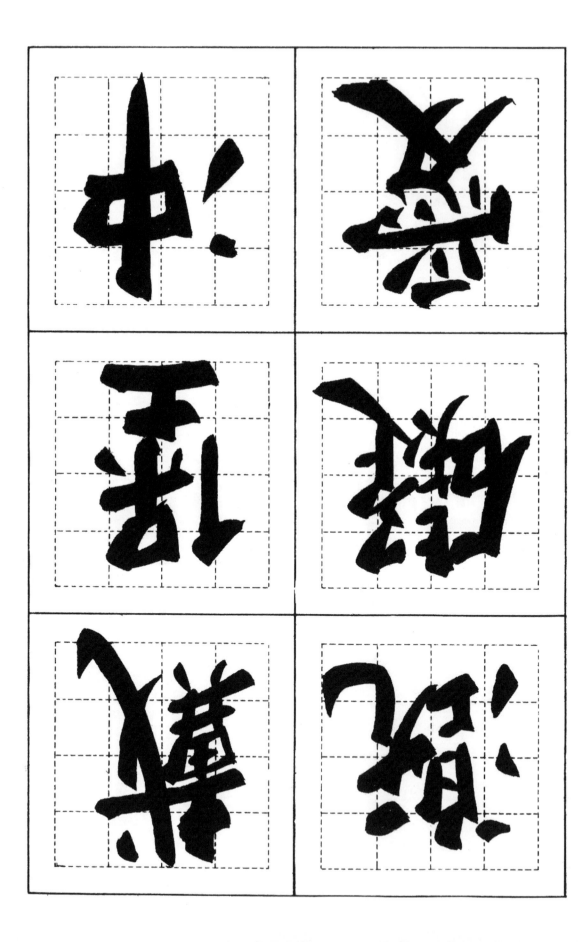

態

狭

貸

袋

再

賽

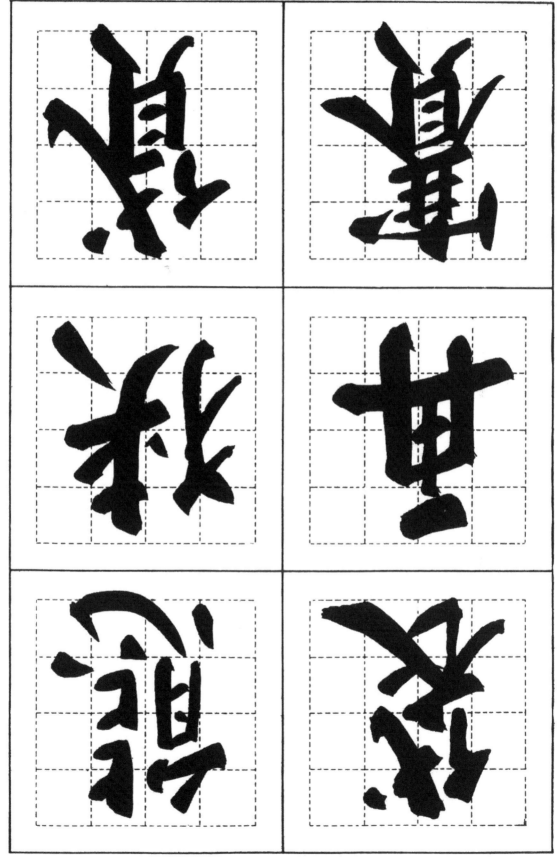

徒	迅
卂	[illegible]
訊	吝

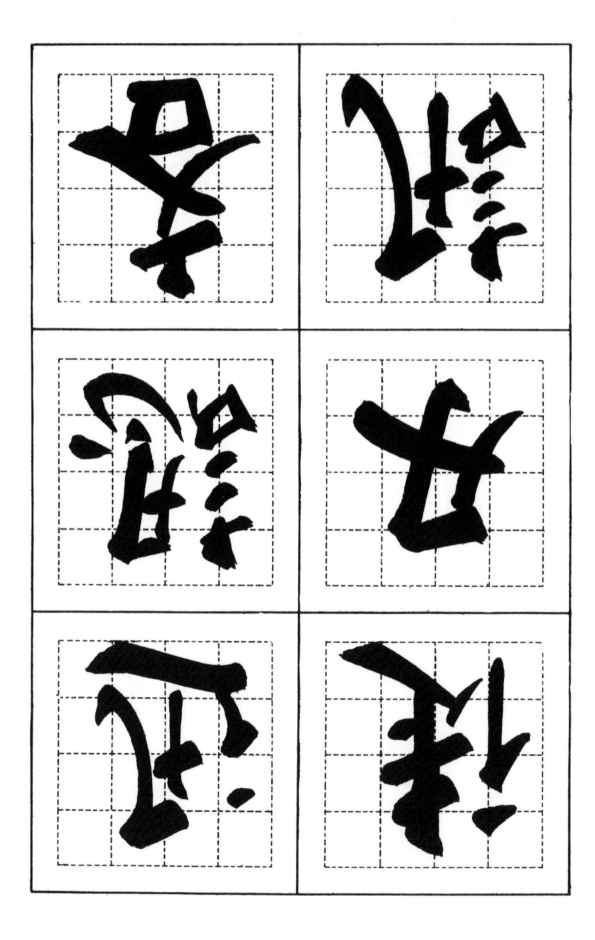

震
振
信
廢
肺
機

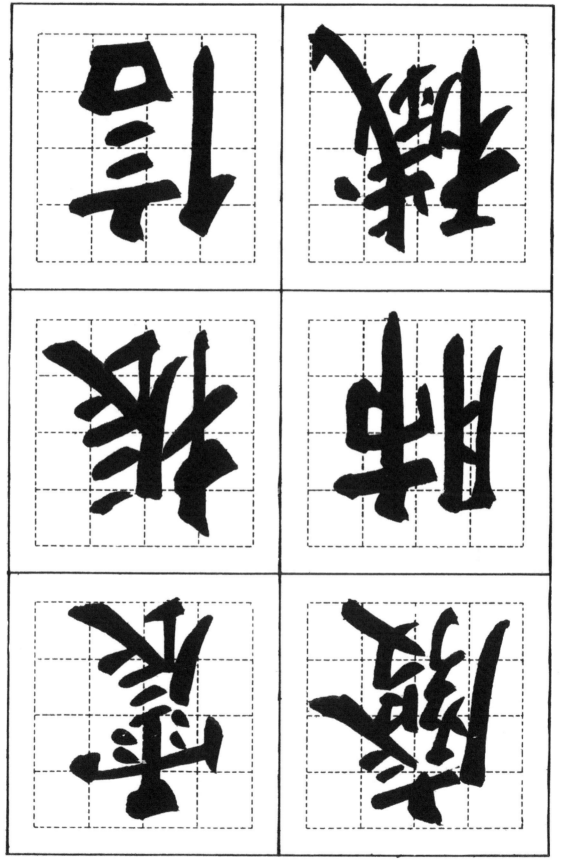

晉	僅
進	襯
鎮	印

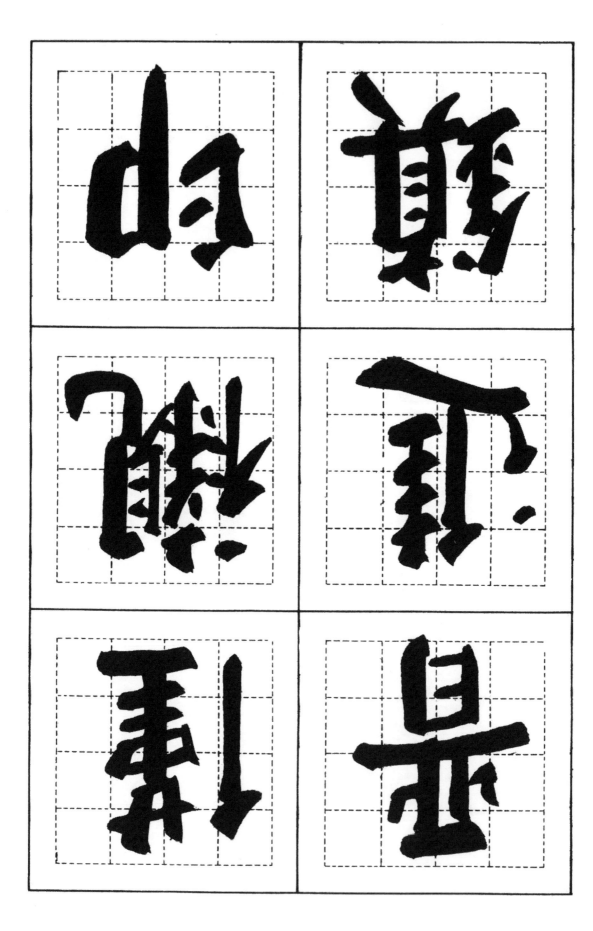

慎
陣
距
遴
燐
殯

潤 訓

閏 韻

運 糞

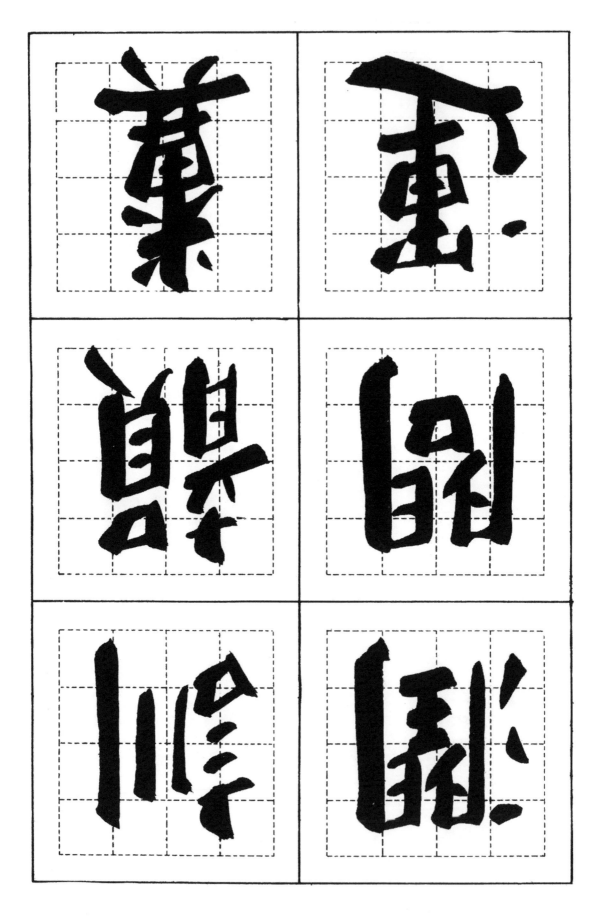

駿

閏

順

濬

俊

舜

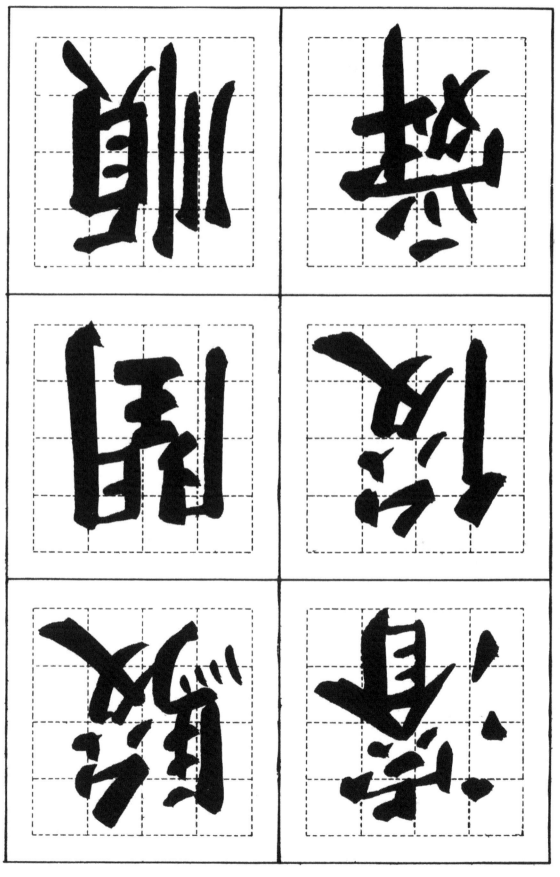

勸	副
萬	幹
万	建

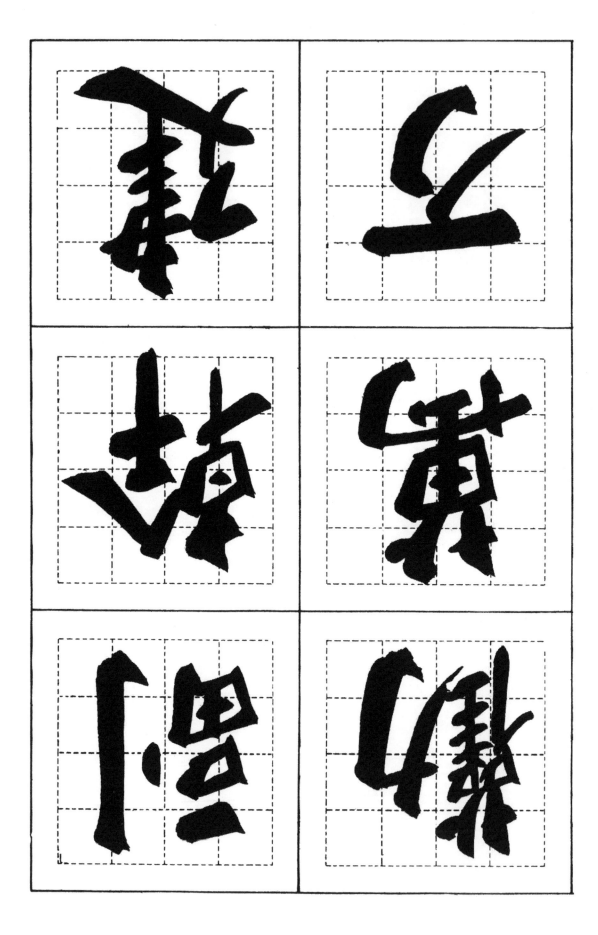

願

販

券

奮

忿

近

困 嵌

悶 寸

嫩 恨

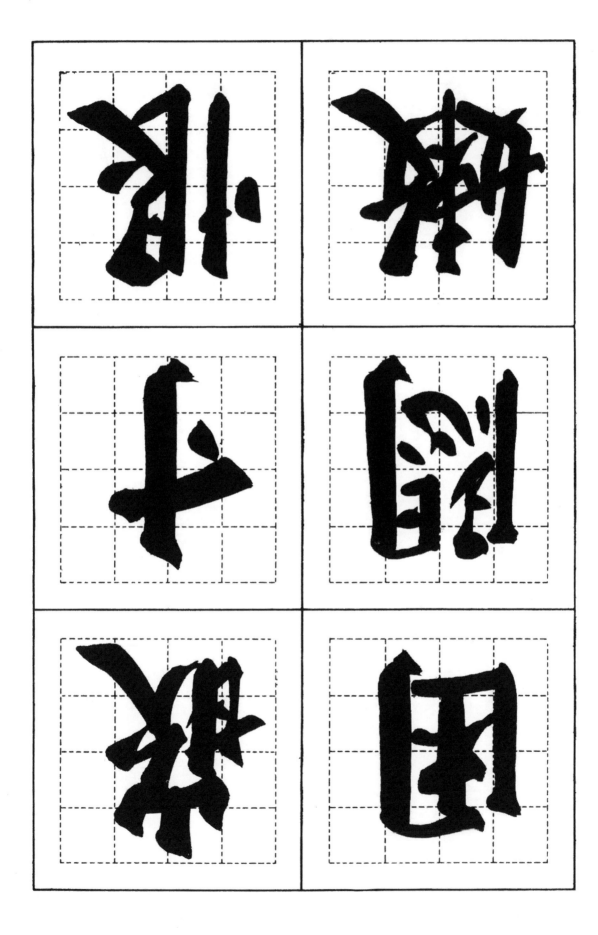

頓
巽
遜
獻
憲
健

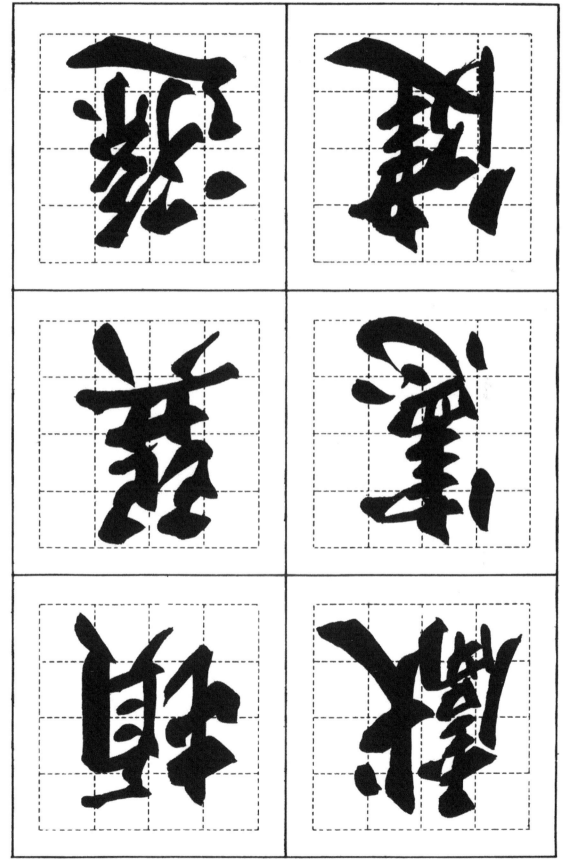

桀
散
贊
坪
漢
欄

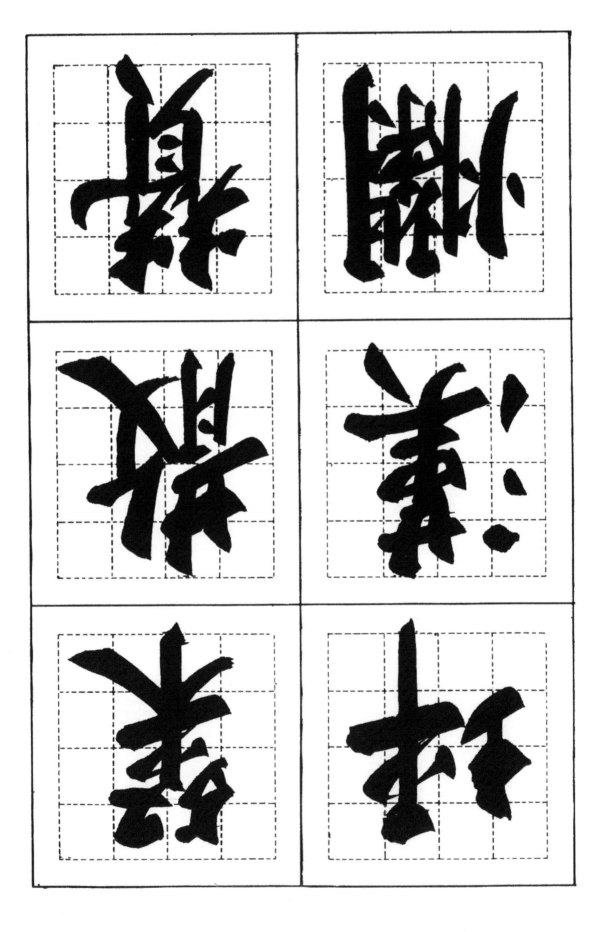

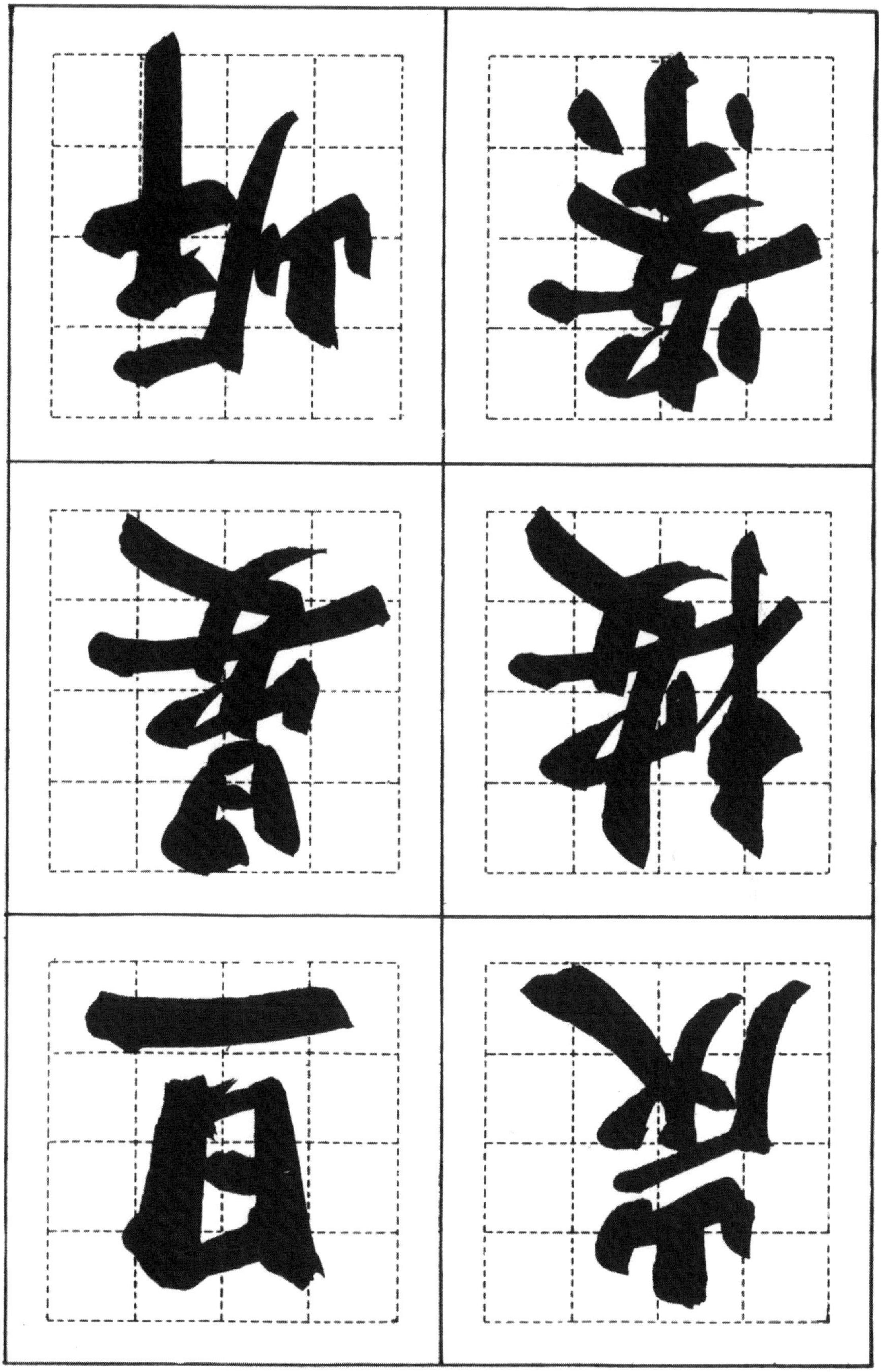

斷 竄

彖 段

煥 亂

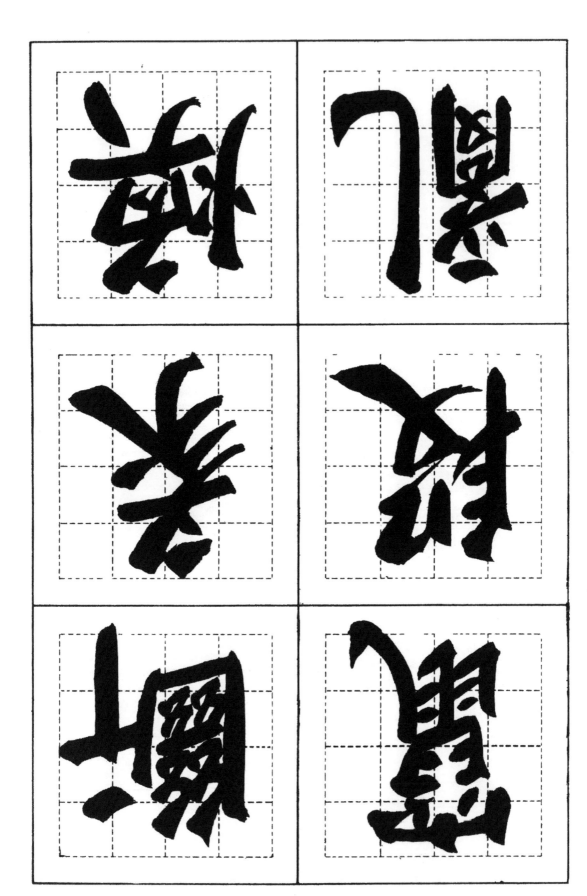

燦	貫
讚	館
換	灌

判 奂

鴈 叛

亘 半

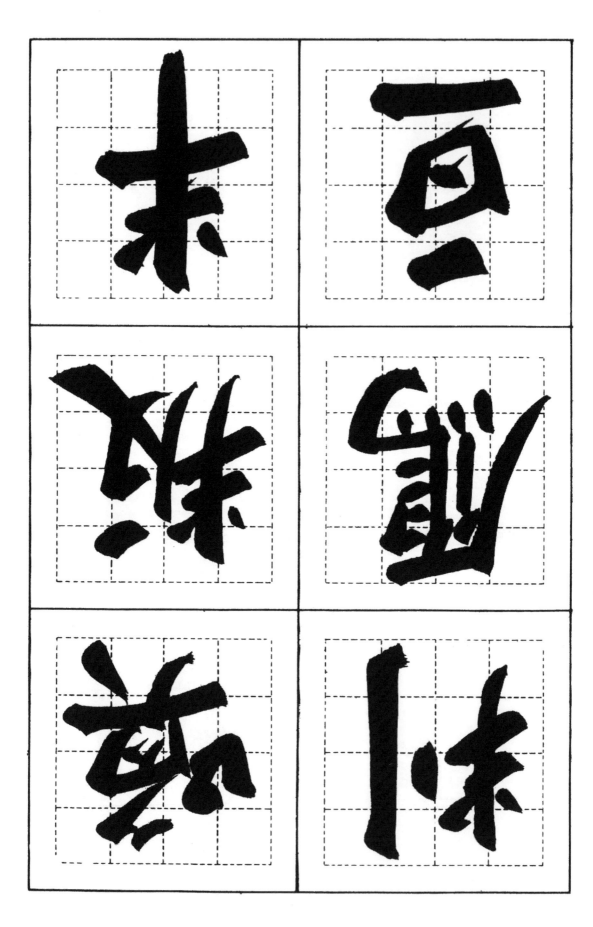

潤
雁
患
怯
慢
蒜

辨 倩

幻 澱

茜 奚

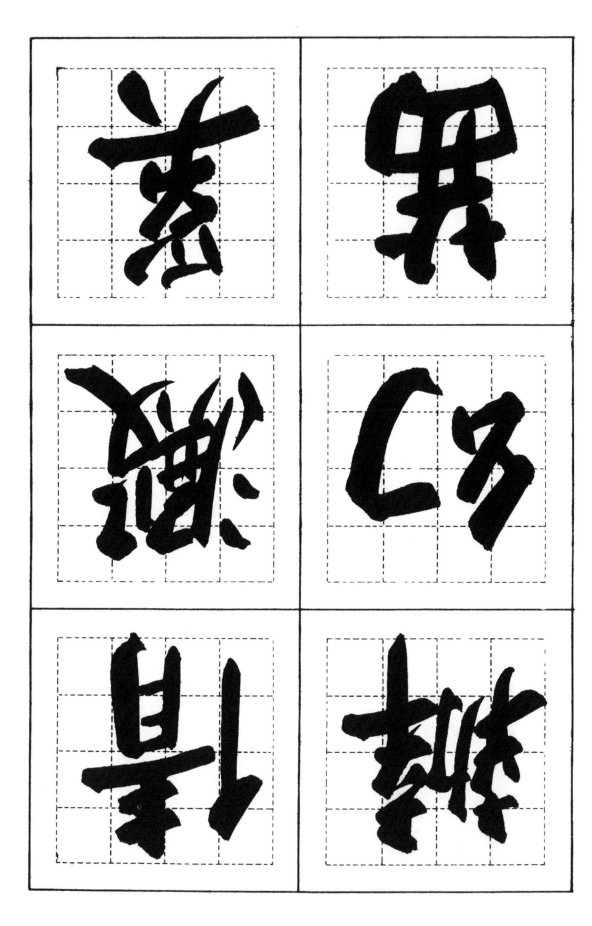

涮

祺

禪

宦

慣

串

鍊 宴

見 奐

硯 麵

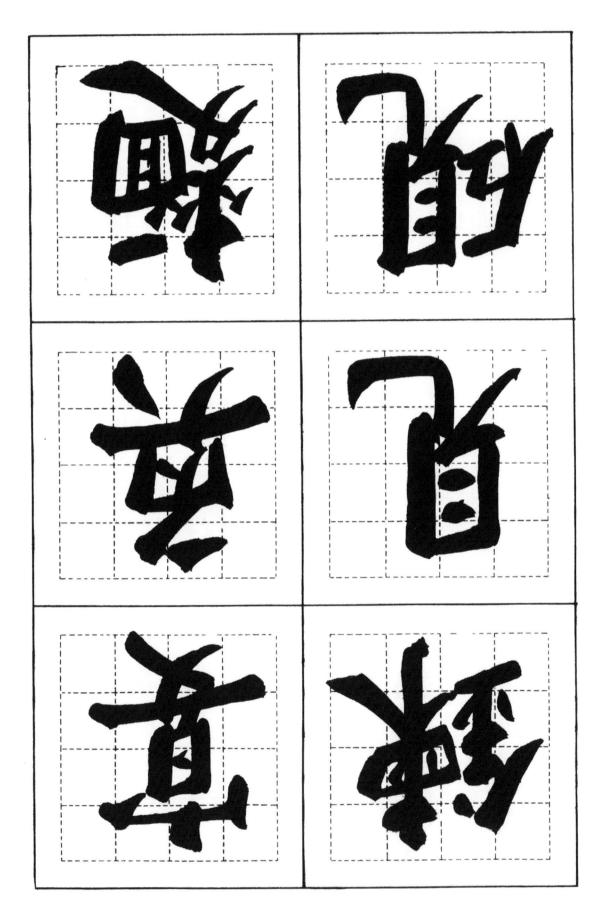

奠
甸
練
電
殿
脅

彥 絹

膳 媛

諺 院

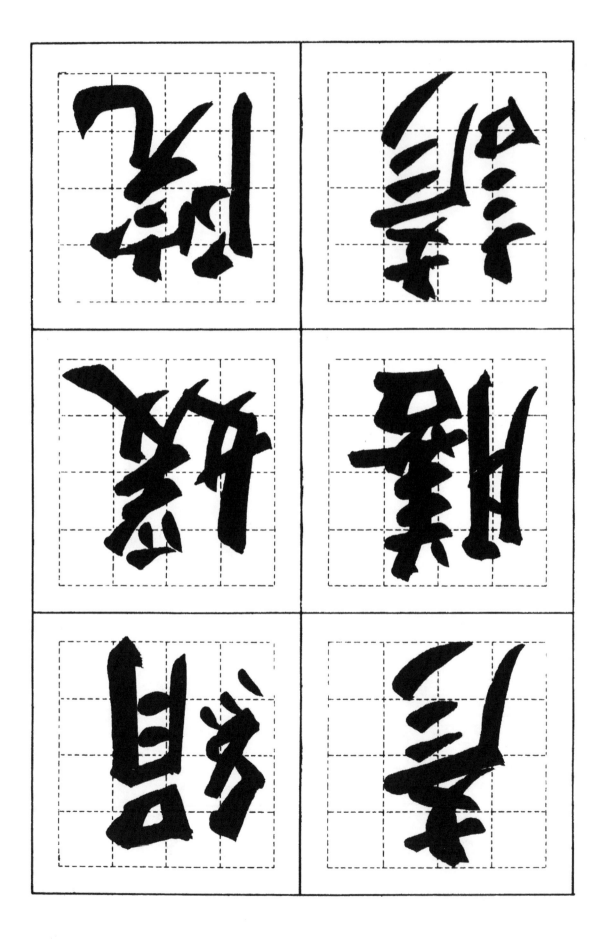

綫戰繕

片荐線

面
箭
框
眷
戀
甲

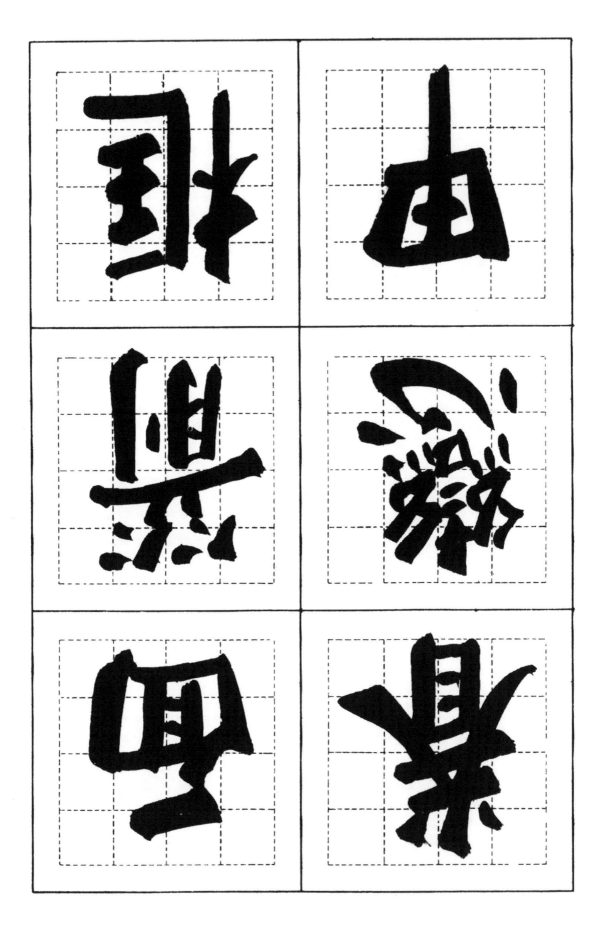

變
饌
羨
賤
輾
遍

肖

照

耀

竅

套

笑

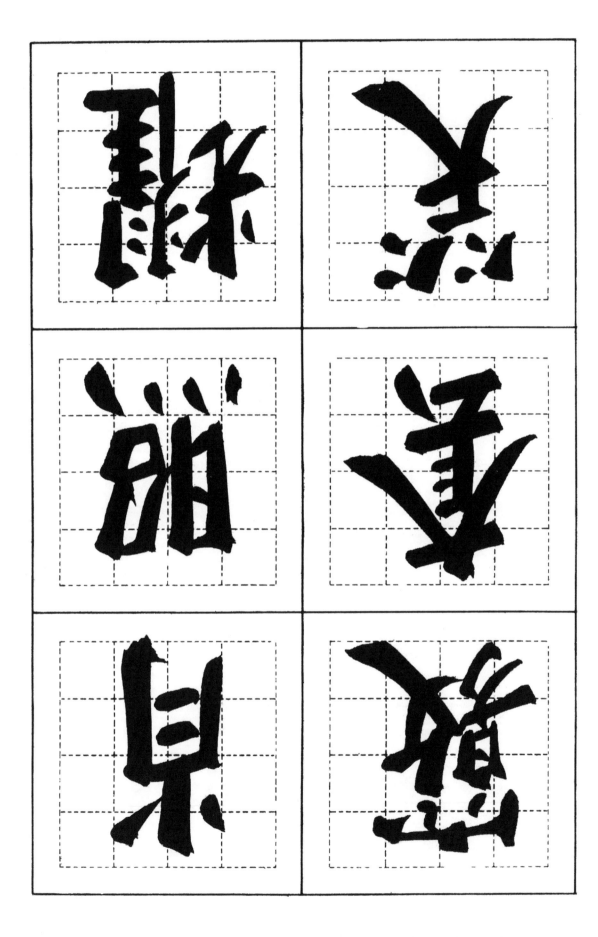

釣叫尿

餞嘯弔

告
祿
傲
導
盜
到

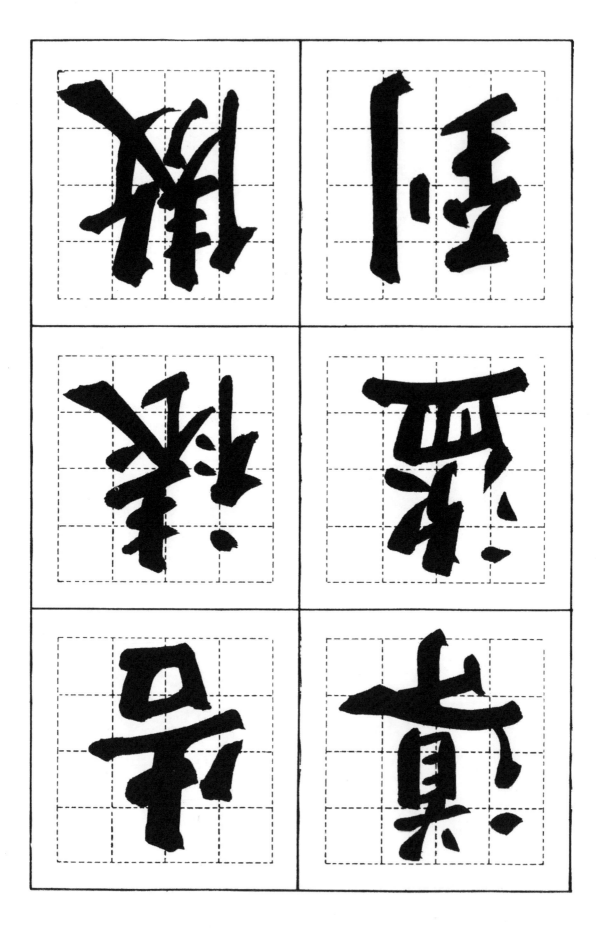

皰 號 号

爆 貎 鬧

與	箇
靠	瀑
竈	個

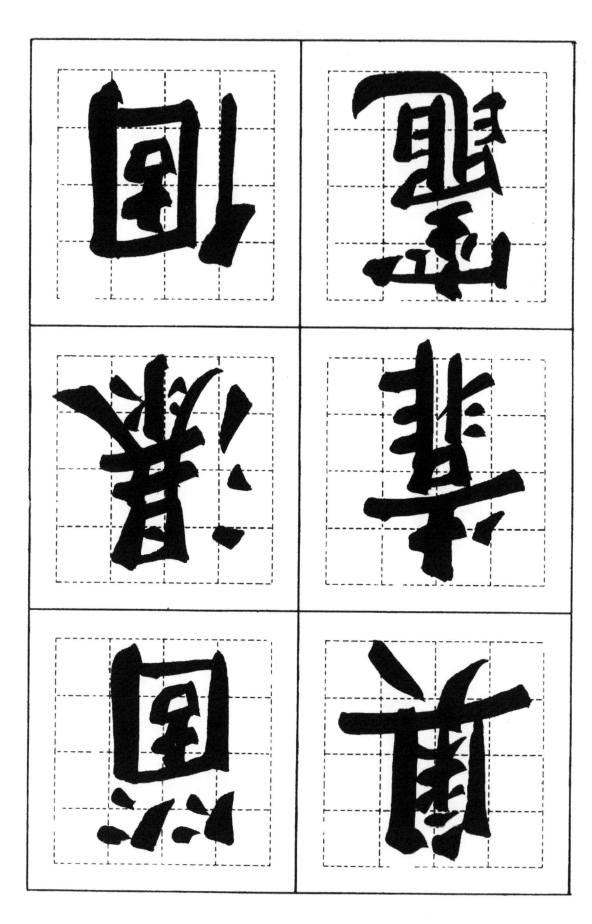

暴冒報
帽澳造

賀 佐 邏

駕 嫁 架

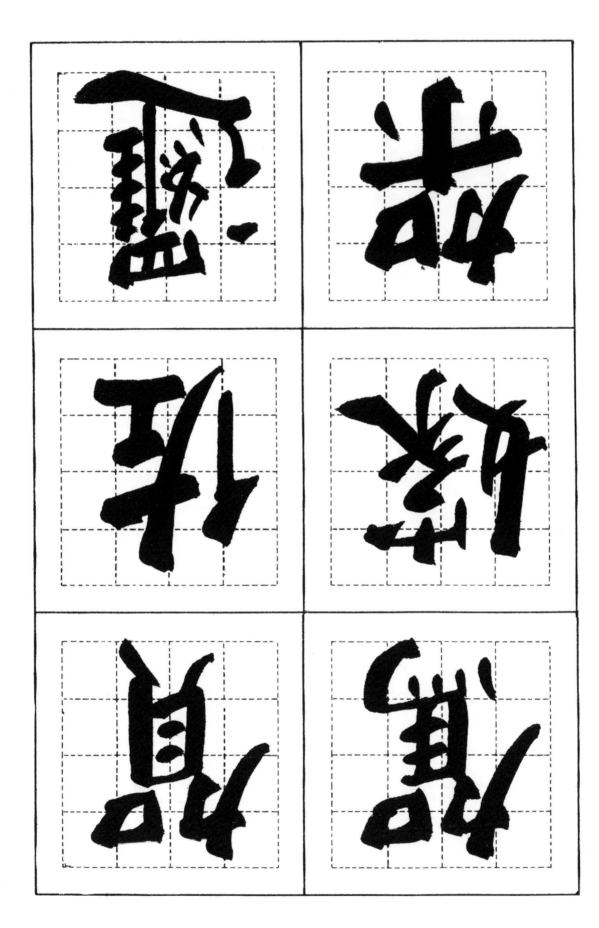

洽
貸
押
插
餓
蚵

射
卸
匣
侠
藉
夜

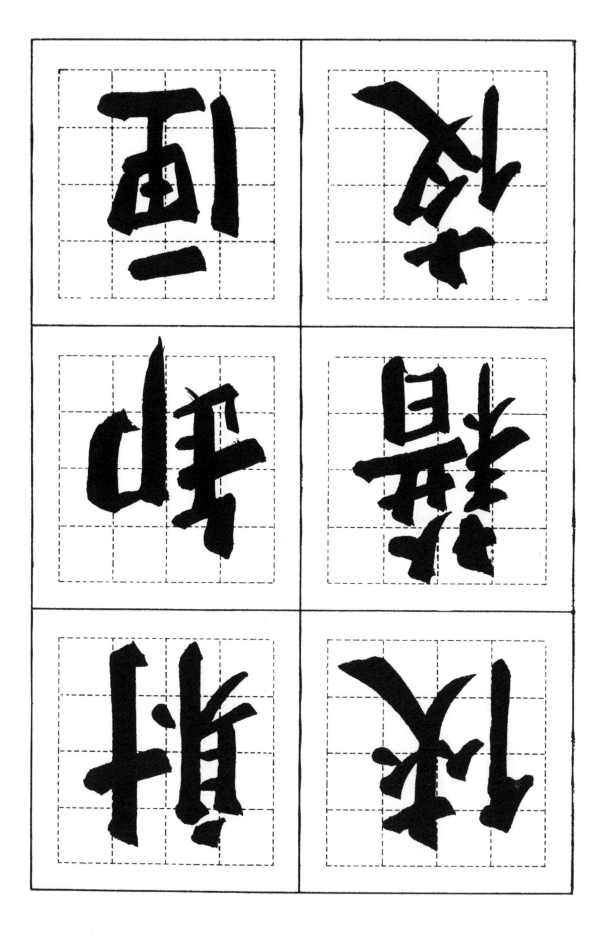

乍

謝

暇

價

亞

嚇

峽

赦

麝

災

蔗

借

暢	綢
釀	尚
匠	瘴

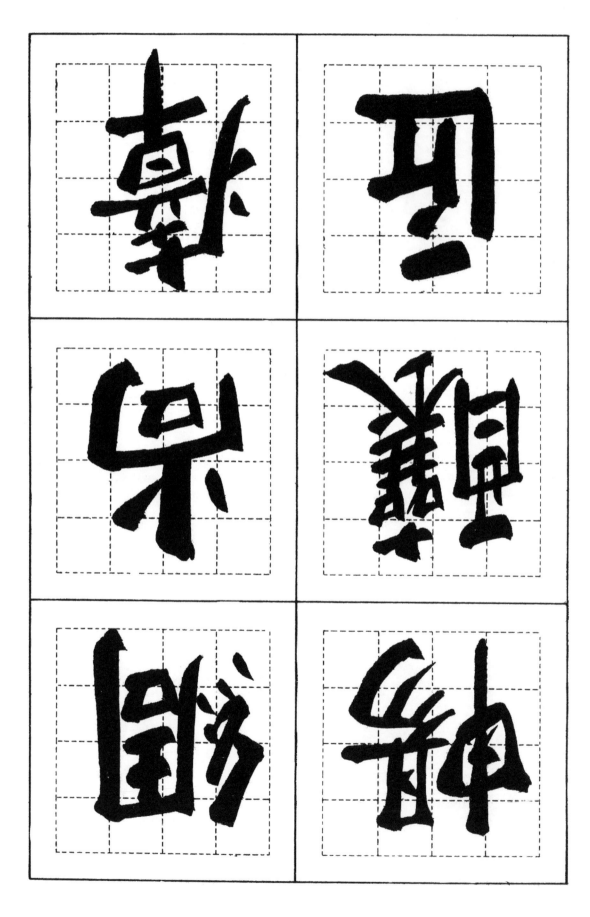

狀 向 帳

恙 亮 讓

鏡

競

慶

浪

敬

曠

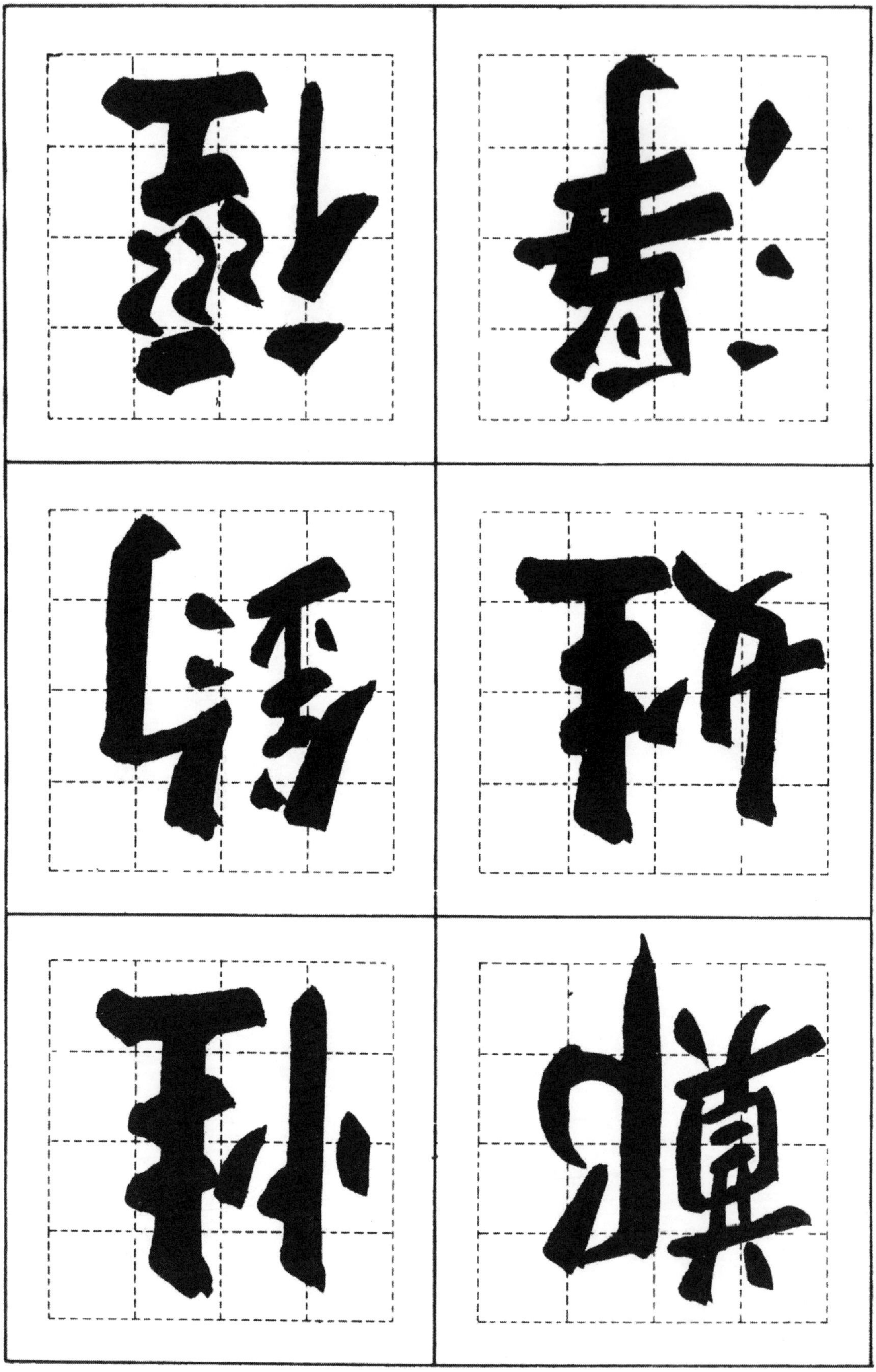

勁政聖

柄泳硬

鄧	炎
又	救
凸	宙

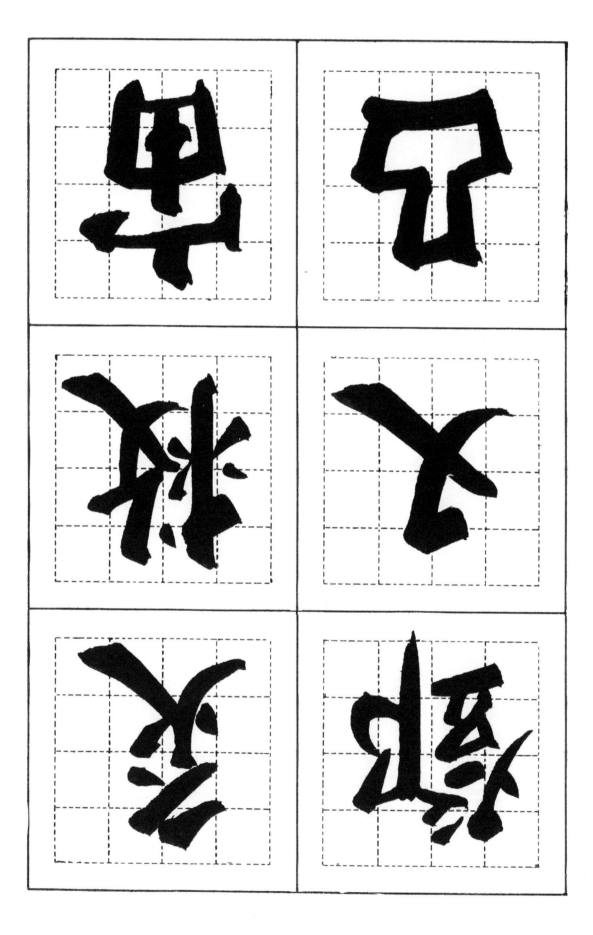

證
賸
秤
定
錠
磬

富
畜
溜
舊
瘦
皺

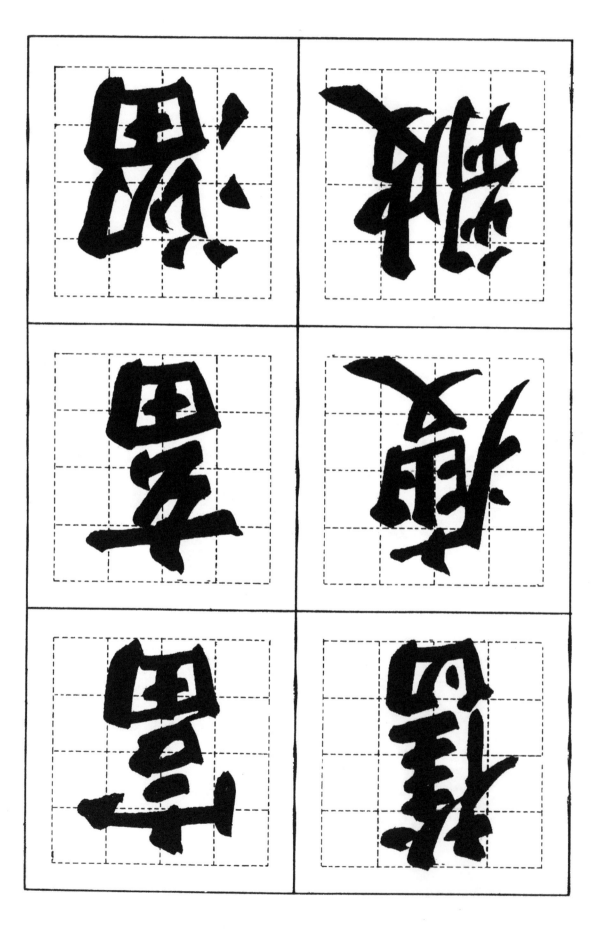

臭

袖

咒

祐

晝

獸

侯	秀
後	繡
燮	就

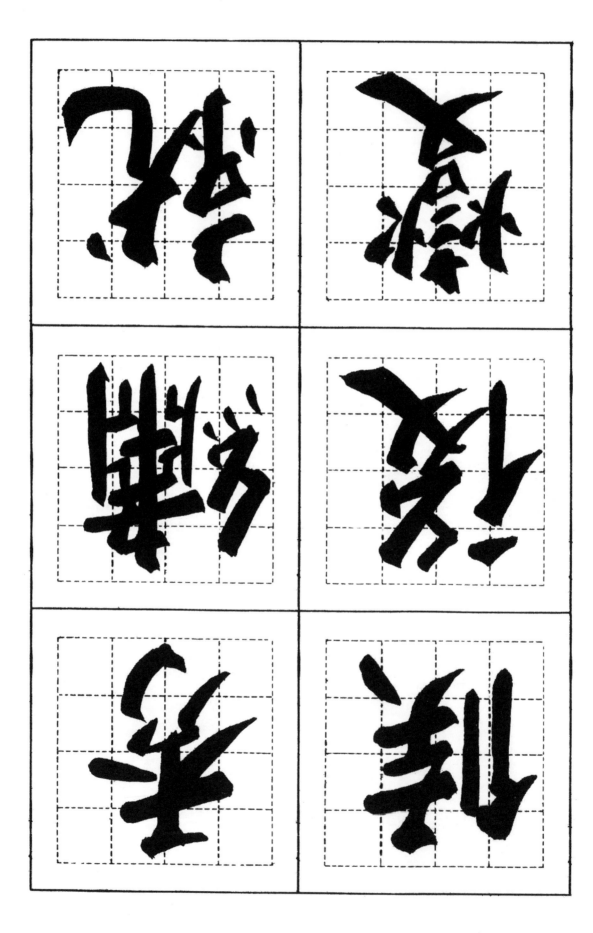

授
貼
覆
複
袖
售

鬥	奏
鬭	透
嗽	媾

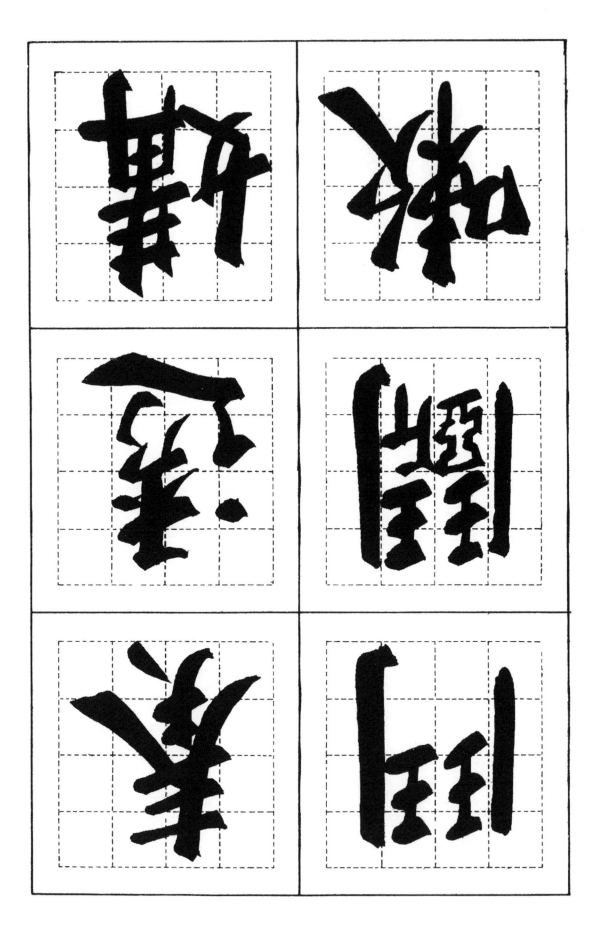

伐

仆

豆

寇

茂

貿

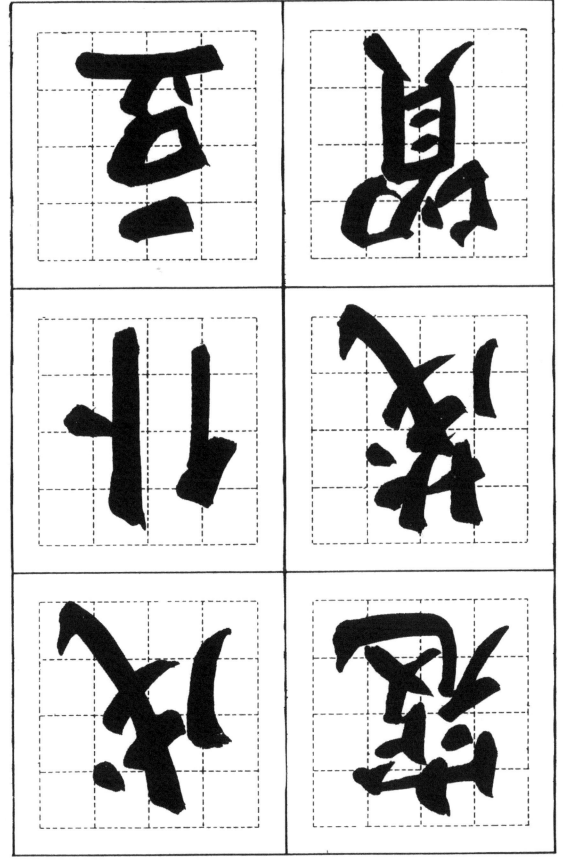

勘
暗
癆
浸
蔭
甚

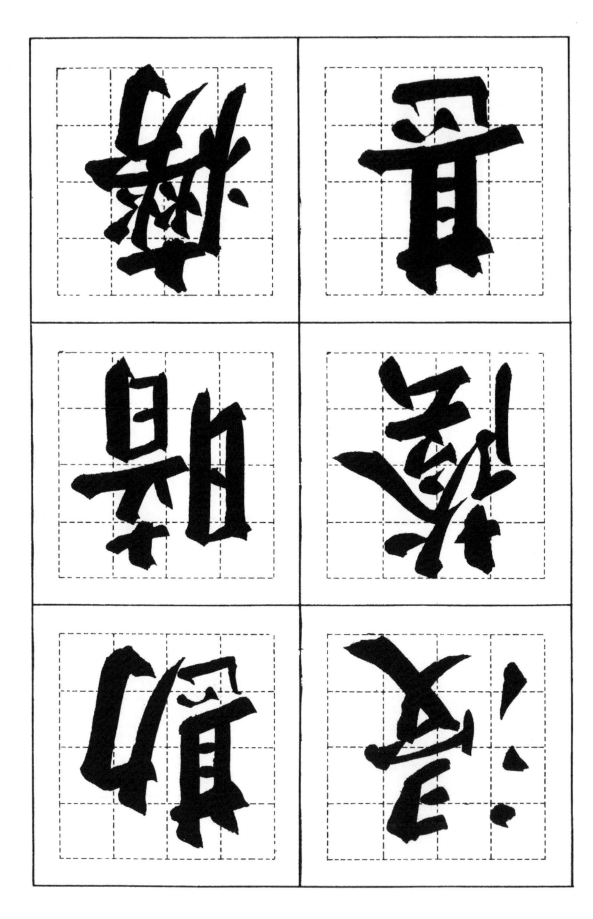

幼 謬 泌

構 漏 陋

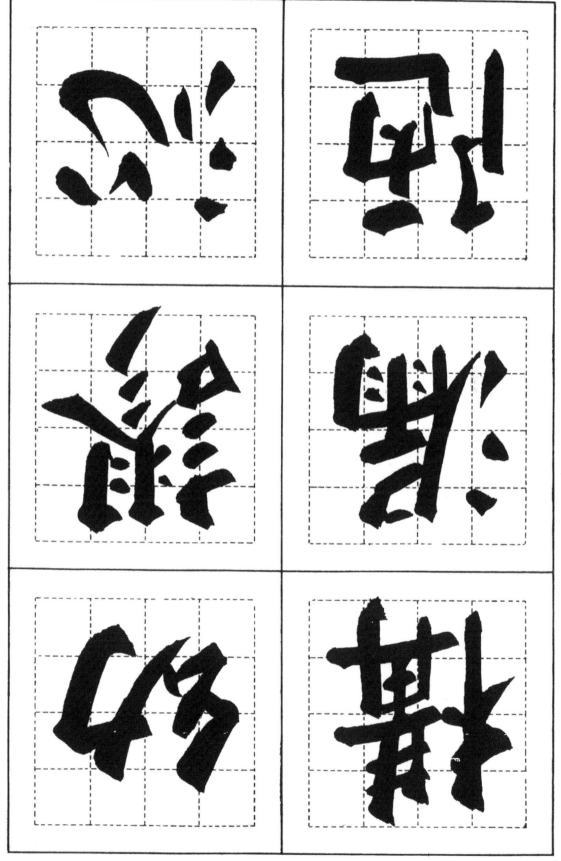

躍
墊
陷
念
店
殮

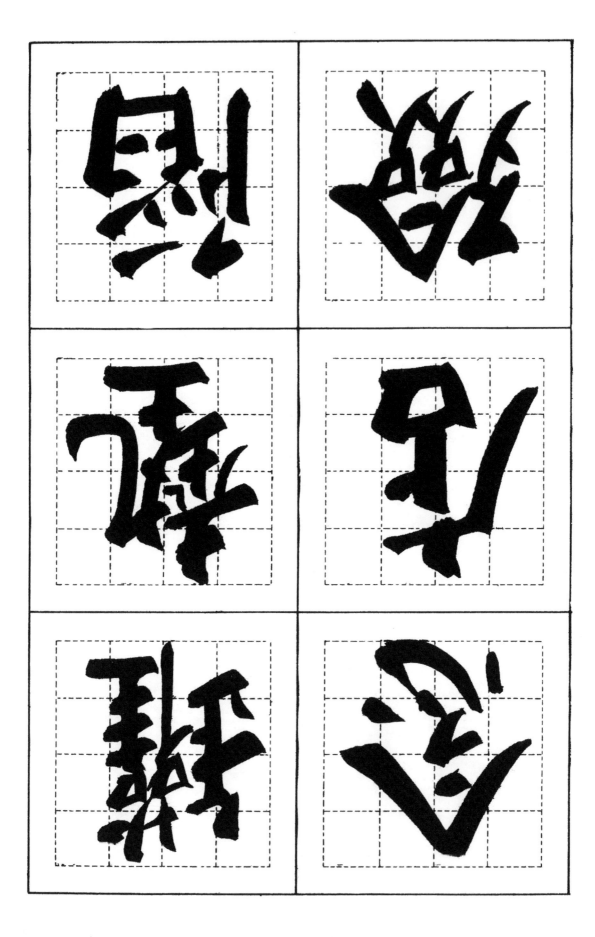

厳
驗
峨
纜
暫
艷

穀 啄

谷 些

哭 速

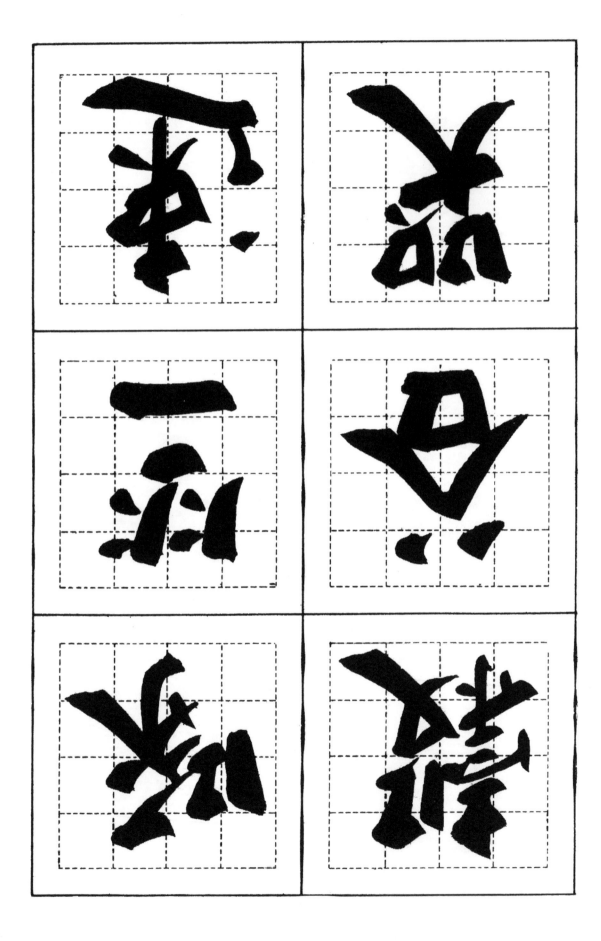

屋
獨
讀
站
鑑
欠

僕
木
腹
瀑
樸
卜

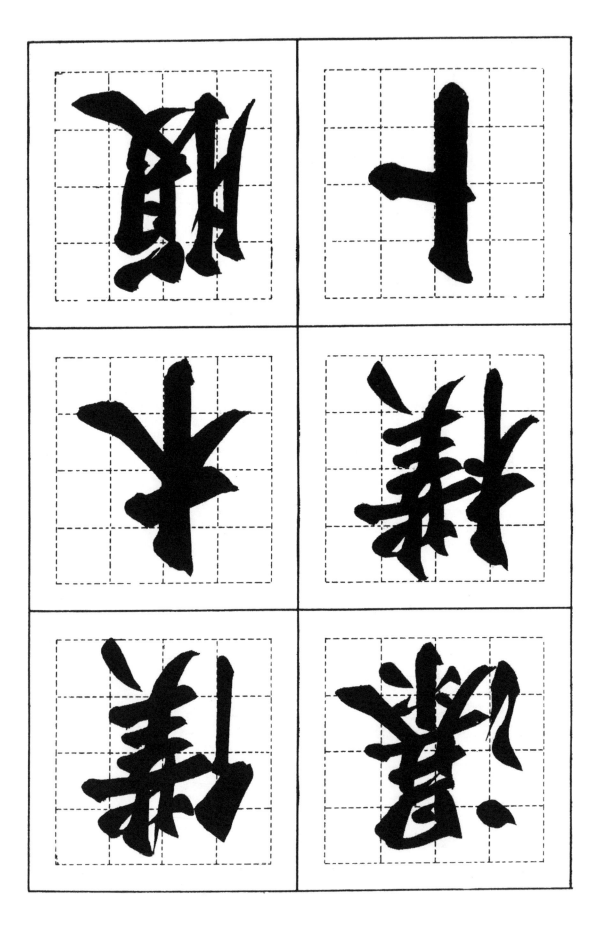

角
族
鑿
鹿
祿
濼

六 蒴

陸 育

逐 熟

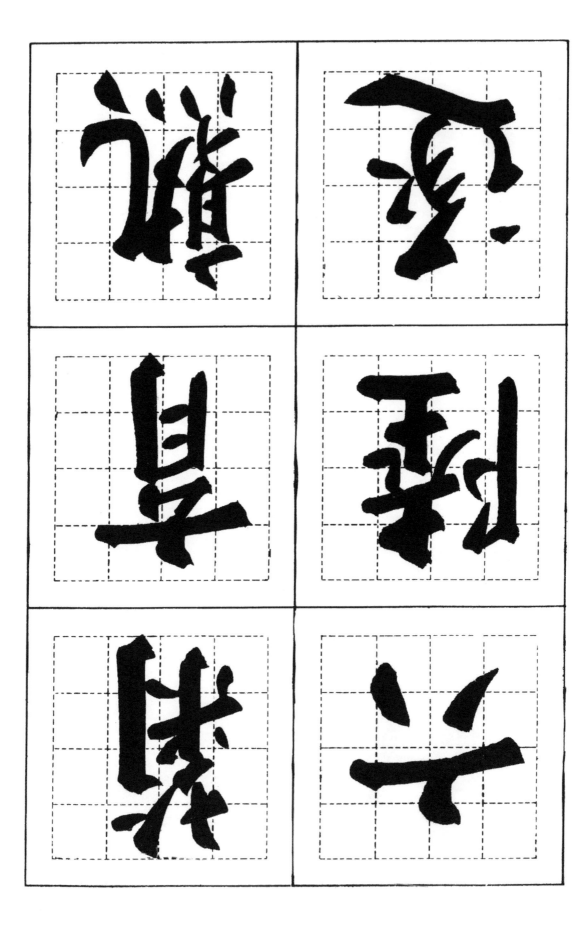

復
服
縮
沐
福
伏

築
郁
肅
祝
蓄
竹

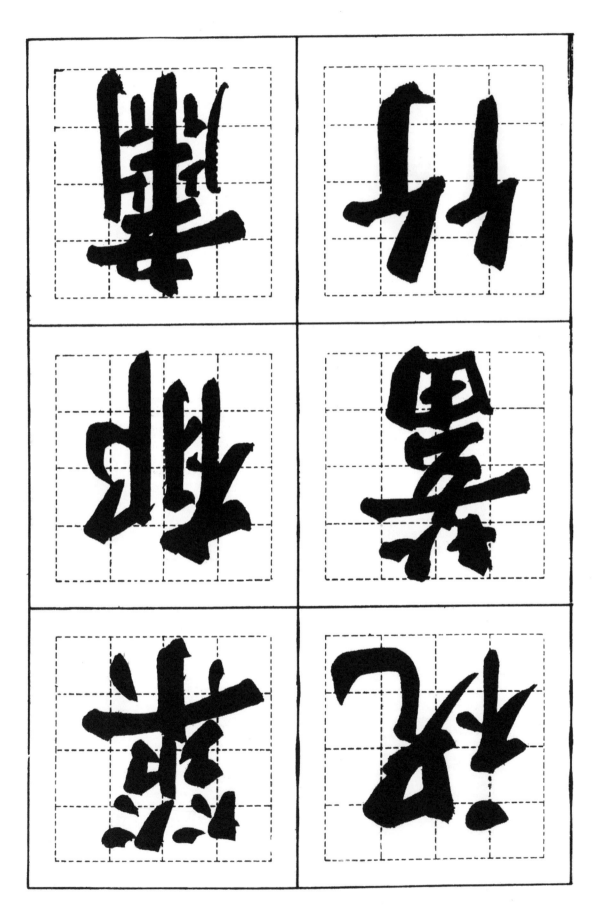

粥

鞠

叔

掬

淑

毓

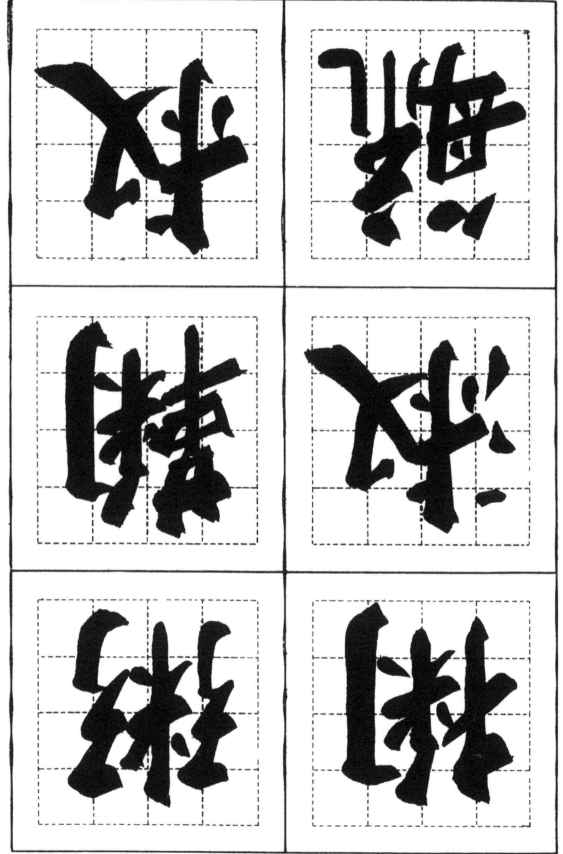

沃	督
毒	酷
篤	燭

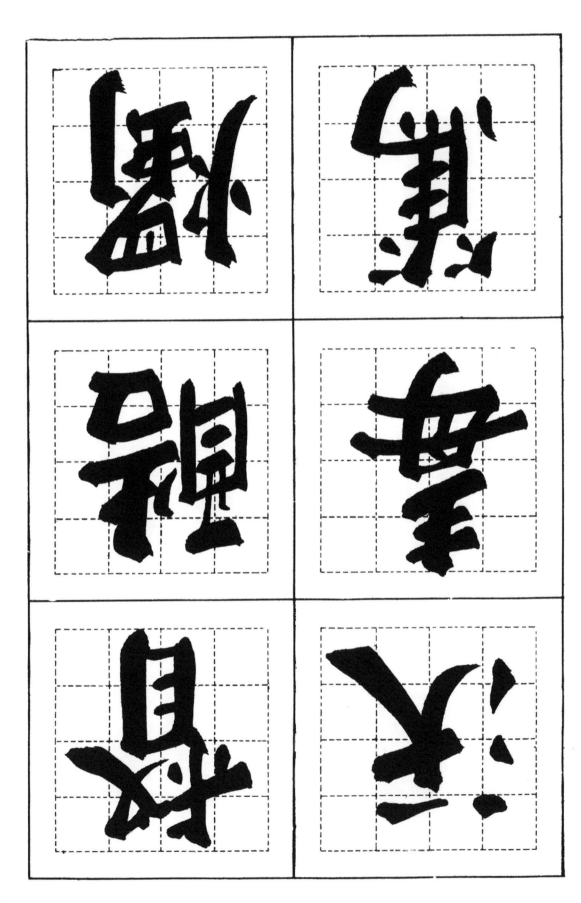

目睦牧
玉宿夙

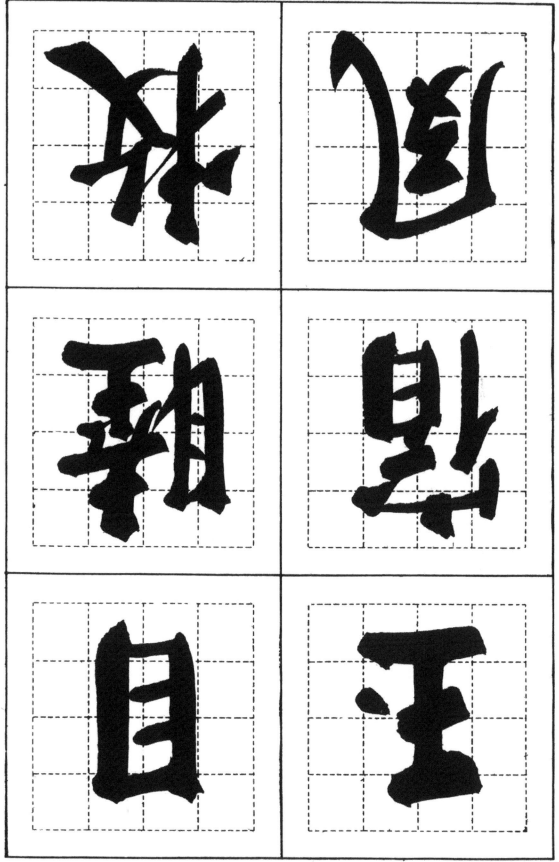

錄
曲
足
東
浴
欲

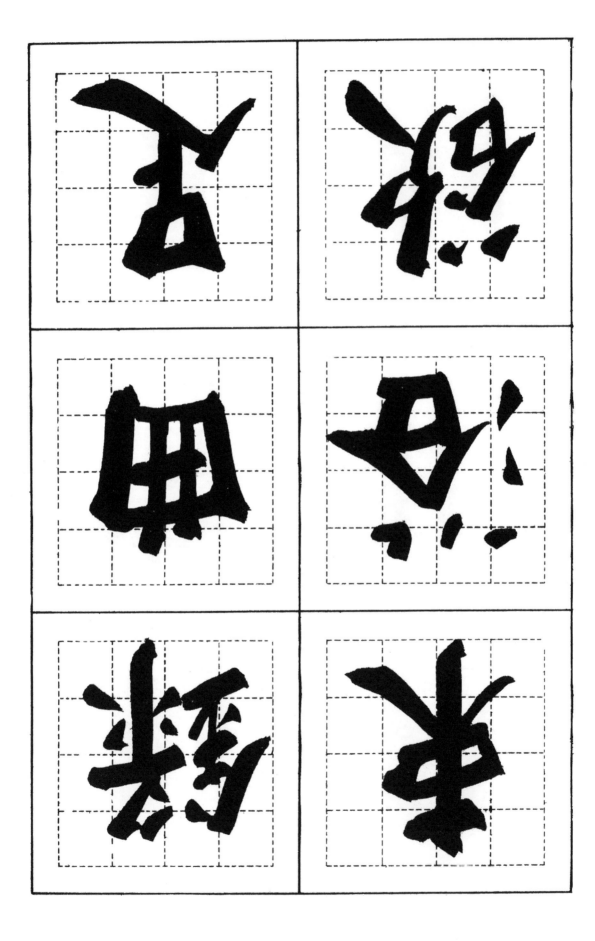

局

蜀

辱

屬

獄

旭

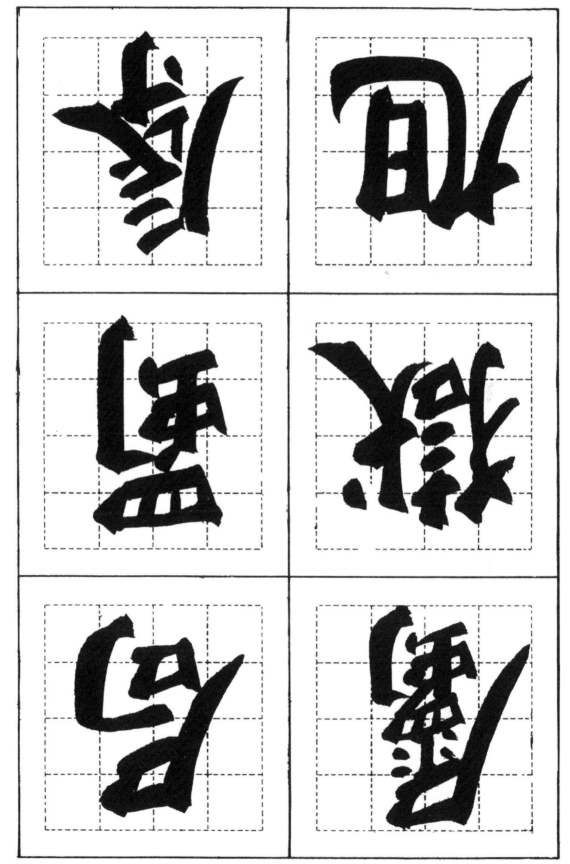

嶽　朔

岳　琢

捉　卓

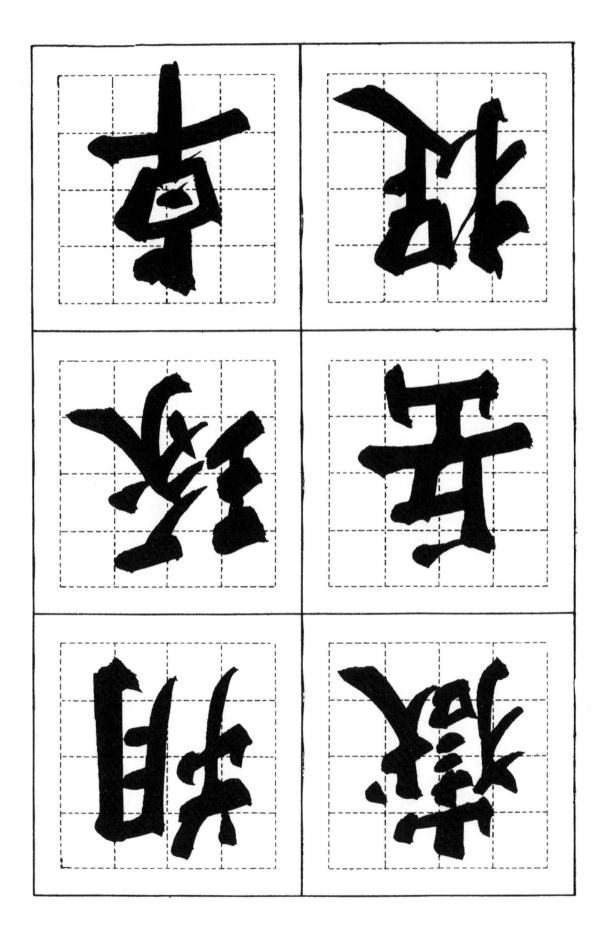

俗粟覺
贖促續

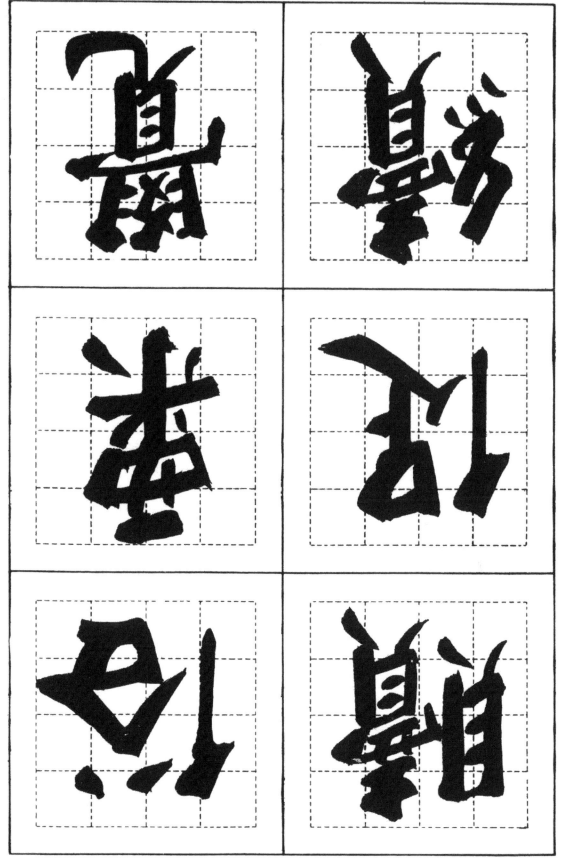

日	姪
實	悉
秋	膝

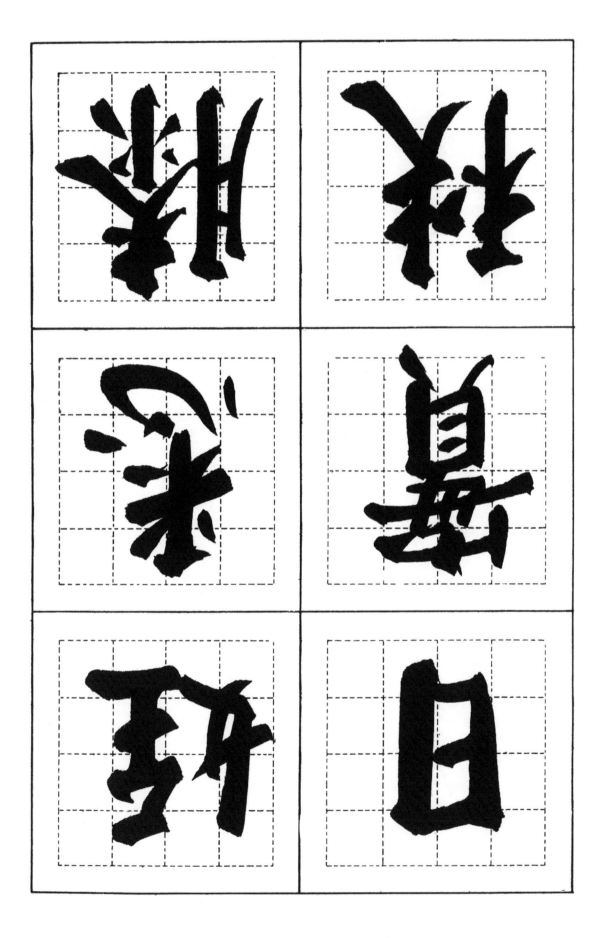

桌 葯

剎 學

確 質

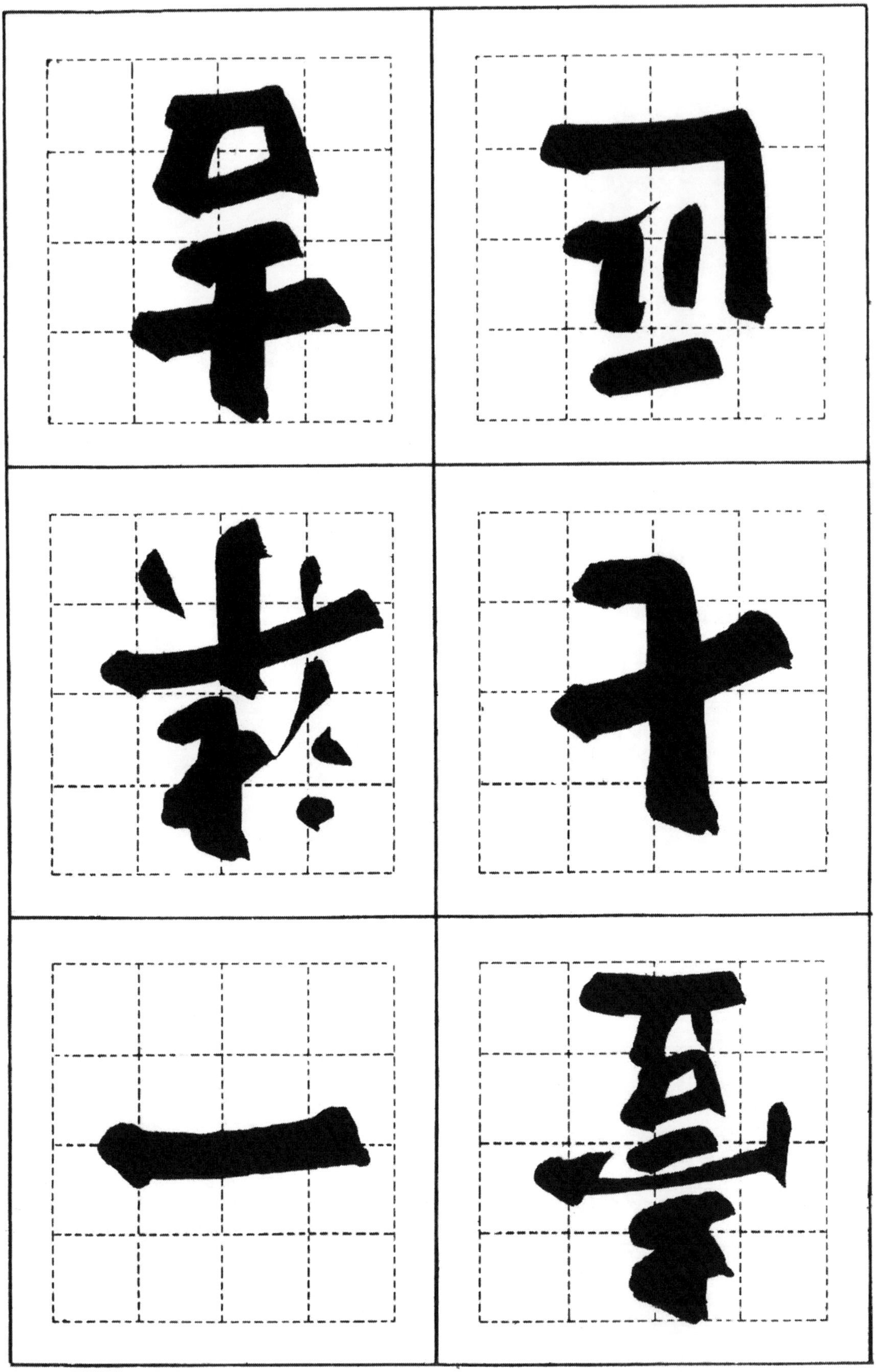

漆
逸
疾
室
失
蜜

律出橘

筆術述

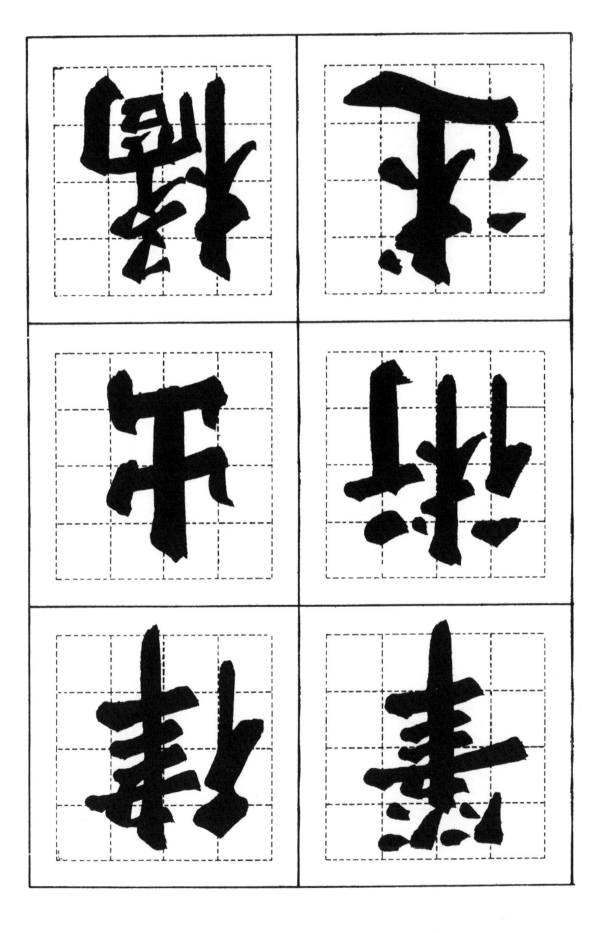

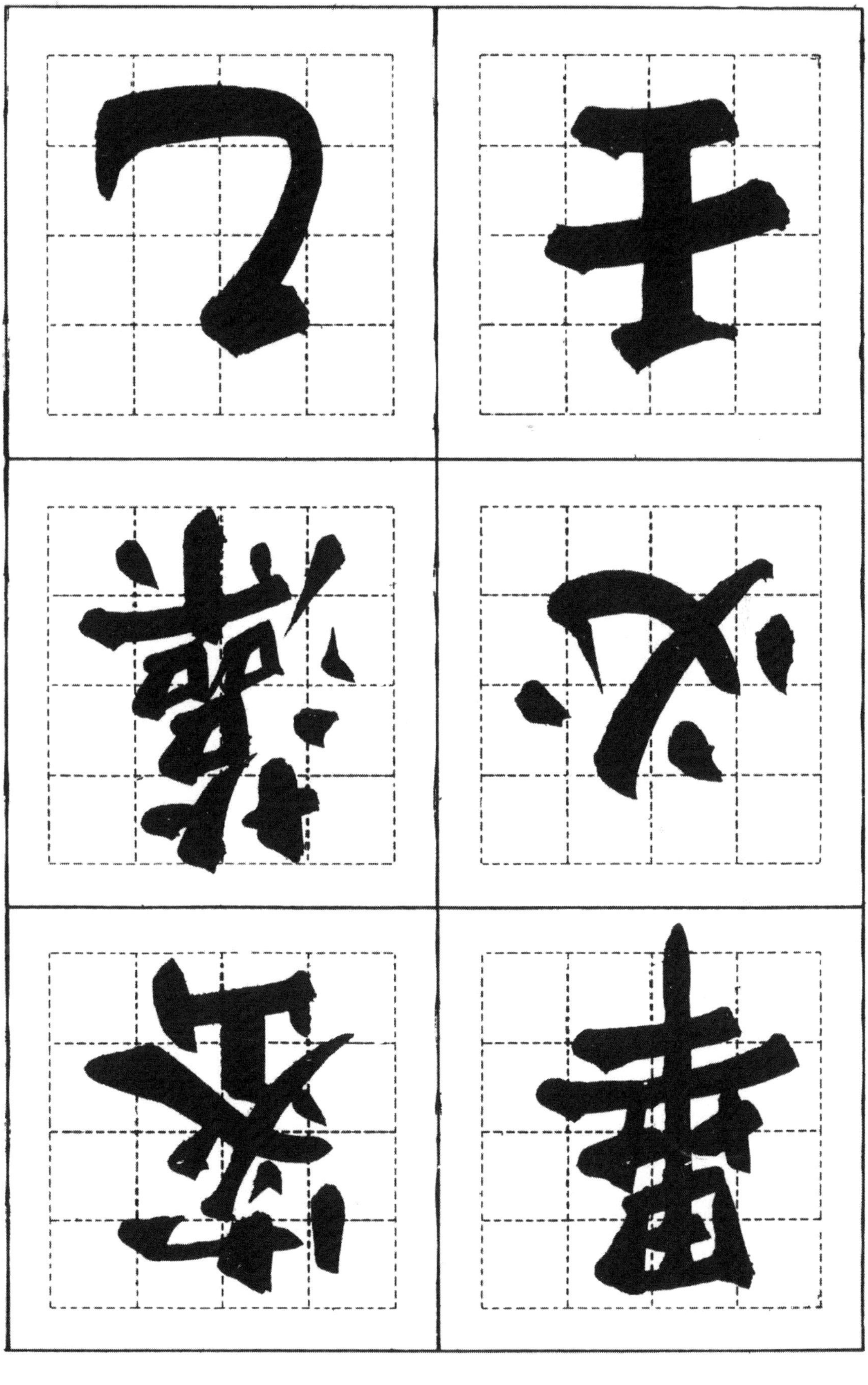

弗	攬
勿	卒
瑟	去

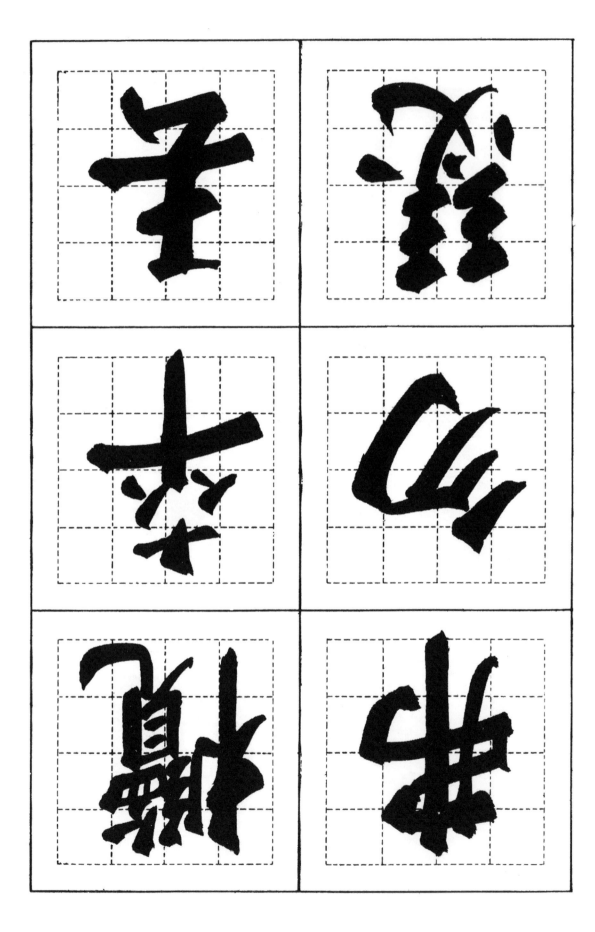

鬱
屈
厥
物
乎
尉

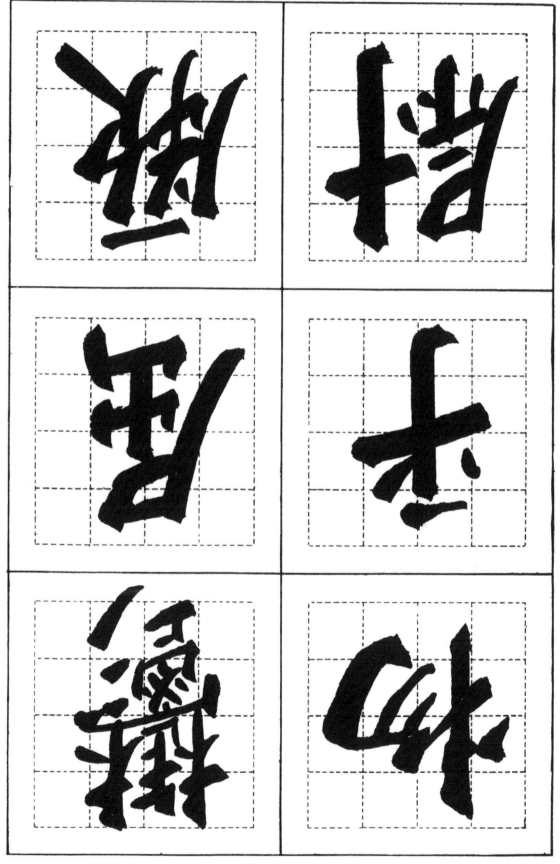

日
握
闕
拔
越
粵

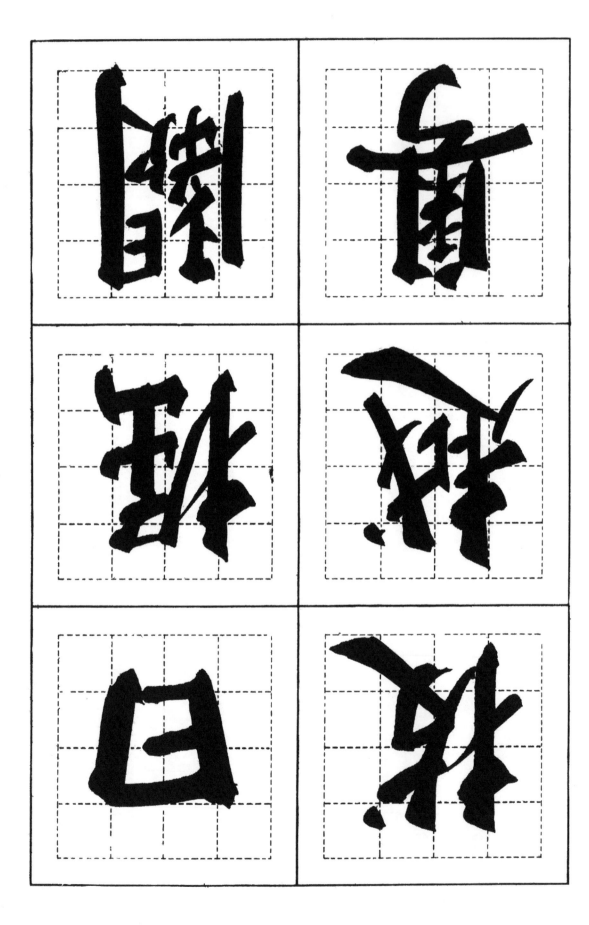

迄罰伐
佛訖月

没 歿

骨 滑

勃 突

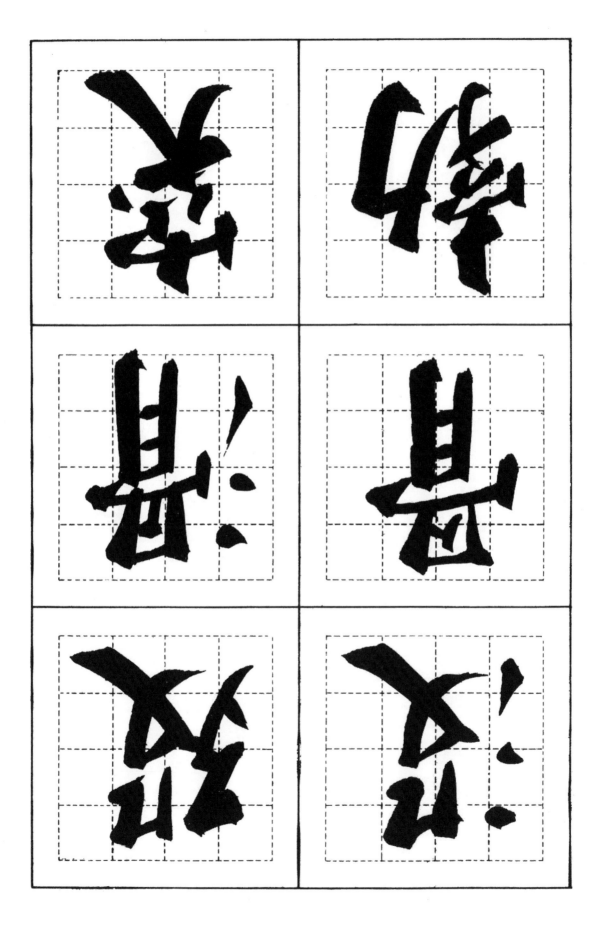

發

跋

遏

髮

襪

謁

活
闊
奪
末
撥
檜

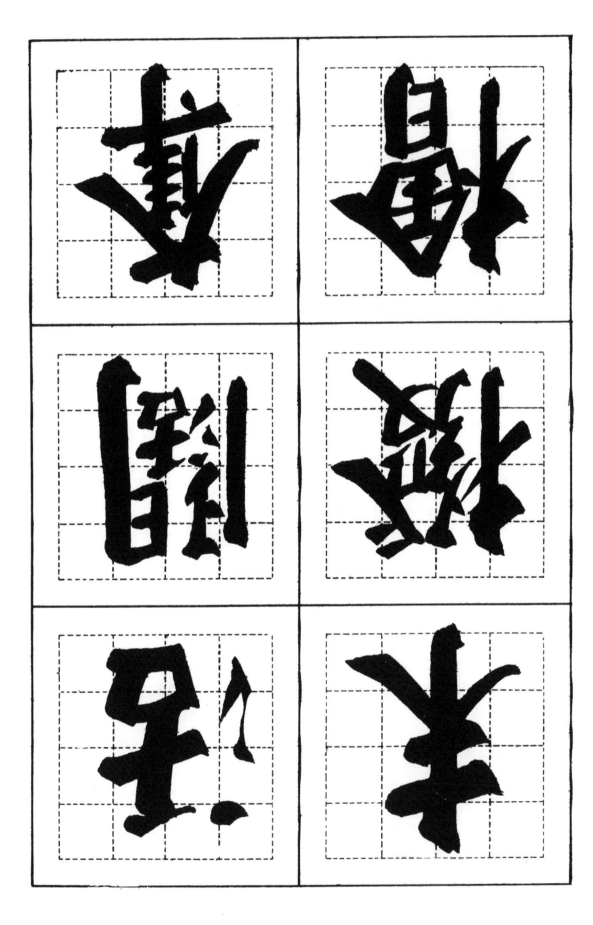

達薛薩

忽兀窟

煞 舌

瞎 刷

刮 切

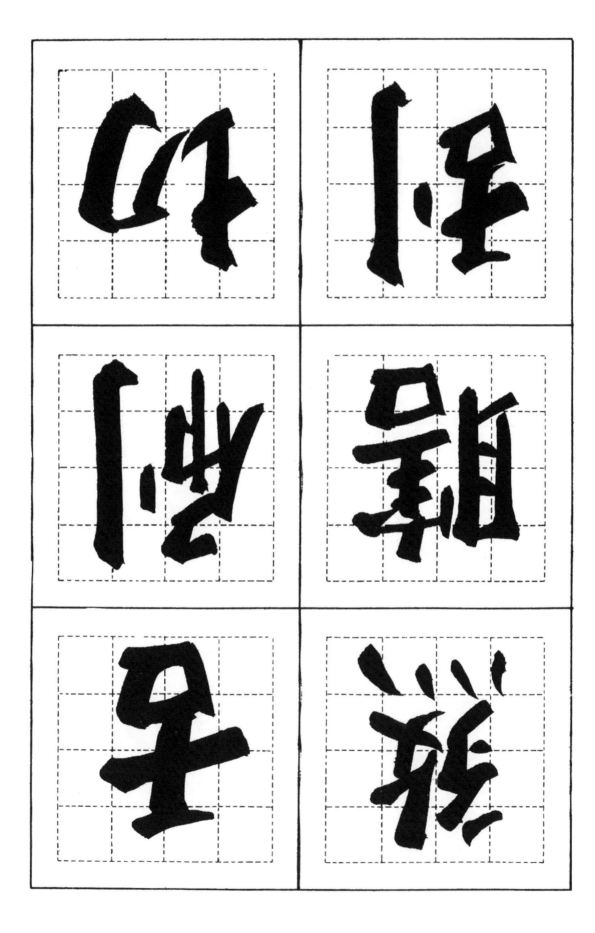

八
察
殺
脫
豁
撮

跌
鐵
鉄
缺
穴
耋

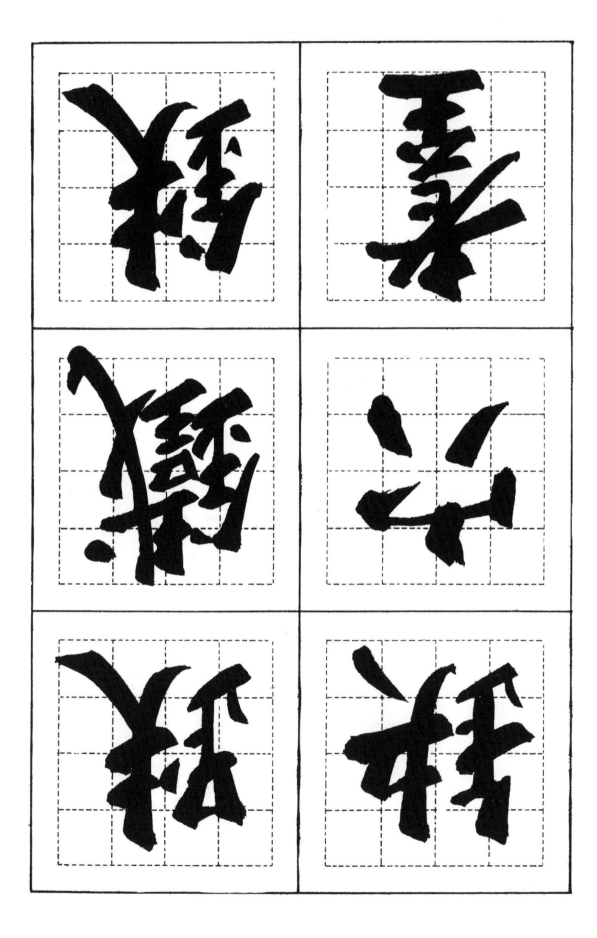

節
血
決
竊
結
潔

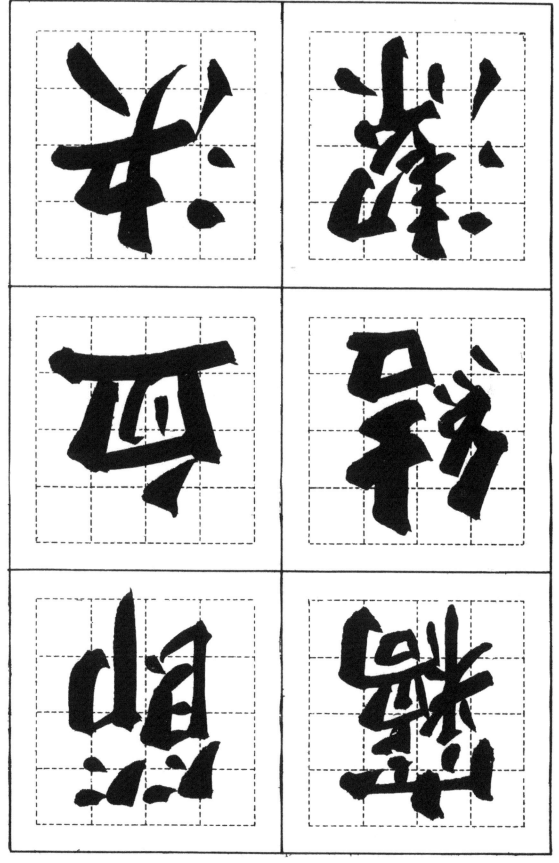

傑
渴
杰
烈
裂
哲

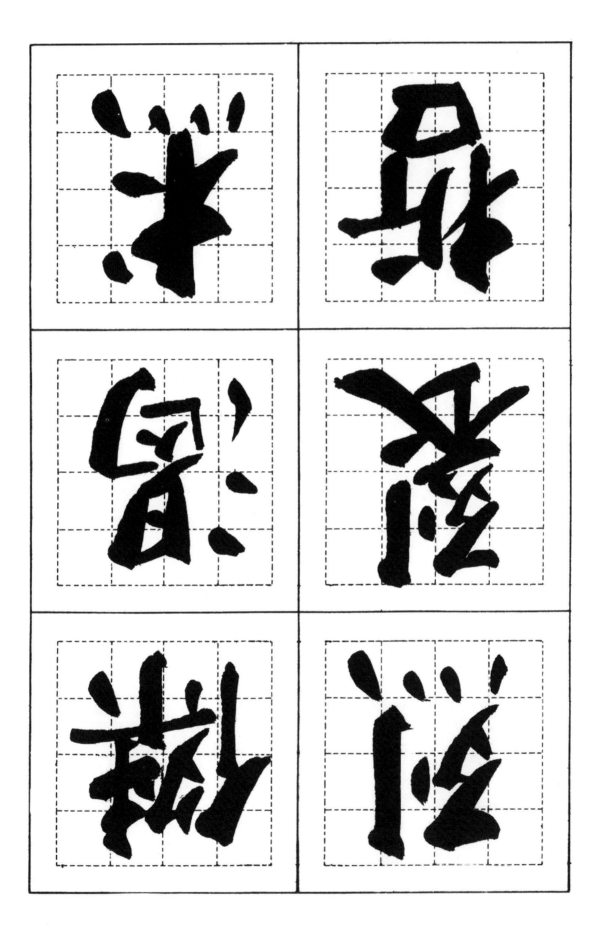

藝
劾
丞
頁
抗
贏

説	劣
拙	別
暈	澈

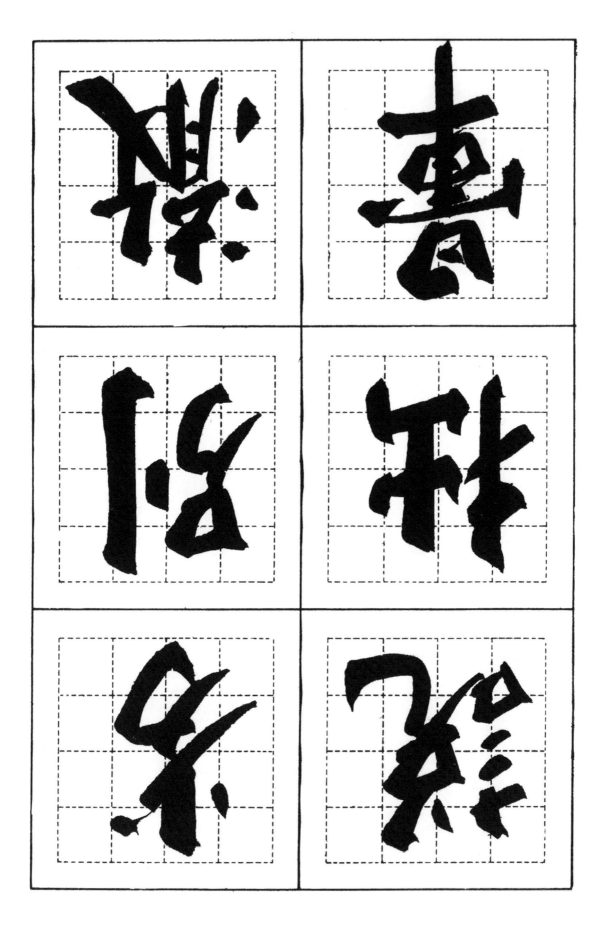

勢 地

呈 裳

献 地

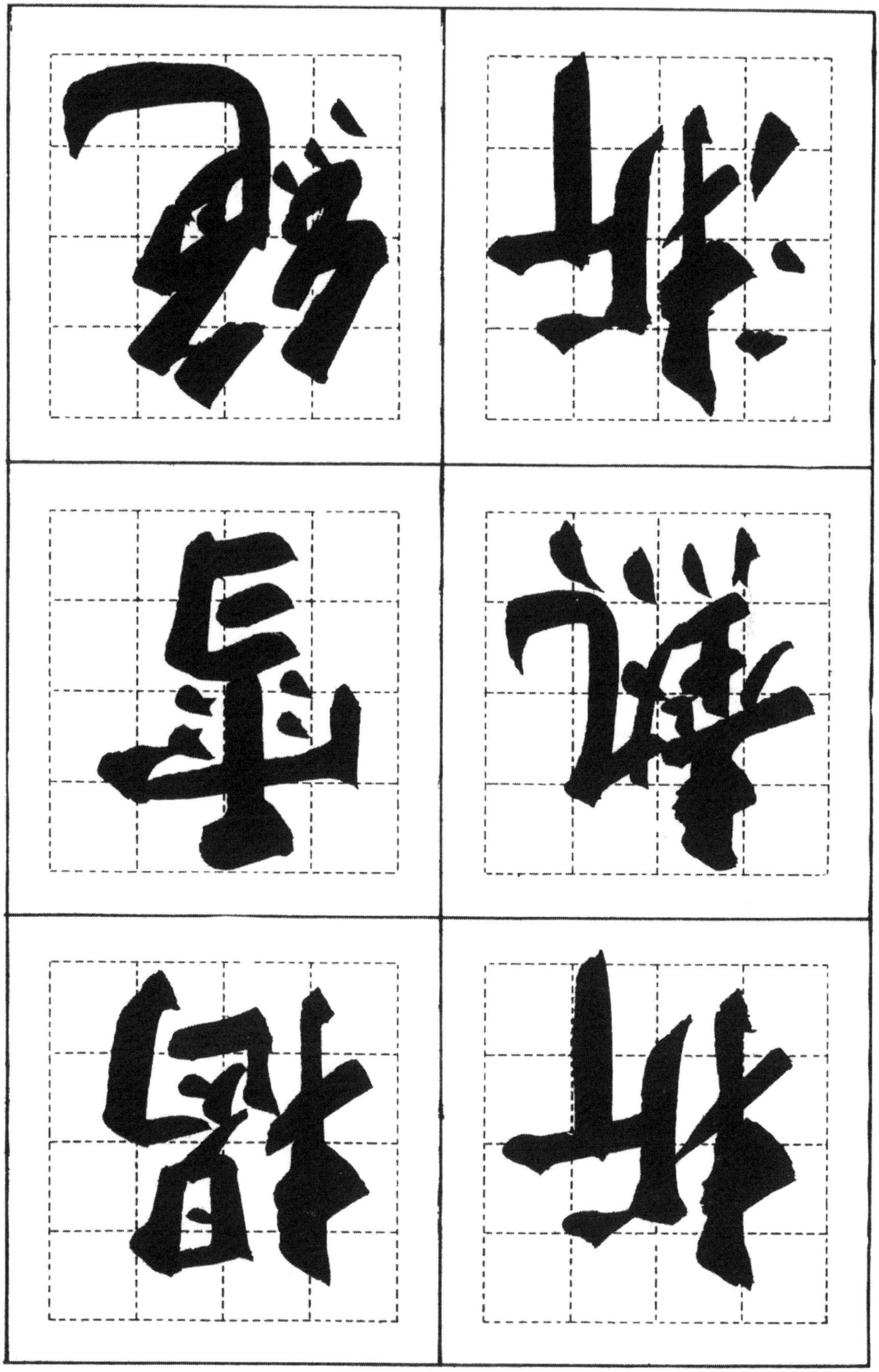

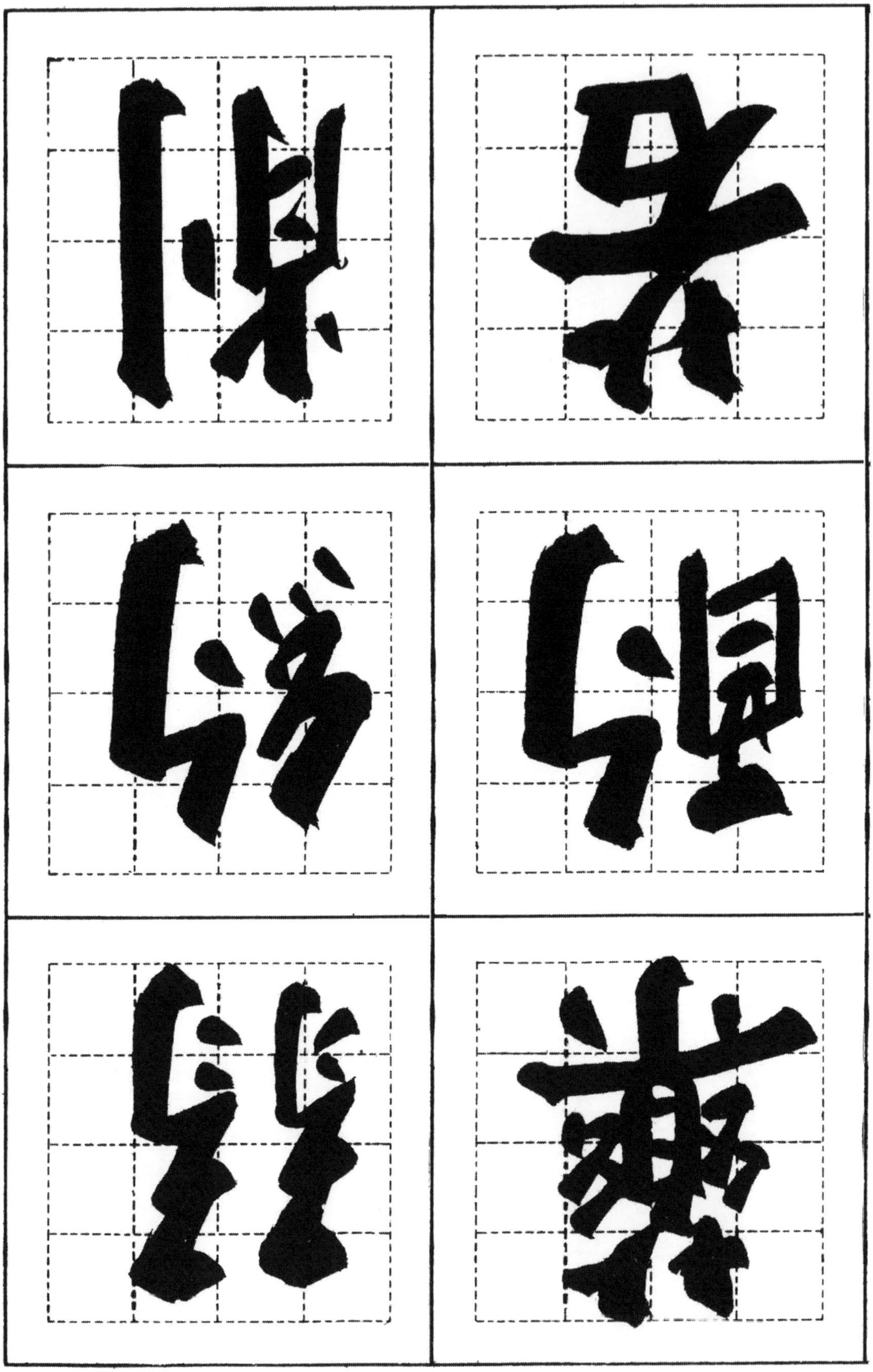

設

略

脚

備

冊

子

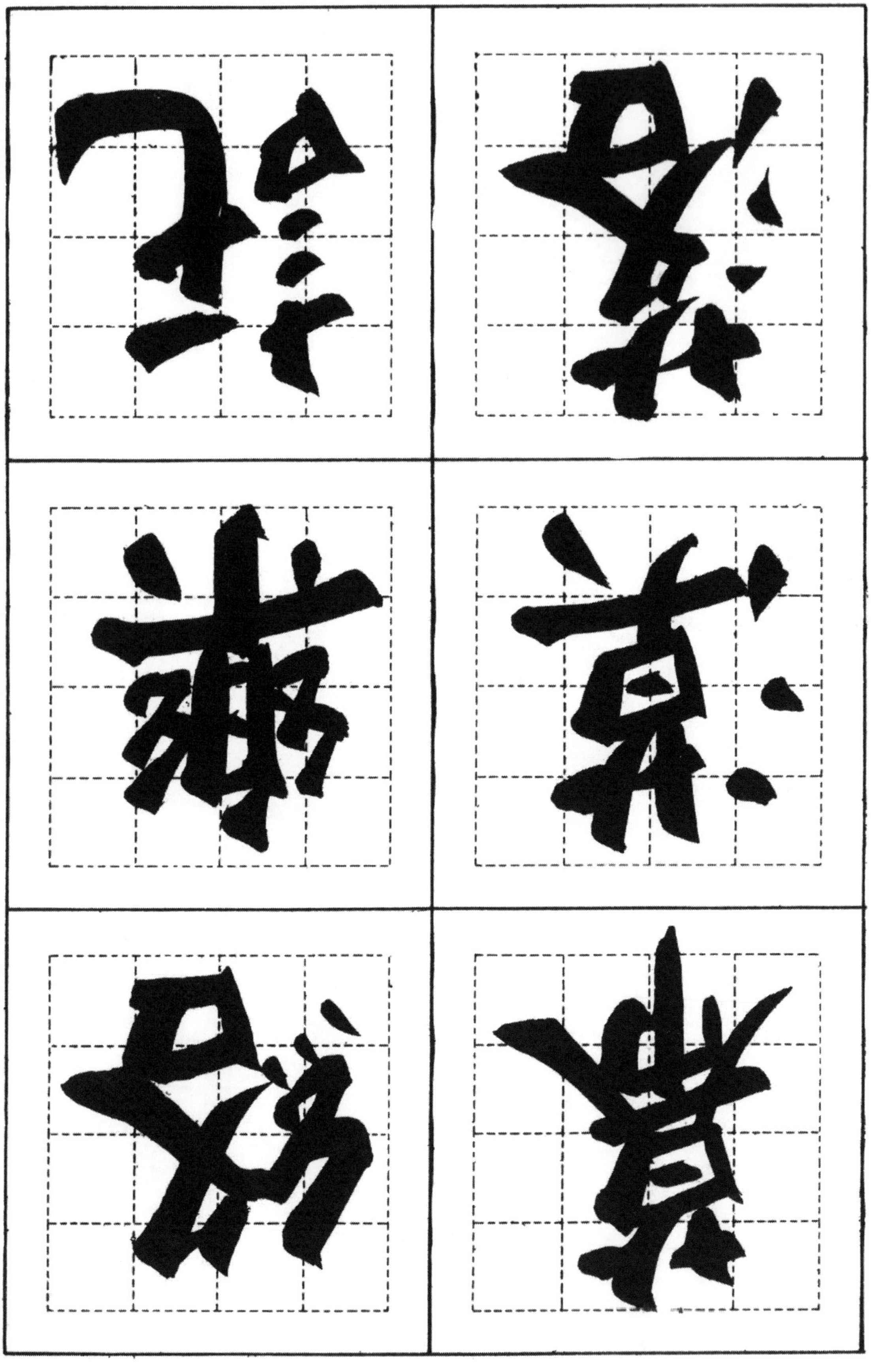

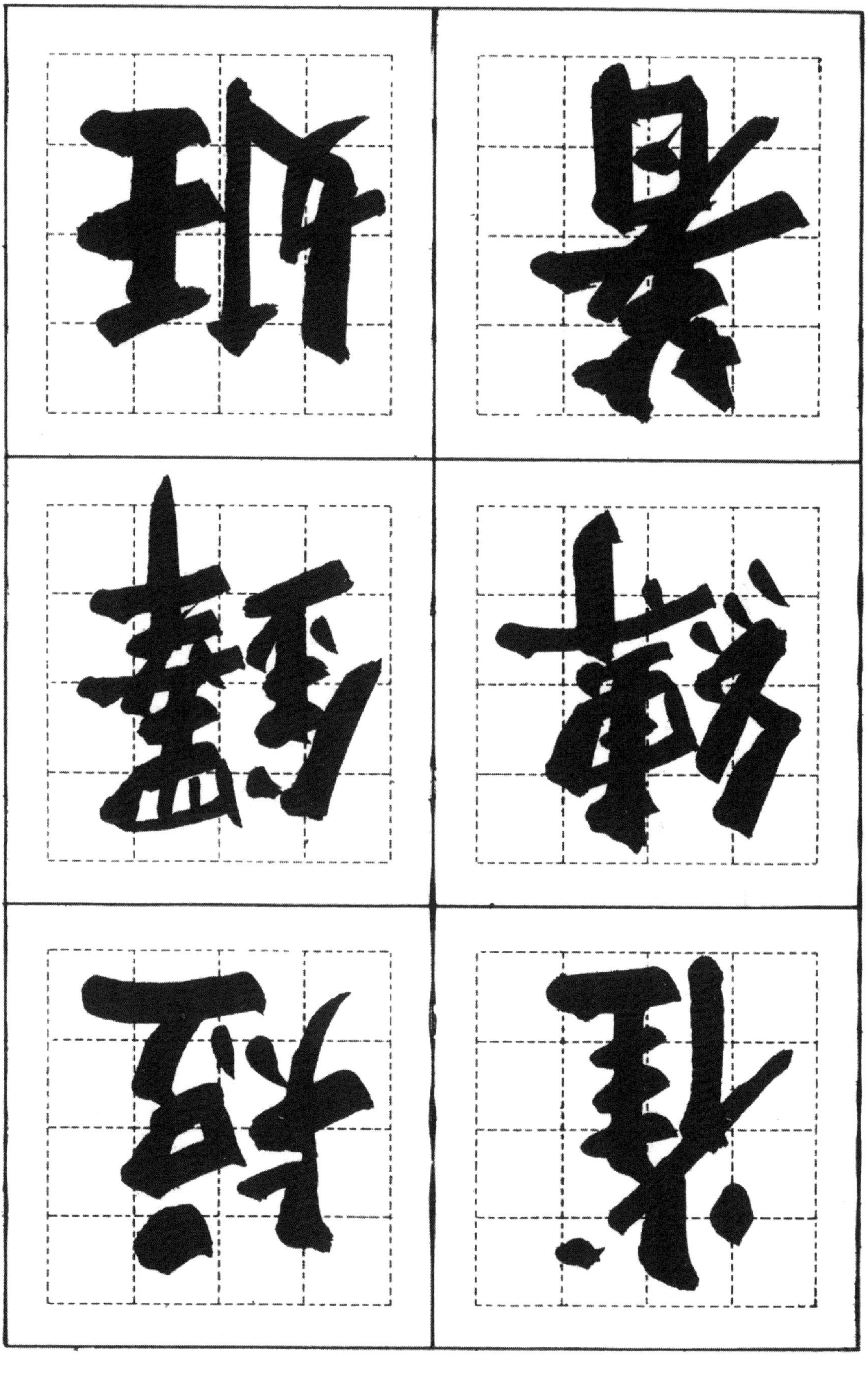

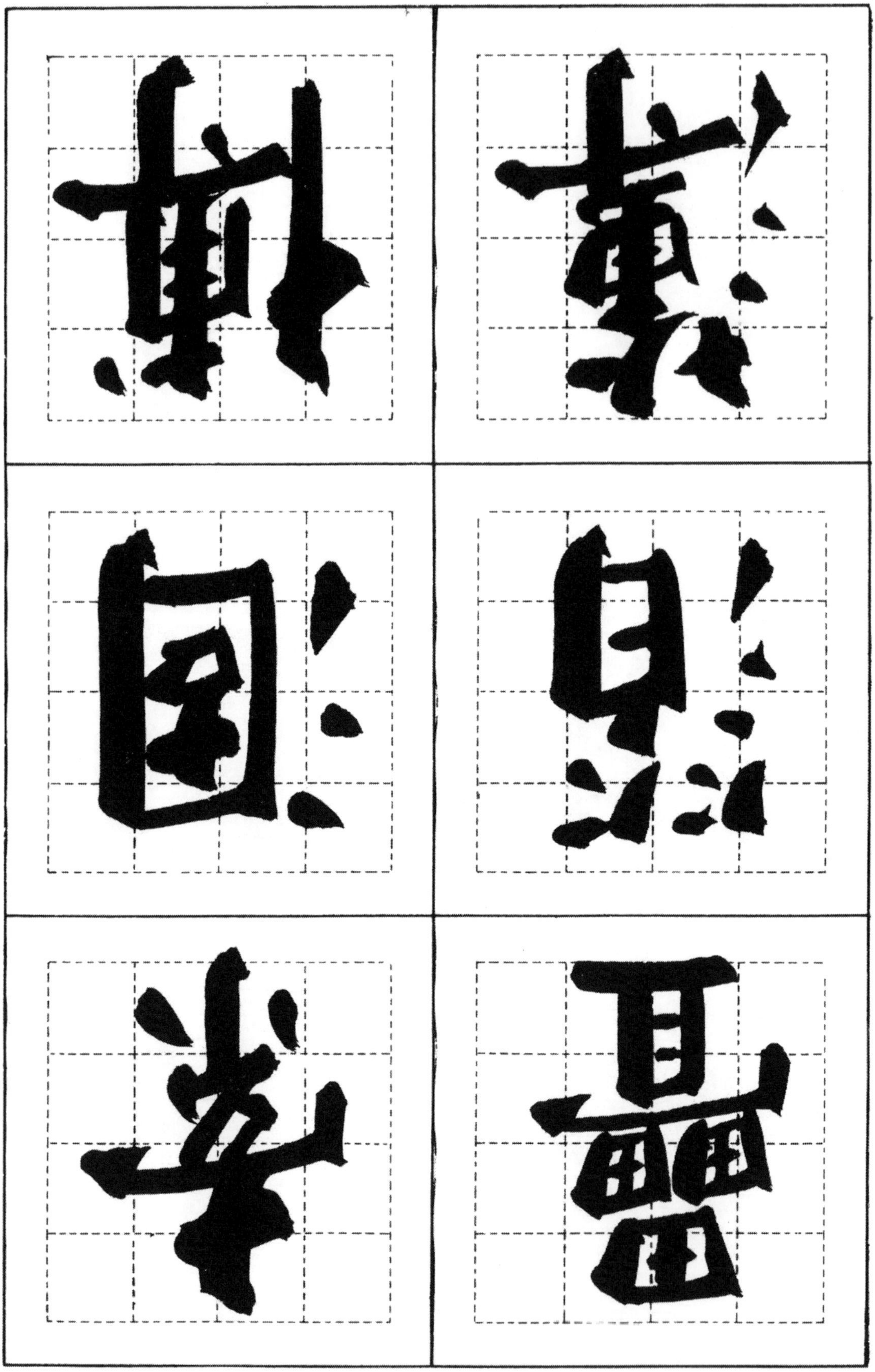

格 魄 洛

酪 鄂 搏

白 廹

柏 戟

帛 額

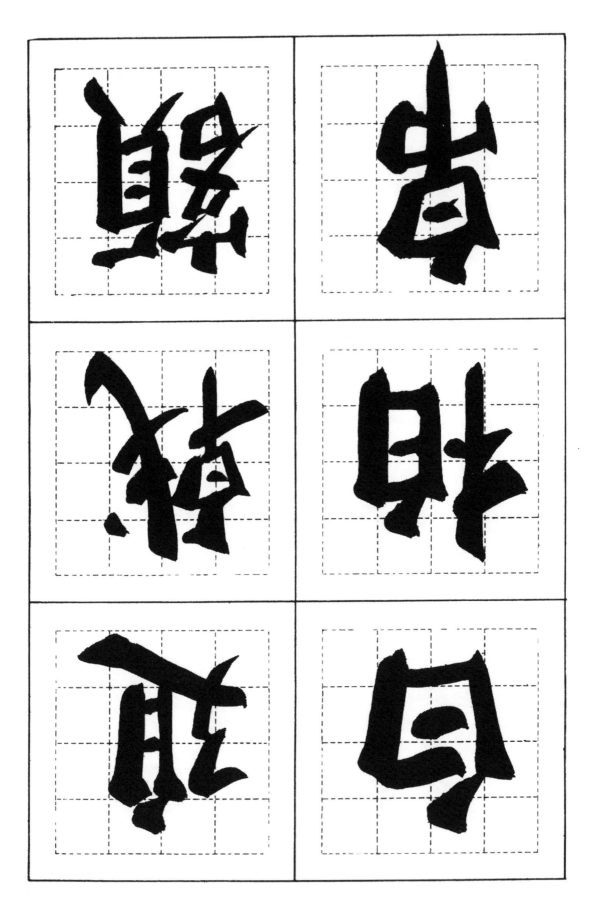

諾
霍
郭
鶴
挾
昨

劃
責
策
獲
鈕
瑪

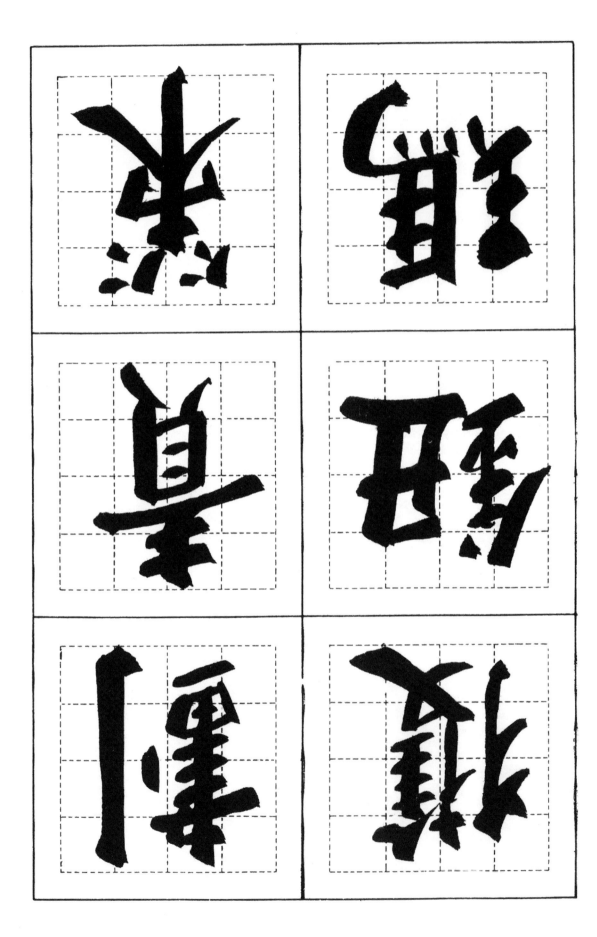

檡
夌
脈
客
珀
宅

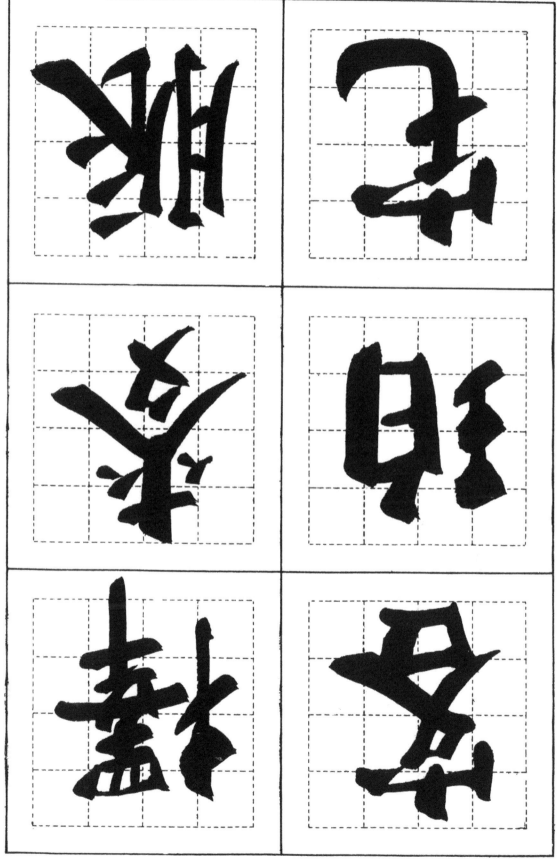

呆	跡
涂	脊
迹	疊

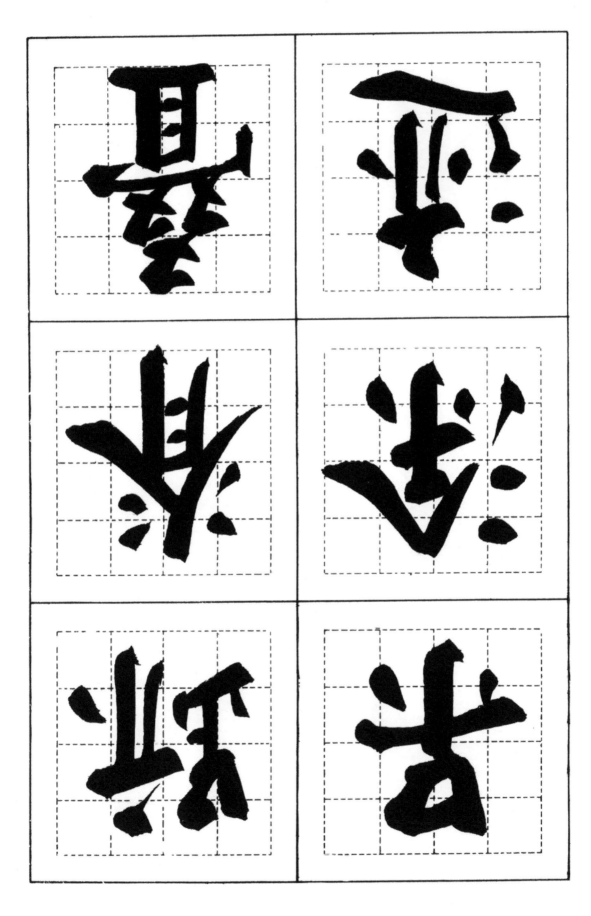

革

昔

腊

澤

隔

摘

赤
石
隻
液
適
尺

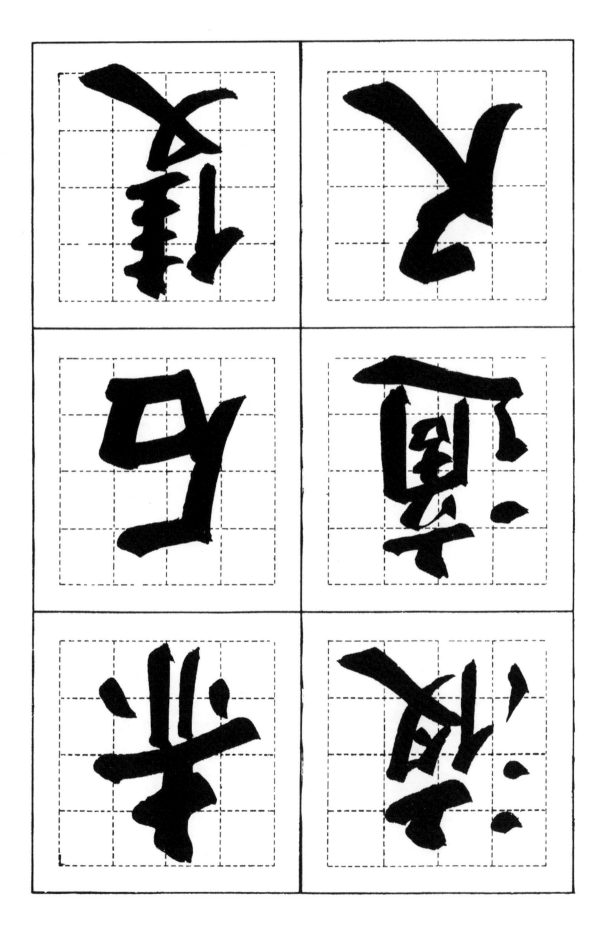

弈

般

釋

亦

譯

易

激

擊

歷

碧

錫

析

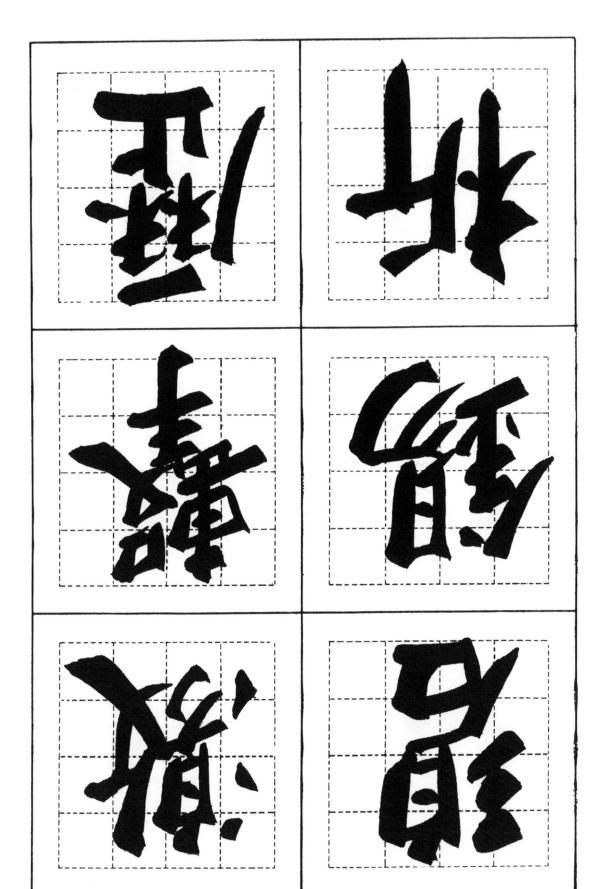

役 壁 汉
席 夕 疫

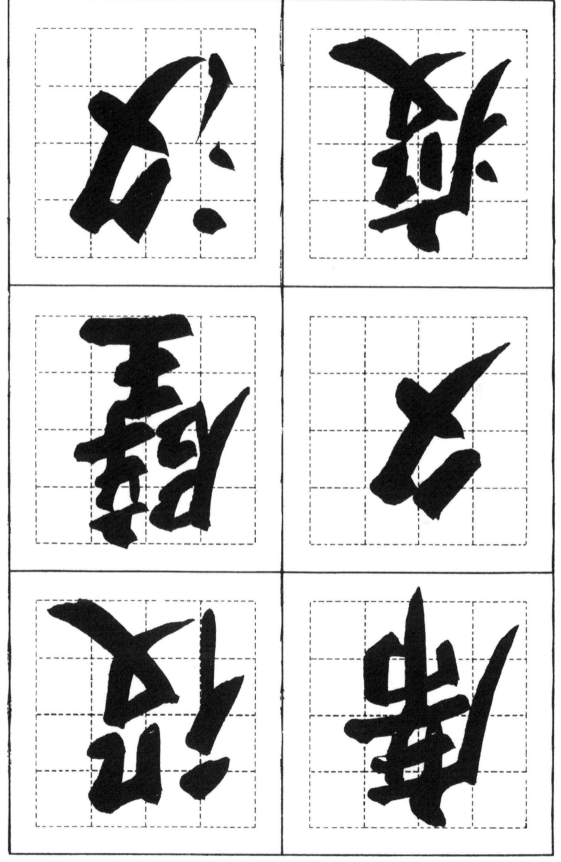

廸

績

勣

敵

笛

狄

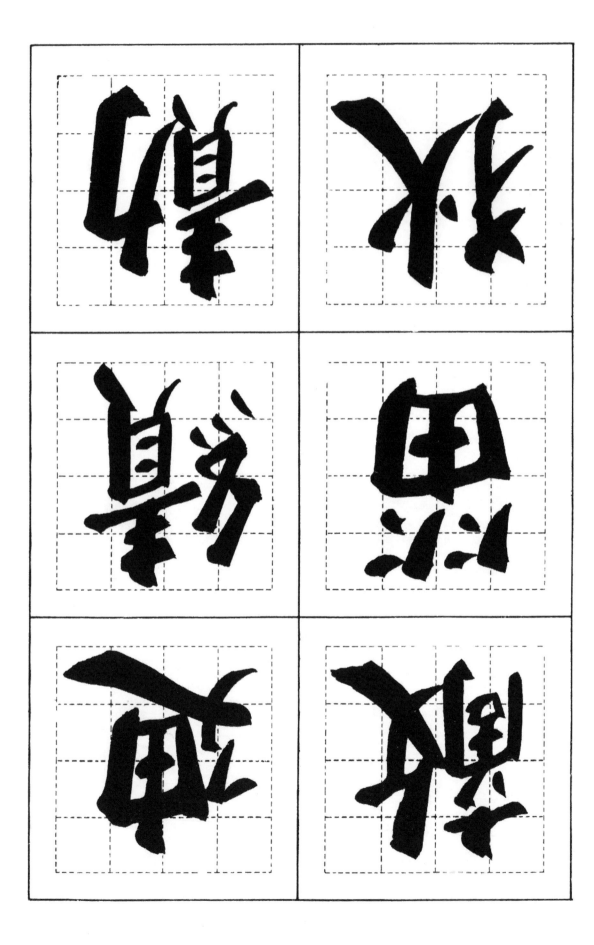

滴

荻

滌

癖

曆

的

曄飭陟
職直力

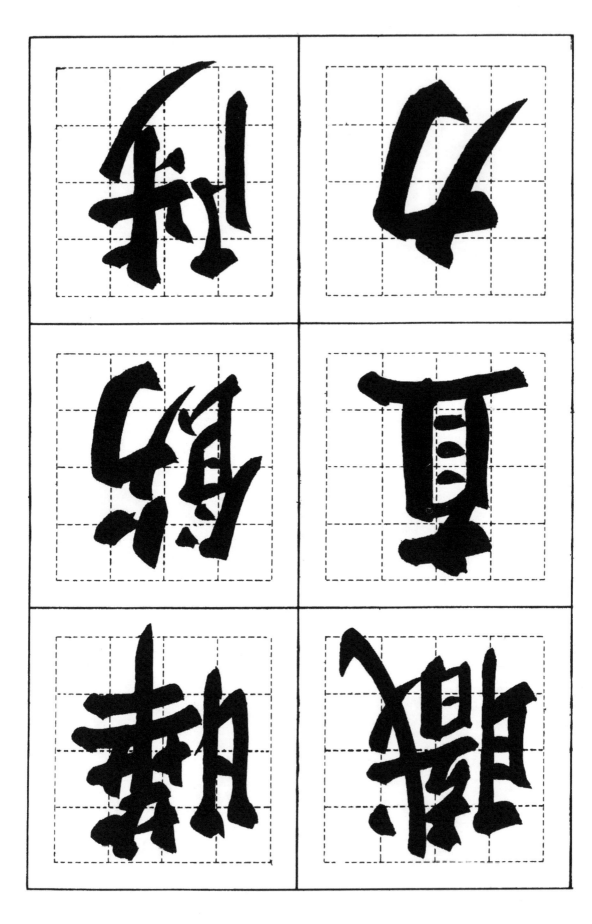

估 壁 戚

喫 溺 覓

匿
憶
抑
醱
飾
極

蝕殖式

逖食息

德
勤
則
仄
側
得

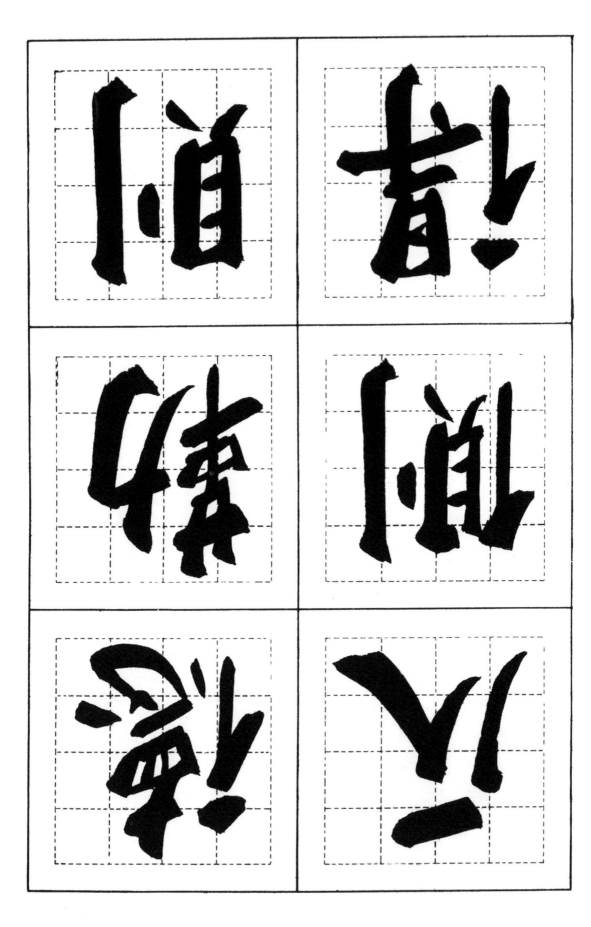

稷

逼

域

邑

翼

即

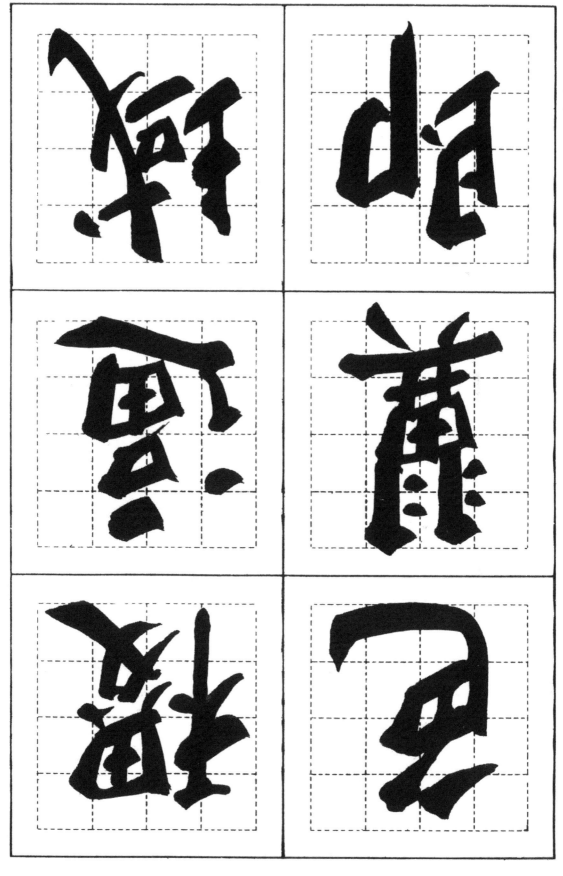

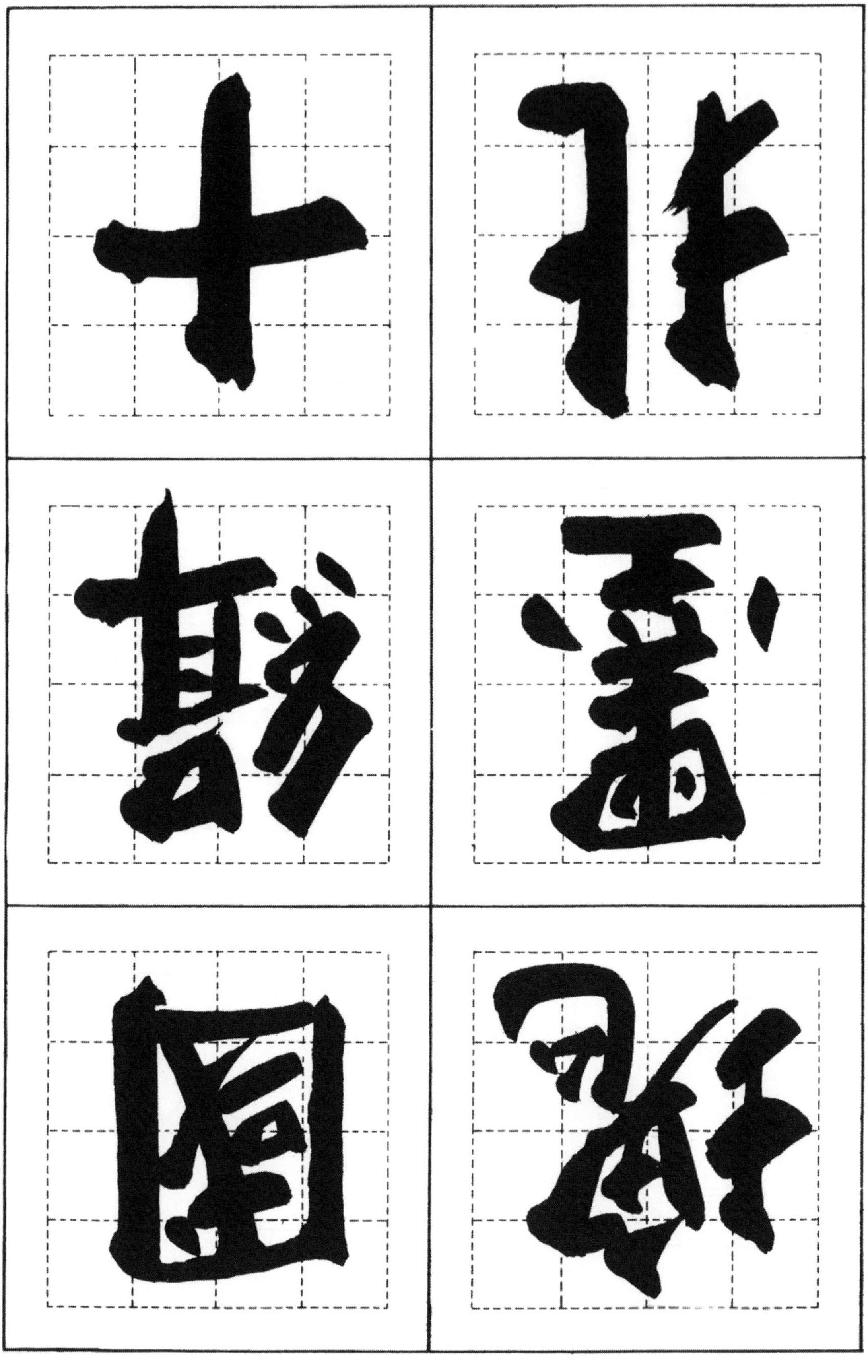
十
張
圖

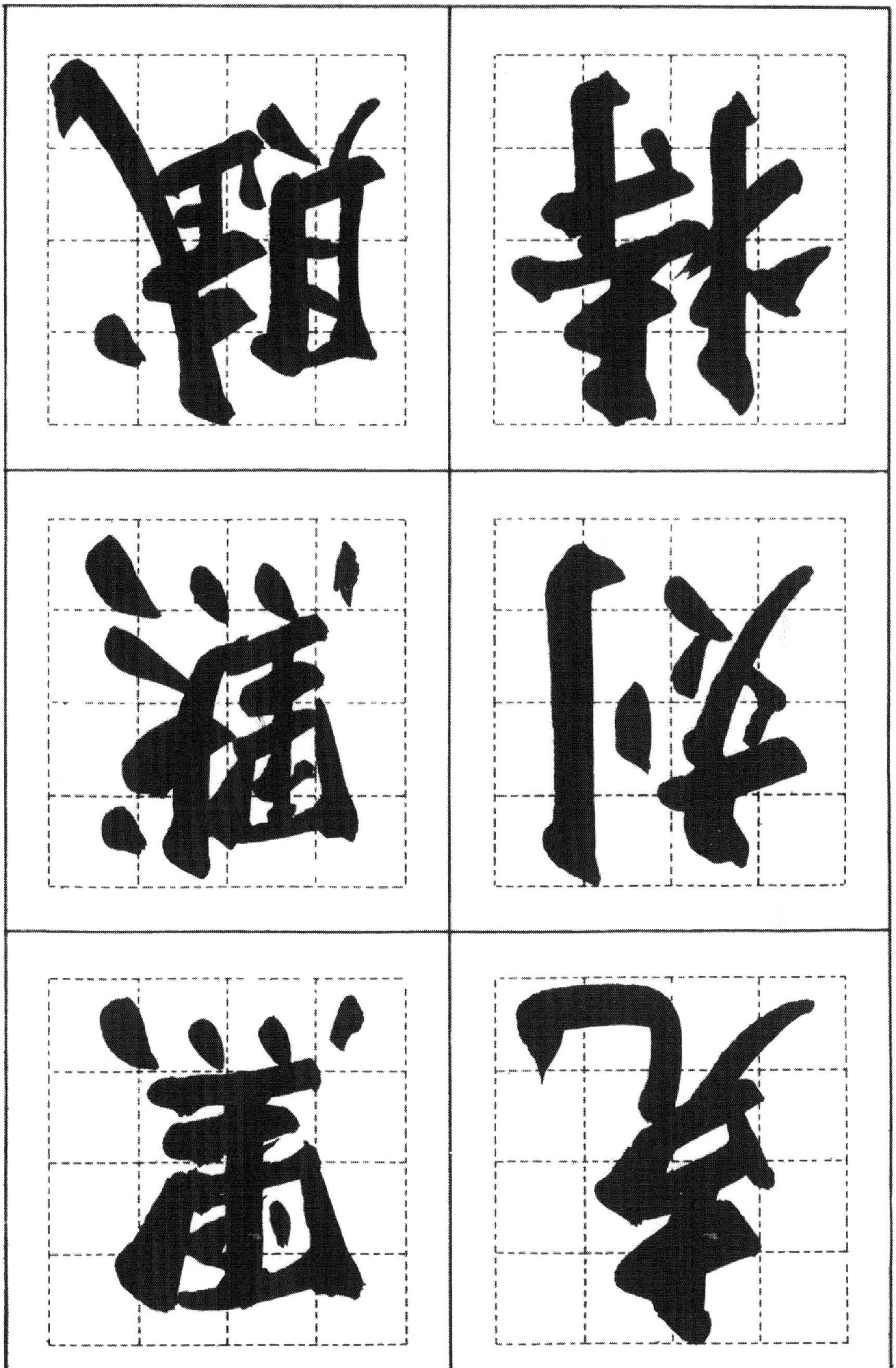

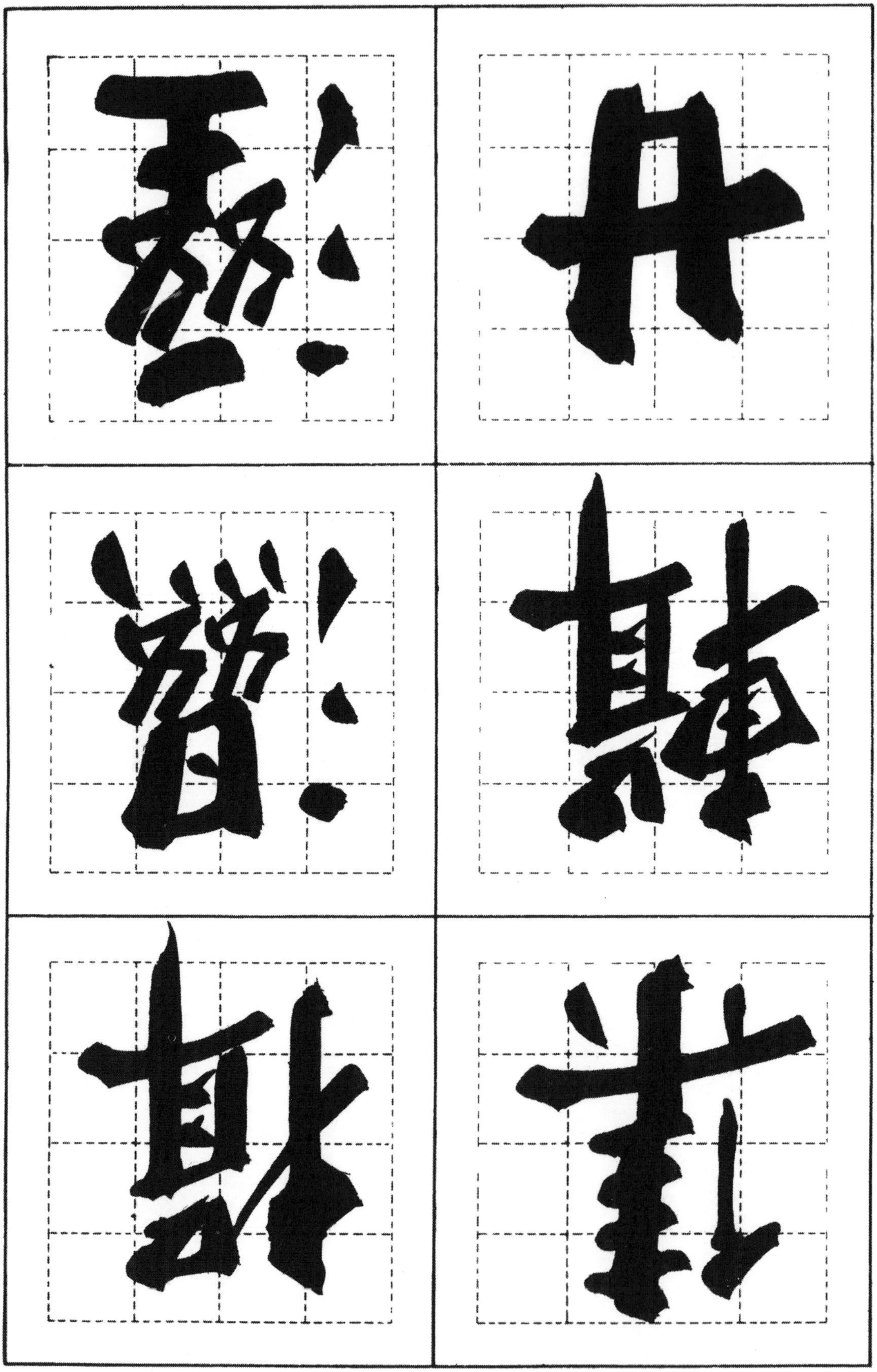

汁
習
襲
什
拾
執

澀	合
吸	鴿
邑	盒

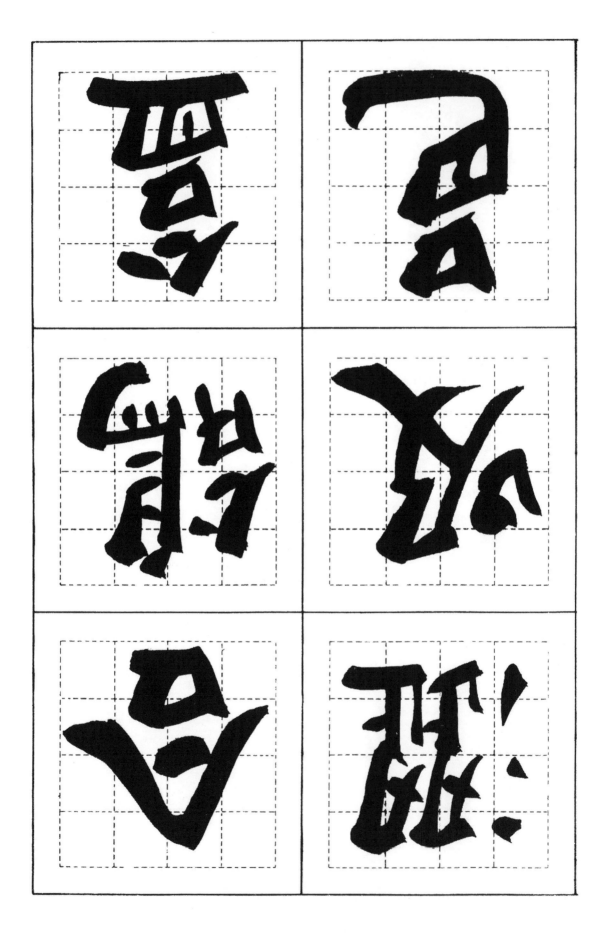

給 笈

笠 立

級 急

雜	衲
匝	盍
拉	臘

答卅踏及泣閣

楫 攝 涉

葉 接 睫

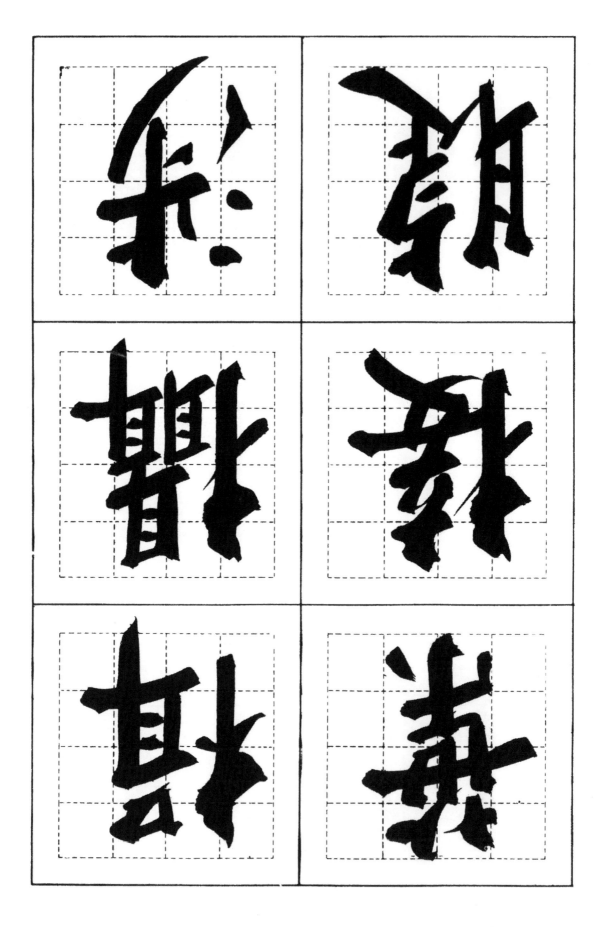

塔

閘

鉀

臈

蠟

榻

輒 頬 凹

協 叶 押

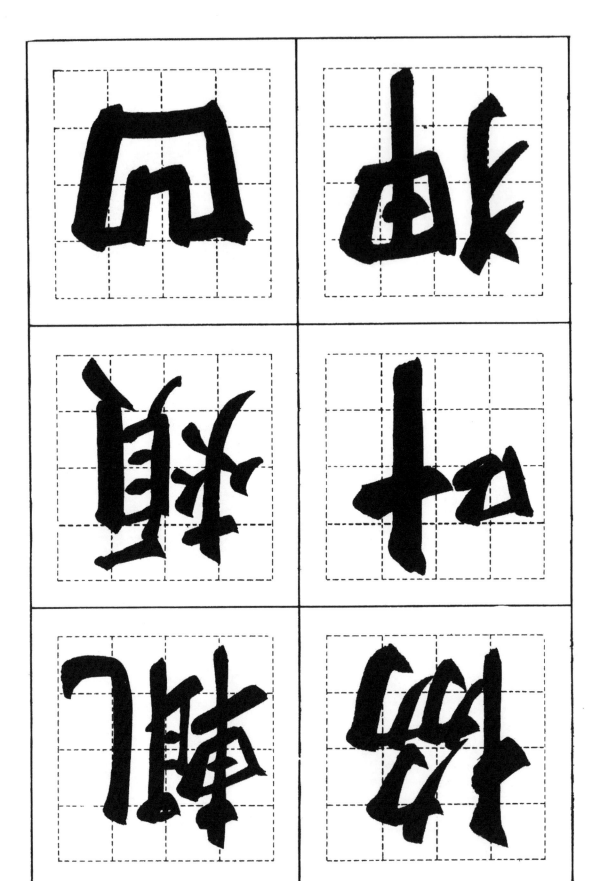

靨
耻
乏
妾
帖
劫

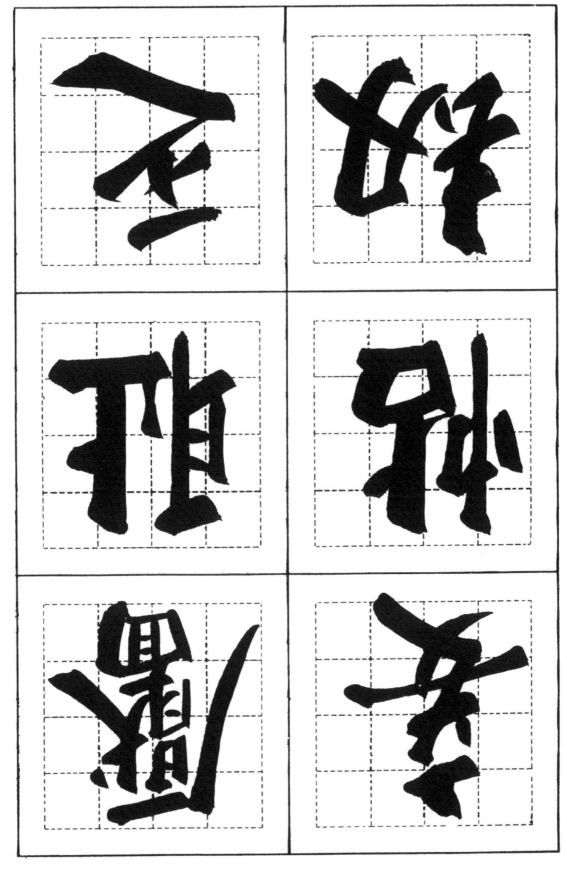

三 入

刘 尼

孜 札

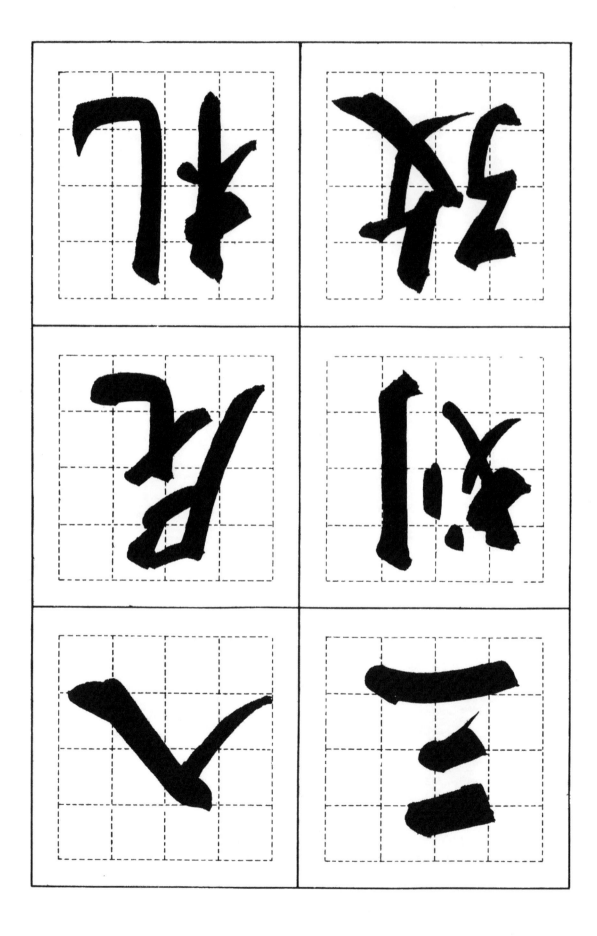

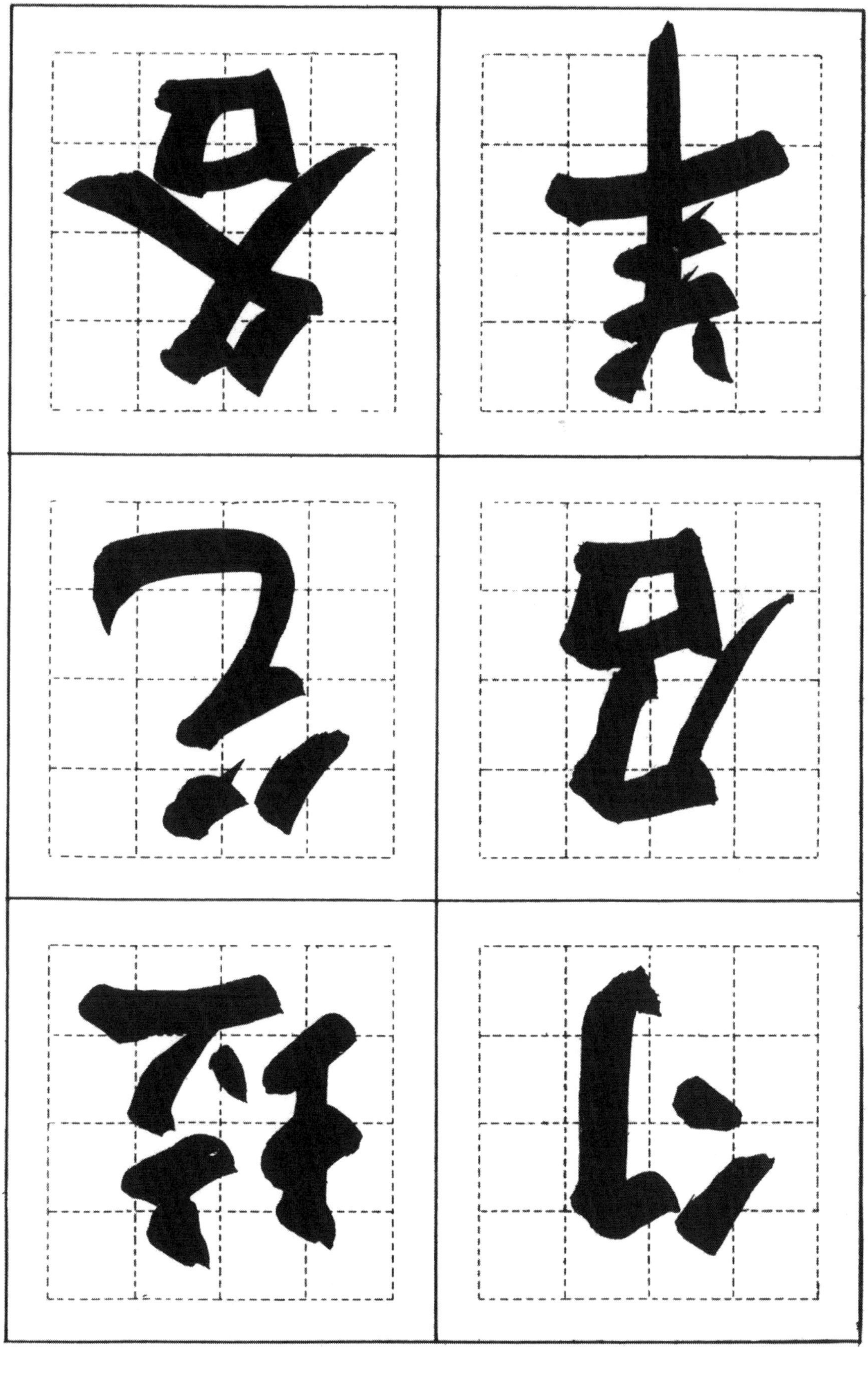

邵
拂
可
圾
卹
担

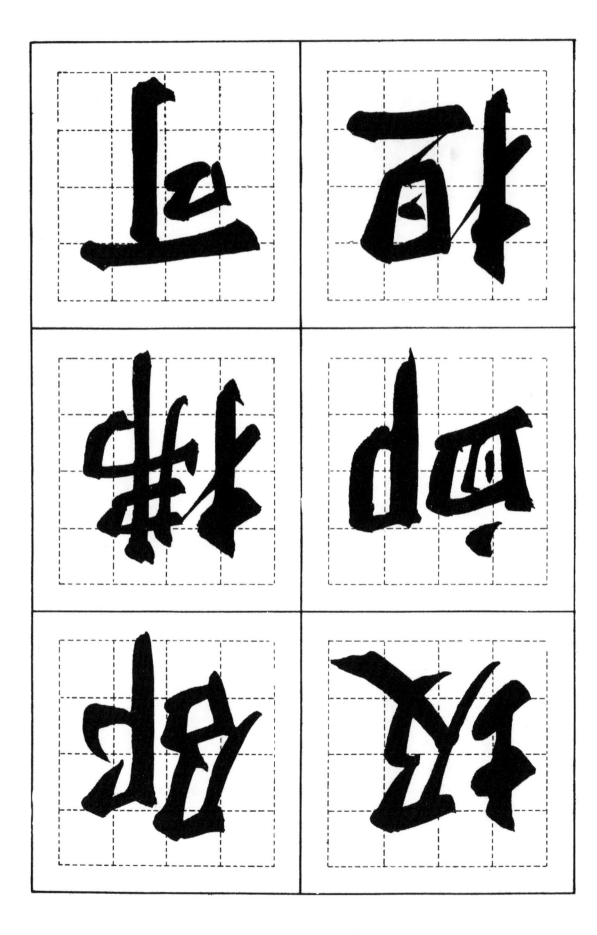

奶 灼 朴

忙 托 孕

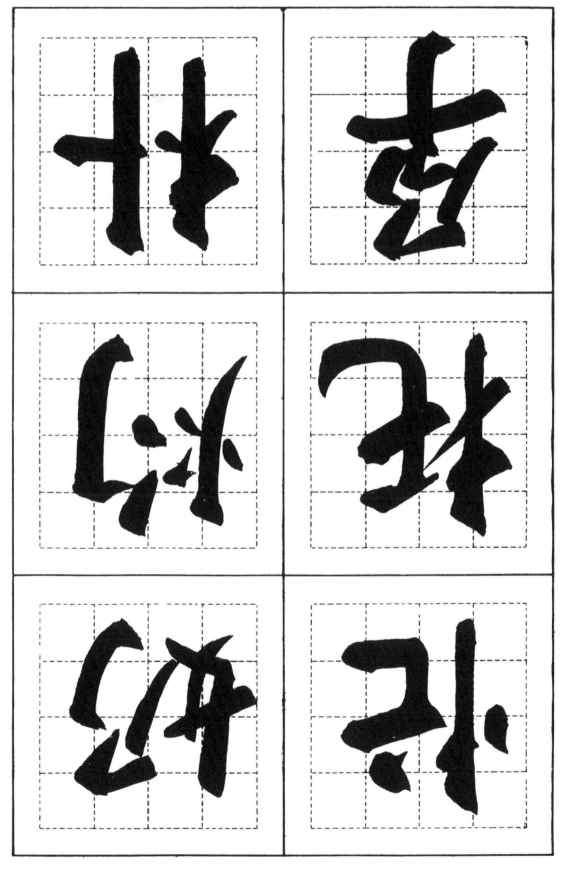

吋 吊

另 伙

压 夹

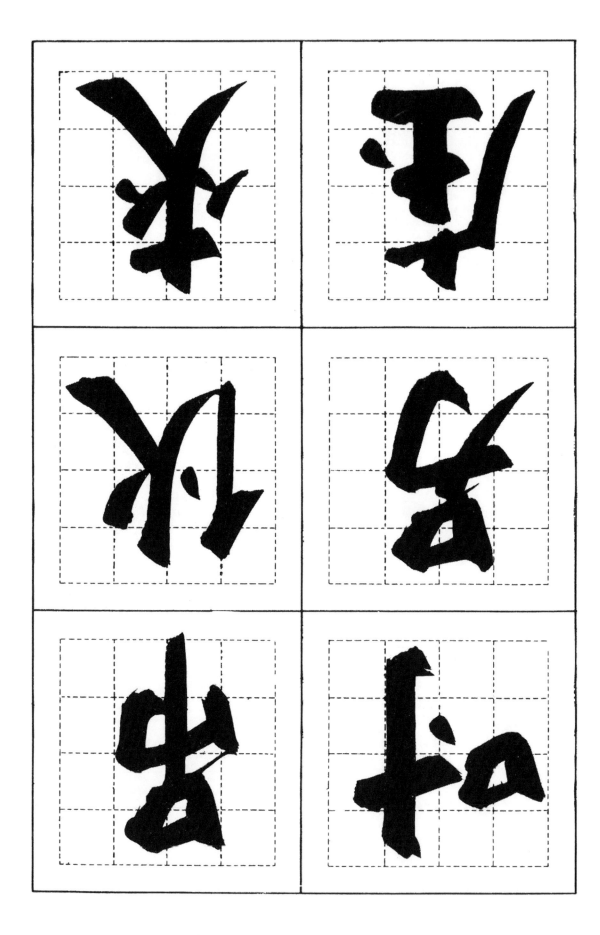

考百阡

加肉肌

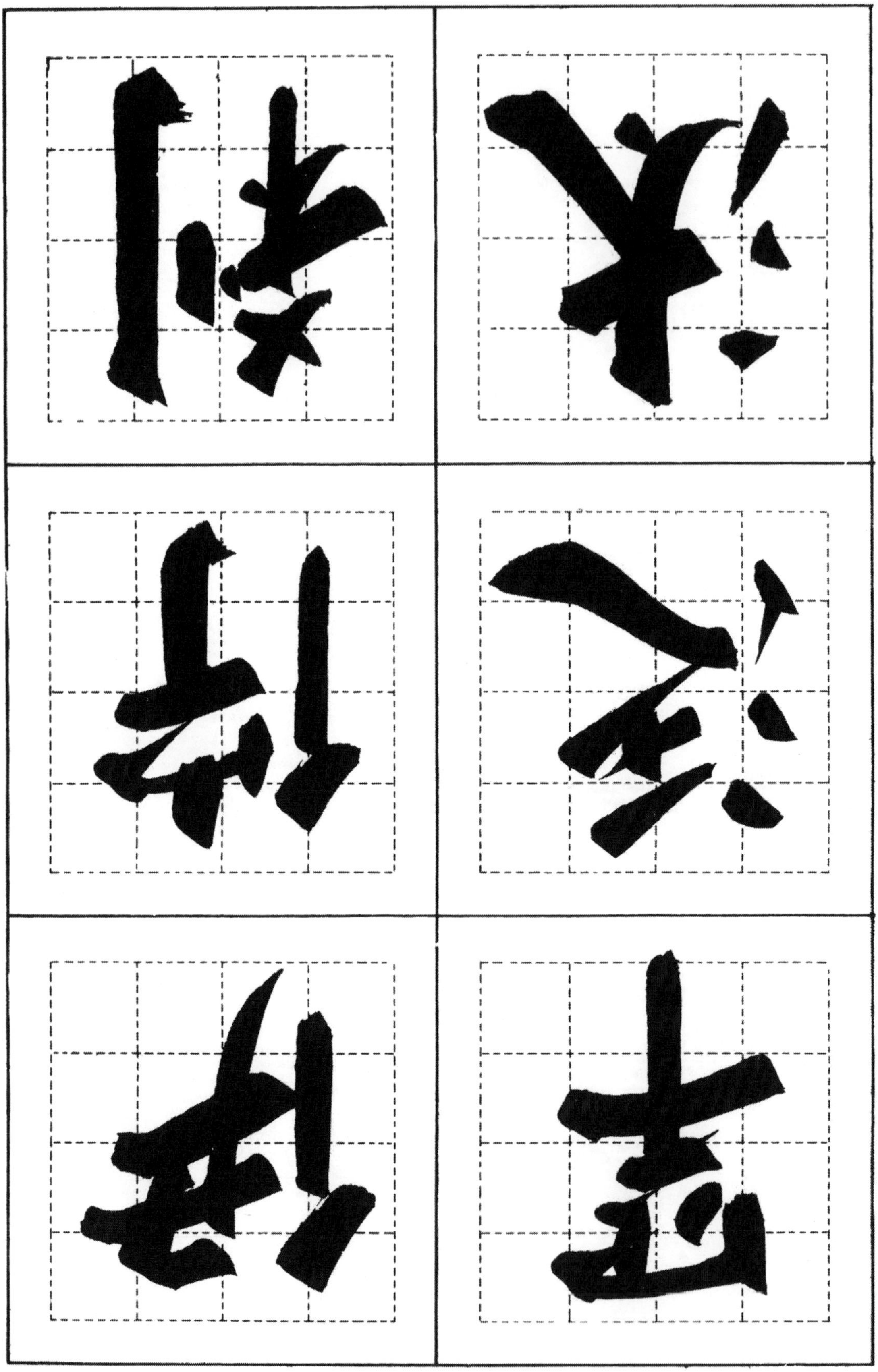

靄 妊 忌

或 秣 疔

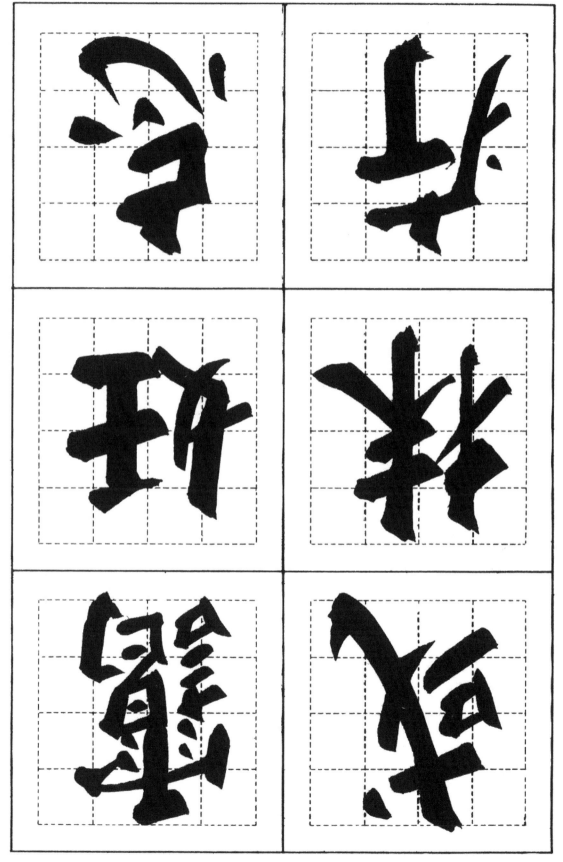

枚	矽
芯	芥
枇	牀

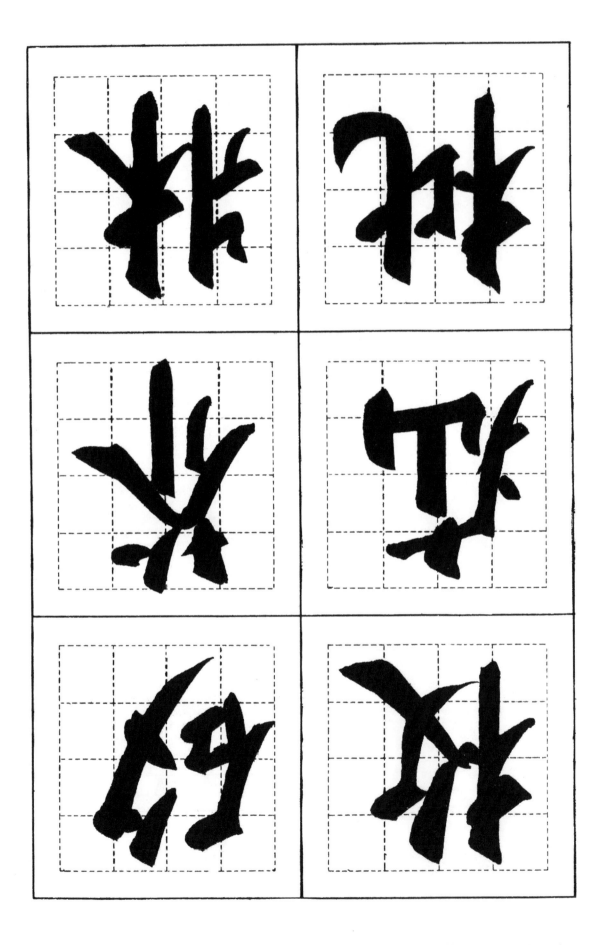

放 拆

柿 拍

歧 拖

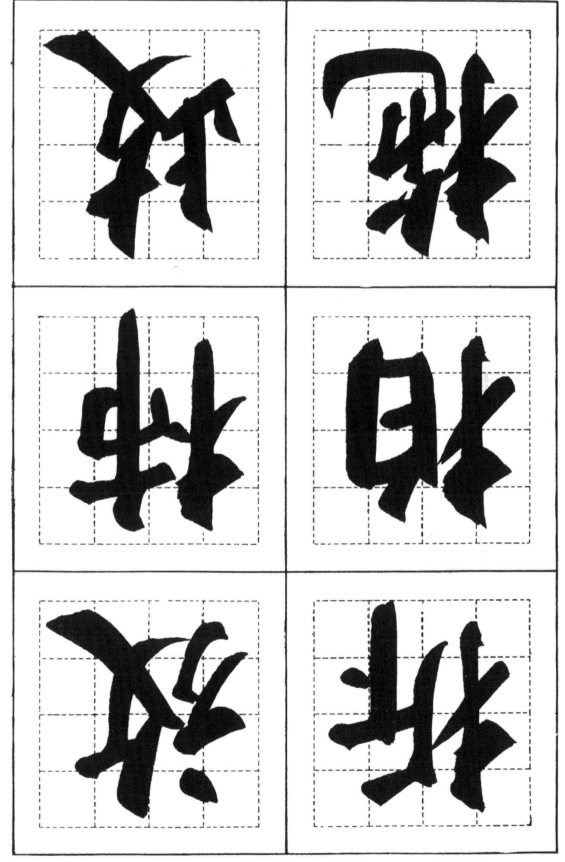

沸	沼
軋	妹
忌	怎

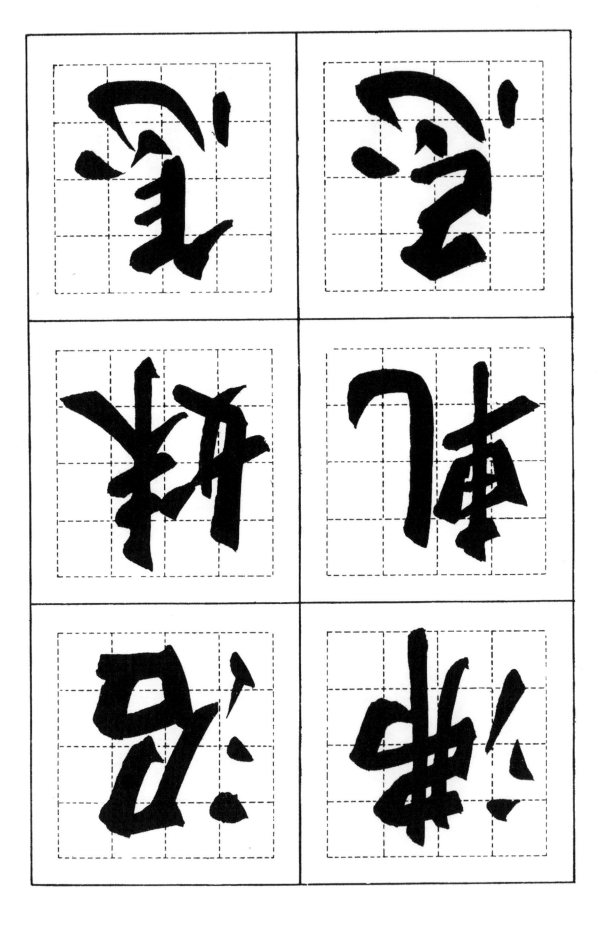

炒

沿

垢

玩

疾

沾

芭	韋
脛	砌
虐	祖

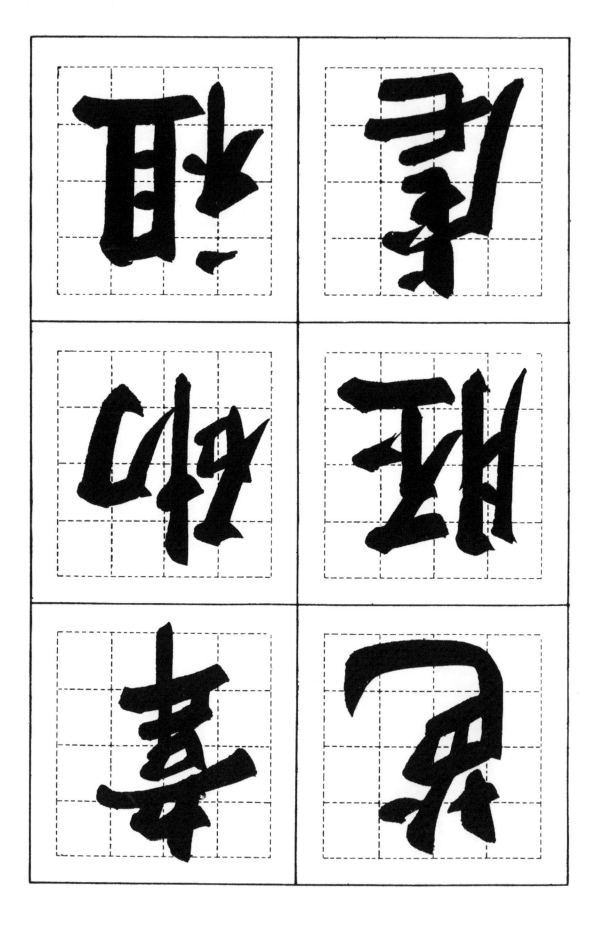

咳

陀

芷

沫

厘

哈

疤 疲

浚 票

畔 核

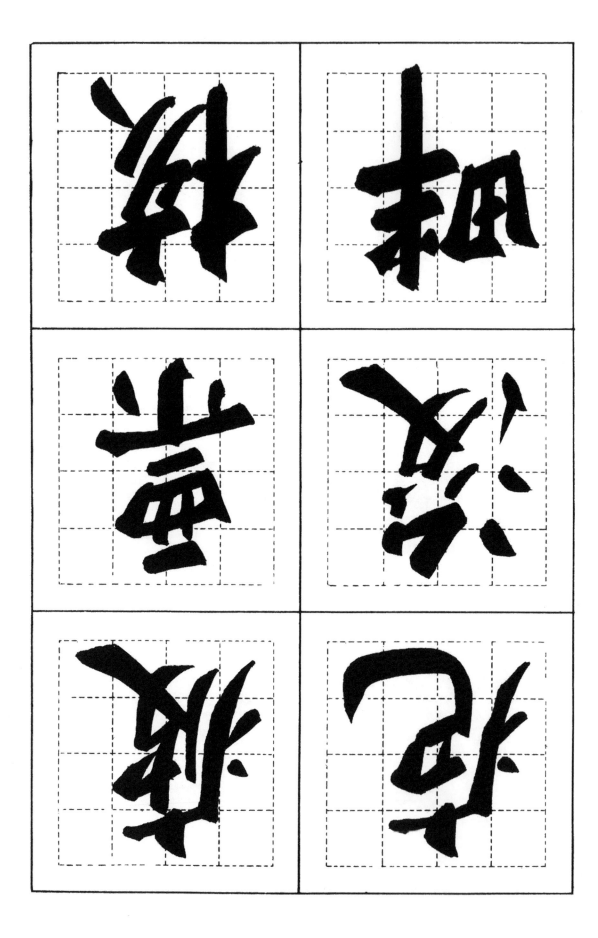

枱
殆
柩

胖
疥
炸

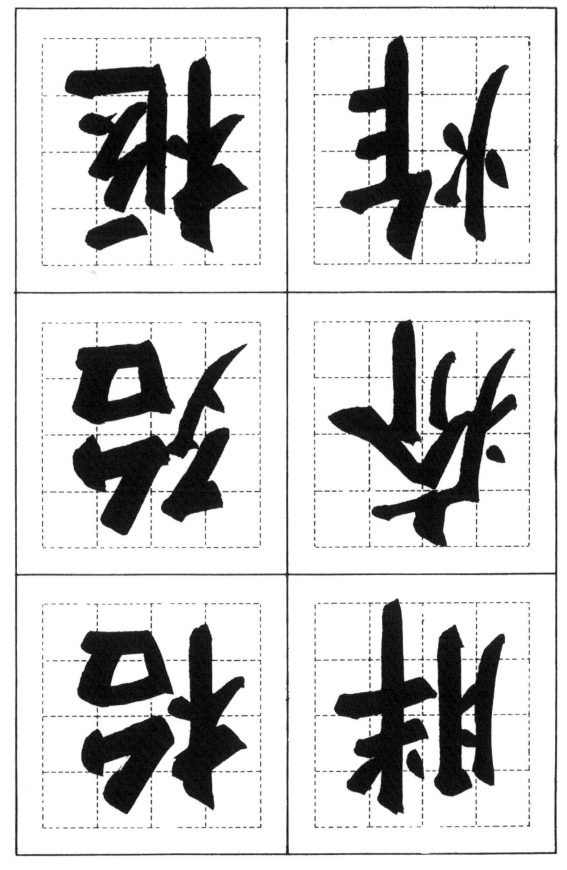

座　倦

俯　疴

哮　疸

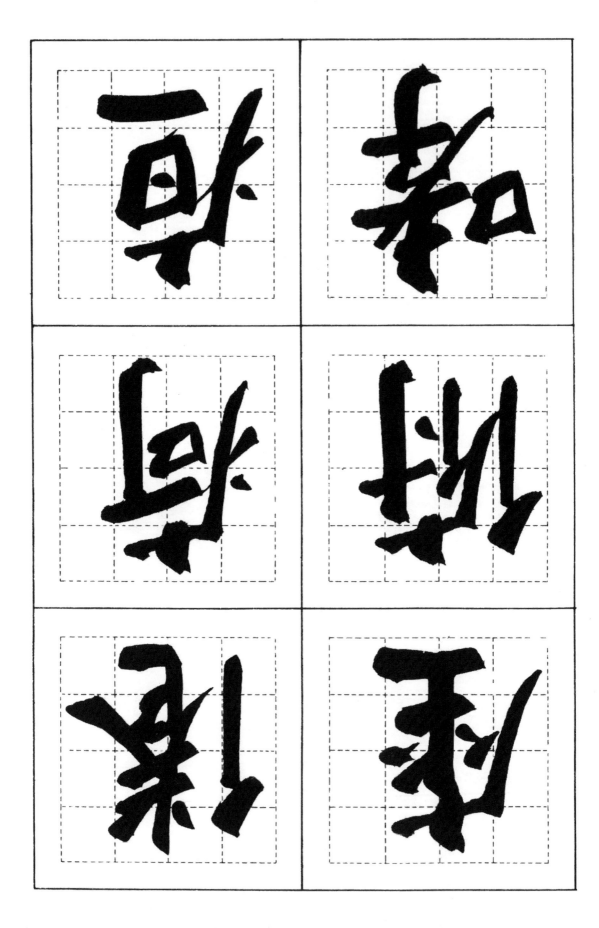

校
哩
峻
殉
挫
效

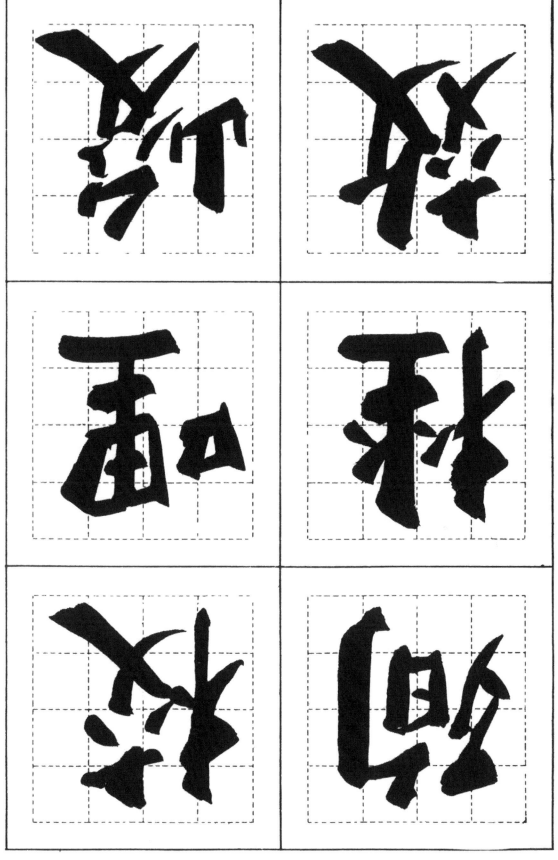

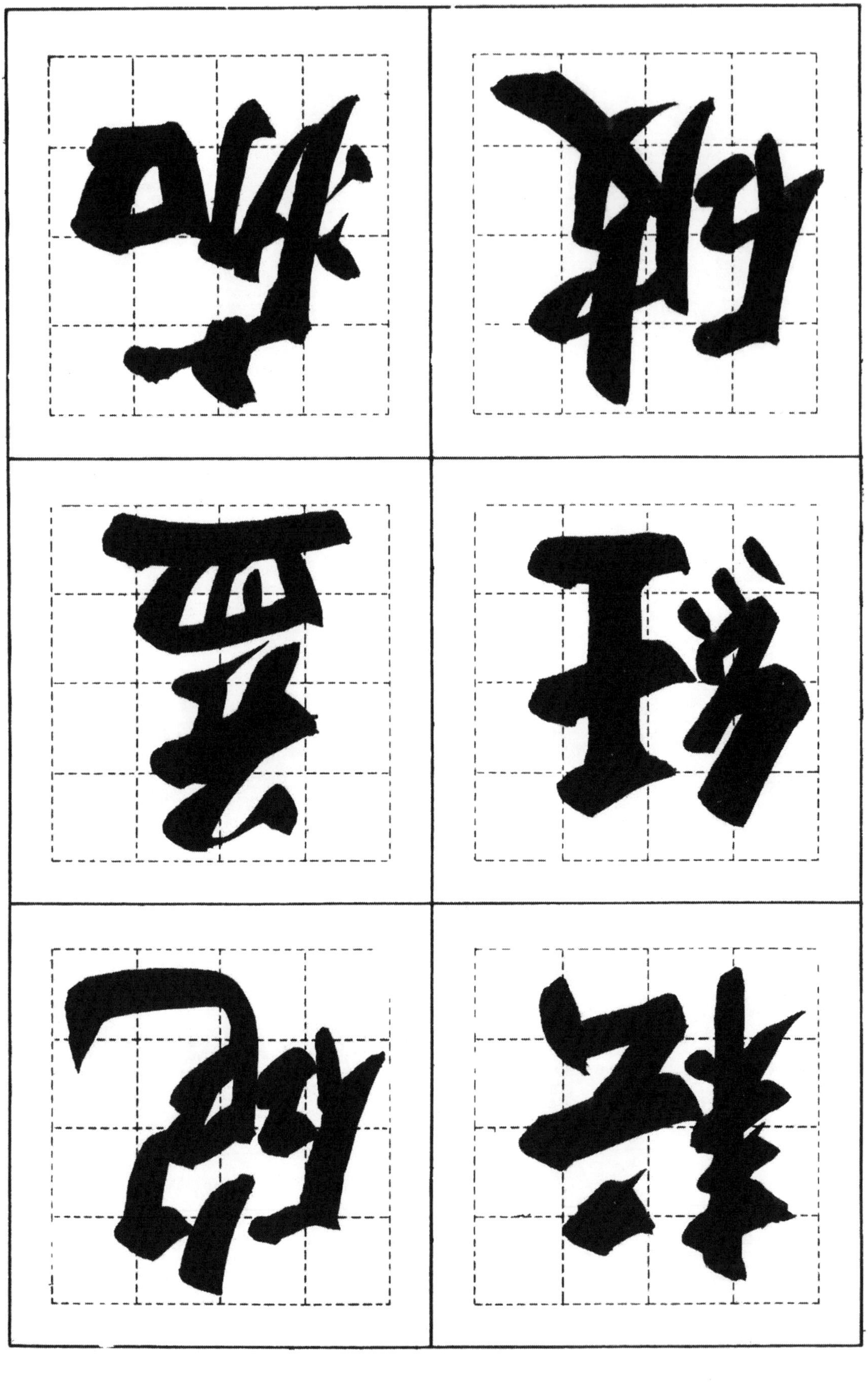
要

耗
耽
秣
赶
妨
衷

細紮紳

崙崑郡

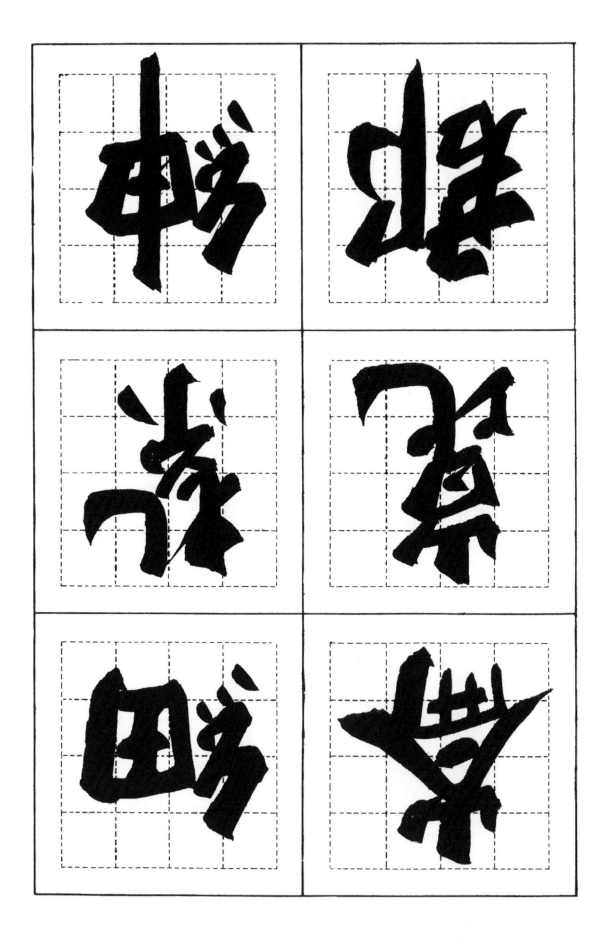

够
釘
郝
崎
偕
動

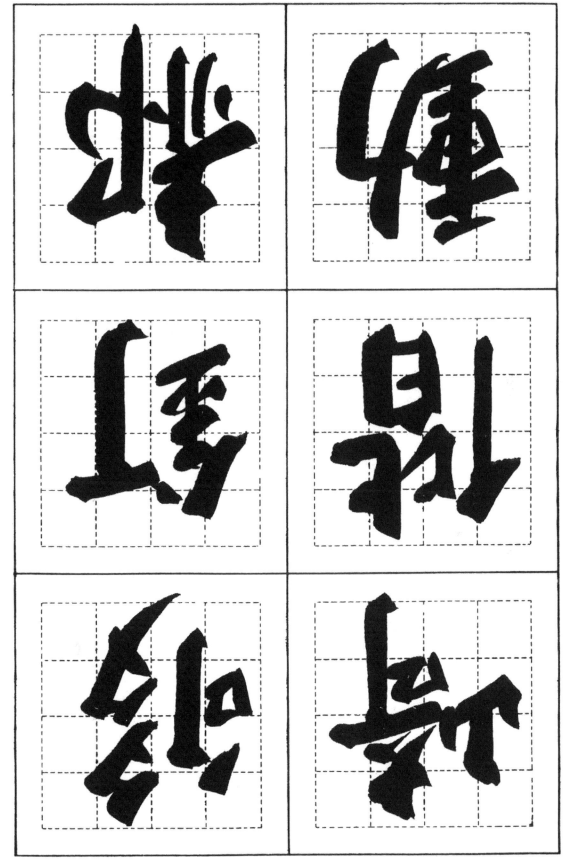

舵 訣

蛀 莆

訪 迄

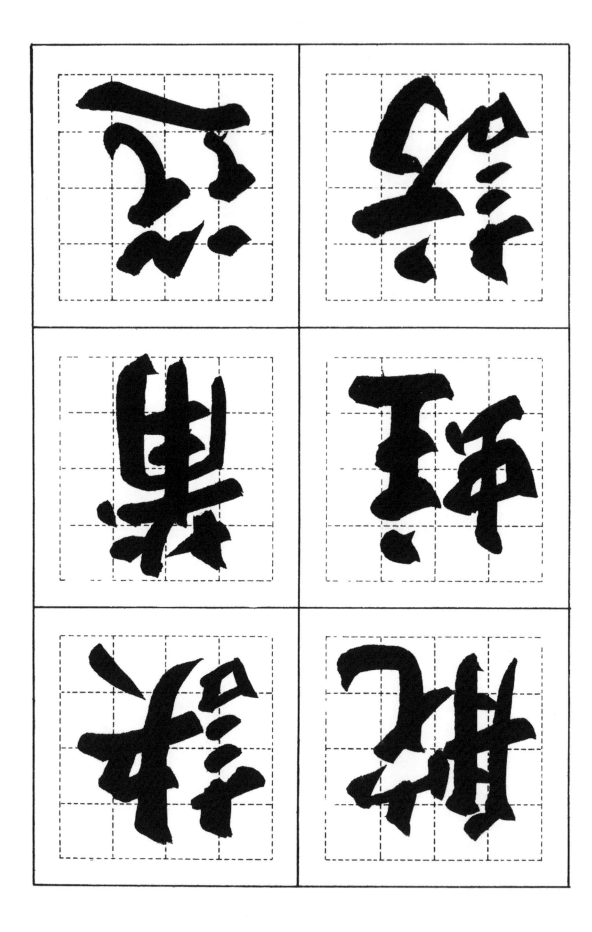

淝
羚
翎
琉
惜
梳

啡 琦

穿 棺

琳 琵

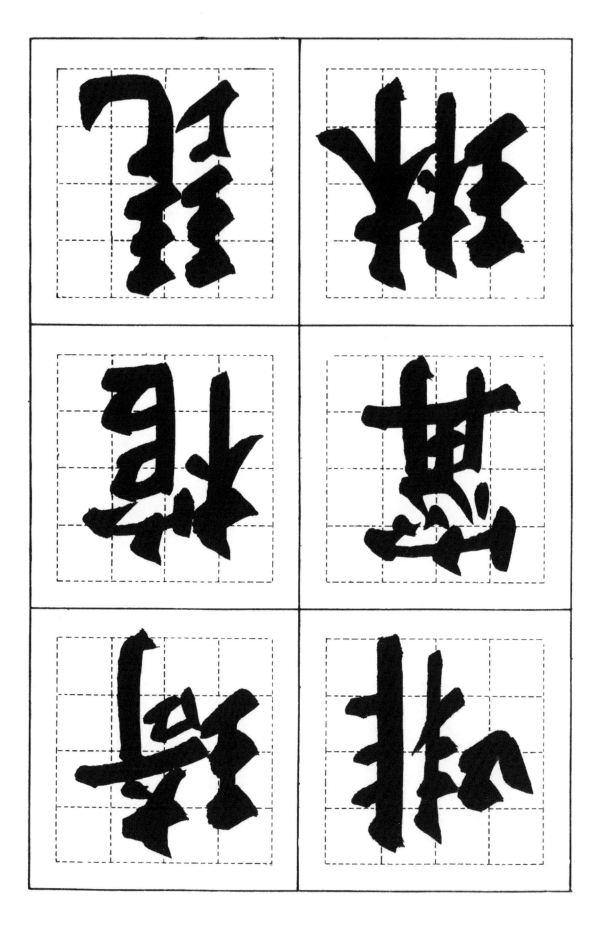

釧
酗
陪
舶
訟
豚

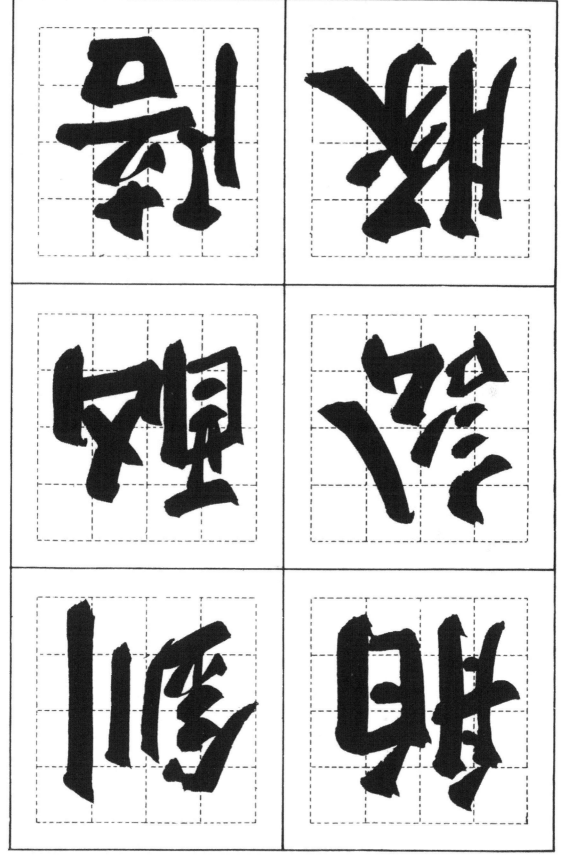

敝	割
剩	嫌
喝	慌

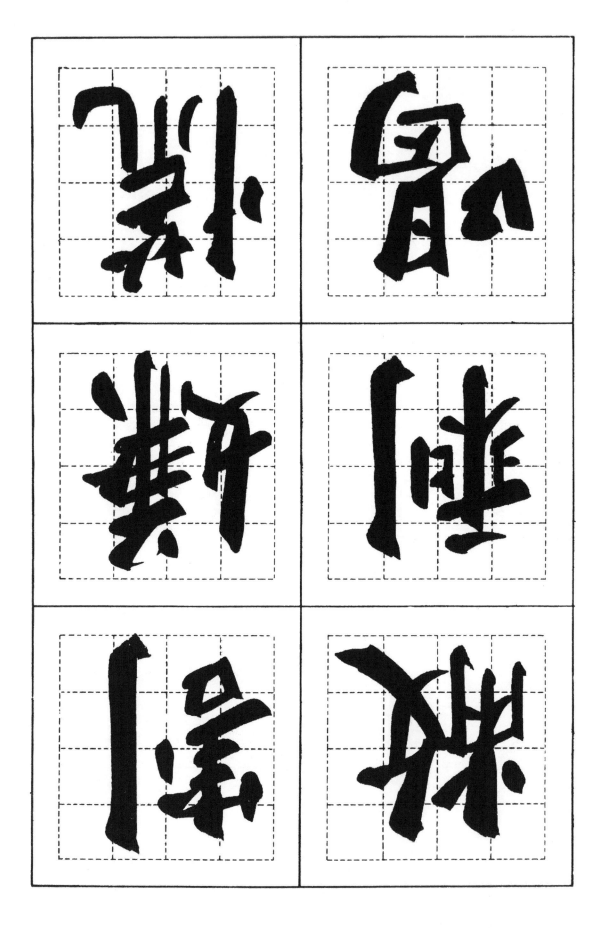

皂
媚
廂
測
最
揀

菁	煌
溢	煉
溯	爺

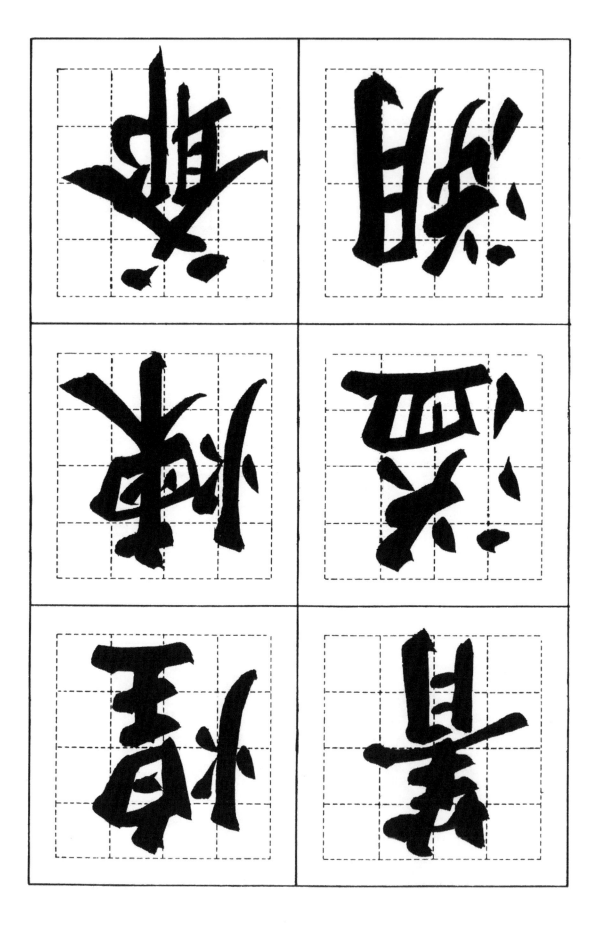

焙
痤
袵
愧
酢
於

求　瑚
補　葛
該　裙

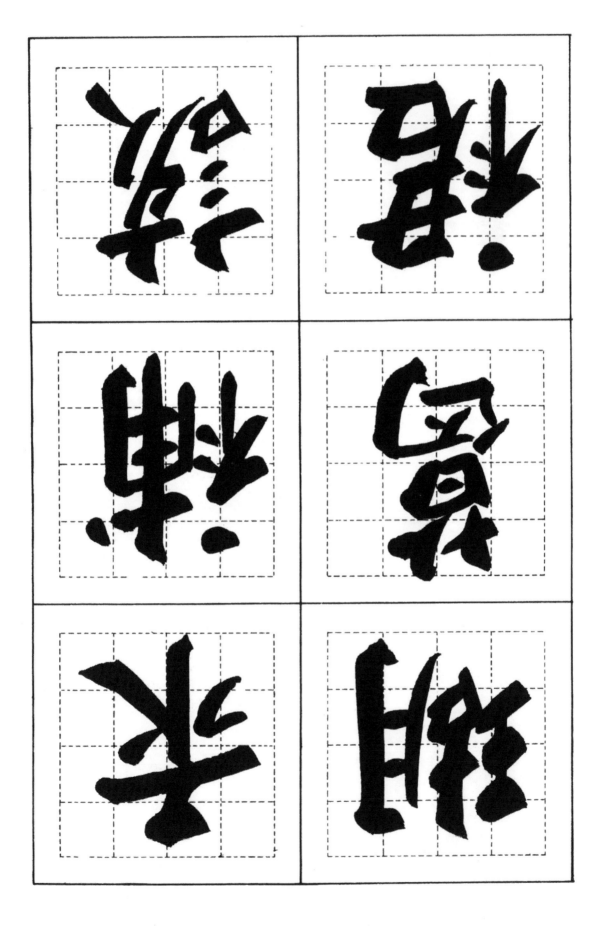

碗

聘

腺

献

猿

瑙

孵	幔
鉑	推
卧	跅

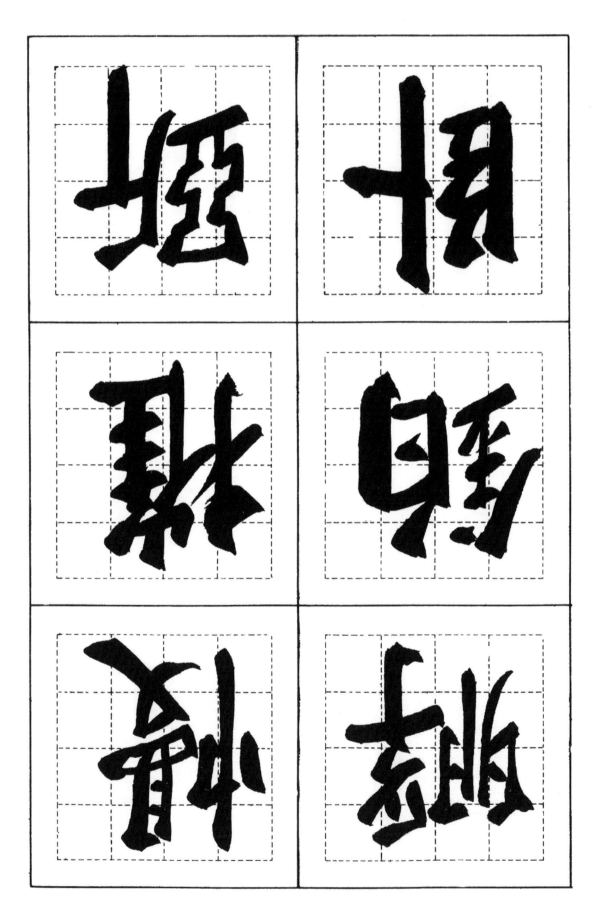

縣
鈾
靴
詹
駱
債

賑
輔
弊
瘋
蓆
裹

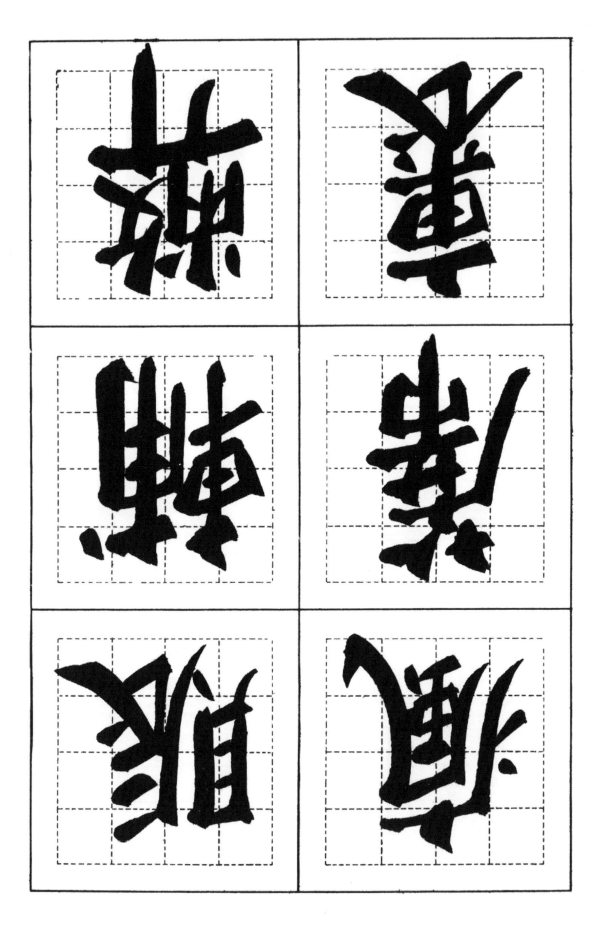

榕

熄

瑯

斡

姆

滚

瘧 熨

磁 瑾

璋 潦

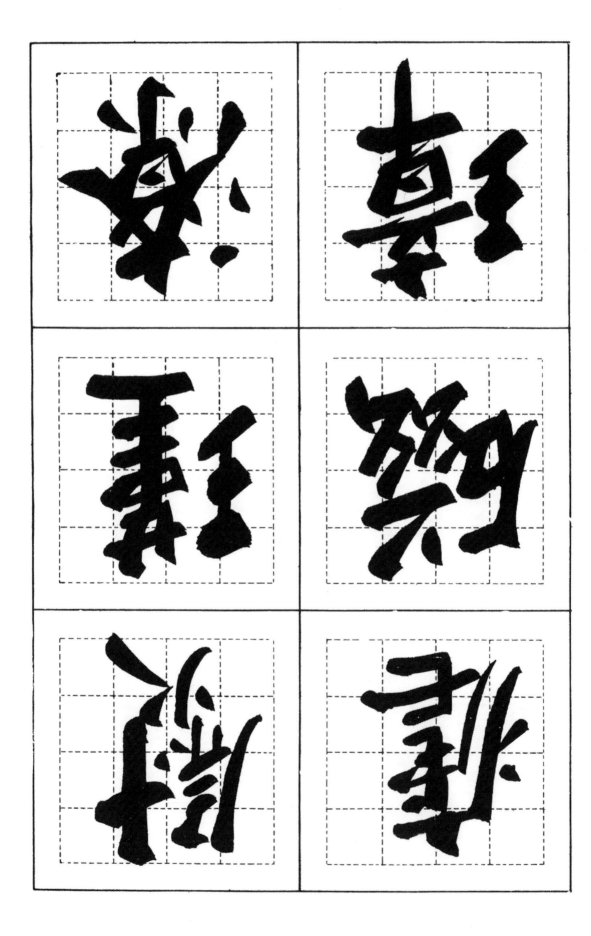

嘴

颱

飽

戮

噌

劍

撲 鶘

概 鴨

璣 塵

樞

樣

歎

潘

潑

毅

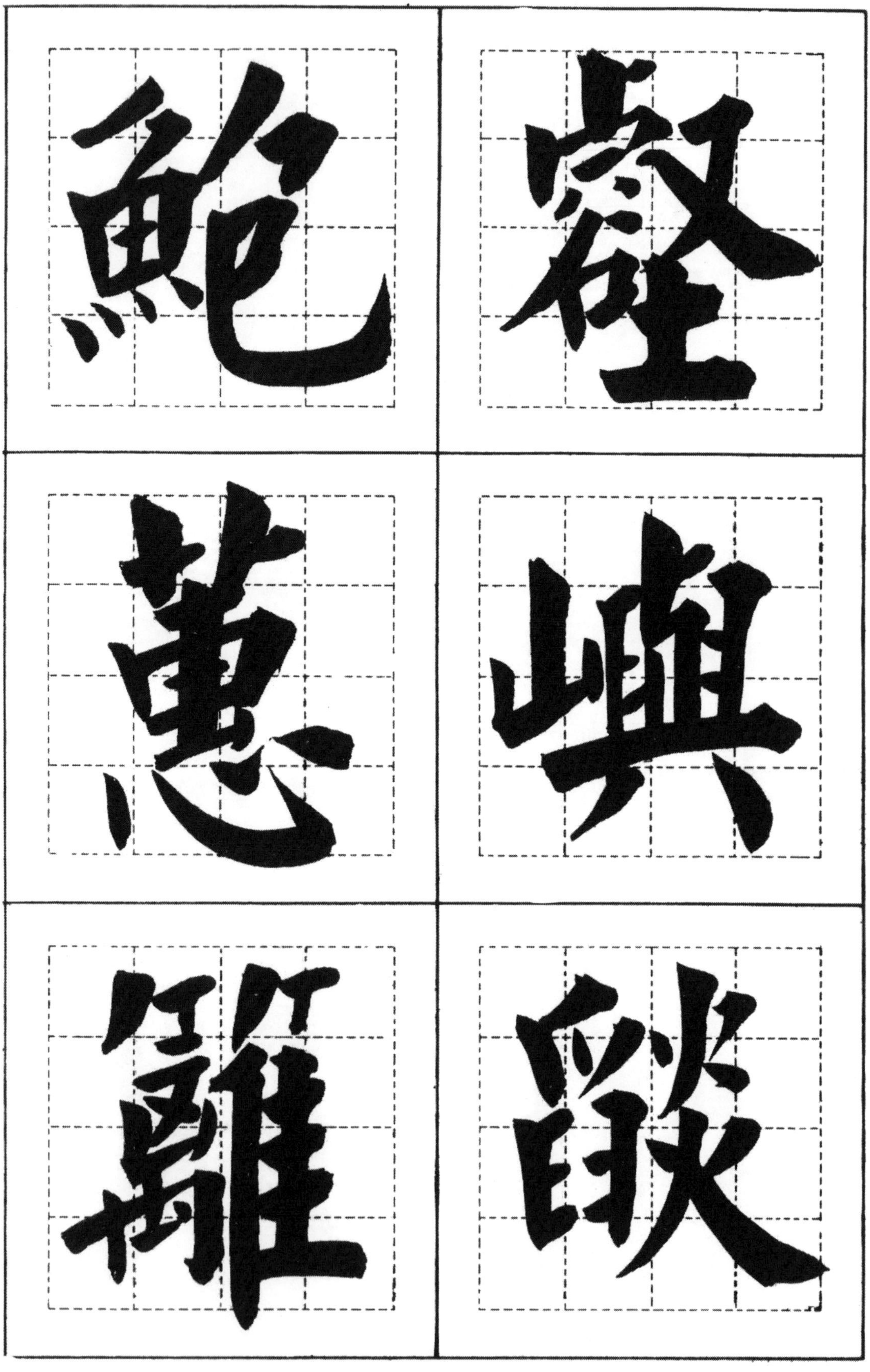
鮑
嶼
蕙
籬

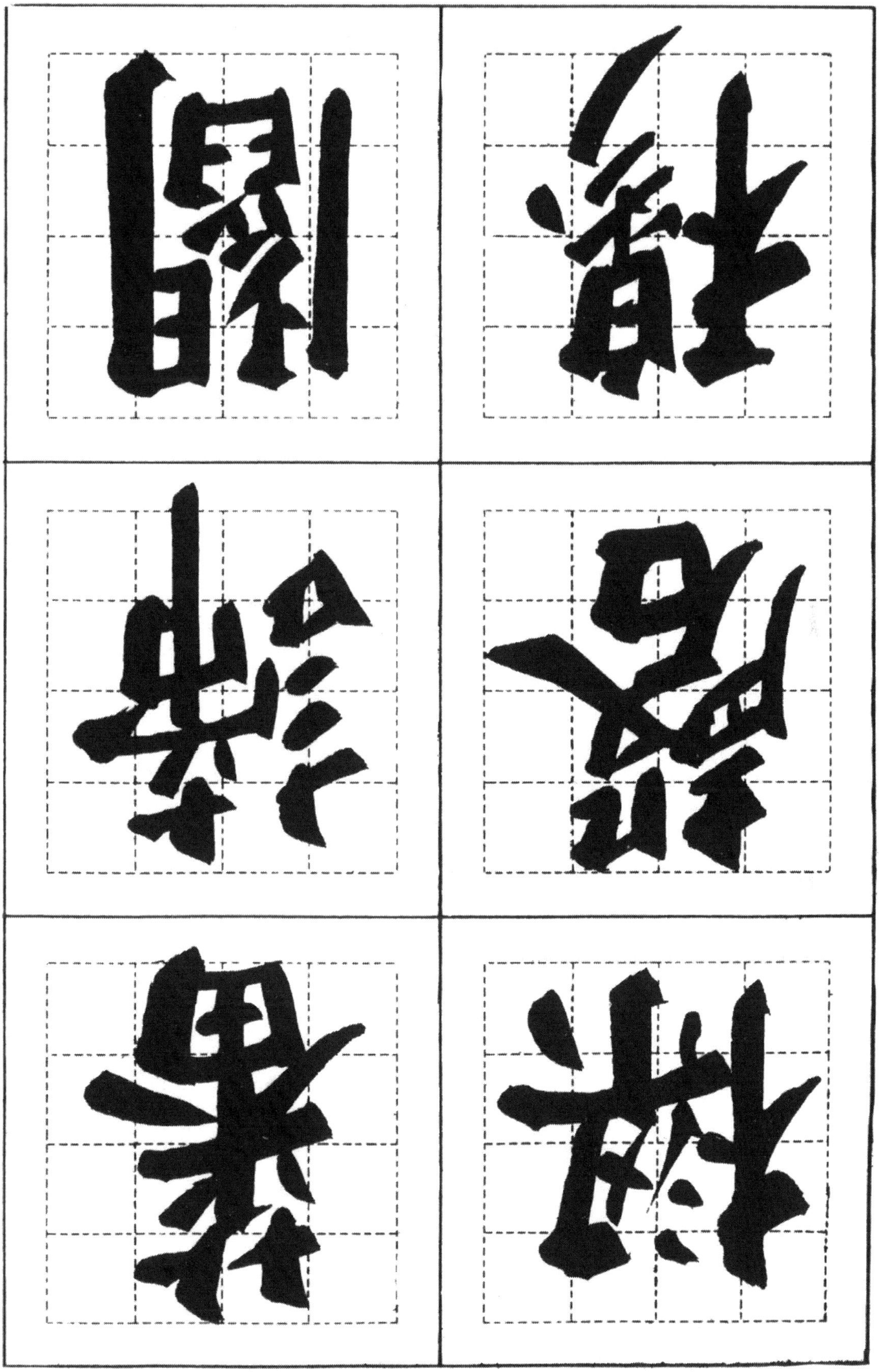

繳 噴

擅 麵

噩 餉

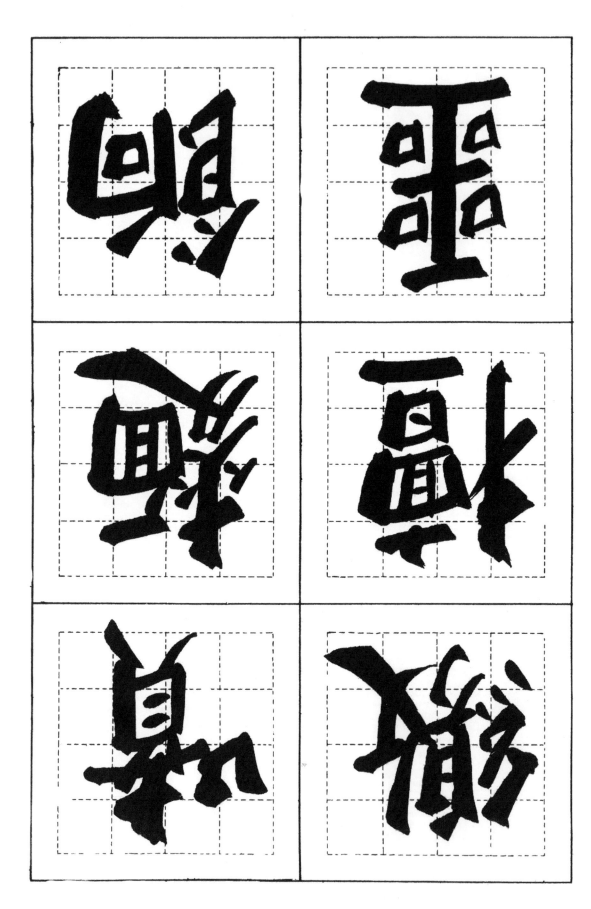

樹

澡

樺

濁

濂

橡

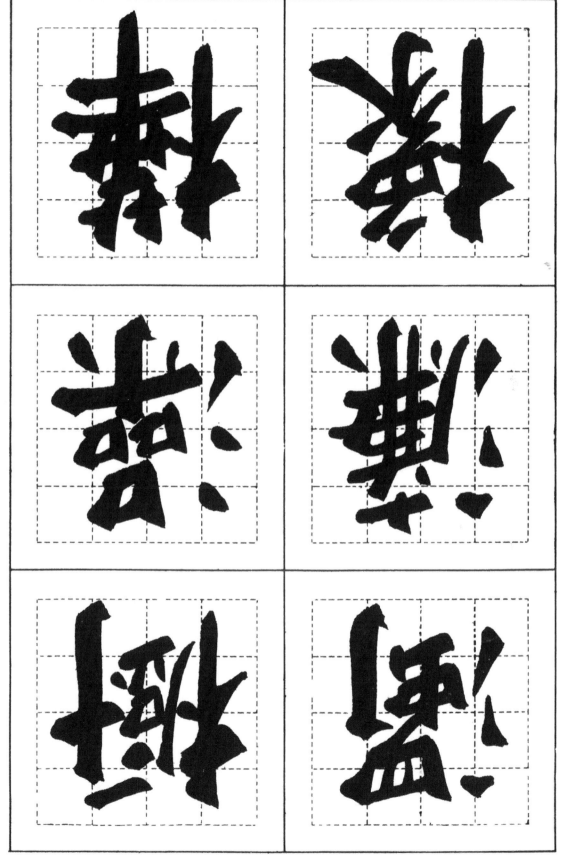

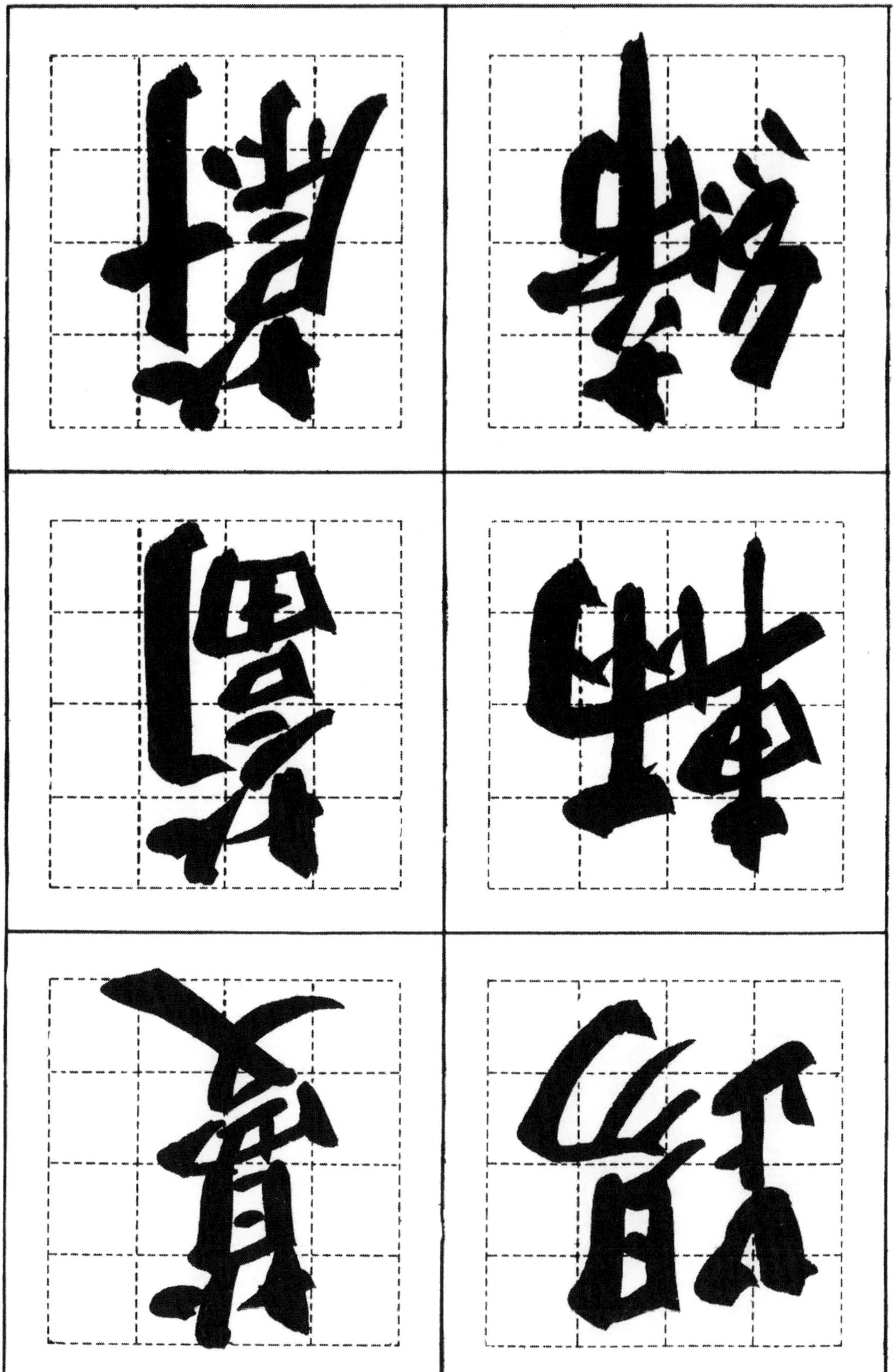

霉
銳
鋁
餃
駐
閱

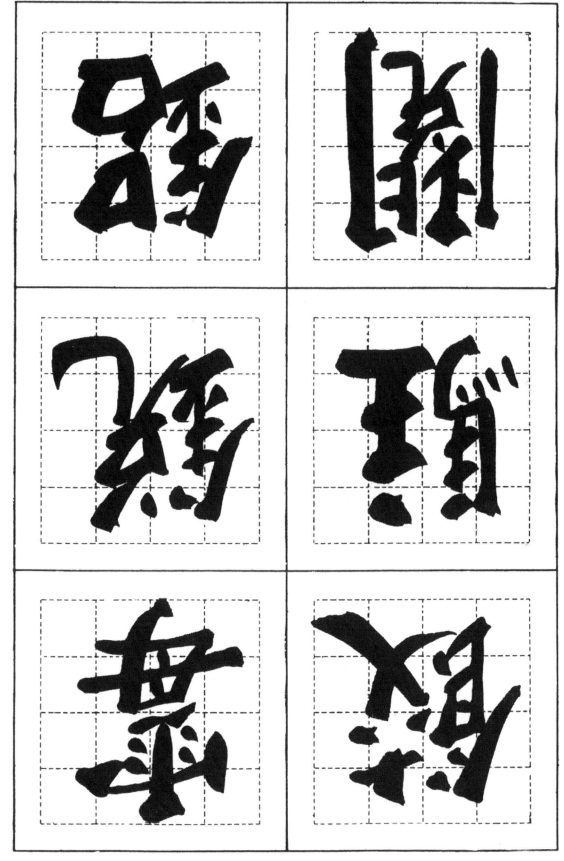

蝴 褓

誰 擦

剎 檀

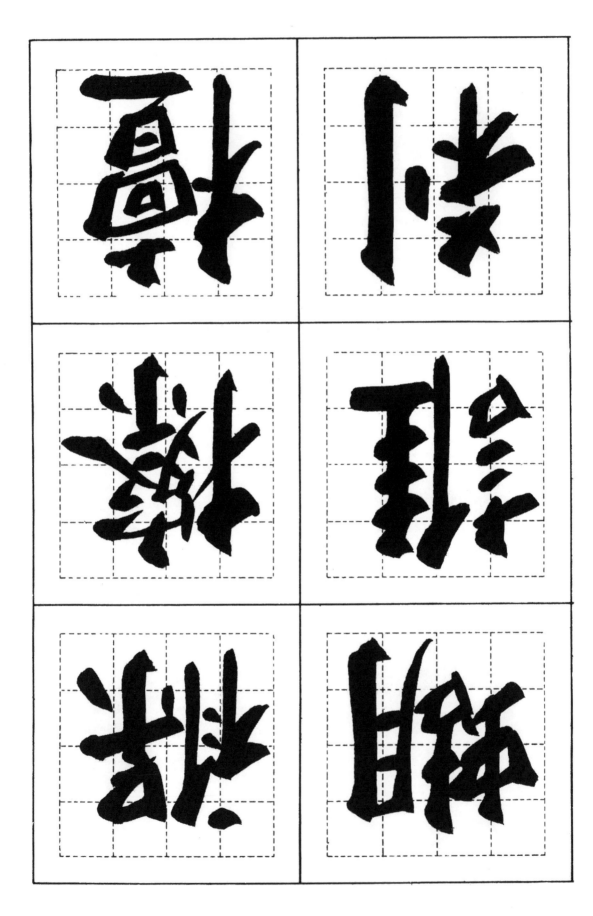

賠
路
踪
蔬
蝦
衝

襄
檯
攏
賺
薦
檬

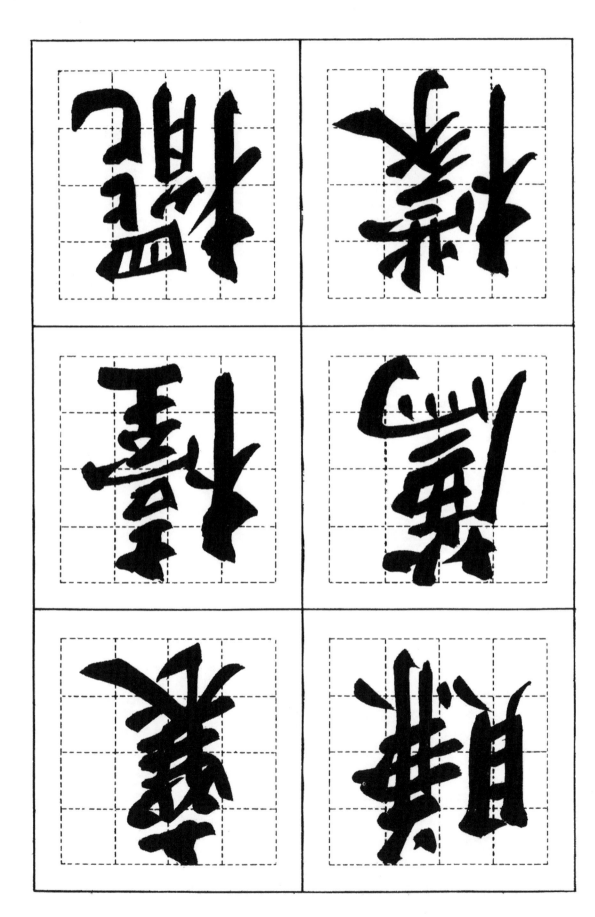

總 義 謠

磯 癌 糙

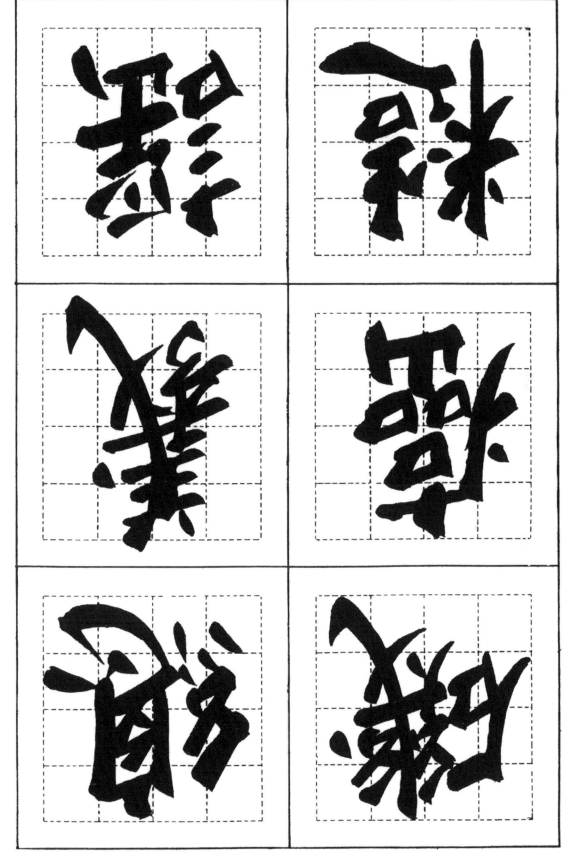

趨 爵

購 襟

濾 壢

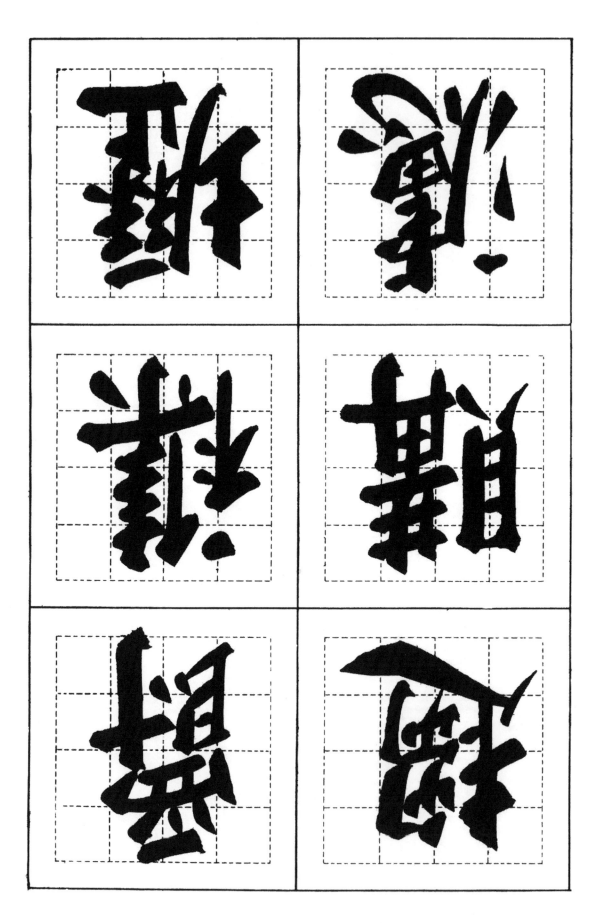

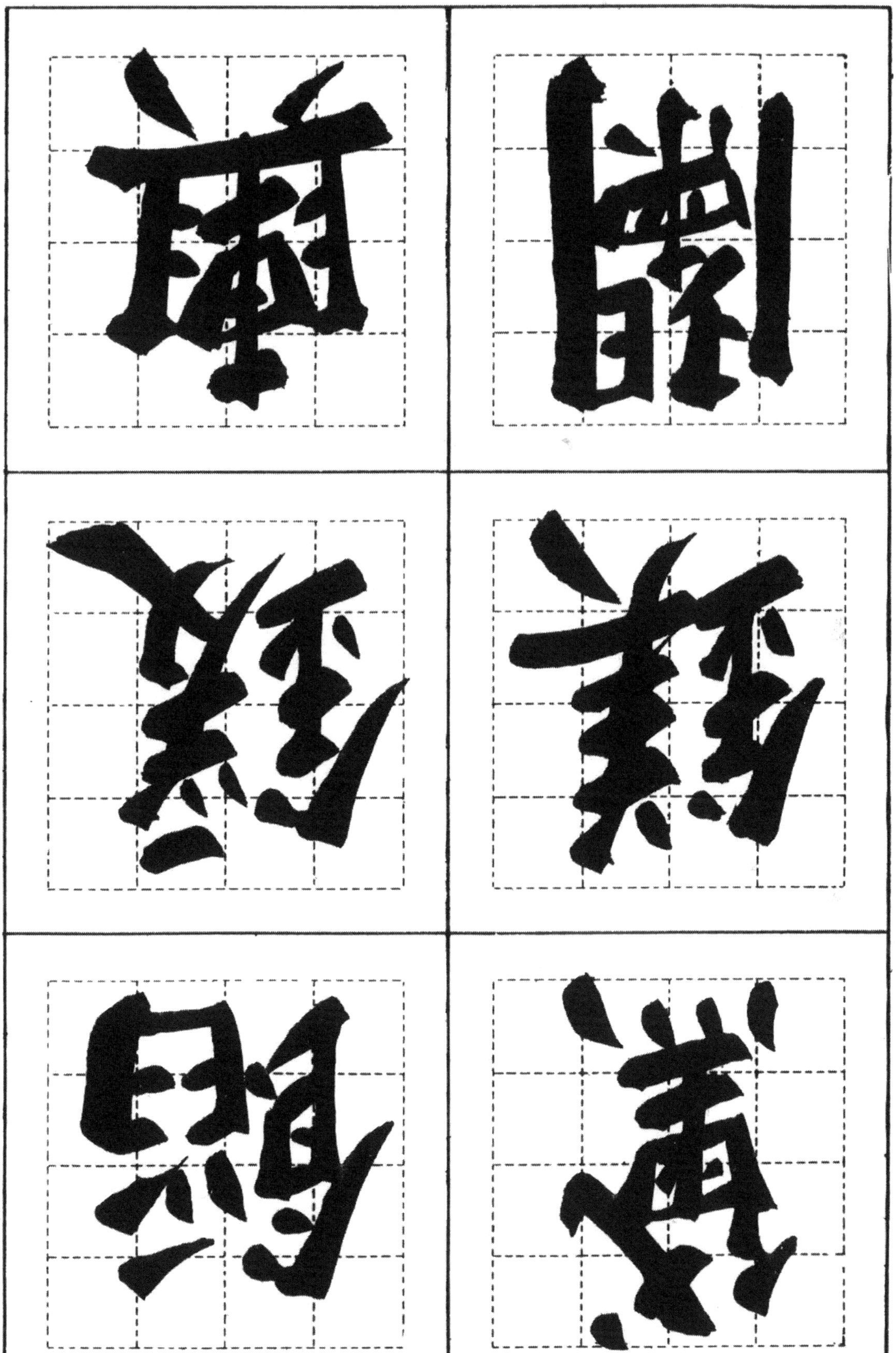

譚 竇

鶉 瀟

懺 籍

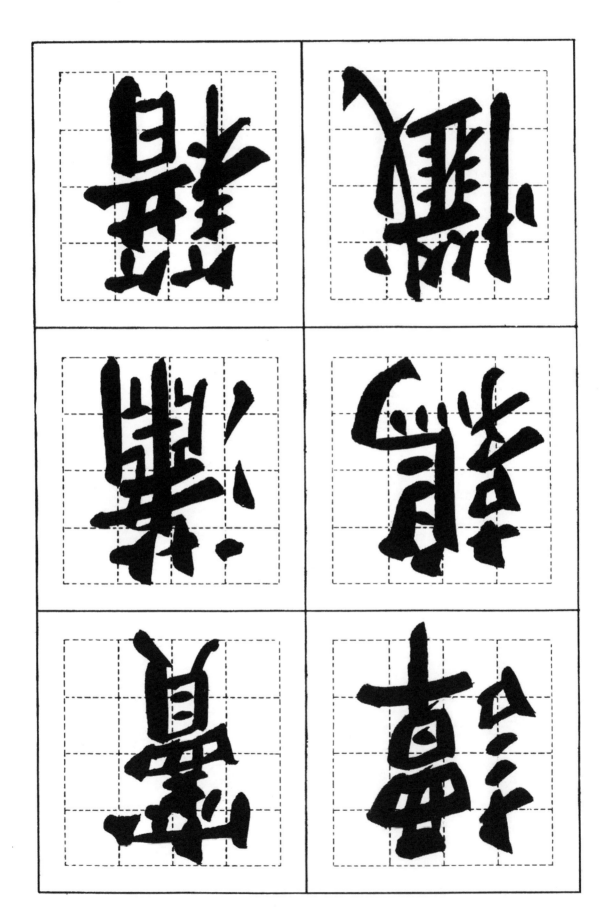

寵 贊 瀝 鍛 蹤 馥

衢	鑒
鑄	囑
鬚	驛

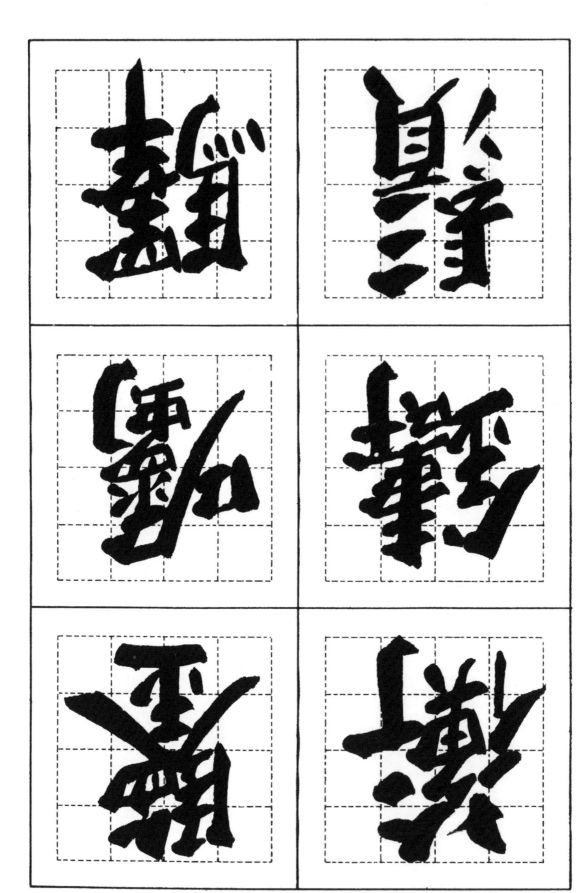

薺
籐
躍
籌
釐
瞿

匈 卞

以 交

安 丰

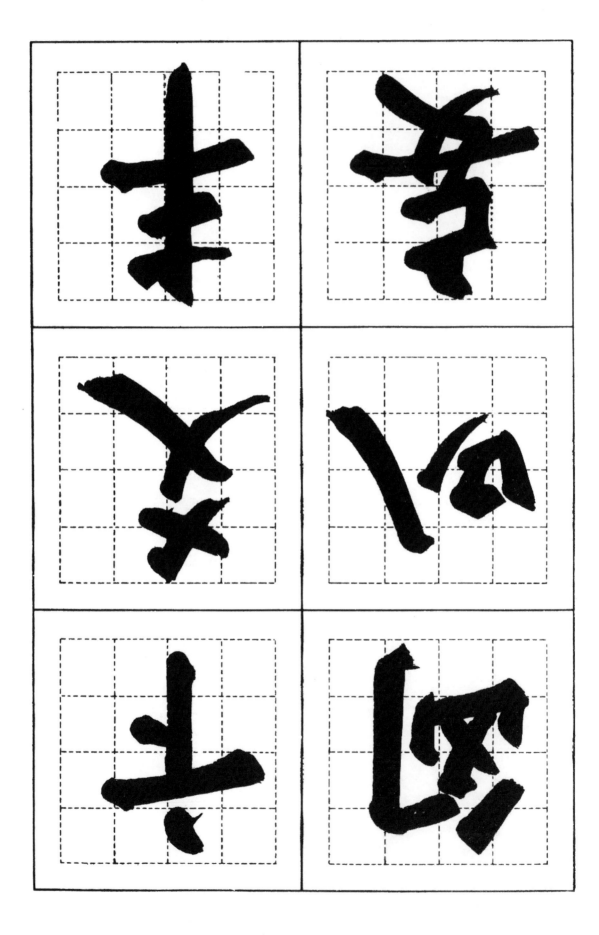

至
奶
竹
吃
圭
它

叹	坊
困	批
姊	芽

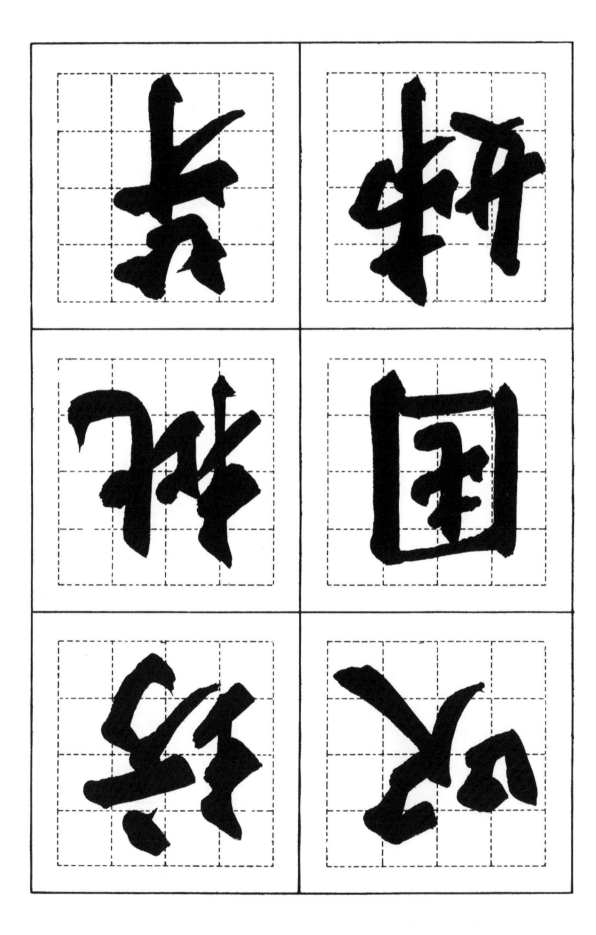

冲 佣

尧 找

吵 拓

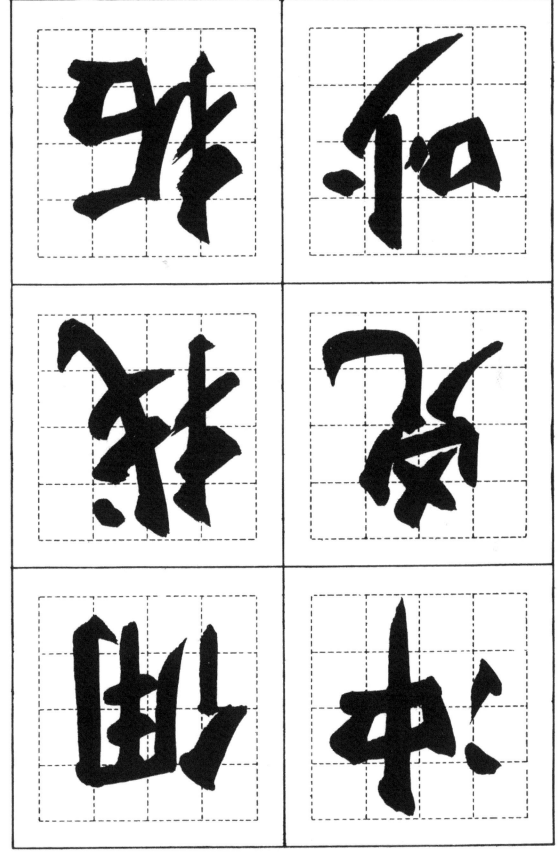

拘 洇

耐 咪

挖 苕

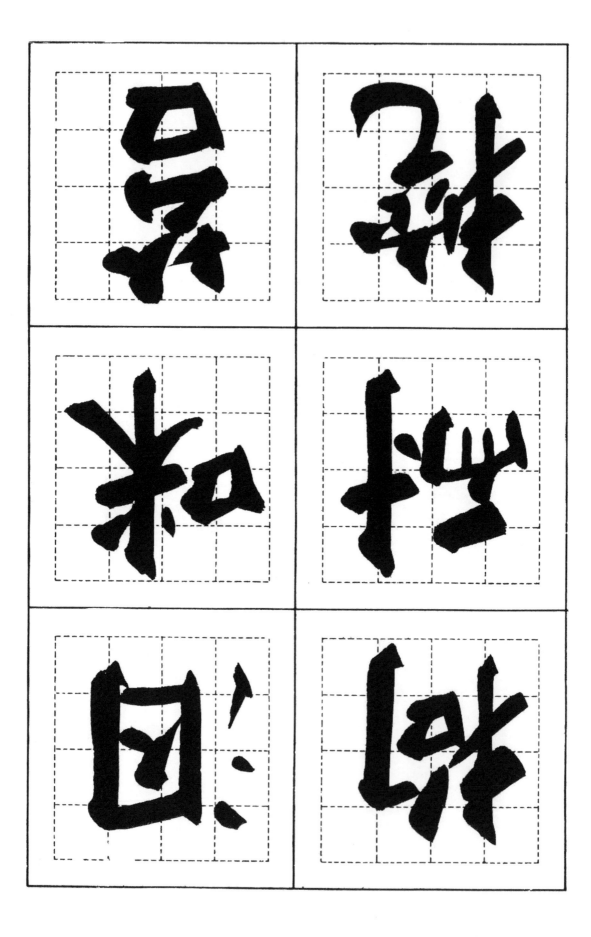

拌
秒
娃
坦
芹
奕

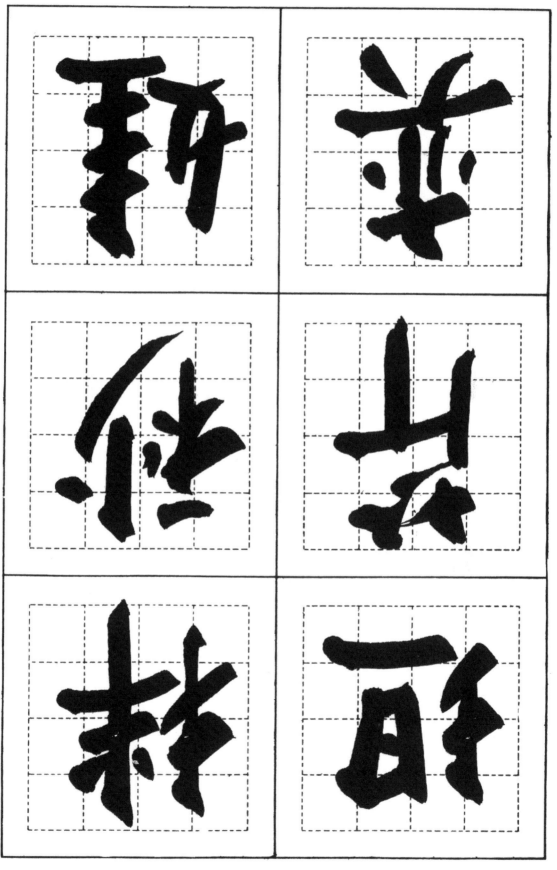

剋 括

俐 祉

陌 晃

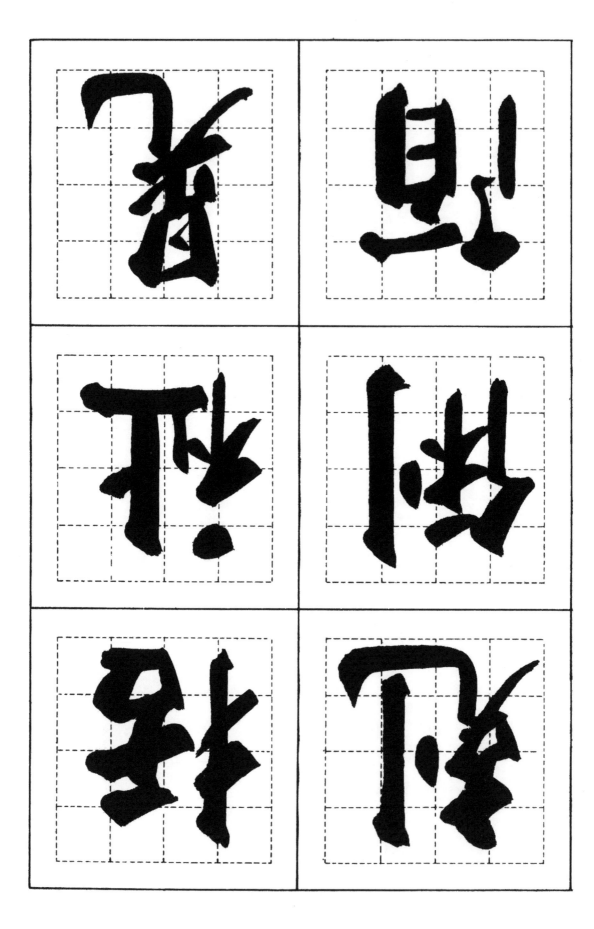

俏
皈
送
侮
拭
虹

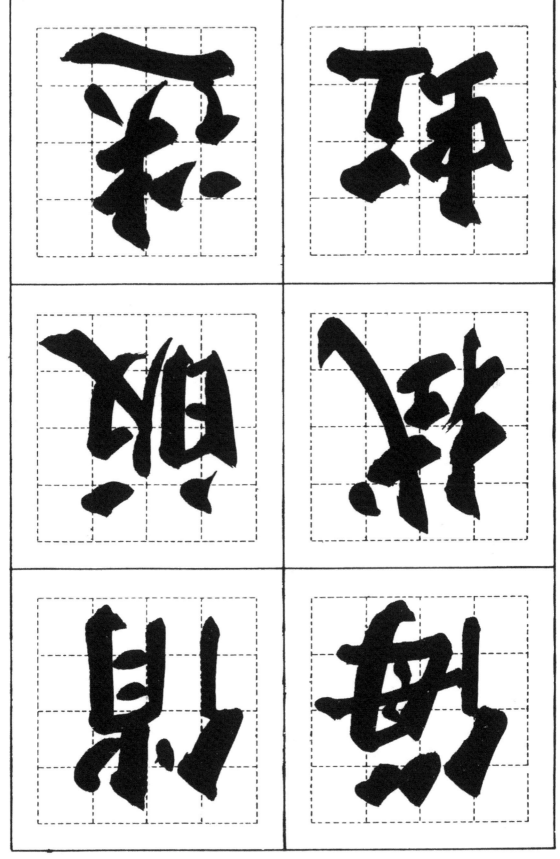

併 埔

烤 祠

退 俩

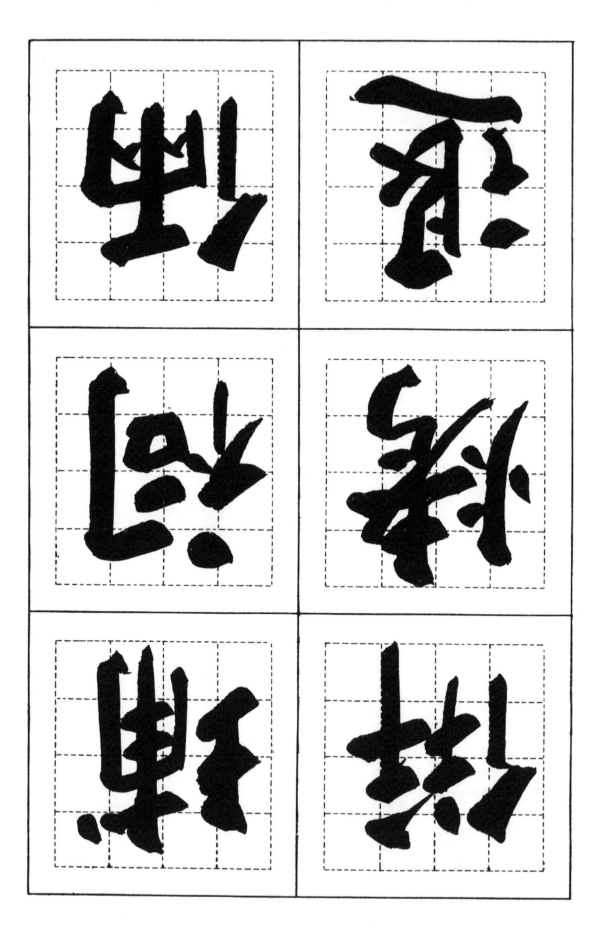

拿

氧

胰

航

晒

窄

桔 逆

啤 埠

惟 斌

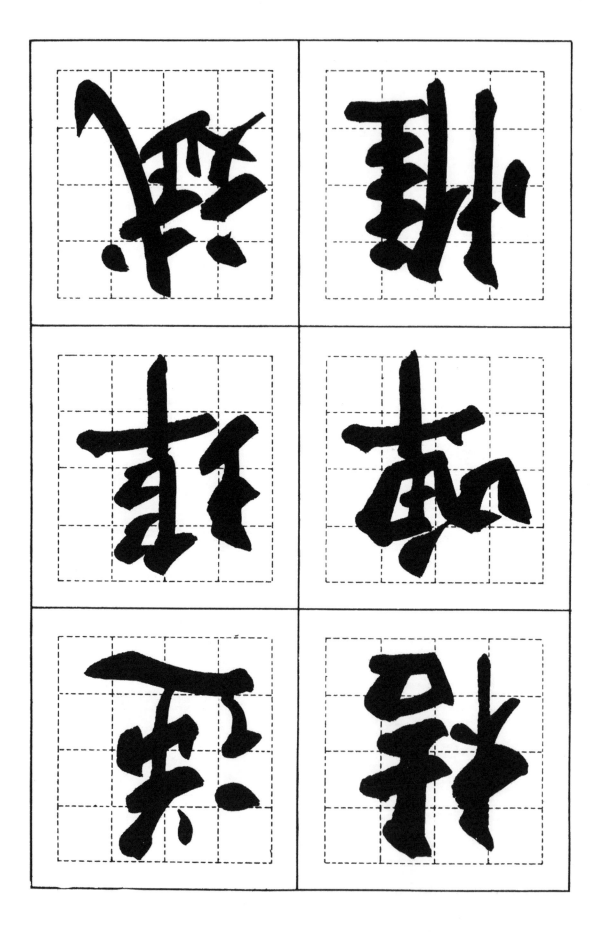

肩

現

您

倪

豹

娼

研	粒
唾	棹
棵	殼

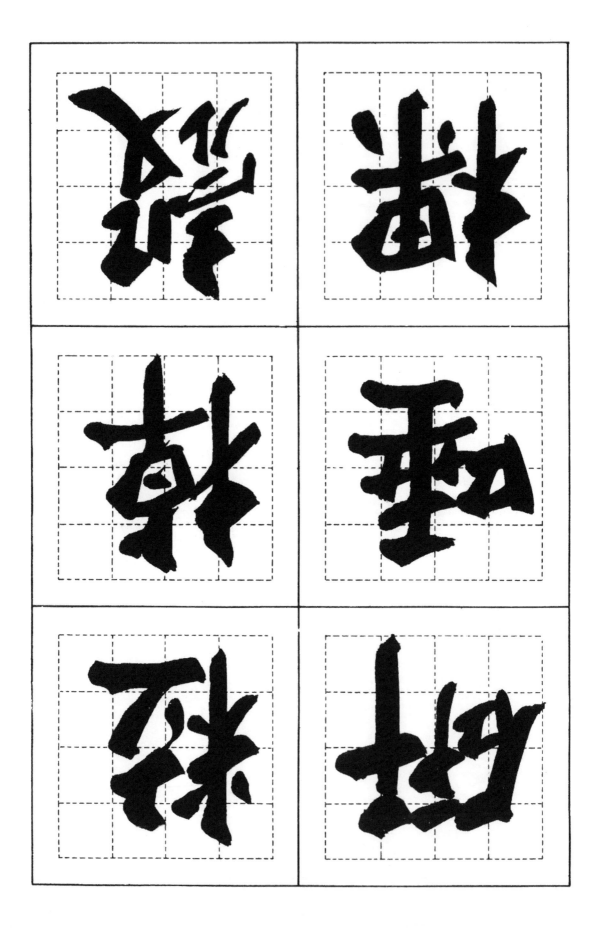

氳

這

棘

欵

葶

棕

强 握

渣 猴

琛 茭

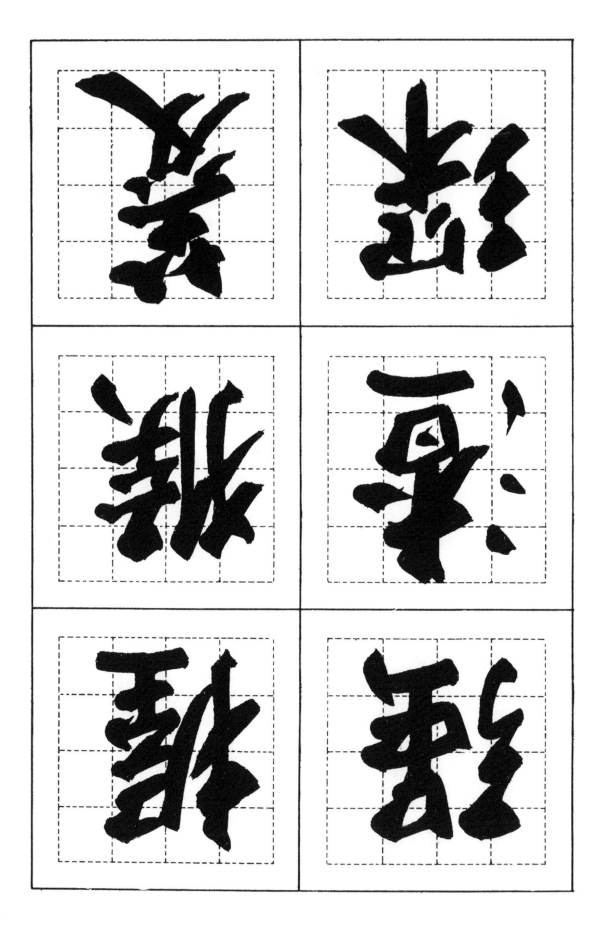

媒 奢

氣 氣

猶 釉

硫
蛔
隅
痙
蛙
鈣

偏 惰

業 痳

群 腫

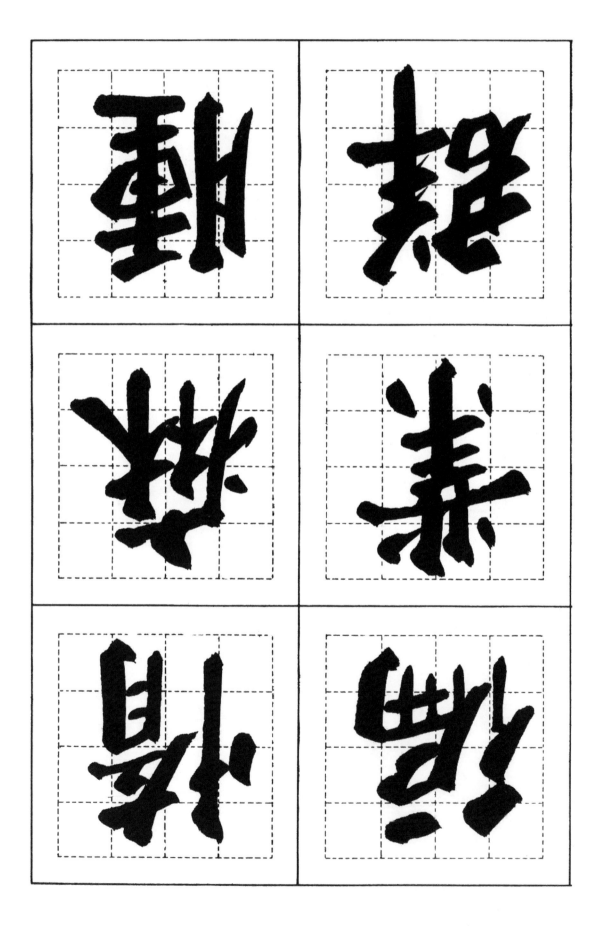

喇

楨

葷

喊

搾

筮

較 遊
鈍 馳
傻 剿

躲
雖
僂
賂
鉅
暄

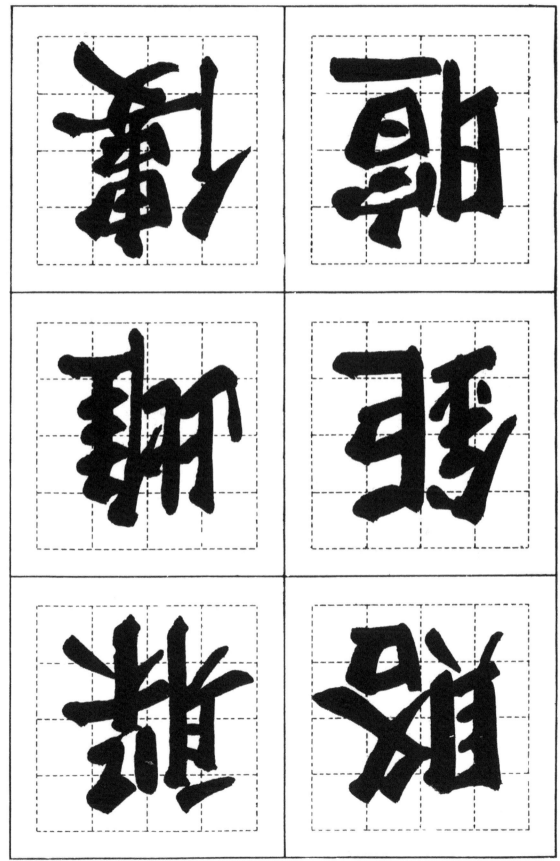

愷
稟
碳
窠
瑛
僱

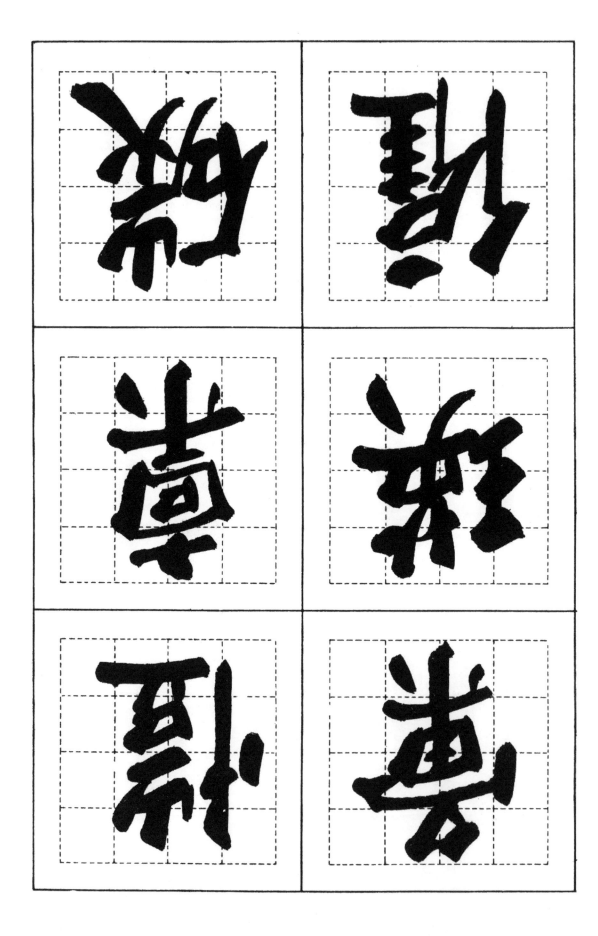

嗅

滄

頑

劇

梭

鉤

箏 赫

辣 遣

綠 榘

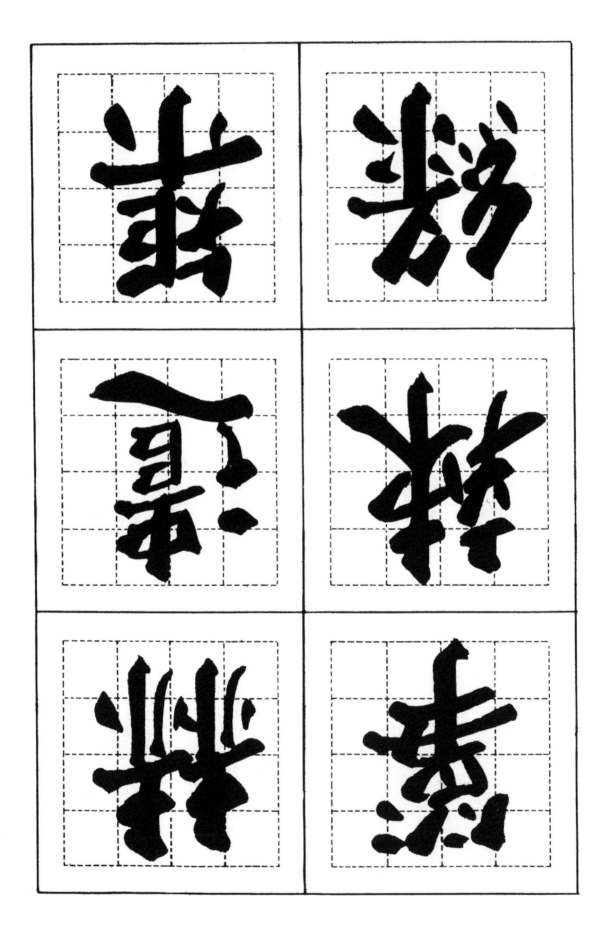

窩
輓
鼻
種
趧
酵

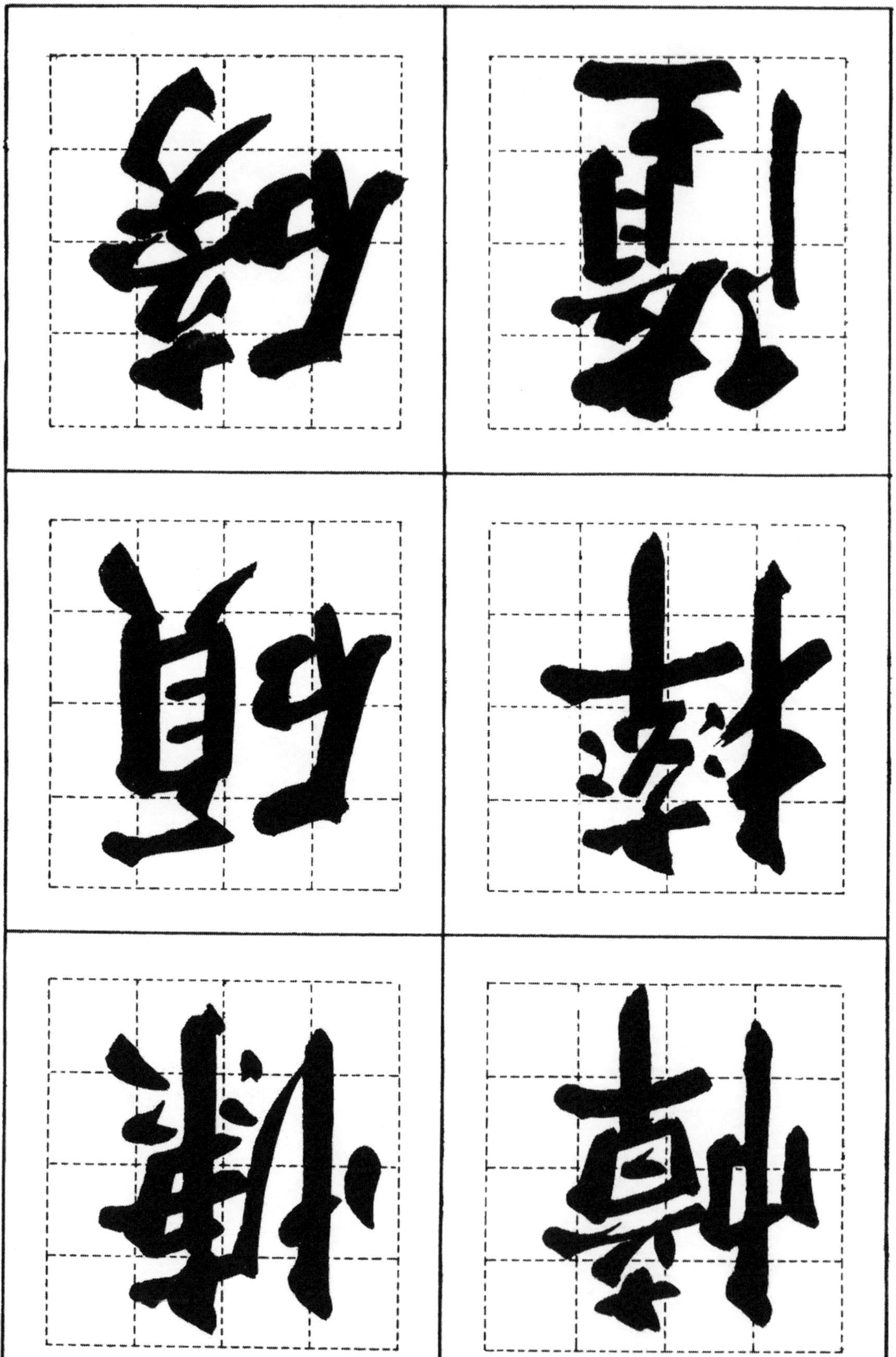

寨
模
麼
嘔
慨
箕

絨　緞

賬　鋤

楚　橈

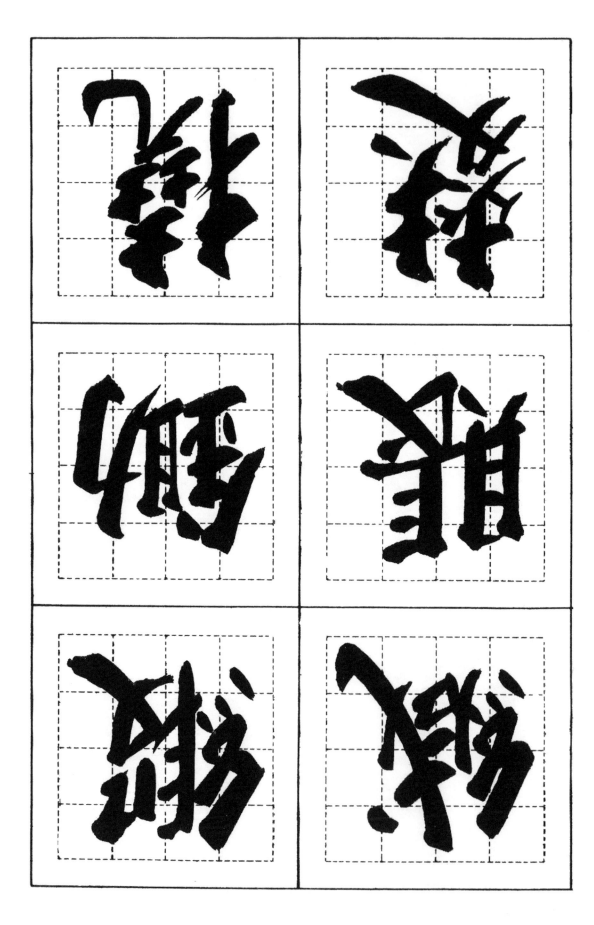

稿

蘇

隣

碾

鋪

鋅

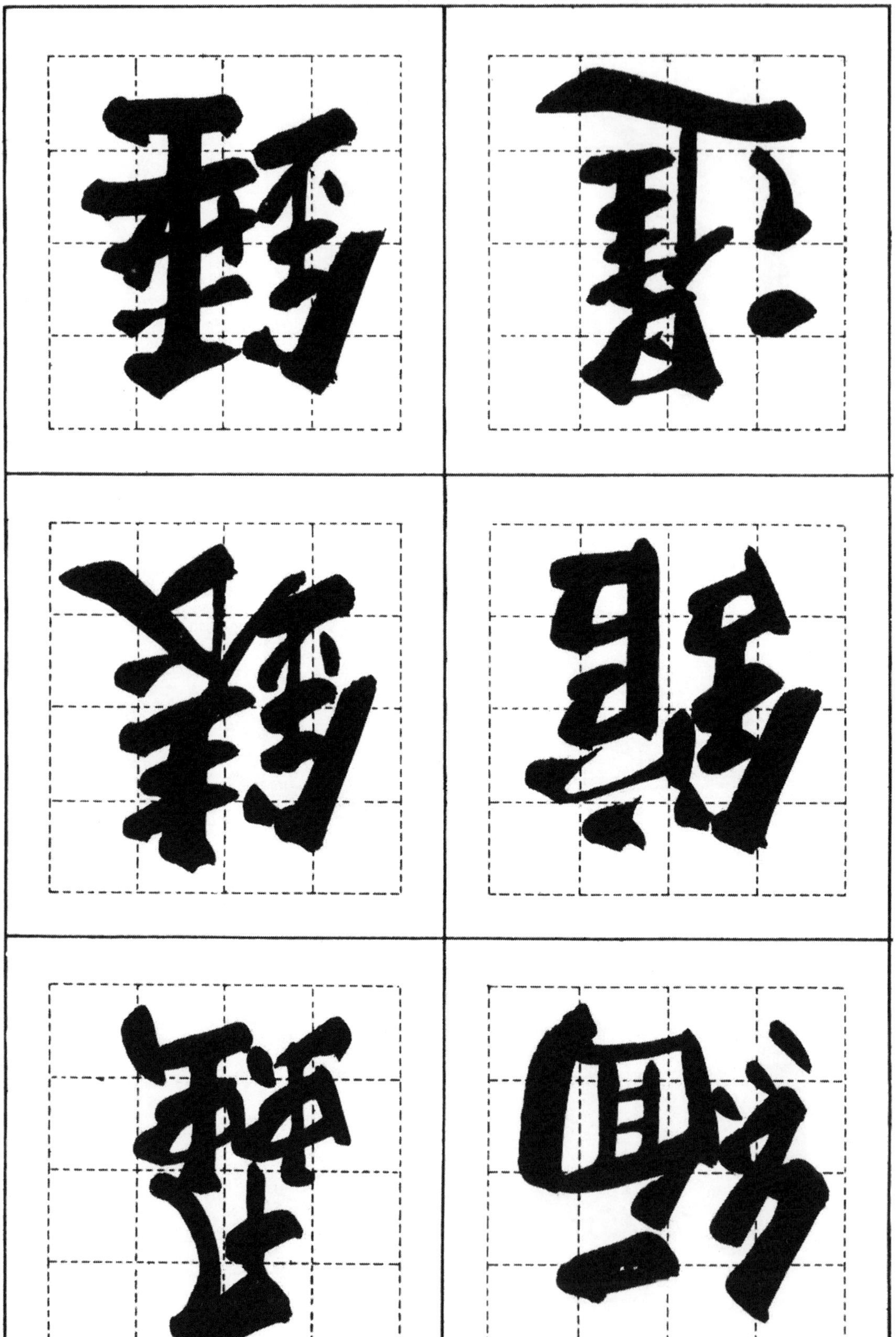

毆
噪
寰
撒
劑
鋸

彌 謊 闇

錕 蟑 錨

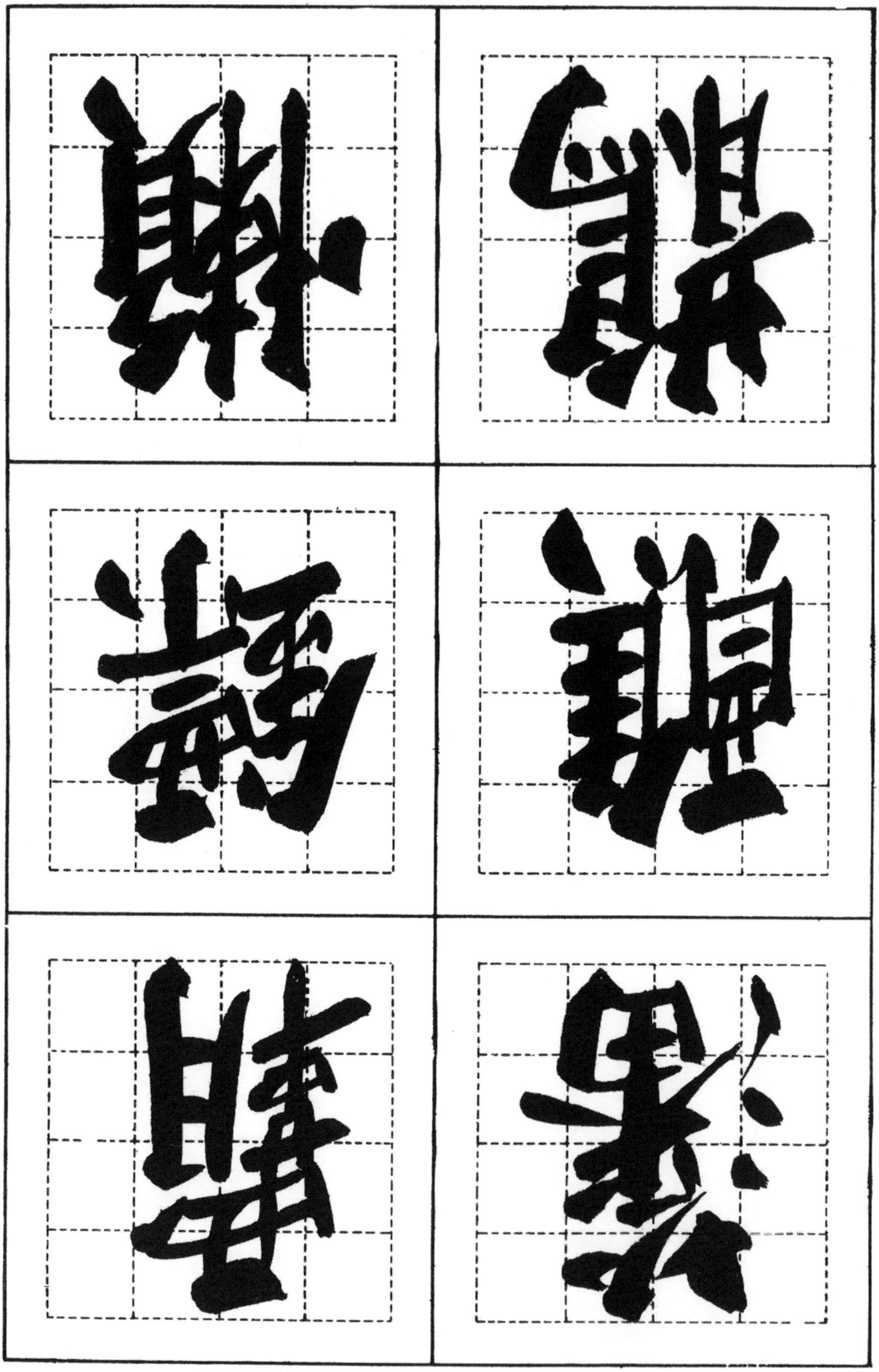

撤 簽

贈 轎

餻 騙

糯 糰

臟 贓

巍 龔

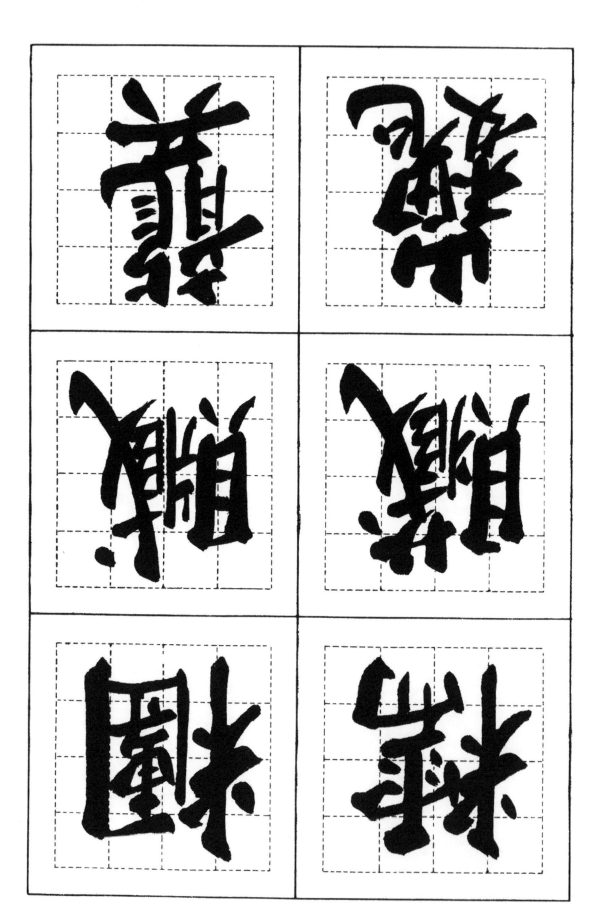

疇
礪
囍
曝
欄
饑

鑰	壩
鱔	鰻
攬	鷓